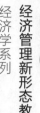

21世纪经济管理新形态教材·经济学系列

Energy Strategy

能源战略

孙传旺 谢明华 田磊◎编著

清华大学出版社
北京

内 容 简 介

为实现"碳达峰碳中和"这一场广泛而深刻的经济社会系统性变革,新时代中国能源发展需要以"四个革命、一个合作"的能源安全新战略作为根本遵循,全面贯彻党中央、国务院对构建清洁低碳、安全高效能源体系的具体要求,开辟中国特色能源发展道路。本书系统地介绍了能源战略的含义与意义,梳理了全球能源战略的发展现状,从能源供给、能源需求、能源技术、节能以及能源安全等多个维度解析能源战略的构成,内容涵盖与能源战略息息相关的热点问题,并着重分析了新中国能源战略的总体框架与深化路径,介绍了中国特色能源区域联动战略形成的内在机理、战略构思和具体实践。

本书封面贴有清华大学出版社防伪标签,无标签者不得销售。
版权所有,侵权必究。举报: 010-62782989, beiqinquan@tup.tsinghua.edu.cn

图书在版编目(CIP)数据

能源战略/孙传旺,谢明华,田磊编著. —北京: 清华大学出版社,2024.3
21世纪经济管理新形态教材. 经济学系列
ISBN 978-7-302-64287-9

Ⅰ.①能…　Ⅱ.①孙…　②谢…　③田…　Ⅲ.①能源战略-中国-高等学校-教材　Ⅳ.①F426.2

中国国家版本馆CIP数据核字(2023)第139140号

责任编辑:	陆浥晨
封面设计:	李召霞
责任校对:	王荣静
责任印制:	曹婉颖

出版发行: 清华大学出版社
网　　址: https://www.tup.com.cn, https://www.wqxuetang.com
地　　址: 北京清华大学学研大厦A座　　　　邮　编: 100084
社 总 机: 010-83470000　　　　　　　　　　邮　购: 010-62786544
投稿与读者服务: 010-62776969, c-service@tup.tsinghua.edu.cn
质 量 反 馈: 010-62772015, zhiliang@tup.tsinghua.edu.cn
课 件 下 载: https://www.tup.com.cn, 010-83470332

印 装 者: 北京鑫海金澳胶印有限公司
经　　销: 全国新华书店
开　　本: 185mm×260mm　　印 张: 21.25　　字　数: 464千字
版　　次: 2024年3月第1版　　　　　　　　印　次: 2024年3月第1次印刷
定　　价: 59.00元

产品编号: 088866-01

作者简介

孙传旺，男，厦门大学经济学院教授，博士生导师。教育部国家人才项目青年学者，厦门信息产业与信息化研究院副院长，中国碳中和发展力指数研发团队首席经济学家，国家社科基金重大项目首席专家，国际权威期刊 *Energy Economics* 副主编，厦门大学金融文化研究院专家委员会主任，美国康奈尔大学经济系访问学者。Elsevier 经济学中国高被引学者，环境科学领域全球前 2% 顶尖科学家。在《中国社会科学》《经济研究》《金融研究》《世界经济》以及 *World Development*、*Journal of Futures Markets*、*Regional Science and Urban Economics*、*Energy Economics* 等国内外重要期刊上发表学术论文百余篇，出版专著三部。获得教育部和福建省优秀成果奖十余项，承担国家项目多项。

谢明华，男，经济学博士，研究员，就职于中国国际工程咨询有限公司。第四届中央企业青联委员，第十三届全国青联委员。主要研究领域为能源安全、氢能产业、数字经济等，主持或参与了中央财办、国家发改委、国家能源局、国务院国资委等委托的咨询项目和研究课题数十项，获得国家发改委优秀研究成果奖等省部级奖多项。参与完成专报建议近两百篇，多次参与中央有关政策文件前期研究工作。在《经济研究》《经济学动态》《中国工业经济》以及 *Energy*、*Energy Economics* 等核心期刊上发表论文十多篇。兼任中央企业智库联盟专家委员会委员、上海大学经济学院兼职教授、中国能源研究会氢能专委会副秘书长。

田磊，男，博士，毕业于清华大学，就职于中国宏观经济研究院能源研究所，主要研究领域为资源可持续开发利用、能源绿色低碳转型。作为负责人主持或参与国家级、省部级研究项目及任务 100 余项，在内外部刊物发表文章 90 余篇，获得国家发改委优秀研究成果一等奖等各类奖项近 10 项。

前　言

2020年9月，习近平主席在第七十五届联合国大会正式提出我国"二氧化碳排放力争在2030年前达到峰值，努力争取在2060年前实现碳中和"的"双碳"目标。此后，党中央在党的二十大、中央经济工作会议、全国两会等重要会议上对实现"双碳"目标进行了一系列的工作部署。能源生产与消费革命、能源结构深度调整与保障能源安全成为实现"双碳"目标进程需要深化研究的战略问题。

我国经济的可持续高质量发展离不开能源的稳定供给，能源供需矛盾也必然影响到各行业的发展，因此，解决能源供需矛盾与保障能源安全始终是能源战略研究和管理的重要问题。能源属于重大基础性行业，能源结构调整与转型的背后涉及的是整个经济结构、生态系统与制度规范的调整和演变，因而从基本国情出发，制定满足一国中长期可持续发展需求的科学性与前瞻性的能源战略对推进该国社会经济发展、保护生态环境与保持社会稳定具有重大意义。

为实现"双碳"目标提供科技支撑和人才保障，2021年7月教育部印发《高等学校碳中和科技创新行动计划》（教科信函〔2021〕30号），高校需立足新发展阶段、贯彻新发展理念、构建新发展格局，加强"碳中和"与能源战略研究，培育能够解决复杂能源局势下综合性难题的复合型人才。从经济学视角出发，相关人才的培养既要精通"碳中和"政策、国际规制与标准制定，又要具备扎实的经济学理论基础、开阔的国际视野和战略前沿思维。然而，现阶段各个学校能源相关学科建设还主要集中在能源科学与工程、能源经济、气候经济等大类学科领域，缺乏推进"双碳"目标实现背景下，指引能源经济转型的"新文科"专业建设的基础教材。

从现实问题与学科发展的两大背景出发，基于对各大高校能源经济学科现有课程体系的系统分析，我们发现能源经济学科尚缺少一门"能源战略"课程。本书立足"双碳"目标，服务于能源经济学科发展与课程改革方向，对中国能源战略的宏观定位、能源发展现实问题与战略部署进行了全面解读。可以作为国内高校能源战略课程的教材，也可以作为国内能源环境专业人士的参考资料。

本书由四个篇章组成。第一篇为能源战略概述，着重介绍了能源战略的内涵与意义，按能源可再生性分类，对全球典型能源国家地区制定能源战略的背景、战略布局重点与实施成效进行了详细阐述。第二篇详细阐述了能源战略的基本构成，重点覆盖能源供给、能源需求、能源技术、节能以及能源安全战略，并分别对每种能源战略形成与演变的基本规律、理论基础以及未来展望进行了深入分析与探讨。第三篇为能源战略的创新发展，内容围绕着气候变化、碳中和、能源金融三大问题与能源战略的关系展开，全面阐述了能源战略的新发展。第四篇为新中国能源战略的演化，根据我国能源战略的发展历程，着重介绍了新中国能源战略的发展之路与深化之路，并对中国特色能源区域联动战略形成的背景与内在机理，战略构思与具体实践进行了深入探讨。

诚挚感谢中国科学院院士、厦门大学地球科学与技术学部主任戴民汉教授，厦门大学中国能源政策研究院院长林伯强教授，中国社会科学院学部委员、国家气候变化委员会副主任委员潘家华教授、清华大学能源环境经济研究所所长张希良教授等专家学者对本书所提供的关键性学术指导。本书受到国家社科基金重大项目（项目批准号：21&ZD109）、福建省本科高校教育教学改革研究项目（项目编号：JG20200414）和福建省本科高校教育教学研究项目（项目编号：FBJG20210273）的资助。厦门大学社科处、厦门大学邹至庄经济研究院对本书的出版给予了大量帮助。

本书是团队合作的结果，厦门大学碳中和发展力研究团队的魏晓楠、张晟、徐淑华、占妍泓、张文悦、孙强敏、谭兵、闵嘉琳、彭奕琦、郑宏伟、孙家诚、陈嘉慧、郭芷茹、易湘瑜、陈智龙、徐梦洁、许哲泓、王博、李响等参与了资料收集、文献整合与教材撰写。清华大学出版社的编校团队为本书的出版做了大量细致的工作，对此我们深表感谢。

孙传旺

目 录

第一篇 能源战略概述

第一章 能源战略的内涵与意义 ········ 3
- 第一节 战略的含义与分类 ········ 3
- 第二节 能源战略的含义与内容 ········ 4
- 第三节 能源战略的意义 ········ 12
- 第四节 能源战略与中国经济发展 ········ 16
- 本章小结 ········ 19
- 思考题 ········ 20
- 参考文献 ········ 21

第二章 全球能源战略发展现状 ········ 22
- 第一节 全球常规能源战略概述 ········ 22
- 第二节 全球非化石能源战略概述 ········ 40
- 第三节 新能源汽车发展战略 ········ 51
- 本章小结 ········ 51
- 思考题 ········ 51
- 参考文献 ········ 52

第二篇 能源战略的基本构成

第三章 能源供给战略 ········ 55
- 第一节 能源供给战略概述 ········ 55
- 第二节 能源供给战略的相关理论 ········ 58
- 第三节 能源供给的预测方法 ········ 61
- 第四节 能源供给战略的制定 ········ 67

第五节　世界及中国能源供给展望 ································· 70
　　本章小结 ·· 73
　　思考题 ··· 73
　　参考文献 ·· 74

第四章　能源需求战略 ··· 75

　　第一节　能源需求概述 ··· 75
　　第二节　能源需求理论和规律 ···································· 82
　　第三节　能源需求的预测模型 ···································· 87
　　第四节　能源需求战略的制定 ···································· 94
　　第五节　世界及中国能源需求展望 ······························ 96
　　本章小结 ·· 98
　　思考题 ··· 99
　　参考文献 ·· 99

第五章　能源技术战略 ·· 100

　　第一节　能源技术发展的基本规律概述 ······················· 100
　　第二节　能源技术创新理论 ······································ 107
　　第三节　能源技术战略的制定 ··································· 116
　　第四节　世界及中国能源技术展望 ····························· 121
　　本章小结 ··· 125
　　思考题 ·· 126
　　参考文献 ··· 126

第六章　节能战略 ·· 128

　　第一节　节能理念和节能技术发展的基本规律概述 ········ 128
　　第二节　节能战略理论体系 ······································ 130
　　第三节　节能战略的制定 ··· 134
　　第四节　世界及中国的节能战略展望 ·························· 139
　　本章小结 ··· 141
　　思考题 ·· 142
　　参考文献 ··· 142

第七章 能源安全战略 ... 144

第一节 能源安全形势发展的基本规律概述 ... 144

第二节 能源安全相关理论 ... 146

第三节 能源安全的衡量方法 ... 149

第四节 能源安全战略的制定 ... 154

第五节 世界及中国能源安全展望 ... 158

本章小结 ... 160

思考题 ... 160

参考文献 ... 161

第三篇 能源战略的创新发展

第八章 气候变化与能源战略 ... 165

第一节 能源消费与气候变化 ... 165

第二节 典型经济体的气候变化历程及预测 ... 167

第三节 气候变化的能源战略转型 ... 169

第四节 世界和中国的气候变化战略展望 ... 177

本章小结 ... 180

思考题 ... 181

参考文献 ... 181

第九章 碳中和目标与能源战略 ... 182

第一节 碳中和与能源发展 ... 182

第二节 主要经济体的碳中和战略 ... 186

第三节 碳中和背景下能源的系统性变革 ... 195

第四节 碳中和下的全球能源战略展望 ... 202

本章小结 ... 205

思考题 ... 205

参考文献 ... 206

第十章 能源金融与能源战略 ... 207

第一节 能源金融的产生 ... 207

第二节　能源金融的发展与演变 ·· 217

第三节　能源金融战略的制定 ·· 218

第四节　全球能源金融战略展望 ·· 221

本章小结 ·· 223

思考题 ·· 224

参考文献 ·· 224

第四篇　新中国能源战略的演化

第十一章　我国能源战略的发展之路 ·· 227

第一节　"八五"计划时期（1991—1995 年）的能源战略 ············ 227

第二节　"九五"计划时期（1996—2000 年）的能源战略 ············ 234

第三节　"十五"计划时期（2001—2005 年）的能源战略 ············ 240

第四节　"十一五"规划时期（2006—2010 年）的能源战略 ········ 247

本章小结 ·· 253

思考题 ·· 254

参考文献 ·· 254

第十二章　我国能源战略的深化之路 ·· 256

第一节　"十二五"规划时期（2011—2015 年）的能源战略 ········ 256

第二节　"十三五"规划时期（2016—2020 年）的能源战略 ········ 269

第三节　中国开展国际能源合作战略展望 ································· 282

第四节　全面建成小康社会时点上（2020 年）的能源战略任务及目标 ··· 287

本章小结 ·· 290

思考题 ·· 290

参考文献 ·· 291

第十三章　中国特色能源战略区域联动理论与概述 ····························· 292

第一节　中国特色能源战略区域联动理论 ································· 292

第二节　能源资源分布不均衡与跨区域调配 ····························· 298

本章小结 ·· 300

思考题 ·· 300

第十四章　能源大规模跨区输送技术支撑——特高压建设 ································· 301

第一节　特高压建设的概念与发展历程 ·· 301

第二节　特高压发展战略构想 ·· 306

本章小结 ··· 313

思考题 ··· 313

参考文献 ··· 313

第十五章　中国能源资源区域协同发展战略 ·· 314

第一节　煤电之争与区域协同 ·· 314

第二节　核电与区域发展 ·· 318

第三节　风电、光伏发电与区域发展 ·· 320

第四节　能源环境污染区域联动治理思考——以"京津冀"雾霾治理为例 ········ 325

本章小结 ··· 325

思考题 ··· 326

参考文献 ··· 326

第一篇　能源战略概述

能源作为推动国民经济运转的基础原料，关系到人们生产生活的方方面面，而能源资源本身是稀缺的，因此解决能源供需矛盾就成了长期以来各国社会经济发展的重要任务，而且随着能源资源的过度消耗、环境污染问题的频发，能源供需又被赋予了清洁高效低碳等更深层次的内涵。能源属于重大基础性行业，能源结构调整与转型的背后涉及的是整个国民经济各个产业、生态系统与制度规范的变动，因而从基本国情出发，制定满足一国中长期可持续发展需求的科学性与前瞻性的能源战略对推进该国社会经济发展、保护生态环境与减少社会动荡具有重要意义。不同时期的能源战略既服务于该时期的经济发展战略，又推动着一国能源相关产业的变更与调整，并间接决定着一国各经济部门的集约化水平，因而了解能源战略的内涵与意义有助于读者深入理解国民经济发展与能源现状的矛盾所在，从破局视角出发，准确把握一国未来能源的发展方向。

本篇第一章着重讲述了能源战略的内涵与意义，并以中国经济发展为例，分工业化初期、改革开放与经济建设转轨时期及市场经济全面建设时期，探讨了我国能源战略出台的背景、战略思想与目标，从实际出发，帮助读者深入理解能源战略与经济发展之间的关系。本篇第二章梳理了全球重要战略发展现状，并按不同能源类型划分，对全球典型能源国家和地区制定能源战略的背景、战略布局重点与实施成效进行了详细阐述。

第一章

能源战略的内涵与意义

在当前复杂的世界格局下,能源供需矛盾的解决涉及各个国家和地区的综合博弈,一国能源战略的制定也绝不是孤立的、静止的,而是在动态演变的国际能源局势下,从一国国情出发制定具有前瞻性、策略性以及满足一国中长期可持续发展需求的部署规划。能源部门的演变会影响到国民经济各个部门的发展,因而能源战略的制定应具备破局视角,对能源相关产业各个部门的规划安排也应对立统一,将其置于同一战略思想的脉络框架下,并与一国的社会经济发展、生态环境保护、政治与意识形态建设等多维度的中长期战略相统一。

关键词: 能源战略　能源战略思想　能源战略目标　能源战略布局　能源战略重点

第一节　战略的含义与分类

一、战略的含义

"战略"一词最早出自军事,是指对战争取胜做出全方位的指导与统筹,随后战略被应用于政治、经济等各个方面,本质上仍是要从全局出发,制定实现长期决胜目标的谋划(于光远,1982)。经济学中,"战略"也常常应用于微观主体的行为指引中,如冯·诺依曼(Neumann,1944)等从博弈论的观点出发,认为一个全面的战略是基于对手的不同行为可能性给出的。也有一些学者聚焦企业行为活动,认为战略是实现企业长期目标的一系列决策准则与行动序列(Chandler,1962;Ansoff,1965)。因而战略可以被定义为:基于当前发展阶段,发展主体在充分考虑竞争对手当前与未来可行策略集的基础上,制定的用以保障最终战略目标实现的根本的、兼顾策略性与全局性的总体发展方略。

二、战略分类

①按战略的对象不同:本土化战略、国际战略、全球化战略、区域型战略。
②按战略的内容不同:政治战略、经济战略、文化战略、资源战略。

③按战略的方式方法不同：进攻型战略、防守型战略、稳定型战略、增长型战略与紧缩型战略。

第二节　能源战略的含义与内容

一、能源战略的含义

（一）能源战略的定义

能源战略是一国为适应当前与未来国际能源形势，立足本国国情所制定出的满足可持续发展要求的能源总体方略，是保障一国中长期能源安全、制定能源规划与法律法规的基本依据。各国能源战略既有相似性又有独特性，一国在制定中长期能源战略时应充分考虑该国的能源资源禀赋、可替代资源开发水平、能源技术力量、国际能源贸易格局、国家经济发展阶段与社会公众能源消费习惯等多方面因素。能源战略所制定的并非静态的目标或准则，基于战略自身的博弈特征，能源战略也具有策略性与发展性。随着国际能源格局的演变，能源战略的内涵也在不断完善。能源战略不是孤立的战略，它是与国民经济发展、生态环境保护、政治与意识形态建设等多维度战略相互统一、相互协调的前瞻性布局。

（二）能源战略内容

能源战略作为一国能源发展的基本依据，应从全局出发，充分考虑当前与未来能源发展的主要矛盾，为能源各部门的发展提供科学性与前瞻性的行动指南。具体而言，能源战略内容需要就可持续供给保障性、能源供给安全性、能源消费的效率性与节约性、能源发展的环保性与技术性、地区发展的协调性与科学性等众多问题解决提供科学的布局指引与行动规划，具体战略内容主要包括以下四个部分。

1. 能源战略思想

能源战略思想是能源战略与能源发展的总体方向与纲领性指引，它的形成是从本国人民的利益出发，通过对国内外能源格局与未来发展形势的研判，结合本国经济社会发展阶段与未来发展目标，从全局最优化视角出发制定的指引性方针。能源战略思想既包括对以往战略思想的批判继承部分，又前瞻性地反映了在多国能源战略交互作用下一国未来能源科学发展的趋势与规律，能源战略思想决定了一国能源要素配置的方向与方式。

专栏　现阶段中国能源战略思想

2. 能源战略目标

能源战略目标是能源战略思想的具体化。能源战略目标既把握了一定时期内能源发展的总体要求，又科学性地将总任务拆解成各阶段的具体目标，同时兼顾当期利益与长远利益。目标拆解有助于从全局出发，高效地掌控能源发展整体目标达成的节奏。纵观各国能源战略制定历程，能源战略目标的制定主要围绕能源产量、能源销量、能源结构、能源利用效率、能源体制以及能源环境等几个维度展开，且不断扩大清洁能源在能源结构中的比重，提高能源利用效率，不断完善能源制度体系建设，不断降低二氧化碳排放以及增加清洁能源消费数量已成为各国在制定阶段性能源战略目标的共性。

专栏　现阶段中国的能源发展战略

3. 能源战略布局

能源战略布局是沿着能源战略思想所明确的一定时期能源发展方向，为满足不同阶段能源战略目标要求所制定的、涉及能源生产与消费的各个行业与区域的趋向性发展规划。比如，为实现能源效率的阶段性战略目标，需要对一国能源发展的各

专栏　美国能源独立战略的策略性

阶段做出空间上与行业上的总体布局安排，使得规划布局兼顾当期与长期收益的成本最小化。如需要对能源技术开发与应用、能源要素在各个行业和区域的配置、能源基础设施建设及能源市场机制的完善等多个方向的发展做出具体的发展规划。能源战略布局构成了能源战略的总体框架，是具体能源规划与政策实施的行动指南，也为能源战略指明了重点发展方向。

4. 能源战略重点

能源战略重点是指在能源战略的实施过程中，对于能源战略目标的实现起关键作用的部门或领域。因而在能源战略布局时需要在重点领域投入较多的生产要素，以确保能源战略目标的达成。一方面，能源战略重点既包含能源未来发展的重点领域，体现着能源未来发展的趋势，如清洁能源的开发利用；另一方面，能源战略重点还包括对区域发展不平衡不充分问题的考量，如曾经对经济发展做出巨大贡献却与当前经济发展模式不匹配的能源优化或淘汰问题、落后地区能源发展的路径问题等。由于要素投入存在一定的约束性，因此尽早明确能源战略的重点对于科学高效地实现阶段性能源战略目标具有重要意义。

二、能源战略的特点

（一）长期性

能源战略对较长时间范围内的能源要素配置与能源结构调整做出规划部署。能源属于重资产行业，资本的周转速度慢，重构能源要素配置往往需要较长时间。能源部门是国民经济发展的重要部门，能源结构调整与转型会带来国民经济众多产业、生态系统与制度规范的变动，因而能源战略具有复杂性与长期性的特征。

（二）前瞻性

能源战略是在对未来的国内外能源形势与本国发展问题充分考量的基础上，通过对各种潜在机遇与挑战的准确把握，做出的对一国能源发展趋势的科学性判断与系统化布局。前瞻性意味着能源战略的制定需要从全局出发，深刻反映能源未来发展的客观规律。同时阶段性部署也应与国民经济发展及技术进步的步伐相适应，准确把握能源发展过程中的机遇性，赢得主动权。

（三）策略性

一国能源的发展历程从来都不是孤立的、确切而清晰的，它会受到国民经济其他部门的交互影响，也会因其他国家能源发展战略的变动而受到冲击。如何针对复杂问题与复杂形势提供可以实现最终能源战略目标的最优方案集合，是对能源战略做出的策略性要求。

（四）符合可持续发展要求

满足绿色与生态可持续发展要求是近年来许多国家实施能源战略的一个共同特征。一方面化石能源过度开采，资源枯竭，难以满足经济发展需求，各国急于开发利用可替代清洁能源；另一方面粗放型增长方式带来的能源环境问题日益严重，作为重点排污部门，如何兼顾经济发展的能源需求与生态环境的保护，对能源可持续发展战略的制定提出了新的要求。

（五）内生于经济高质量增长要求

能源部门位于国民经济的上游领域，为经济发展输送源源不断的动力。随着下游各个产业部门能源消费结构的升级，对能源战略提出了绿色、低碳与可持续发展的新要求，能源结构亟需随之转型，以促进国民经济高质量增长。

三、能源战略与其他相关概念的区别

辨析能源战略与其他相关概念的异同对于深入理解能源战略的内涵具有重要意义。能源战略作为指导一国一定时期能源发展的总体规划，给出了从一种能源发展模式向另一种更集约或效率更高的发展模式转变的中长期路径。能源战略涉及众多部门与区域，在能源战略的制定与实施过程中，需要制定出具体的能源规划和能源政策，以保障能源战略目标的稳步实现。

（一）能源战略与能源规划的区别

能源战略是指导一国能源未来发展与保障能源安全的总体方针，而能源规划是依据能源战略编制的保障能源战略目标实现的具体实施体系。能源规划与能源战略类似，都要与国民经济发展相适应，能源战略是国民经济发展战略的重要组成部分，而能源规划被纳入到国民经济与社会发展规划之中。能源规划还分为综合能源规划、分领域与分区域能源规划,其中分领域与分区域能源规划既要相互协调又要服从于综合能源规划。

(二)能源战略与能源政策目标的区别

能源战略的实施需要出台相应的制度安排,能源政策作为规范性的硬约束条件是保障能源战略目标达成的重要工具。能源政策目标是对能源政策预期执行结果的判断,是政策执行的前提,也是政策评估的基础。相对能源战略或能源战略目标而言,能源政策目标更加具体化,是能源规划期望结果的指标化。能源政策目标具有导向性和约束性,同时,能源政策作为能源治理的工具,还具有能源公平性,比如,对于政策管控范围内的不同主体,保障每个主体的权利与义务规范的公平性。

(三)能源战略与能源发展模式的区别

能源发展模式是指一国能源各部门的要素配置与运转模式是与该国经济增长方式相适应的。能源战略则是在充分把握国内外能源发展趋势的基础上,依据本国国情、能源安全、经济社会与生态环境发展需要,科学判断未来的能源发展模式,所制定出的用以调整能源发展模式的总体方略,是由一种能源发展模式过渡到另一种能源发展模式的路径指引。

四、能源战略的分类

(一)能源供给战略

为满足本国中长期经济可持续发展对能源资源的需求,一国需结合自身资源禀赋与对未来国际能源形势的科学研判,制定构建能源供应保障体系的总体方略。能源供应战略侧重从经济上保障能源供应,可分为国内能源供应与国外能源进口两部分。

1. 能源开发战略

能源开发战略立足本国的能源资源禀赋,以能源资源长期合理地可持续开发为导向,为持续适度地保障中长期国内社会经济发展对能源资源的需要而制定的能源资源开发的总体思路。能源开发战略包括传统化石能源的开发战略与新型可替代能源的开发战略。

2. 能源进口战略

能源进口战略立足中长期的国际能源形势,针对各种潜在的国外能源供应危机,制定出的用于稳定一国能源进口的规划部署。能源进口战略往往以能源外交政策作为战略目标实现的支点。

(二)能源需求战略

能源需求战略是根据世界能源供需格局演变规律,立足一国社会经济发展战略,综合考虑生态环境、技术进步水平等各方面因素制定的中长期能源需求部分的总体方略,主要包括对中长期能源消费总量、能源消费结构及能源要素配置形式的战略布局。

1. 能源消费总量战略

能源消费总量战略是通过分析国内外经济发展的不同阶段与能源消费总量的客观规律，在绿色低碳的节能减排约束条件下，结合经济全球化背景下本国经济的发展阶段与未来增长模式制定总体与阶段性能源消费总量。

2. 能源消费结构战略

能源消费结构战略是对国民经济各部门能源的消费数量与不同类型能源消费占比的中长期规划。能源消费结构战略的制定是在密切把握国际能源发展动态的基础上，以节约能耗、提高能源使用效率及推进能源消费结构优化为战略目标，同时战略目标的设定应与中长期国民经济各产业发展的能源需求相适应。

（三）能源技术战略

能源技术已成为引领能源产业发展与变革的创新驱动力，能源技术战略构成了能源发展与改革的突破口。能源技术战略主要包括对一国能源技术规划、创新研究方向与各部门能源技术应用的中长期布局，旨在提高一国的能源科技创新能力。

1. 技术创新战略

技术创新战略是指对于未来有重大需求但目前还处于研究探索中的技术（如氢能利用技术），采取完全自主研究、自主创新的策略。这类技术从基础的理论研究到最终的商业推广往往需要经过长达几十年的发展，在此期间，需要政府投入大量的资金来支持技术研发，而研究的结果往往具有不确定性，所以投资风险较大。

2. 技术跟随战略

技术跟随战略是指对于自主研发但在时间上暂且无法满足现有需求的技术，采取引进、消化、吸收、再创新的策略。通过学习和模仿先进技术的创新思路和关键性突破，为下一步的创新奠定基础。技术跟随战略实现了技术的成功引进和技术再创新，可以在较短时间内提高本国的技术水平和自主创新能力，满足眼前的急迫需求。

（四）节能战略

节能战略是一国为满足长期经济增长与生态环境可持续发展的要求，对能源生产与能源消费各个环节制定的从总量到结构的能耗节约总体方略。一国的节能战略应贯彻能源产业的各个领域，除此之外，节能技术与制度要素对节能发展的贡献力量也不容忽视。

1. 节能优先战略

节能优先战略是将节能理念贯穿于经济社会发展的全过程，涉及高效开发利用能源资源、抑制不合理的能源消费、科学合理使用能源、提高能源效率与加快能源产业结构优化等各个环节。节能优先战略具有总体布局、全方位节能的特点，优先布局重点节能领域与关键节能环节，致力于以较少的能源消费支撑经济社会较快发展。

2. 全民节能战略

全民节能战略致力于培育居民与企业的环保意识与勤俭节约的消费观，节能战略主要包含对中长期现代能源服务与监督市场机制建立、相关法律法规的制定与监管部门的配置等几大方向的总体布局，从而引导居民与企业选择满足生态环境可持续发展要求的能源消费模式。

3. 节能增效战略

节能增效战略是各国最开始推广节能理念时普遍采取的战略，节能增效战略致力于从多维度制定在满足经济发展需求的前提下最大程度降低能耗的长期目标与行动方针，为国民经济各部门能耗水平制定可量化的节能目标，从而实现能耗的节约与能效的提升。

4. 节能环保战略

节能战略的制定往往需要同时兼顾环境保护目标的实现，节能环保战略是实现能源发展与转型升级的重要推动力，它对一国未来的节能环保技术、相关产业与配套设施建设、制度与法律安排等各个方面都做出中长期的发展指引与规划部署。

（五）能源安全战略

能源安全战略是各国在充分把握影响能源安全的国际形势与立足本国能源资源长期可持续开发利用基础上，提出的满足本国经济发展需要制定的对国内能源资源开发利用、国外能源资源输入、能源储备与应急等多方面稳定长期能源供给的战略布局。

1. 能源储备战略

为应对能源危机或其他突发性事件引起的能源供应中断或大幅减少，一国需要制定能源储备战略。能源储备战略主要包括对能源储备实施主体、能源储备类型、能源储备阶段性目标以及能源储备管理体系建立等多方面的战略规划。

2. 能源应急战略

能源应急战略是与能源储备战略相配套出现的能源供给战略，主要针对影响能源供应的突发性事件发生后，社会经济生产活动的基本能源应急供应体系。如相关应急基础设施如何建立与完善、能源国民经济各部门如何提高应急能力等方面的总体指引。

3. 能源独立战略

能源独立战略是各国为应对未来潜在国际能源危机制定的全方位保障能源安全的总体方略。能源独立战略一方面致力于通过拓宽国内能源资源开发类型与数量，提高国内能源自给率；另一方面致力于促进国际能源进口的多元化发展，增加国际能源合作，稳定国外能源供给与市场价格。

（六）气候变化与能源战略

气候变化与能源战略是一国为应对全球气候变化、调整与优化本国能源结构，而制定的满足国内经济活动开展与生态环境可持续发展要求的能源消费所产生的二氧化碳排放总量约束，并就大力发展清洁能源、降低各行业与各区域单位能耗二氧化碳排放量的全局性谋划。

1. 低碳能源战略

低碳能源战略是遏制环境污染、推进新型工业化的必然选择，低碳能源战略聚焦清洁能源的开发利用与高效能源供应系统的普及，是重点能耗部门低碳发展的中长期发展指引。比如，大力发展分布式能源、全面推进生物质能源、太阳能、核能等清洁能源的安全利用，推进建筑、交通等高能耗部门低碳能源的利用。

2. 温室气体减排战略

温室气体减排战略是各国应对气候变化问题最直接的能源战略，在准确把握本国经济发展趋势与能源消费结构的基础上给定的一国中长期二氧化碳排放的总体与阶段性约束指标，是保障一国实现碳排放削减承诺的能源发展指引。

3. 能源结构优化战略

能源结构优化战略是一国为应对全球气候变化、实现长期生态环境可持续发展而制定的核心战略。能源结构优化战略对一国经济发展过程中的能源总体使用效率、各产业各区域的能源消费情况，以及低碳、无碳能源利用比重做出了全局性部署，以实现最大限度内降低单位能耗二氧化碳排放。

（七）能源金融战略

能源金融战略指通过构建与完善本国能源金融市场，实现能源相关产品交易的金融市场化，并将本国能源金融市场与国际能源金融市场接轨，形成与国际接轨的能源产品价格体系与风险管控平台，拓展能源市场的外延，促进全球能源产业链发展。

1. 能源交易金融化战略

能源交易金融化战略是指一国以金融市场为媒介，进行能源相关产品的交易。能源交易金融化不仅包含石油、电力、煤炭等传统能源产品，随着各国能源产业的转型发展，越来越多的能源金融衍生品应运而生，如碳金融、可再生能源产品。除了能源金融产品，能源市场机制、能源服务机构等能源市场体系的建立与完善也是能源交易金融化战略的重要内容。

2. 能源金融一体化战略

能源金融一体化战略是指本国融入国际能源市场和国际金融市场的总体方针，包括形成与国际接轨的能源产品价格体系、借助能源金融产品推进国内碳排放市场体系构建、拓宽国内低碳经济发展模式的内涵、争取国际能源产业链优势地位及本币结算的利益等涉及能源金融市场的各方面布局。

3. 绿色金融战略

绿色金融战略是指为实现生态环境改善、资源节约与高效利用的战略目标,通过构建绿色金融市场与发展绿色金融产品,实现资源从高污染、高能耗产业流向理念与技术先进的部门的战略部署。具体实现形式主要通过环保、节能、清洁能源、绿色交通、绿色建筑等领域的项目投融资、项目运营、风险管理等所提供的金融服务。

4. 能源金融风险对抗战略

能源金融市场的风险对抗战略是在准确把握国际能源价格与供应的发展趋势上,通过能源的期货、期权及其他金融衍生品市场合理配置能源资源在不同时期的分配,从而规避能源价格波动对经济系统造成的风险与冲击。

(八)国际能源合作战略

国际能源合作战略是本国在准确把握本国能源资源可持续开发利用水平以及国际能源发展态势的基础上,为稳定本国能源安全,满足本国社会经济活动对能源的需求,促进本国能源转型发展所制定的与其他国家在能源相关产业上的政治、经济与社会活动的总体部署。

1. 能源外交战略

能源外交战略是由一国主导的、用于保障国内社会经济发展的长期能源需求与本国能源利益,所制定的与其他国家能源关系,指导能源外交主体参与国际能源政治、经济等各类活动的全局性谋划。能源外交战略具有能源战略与外交战略双重属性,因而需要服从一国能源发展与外交关系布局的总体战略。

2. 能源产能合作战略

能源产能合作战略聚焦本国在全球能源产业链中具备技术、装备与产能优势的部门,与欠发达国家展开在上述本国优势部门的合作,帮助其建设能源基础设施、开发能源资源、增加能源供应,实现能源普及,提高欠发达国家人民的生活质量,同时实现国内优势能源部门的产能输出,在全球范围内配置能源产品。

3. 能源技术合作战略

能源技术合作战略是指各国为提高本国的能源科技创新能力,采取与掌握先进能源技术国家开展合作研发与技术孵化活动、深度融合相关能源产业链、联合培养重点能源领域创新人才及协同制定先进能源技术标准等技术相关产业国际合作的总体部署。

第三节　能源战略的意义

一、能源战略是有效解决能源供需矛盾、保障现代化经济发展的指导思想

有效解决能源供需矛盾，满足经济发展的能源需求是能源战略的制定与实施的最基本意义。能源是推动一国经济增长的基础燃料，国际能源价格波动直接导致对各国经济活动的冲击，甚至引发全球性经济危机。各国能源资源禀赋的差异性与可持续能源发展观，对各国经济增长提出了能源总量与能源需求结构层面的约束。为稳定国内能源市场与保障经济稳定发展，各国纷纷就不同的经济发展阶段制定不同的能源战略。以我国为例，"六五"期间开始制定专门针对能源发展的总体规划，随后先后出台了八次国家能源发展规划，经历了四次大规模能源战略的制定与实施（李俊峰，2020），如表 1-1 所示。

表 1-1　我国四次大规模能源战略

年份	背　景	战　略　内　容	战略实施效果
1980	党的"十二大"提出的 1980—2020 年经济建设要分两步走，逐步达到"小康"水平，实现社会总产值翻两番。该阶段能源是经济发展的重要制约因素，能源生产放慢，且能源浪费现象十分严重。党的"十二大"提出将能源部门作为未来 20 年经济发展的战略重点，全力保障"翻两番"目标的实现[1]	党中央出台了一系列促进能源开发的战略措施，包括出台国家能源科学技术发展规划，设立专门能源行政机构——国家能源委员会与各级能源管理机构，提出兼顾能源开发与能源节约的发展方针等战略布局（徐寿波，2008）	实现了能源只翻一番，经济翻两番的能源发展与经济增长协同发展的目标。但"开源性"能源战略与粗放式的经济增长方式也造成了能源的严重浪费和资源的过度开采与环境污染等问题
2002	党的"十六大"提出"全面建设小康社会"的"三步走"战略，力争 2020 年实现 GDP 相比 2000 年"翻两番"、"基本实现工业化"，采用发展的办法解决经济建设中的问题，实现经济建设与资源、环境的协调发展[2]	制定了《能源中长期发展规划纲要（2004—2020）》与《节能中长期专项规划》，提出了节能为首、优化能源结构提高能源使用效率、合理布局区域能源发展，满足不同地区、不同部门的社会经济协调发展的需要。提出到 2020 年能源消费总量控制在 30 亿吨标准煤以内[3]	"十五"期间能源生产增长迅速，2005 年全国的一次能源生产总量已达到 20.6 亿吨标准煤，占全国的 13.7%，是世界第二大能源生产国[4]

---

[1] 中国共产党第十二次全国代表大会，http://www.12371.cn/special/lcddh/ddh12/.
[2] 中国共产党第十六次全国代表大会，http://www.12371.cn/special/lcddh/ddh16/.
[3] 2004 年《节能中长期规划》，http://www.nea.gov.cn/2011-08/18/c_131057667.htm.
[4] 《能源发展"十一五"规划》，http://www.nea.gov.cn/2007-04/11/c_131215360.htm.

续表

年份	背　景	战　略　内　容	战略实施效果
2007	"十一五"规划提出实现人均GDP相比2000年翻一番，单位GDP能耗降低20%，优先发展能源供应，"优化生产和消费结构，构筑稳定、经济、清洁、安全的能源供应体系"①	国家发展改革委出台了能源发展"十一五"规划，提出2010年一次能源生产总量与消费总量把控在24.46亿吨和27亿吨标准煤左右，能源消费总量预期为30亿吨标准煤。②针对可再生能源发展问题出台了《可再生能源中长期发展规划》，力争2010年可再生能源消费占比达到10%，2020年占比为15%③	"十一五"期间，我国能源消费总量迅速从2005年的23.6亿吨标准煤增加到2010年的32.5亿吨标准煤，虽然大量能源消费推进了经济发展，但能耗增速超过了《节能中长期转型规划》与能源发展"十一五"规划的能源节约目标④
2014	"十三五"规划提出了全面建成小康社会的经济社会发展的要求，注重发展的平衡性、可持续性、质量与效益性，特别提出生态环境治理的改善，兼顾能源效率提升与二氧化碳排放控制⑤	国家发展改革委、能源局印发了《能源生产和消费革命战略（2016—2030）》，提出到2020年从根本上转变粗放型能源消费增长方式，能源消费总量把控在50亿吨标准煤以内，2030年能源消费总量把控在60亿吨标准煤以内⑥	根据国家统计局数据显示，2015—2019年中国能源消费总量一直保持在50亿吨标准煤以内。且在生态环境部编制的《中国应对气候变化的政策与行动2019年度报告》中提出，中国已提前完成2020年减排目标

资料来源：徐寿波（2008）；全国人民代表大会与能源发展规划等政策文件。

二、能源战略是维护国家能源安全、减少经济与社会动荡的战略部署

能源是国民经济运转的基础原料，由于各国能源资源的禀赋存在差异，部分国家的国内能源资源供给往往无法满足一国在社会经济发展中对能源的需求，因而需要从资源充裕国进口能源，主要能源输出国的供应数量与价格的波动会直接导致能源进口国经济社会发展的波动性与国际政治的冲突性。特别是油气对外依存度高的国家，能源供应已不只是经济发展的保障，更是维护国家安定与解决地区冲突等国际争端的重大问题，因而能源安全问题也是全球性问题。为满足长期经济发展对能源需求的稳定性，各国需要建立完善的能源供应安全保障体系，能源战略是帮助一国科学布局、逐步实现战略目标的策略性行动指南。

一国保持能源安全与能源独立的保障体系既不是一蹴而就的，也不是一成不变的，它需要与一国不同阶段的社会经济发展情况、国际能源与经济贸易形式、国内能源资

---

① 中华人民共和国国民经济和社会发展第十一个五年规划纲要.
② 《能源发展"十一五"规划》，http://www.nea.gov.cn/2007-04/11/c_131215360.htm.
③ 《可再生能源中长期发展规划》，http://www.nea.gov.cn/2007-09/04/c_131053171.htm.
④ 中国共产党第十八届中央委员会第五次全体会议，http://www.12371.cn/special/18jwzqh/.
⑤ 国民经济和社会发展第十三个五年（2016—2020年）规划，http://www.12371.cn/special/sswgh/wen/#yi.
⑥ 能源生产和消费革命战略（2016—2030），https://www.ndrc.gov.cn/xxgk/zcfb/tz/201704/t20170425_962953.html.

源开发与利用水平相适应。比如，在国内可开发利用能源有限或开采技术水平受制的条件下，应促进能源进口的多元化发展，加强与不同资源输出国的贸易合作，推进能源开发战略，避免严重依赖某一国能源资源进口，降低潜在不稳定因素对国内经济活动的影响。当国内能源开采成本降低或清洁能源开发利用能力增强后，应重点布局开发国内能源供应体系，降低能源的对外依存度，避免因能源依存度过高而制约一国社会经济发展与政治外交。

三、能源战略是积极应对全球气候变化、稳步实现碳排放峰值国际承诺的发展方针

粗放型经济增长阶段的能源资源过度开采，能源使用的低效率及污染排放的低门槛现象加速了全球性能源资源的枯竭与生态环境的恶化。气候变化所带来的水资源匮乏、冰川融化、海平面上升、臭氧层的破坏及生态系统的退化等一系列问题，都对人类的健康与生存造成了长期威胁，也成为各国环境外交的热点议题。全球气候变化问题的解决需要世界各国的协同参与，减少温室气体与有毒物质的排放，提高能源使用效率，实现能源与生态环境的可持续发展。1992年联合国大会通过的《联合国气候变化框架公约》明确约定了各国在降低温室气体排放上的责任与目标，考虑到发展中国家的首要目标是促进经济发展消除贫困，提出发达国家应作为履行公约的带头力量。1997年的《京都议定书》则进一步细化了中长期全球温室气体排放的总量削减目标以及各国分担的削减任务。控制二氧化碳排放在根本上需要调整能源消费结构，增加清洁能源资源消费占比，推进节能技术与能源环保技术发展等。为实现上述目标，各国需要制定相应的能源战略，落实节能减排目标的具体措施，明晰未来能源政策实施与能源结构调整的重点领域，确保碳排放国际承诺的稳步实现。

为完成2014年的联合国气候峰会中制定的中长期碳排放具体削减目标，中国出台了《国家应对气候变化规划（2014—2020年）》，明确约定中国2020年将实现碳排放强度相比2005年下降40%~45%的国际承诺，从实施效果来看，我国提前三年实现了2020年碳排放削减目标。根据《中美气候变化联合声明》，2030年中国需达到碳排放峰值，且非化石能源占一次能源消费比重达到20%左右。我国正处于现代化建设与经济向高质量发展转型升级的关键阶段，如何兼顾经济总量持续扩大与人民生活质量全面提高，对深入推进我国产业结构升级、能源结构转变、加快清洁能源技术开发利用及引导工业企业转型升级等多个维度能源与经济发展提出更高要求，需在能源消费中低速增长阶段制定科学有效的能源发展与转型升级战略，以保障2030年中国碳排放峰值目标的稳步达成。

四、能源战略是加强国际间能源合作、融入全球能源战略布局的重要内容

随着世界能源供需格局的变化，新兴经济体在能源需求结构中占据越来越重要的地位，能源安全、能源治理与合作等原有的以发达国家为主的市场平衡被打破，因而及时调整与布局新时期能源国际合作战略，对保障本国能源安全、维护本国核心利益以及提升本国的国际影响力具有重要意义。以美国、中东地区与俄罗斯为例，表 1-2 梳理了中国与这些地区的能源战略合作情况。

表 1-2　中国与其他国家及地区能源战略合作

国　家	合　作　内　容
中国与美国	**能源环境与节能减排**：2008 年中美双方签订的《中美能源环境十年合作框架》对两国在能源安全与能源环境领域展开合作的目标与行动计划给出了系统性安排，包括双方在能源开发、废弃物处理、环境治理等方面的技术合作，石油储备、能效提高、能源多样化等能源安全方面的合作，能源贸易与投资部门的合作及能源创新与知识产权保护等领域的合作。在节能减排领域，中美双方陆续签订了《中美化石能源研究与发展合作议定书》《中美城市空气质量监测项目合作意向书》《中美能源效率和可再生能源科技合作协定》等相关合作协定，就能效提高、开发可再生能源、新能源汽车等多个方面展开合作与交流 **能源技术**：中美能源科技合作一直是中美能源合作的重点领域，中美双方签署了一系列能源科技合作议定书，如《中美能源效率与可再生能源技术开发与利用领域合作议定书》《中美核物理和磁约束聚变研究议定书》《中美化石能技术开发与利用合作议定书》《中美和平利用核技术合作协定》等，两国在电力体系、石油天然气、清洁能源、气候科学等多个领域中有技术与设备的合作交流 **能源贸易**：中国是能源进口大国，特别是原油与天然气进口规模，近年来中国炼油产能过剩，积极寻求石油产品出口；而天然气近年来进口量持续增加，美国是最大的天然气生产国，二者在能源贸易领域还存在较大的合作空间
中国与中东地区国家	**能源贸易**：中东国家是中国原油进口的主要来源，因而中国与中东国家在能源合作领域大多聚焦于上游环节，例如，中国与伊拉克签署的"一带一路"倡议书，提出"石油换基建"的合作方式，即通过帮助伊拉克重建道路、学校、医院、铁路等基建项目来换取石油进口保证，能源部门的跨国公司还以投资或控股方式参与伊拉克石油开采领域，如《阿赫代布油田开发服务合同》。沙特是最大的石油出口国，中沙两国也在石油贸易、炼化技术等多个方面签订了战略合作协议，沙特与中国的石油企业、能源工业企业在石油开采、炼化、储备、新能源等众多领域展开合作，如中国核工业建设集团与沙特核能签订了《沙特高温气冷堆项目合作谅解备忘录》。促进我国第四代先进核电技术"走出去"，深入推进"一带一路"框架下两国能源领域的深入合作
中国与俄罗斯	**能源贸易**：俄罗斯作为中国最重要的能源合作伙伴之一，双方能源战略合作具有悠久历史，中俄双方也签订了一系列合作协议，如《中俄输油管道可行性研究工作总协议》《中俄两国天然气合作项目协议》《关于实施向中国东部地区供应俄罗斯天然气项目的备忘录》等，中俄双方的能源合作大多聚焦能源上游领域，如石油、天然气开采、勘探，电力、煤炭与核电站等方面的建设合作

资料来源：中国政府网，https://www.gov.cn/gzdt/2006-12/21/content_474737.htm。
中国科技部网站，https://www.most.gov.cn/kjbgz/201603/t20160302_124306.html。
中国能源网，https://www.china5e.com/depth-analysis/news-149786-1.html。

第四节　能源战略与中国经济发展

一、工业化初期——基础保障型能源战略

从新中国成立到改革开放的这段时间，中国经济建设处于百废待兴、初步建设社会主义工业化的阶段，这一时期由于新中国刚成立，国际政治局势尚不稳定，社会主义国家经济社会建设也未有标准化的发展路径指引。因而，这三十年的经济建设与政策规划的制定既具有一定的前进性又具有反复性与曲折性，从根本上看是未能科学前瞻地把握生产力与生产关系的作用规律，政策与战略目标的设定常常违背了物质生产能力与经济发展的客观规律。总体来看，这一阶段中国经济发展重点聚焦基础工业产业的发展与国防、基础设施建设领域，这一时期也建成了大批工业骨干企业与国计民生重点项目，如1974年胜利油田的投产、1975年宝成铁路的建成。这一阶段服务于经济发展战略的能源战略聚焦于国内能源基础设施的构建、能源工业管理体制的建立及保障工业化发展所需的能源产品的生产水平，从能源类型上看，重点布局石油、煤炭资源的开发与水电、火力电站的建设。能源技术发展主要围绕勘探、开采与冶炼等上游环节。这一阶段能源战略的特点在于能源产品生产上，重产量不重效率的硬指标约束性及行政管理部门的反复变动性。虽然这一时期的能源战略从数量上满足了工业化初期经济发展对能源产品的需求，但也造成了能源资源的巨大浪费以及能源资源与基础设施配置的不合理。

二、改革开放与经济建设转轨时期——兼顾经济与能源效益型能源战略

1978年党的十一届三中全会之后，中国明确了党和国家的工作重心应转移到经济建设与体制改革上来，建设有中国特色的社会主义道路。这一阶段的工作部署更加注重发挥市场经济在要素配置中的作用，但由于要素市场仍然存在"双轨制"的问题，中国经济社会改革与发展仍存在不小的压力。"六五"至"十五"期间的经济发展规划，在一定程度上摒弃了以往在制定国民经济发展规划时"冒进"或"过热"的路线，侧重于解决过去遗留下来的阻碍社会经济发展的历史问题，并兼顾社会总供给与总需求平衡。改革开放总体格局的初步形成与全球化进程的加速，既为国内经济建设带来了冲击又带来了机遇，2001年中国加入了世界贸易组织（World Trade Organizations，WTO），进一步融入世界经济体系。这一阶段的经济建设具有过渡性与调整性的特点，能源战略的制定也日益贴近于满足经济建设的需求，而不再是为了"冒进"的工业化或战备需求。针对早期能源发展过程中存在的能源生产与消费存在巨大浪费、能源基础设施配置不合理、能源使用效率低的问题，改革开放之后的能源

战略依据"坚持开发和节约并重""因地制宜地发展清洁能源""利用国外资源建立本国的能源战略储备"等发展方针，制定贴近经济建设、促进能源使用效率提高的能源战略。

三、市场经济全面建设时期——高质量经济发展阶段能源战略

2006 年之后的中长期经济发展规划是计划经济向市场经济过渡的又一历史阶段，这一阶段明确规定了要转向以市场为基础的要素配置以及经济运行方式，同时面对资源制约日益加剧、生态环境约束凸显的突出问题，经济增长方式也由以往的依赖资金、资源与环境投入的粗放型增长方式转向依靠技术进步与先进劳动力等效率提升的手段来促进经济发展。这一阶段是全面建成小康社会的经济攻坚阶段，因而经济社会发展重点转向经济增长的质量，注重生态环保建设、资源的可持续发展、经济结构转型升级程度及人民生活质量提高水平。这一阶段的能源发展战略明确提出了节能为首、效率为本、保护环境、发展经济能源与优化能源结构等战略指导思想。

新时期能源战略纲领的形成源于 2014 年中央财经领导小组第六次会议上，习近平总书记提出了我国新时期发展能源安全战略的"四个革命、一个合作"的战略思想，即推动能源消费革命，抑制不合理能源消费；推动能源供给革命，建立多元供应体系；推动能源技术革命，劳动产业升级；推动能源体制革命，打通能源发展快车道；全方位加强国际合作，实现开放条件下能源安全。该思想系统地从供给、需求、技术、体制与国际合作五个维度对新时期能源战略的制定提出了要求。

（一）采用能源消费与供给革命方式解决新时期能源供需矛盾

根据党的十九大确定的社会主义现代化国家建设的"两个一百年"的奋斗目标，2020 年之后我国经济发展应在全面建成小康社会的基础上向全面建设社会主义现代化国家的第二个百年奋斗目标进军。从新时期发展的内部驱动因素上看，"十三五"时期我国社会主要矛盾已经转变为"人民日益增长的美好需要和不平衡不充分的发展之间的矛盾"。经济高速增长阶段遗留下来的发展不平衡、要素配置与产业结构不合理、市场机制不完善等问题对经济进入提质增效的新阶段发展战略提出了革命性的要求。

能源消费总量进入中低速增长阶段，社会主义现代化强国的建设目标对新旧动能转换下的经济发展提出了产业与能源消费结构优化战略目标，即转变粗放型的能源消费结构，削减不合理的能源消费，将节能优先的方针贯穿于社会经济发展的各个领域，通过将节能目标合理有效地拆解落实到各个部门与各个区域，严格控制化石能源消费增量，从而倒逼经济结构转型升级。能源消费革命还包括充分发挥市场机制在控制能源消费中的作用，全面推进用能预算化管理体系的建立与完善，构建用能权制度，有效控制能源消费总量与优化消费结构。

新时期下能源供需矛盾的化解方法更多的是采用能源需求结构转型升级的方式，

削减传统能源消费与供给，增加清洁能源与可再生能源的使用比例，因而在能源消费约束性的战略目标作用下，多元化、清洁高效的能源供给体系也需同步配套完善。在化石能源供给上，能源供给革命主要提出了高效开发、清洁开发利用的要求，严控煤炭资源的新增产能，同时通过深入推进供给侧改革化解过剩的煤炭产能。清洁能源则成为能源消费的增量需求主要来源，为满足下游能源需求结构转型与解决不平衡不充分发展问题，在开发利用清洁能源时应坚持以分布式能源利用为主，因地制宜地选择合理的开发路径，合理布局产业集群，提高能源利用效率。科学有效的能源供给侧管理也是能源供给革命的重要组成部分，它对于把控国内能源要素成本、严格控制不合理的能源生产与使用、从全局出发提高能源使用效率、促进能源供应的外部成本内部化、增强供给灵活性等工作的推进具有重要的战略意义。

（二）新时期能源战略需满足经济高质量发展的要求

党的十九大提出我国经济已由高速增长阶段转向高质量发展阶段，明确了新常态下为实现第二个百年目标、提高经济的活力与竞争力应主动采取何种发展路径。高质量发展要求经济在发展过程中应处理好新旧动能转换时保持经济活力与要素配置效率的问题，正确把握全面建设现代化强国的长期目标与打好"三大攻坚战"的当前发展目标的矛盾统一的关系，兼顾生态环境可持续发展与经济增长的内涵，以及在经济转型升级过程中以提高人民生活质量为最终目标的效率与公平的实现问题。用于保障经济高质量发展的能源战略也应由总量高速增长阶段转向高质量发展新阶段。

能源高质量发展战略可分以下几个方面。①对能源消费与供给结构转型升级提出了要求，具体内容我们已在"采用能源消费与供给革命方式解决新时期能源供需矛盾"中予以论述。②要求建立现代化的能源市场体系，效率目标的实现离不开市场机制的作用，因而应还原能源的价格属性，加快建成有效竞争的市场机制。能源市场体系的构建是全方面的，其中包括能源企业的市场化改革、用能权等能源交易制度的完善、市场供求关系价格机制的建立以及政府在市场化体系中科学管理的作用。③能源技术革命是新旧动能转换的驱动与引领力量，新时期能源技术战略是以绿色低碳为战略目标，注重先进的节能技术、清洁能源开发利用技术、智慧能源技术的基础研发与普及应用，将技术优势转变为经济优势，培育经济转型升级的新增长点。④能源环保发展战略，经济高质量发展要求能源从生产到最终消费的各个环节始终贯彻节能环保的理念，实现经济发展与生态环境可持续发展的协调统一，因而能源环保战略并不是孤立的板块，而是与能源供给革命、能源需求革命、能源体制革命以及能源技术革命相互融合、同步实现的。

（三）深化全球能源合作、增强中国在国际能源秩序中的影响力

我国是世界上最大的能源生产国与消费国，中国能源革命战略的制定与实施需要考虑到全球能源市场的布局与融入。为打造国际能源命运共同体，维护本国能源安全与稳定发展，中国需立足长远，准确把握全球能源未来发展形势，总体谋划打造互利

共赢、多层次、多领域的能源合作网络，积极主动参与到国际能源秩序与规则制定中，深度融入全球能源市场体系，提高本国在世界能源市场中的影响力。

具体来看，新时期国际能源战略主要包括以下几个部分。①在能源供给侧，充分利用国外能源资源，稳定国际能源供应。现阶段我国油气资源对外依存度依然较高，随着未来逐步减少煤炭资源在能源结构中占比，油气进口量有可能会持续攀升。因此打造国际能源命运共同体，通过多种渠道多元化深入布局能源供应体系至关重要。②深度融入国际能源市场体系。经济新常态下能源市场体系的构建与完善势在必行，为促进能源资源的全球化配置，提高中国在国际能源市场的定价能力，稳定能源供应与经济发展，我国在深入推进国内能源金融市场建设的同时也应加快对接国际能源市场体系。③国内产能的国际间配置。深化国内能源供给侧结构性改革的同时，也应考虑到国际市场的产能输出，促进国内能源产品"走出去"。特别是在"一带一路"背景下，沿线国家与中国具有能源合作的天然地理优势，通过能源供应通道增加中国与其他国家的能源输送紧密度，比如，帮助一些岛国建设光伏发电基础设施，帮助周边电力短缺国家兴建清洁火电厂，实施不同国家间的电力联网，输出我国西部可再生能源产能。④增强国际间能源技术合作、深度融入全球能源产业链。先进能源技术的研发与普遍应用是深入落实能源技术革命带动关联产业转型升级的核心驱动要素，增强国际间能源技术合作也有助于准确把握国际能源发展关键领域前沿动态。以技术为支撑推进国际能源产业链整合，即能源产业链的"上行投资"，通过对成熟经济体的能源投资，吸收先进的技术要素与管理经验。⑤积极主动参与国际能源治理。能源转型升级与应对全球气候变化已被世界各国纷纷纳入能源发展规划的重要领域，在近年来新兴国家力量逐渐打破原有发达国家为主导的能源治理结构的背景下，中国应积极主动参与国际能源治理，抢占能源治理技术制高点，承担能源环境治理的国际责任，这对树立大国形象、提高本国在国际上的影响力以及在规则制定中维护本国核心利益具有重要战略意义。

综上所述，能源战略与经济发展是息息相关、矛盾统一的辩证关系。能源战略的制定服务于完成阶段性经济增长目标但当能源战略不再适应经济发展时，它就会对经济发展产生阻碍作用，从而政府需要重新审视能源战略的内容并做出相应调整。所以经济发展决定着能源战略的制定，能源战略反作用于经济发展，二者相互依存，对立统一。我们在思考能源战略时必须从这一对立统一的辩证关系出发，深入理解当前国民经济发展与能源现状的矛盾点，寻求科学的辩证的解决方法。

本 章 小 结

能源战略是一国为适应当前与未来国际能源形势，立足本国国情制定的满足生态经济可持续发展要求的能源总体方略，是保障一国中长期能源安全，制定与实施能源规划、政策与法律法规的基本依据。本章第一、第二两节对战略与能源战略的定义进行了界定,并从能源战略思想、能源战略目标、能源战略布局与能源战略重点四个维度构建了能源战略的内容框架。能源战略在对未来的国内外能源形势与本国发展问题充分考量的基础上,对一国的能源要素配置与能源结构调整问题做出规划部署,因而能源战略既具有长期性、前瞻性与策略性等战略的普遍性特点,又具有兼顾可持续发展与经济高质量增长等新时期能源发展的特征。能源战略与其他相关概念的辨析对于深入理解能源战略的内涵具有重要意义,本章第二节还对能源规划、能源政策目标、能源发展方式等易与能源战略相混淆的概念进行了辨析,并将能源战略划分为能源供给战略、能源需求战略、能源技术战略、节能战略、能源安全战略、气候变化与能源战略、能源金融战略及能源国际合作战略八个类别,并对不同类型的战略进行了概念辨析。能源战略的制定对于一国有效解决能源供需矛盾,维护国家能源安全,保障现代化经济发展及国际视角下全面融入全球能源战略布局具有重要的指导意义。本章第三节主要探讨了能源战略的制定对于一国能源与经济可持续发展的指导意义。第四节则根据中国经济发展特点具体阐述了新中国成立以来三个阶段("一五"至"五五"时期、"六五"至"十五"时期以及"十一五"至"十三五"时期)中国经济建设活动的能源战略制定与实施效果,能源战略对于保障社会经济活动的运转,各时期经济发展目标的实现,以及现阶段新旧动能转换下全面建设社会主义现代化强国,促进经济高质量发展都做出了不可磨灭的巨大贡献。根据党的"十九大"确定的社会主义现代化国家建设的"两个一百年"的奋斗目标,2020年之后我国经济发展应在全面建成小康社会的基础上向全面建设社会主义现代化国家的第二个百年奋斗目标进军,在此背景下,正确把握经济发展与能源战略制定的关系,有助于我们深入理解当前国民经济发展与能源现状的矛盾点,从而提出与一国未来经济发展相适应的能源战略安排。在习近平总书记提出的"四个革命、一个合作"的能源战略思想指导下,新时期能源战略将致力于以能源消费与供给革命方式解决新时期能源供需矛盾,从而满足经济高质量发展的要求,"一个合作"则进一步强调了深化全球能源合作、增强中国在国际能源秩序中影响力的战略制定要求,全面布局能源"提质增效"发展阶段的战略规划。

1. 简述能源战略的定义与主要内容。
2. 简述能源战略的特点。
3. 简述能源战略与能源规划、能源政策目标、能源发展模式的概念异同。
4. 简述能源战略的意义。
5. 简述能源战略与中国经济发展的关系,现阶段制定能源战略的依据与特点。
6. 在当前复杂的世界格局下,一国或地区在制定能源战略时应考虑到发展中的哪些问题?试举任一国家或地区为例,分析该国或地区当前的能源战略布局是如何解决该国能源供需矛盾的。

[1] 徐寿波. "一番保两番"理论和实践[J]. 技术经济与管理研究, 2007(1): 5-8.
[2] 于光远. 关于"战略"的概念[J]. 管理现代化, 1982(4): 4-5.
[3] Ansoff H I. Corporate Strategy: An Analytic Approach to Business Policy for Growth and Expansion[M]. New York: McGraw-Hill Companies, 1965.
[4] Chandler Jr A D. Strategy and Structure: Chapters in the History of the American Industrial Enterprise[M]. Cambridge: The MIT Press, 1969.
[5] Morgenstern O, Neumann Von J. Theory of Games and Economic Behavior[M]. Princeton: Princeton University Press, 1953.

第二章

全球能源战略发展现状

> 随着人类社会的发展,人们对能源的需求也产生了重大变化。经过漫长的薪柴时代,伴随着工业革命的兴起,化石能源和可再生能源逐渐进入人们的视线,而环境问题的突出与技术的进步等,促使清洁能源、新能源汽车蓬勃发展。本章主要以国家和地区为主体,对全球能源战略发展现状进行分析介绍。通过本章的学习,我们可以了解全球常规能源与非化石能源战略概述、当前全球电力系统发展的重点、典型国家地区的各个能源品种的重点战略布局。
>
> **关键词:** 能源战略 电气化 能源转型 可再生能源

第一节 全球常规能源战略概述

人类对化石能源的利用历史久远,随着世界能源格局被不断打破重塑,当前煤炭资源、常规油气资源早已不再"一枝独秀",部分能源未来将逐步退出世界能源舞台。本节主要针对煤炭、石油、天然气的进出口典型的地区和国家,进行资源现状及国家重点能源战略的分析,并对目前全球电力系统的重点战略做了概述。

一、全球煤炭战略

(一)煤炭进口国战略

据 BP(British Petroleum)数据统计,2014—2020 年中国、印度、日本三国的煤炭年进口总量始终位列全球前三。且从历史数据来看,中国自 2008 年成为煤炭进口国以来,逐步稳居世界第一大煤炭进口国,进口量巨大。日本属于煤炭资源稀缺国家,国内始终高度依赖进口煤炭。近年来印度经济迅速发展,煤炭资源需求也随之快速增长。因此,本书选取这三个国家作为典型的煤炭进口国进行分析。

1. 中国

人均偏低、分布不均:中国煤炭资源总量比较丰富,但人均拥有量低,开发难度大。煤炭资源的区域分布极不均衡,地理总格局为西多东少、北多南少。然而,中国国内经济活动对煤炭的需求巨大。受资源禀赋、技术经济发展水平等制约,未来相当长一段时期内，煤炭仍将是中国的基础能源。

中国是世界第一大煤炭进口国。2010 年以来，中国煤炭进口量逐年快速增长，2009 年起中国成为煤炭净进口国，并在 2013 年达到进口顶峰值 3.27 亿吨。而由于中国进口煤关税上调及总量的限制等原因，加之中国国内煤价下跌，2014 年煤炭进口开始呈大幅下降趋势。2015 年以后的回升趋势，主要是由于国内水电增长放缓，但电力需求不断增长，只能转向煤炭发电进行平衡，因而近几年中国的煤炭消费量有所提高。总的来说，中国对煤炭需求较大的趋势在未来短期内无法改变，与其他国家相比，煤炭进口总量整体处于较高水平（图 2-1）。

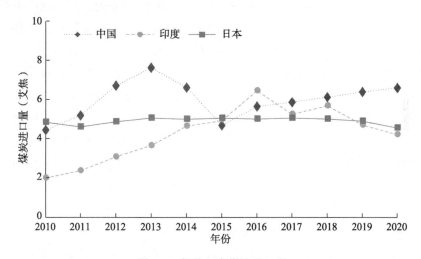

图 2-1　部分国家煤炭进口量

数据来源：《BP 世界能源统计年鉴》2021 年版

总体来看，中国国内煤炭资源供不应求，资源分布与需求侧不匹配，国内煤炭的强劲消费仍依赖国外煤炭进口。中国近些年来正努力增大国内煤炭产量，优化国内市场。但考虑到中长期能源的清洁和可持续发展，需要大力发展煤炭清洁高效技术，并致力于降低煤炭消费占比，以推动能源转型。近年来煤炭资源战略重点如下。

（1）化解过剩产能，行业转型升级

2016 年，中国开始进行煤炭行业供给侧结构性改革，国务院印发《关于煤炭行业化解过剩产能实现脱困发展的意见》，开始淘汰落后产能，鼓励企业改革重组，促进技术创新。且近年来始终严格贯彻落实，加快推进结构性改革进度。中国正努力通过对煤炭行业实施去产能，进行煤炭行业的重组整合和转型升级，促进煤炭行业从生产型向生产服务型的模式发展。

中国煤炭工业协会发布的《2018 煤炭行业发展年度报告》表明，2018 年，中国已经基本完成"十三五"煤炭去产能的主要目标任务。煤炭行业从总量性去产能转为系统性去产能和结构性优产能。

（2）优化运输格局，增加国内供给

中国煤炭资源的区域分布极不均衡。当前国内煤炭运输格局主要呈现"西煤东运，北煤南运"的趋势，铁路和水运是目前煤炭运输的主要工具。2019年，作为中国北煤南运的重要通道，浩吉铁路的建成对中国的煤炭运输格局有着重大影响。这一运输路线将国内高产煤地区（山西、内蒙古、陕西）相连接，并与国内其余煤炭需求地区串联，建成后能更好地满足国内煤炭资源需求。中国正努力通过改变国内煤炭运输格局，增强国内煤炭供应能力，逐步降低对进口煤炭的依赖。

（3）平衡发展与环保，清洁利用煤炭

中国目前处于能源转型阶段，应高度重视能源的清洁高效发展。煤炭虽然属于高碳能源，但由于其价格实惠、储量丰富和便于运输等优点，目前依旧是世界主要能源之一。煤炭未来的发展核心在于实现清洁化利用。

中国政府在2016年明确提出，将建设集约、安全、高效、绿色的现代煤炭工业体系，实现煤炭工业由大到强历史性跨越的目标。2015年国家能源局发布《煤炭清洁高效利用行动计划（2015—2020年）》，推动能源消费革命，进一步提高煤炭清洁高效利用水平，有效缓解资源环境压力。2019年在北京举行的《全球煤炭市场报告（2018—2023）》发布会上，国家能源局副局长刘宝华表示，中国已建成全球最大的清洁煤电供应体系，70%的煤电机组实现了超低排放。中国正积极探索煤炭清洁化利用，并已取得一定成效。

2. 印度

矿产丰富、物流落后、进口增长：印度煤炭化石燃料储量丰富，在该国东北部有大量的矿藏。印度煤炭有限公司是世界最大的煤炭生产公司，在印度煤炭行业处于垄断地位。印度2016年之后出现进口量小幅下降，正是由于国内煤炭产量得到大幅增加。尽管印度煤炭资源丰富，但物流基础设施并不乐观。印度西部和南部的发电厂通常从印度尼西亚进口煤炭，而不是通过铁路网消费国内煤炭产品。且印度近年来极力推进国内电气化进程，进口燃煤需求巨大。目前，印度是世界第二大煤炭进口国，年进口量仅次于中国。

印度作为发展中经济体，国内煤炭需求较高。其所处的经济发展阶段和国家能源结构状况，导致了未来几十年内印度煤炭需求的增加态势。整体上，印度国内的煤炭资源丰富，但国内产煤量不足以满足国内煤炭的高速增长需求。印度政府近年正致力于从供给侧发力，逐步引导外资进入煤炭行业，调整煤炭产业结构，优化发电结构，提高可再生能源发电比重。近年印度的煤炭资源战略重点如下。

（1）引进外资，打破国内垄断

2019年印度工业和内部贸易促进部表示，印度将在煤炭开采、合同制造和单一品牌零售贸易等领域，放宽FDI准入门槛。并且通过构建煤矿拍卖体系、制定煤炭价格指数等一系列措施，吸引外资进入印度煤炭行业，一个高效健康的国内煤炭市场。逐步打破印度国内煤炭行业的垄断局面，增加竞争压力，提高资源配置效率。

从印度矿业法律体系来看，2015年印度出台《煤矿特别规定法》[①]，扩大了印度政府在煤炭方面的权力，赋予私营企业开采煤炭并在市场上公开销售的权利。2020年《矿产法（修正案）条例》[②]则结束了印度自留式煤块拍卖方式，在煤矿开采中引入私人企业，允许任何印度注册公司竞标和开发煤块。印度近年来正通过不断放宽煤炭开采与销售方面的规范，期望提高国内煤炭产量，满足印度国内巨大的煤炭需求。

（2）开发国内资源，减少进口依赖

印度煤炭工业意图降低对进口煤炭的依赖，更多地利用国产煤替代进口煤。2020年，印度煤炭部长普拉哈德·乔希表示，印度政府将在未来3～4年内停止"可替代煤炭"进口，全面转向新能源发展策略。虽然从近几年的实际情况来看，印度并未真正做到停止可替代煤炭进口，但这一策略透露出印度对煤炭未来的整体规划，即开发国内矿产资源，扩大国内煤炭产量，减少煤炭进口依赖，以保障国内能源安全。

（3）重视环境污染与燃煤电力供应

一方面，煤炭是印度最主要的电力供应来源，印度当前燃煤发电厂的建设如火如荼，电气化进程持续且迅速，印度对煤炭资源的需求居高不下。另一方面，面对全球气候变暖问题，迫于国际舆论的压力和可持续发展的考量，印度政府必须减少碳排放量，控制煤炭使用。因此，印度政府必须考虑如何在环境污染与燃煤电力供应中平衡取舍。早在2015年，为控制国内煤炭消费，减少燃煤发电厂的排放，印度政府就将煤炭生产税提高了一倍。同时，政策鼓励可再生能源如太阳能、风能的长期发展，如2017年提出的印度国家自定贡献目标（intended nationally determined contribution，INDC），优化发电结构。

3. 日本

持续高度依赖进口：日本矿产资源十分匮乏，能源严重依赖进口。第二次世界大战后煤炭为日本经济的恢复和发展起了重要支撑作用，20世纪70年代石油危机后，日本加大了对煤炭的利用力度。随着日本本国的煤炭产业在20世纪90年代中期步入萎缩，日本国内越发依赖海外煤炭进口。2018年，日本是世界第三大煤炭进口国，在年进口总量上仅次于中国和印度。

由图2-1可知，与中国、印度的煤炭较为波动的进口量趋势相比，日本历年煤炭进口量呈稳中稍升的趋势，后期基本平缓，但始终处于高位进口量水平。这与日本国内资源稀缺的现实相符合，同时也表明，在寻求到新的优质煤炭替代能源之前，日本同样不得不维持现状，保持煤炭的高进口量。

作为日本主要能源之一，煤炭对日本国家能源安全有着重大影响。日本近年的煤炭资源战略重点如下。

---

① "Coal Mines（Special Provisions）Bill" 2015，India.
② "The Mineral Laws（Amendment）Ordinance" 2020，India.

（1）短期发展煤电，中长期实现脱碳

如今发达国家正努力削弱煤炭在本国能源体系的比重，但日本却反其道而行之，近年来极力鼓励国内燃煤发电。一方面是由于福岛核事故的恶劣影响，激起了日本民众对核电的抵触心理，导致日本不得不放弃核电，电力供应的短期缺口只能通过燃煤发电补足；另一方面，在石油市场局势不稳定的背景下，与天然气石油相比，煤炭是日本更加经济实惠的选择。因此日本近年来在大力投资煤电，但考虑到全球气候变化问题，中长期必须摆脱对燃煤发电的高度依赖。2019年日本政府首次提出《战略能源计划》（Strategic Energy Plan，SEP），要求将可再生能源作为未来的主要能源，致力于在2050年前实现能源行业的脱碳。

（2）继续鼓励煤炭清洁利用技术的研发

日本在清洁技术研发领域走在世界前列。早在1980年，日本就已成立"新能源产业技术综合开发机构"，从事清洁煤和新能源技术的研发。20世纪末提出的《21世纪煤炭技术战略计划》，制定了分三个阶段研发洁净煤技术的战略。2008年日本启动《清凉地球——能源创新技术计划》，优先发展21项能源技术，其中包括了多项煤炭清洁利用技术。2014年又通过新《能源基本计划》，进一步明确煤炭清洁利用和高效发电的战略方针，提出要大幅提高煤炭发电效率。2015年日本成立"促进新一代火力发电技术协会"，试图举全国之力推动火力发电高效清洁利用技术的发展。

（二）煤炭出口国战略

据BP数据统计，自2004年起，澳大利亚、印度尼西亚、俄罗斯三个国家的煤炭出口量连续多年位列全球前三。2019年，仅这三个国家的煤炭出口量之和的全球占比就超70%，对全球煤炭供应市场具有相当的影响力。具体来看，印度尼西亚是世界主要产煤国之一，同时是全球第二大煤炭出口国，煤炭开采潜力巨大。俄罗斯煤炭出口自20世纪末以来一直在稳步上升，并于2004年起成为世界第三大煤炭出口国。因此，本书从中选取印度尼西亚、俄罗斯这两个国家作为典型煤炭出口国进行分析。

1. 印度尼西亚

总量多、易开采：印度尼西亚（以下简称印尼）矿产资源非常丰富，分布广泛，是世界主要煤炭生产国之一，更是目前世界排名第二的煤炭出口国。据BP公司统计：截至2018年年底，印尼煤炭探明总量为430亿吨；其中无烟煤和烟煤探明量为261.22亿吨，次烟煤和褐煤探明量为168.78亿吨；储产比（即剩余储量与年产量的比值）为67，开采潜力较大。印尼近年重点的煤炭战略如下。

（1）DMO政策以优先满足国内需求

随着印尼国内发电站项目的陆续建成投产，印尼国内对煤炭的需求持续增长。同时，国内经济快速发展也拉高了国内煤炭消耗比重。与印度类似，综合考虑这些因素，印尼政府近几年越发强调，国内煤炭生产须优先满足国内需求，再考虑出口。

印尼能源矿产资源部2009年出台一项名为"国内市场义务"的煤炭市场政策。最初的 DMO 政策要求煤矿公司在印尼国内市场上出售至少 25%的产量，并将国有电力公司的燃煤电厂的销售价格限制在每吨 70 美元。虽然 DMO 政策每年会商议调整，但近年基本维持不变。同时，印尼政府还制定了国内煤炭限产政策，如暂缓颁布部分地区新煤矿生产许可证，进一步保证国内煤炭资源的可持续发展。

（2）部分开放能矿外资，积极寻求合作

考虑到国内资金匮乏，印尼对外资 FDI 进入其能矿领域整体上保持开放态度，但同时做出部分限制。2009 年印尼颁布的新《矿产和煤炭法》[①]取消了对外国资本初始投入股权比重的原限制。随后陆续颁布实施的有关政府条例，也逐步放开了对外资的能矿投资限制。2014 年起印尼全面禁止多种原矿出口，要求投资商就地冶炼，这在很大程度上限制了外资的流入。2017 年，印尼政府出台矿产出口税率新规，提出将根据出口商建设冶炼厂的进度确定出口税率，冶炼厂建设进度越快，对应免征税率越高。

印尼政府试图通过构建更加完善的矿业法律体系以吸引外资，为国内煤炭市场注入活力，形成更加高效的市场。然而由于印尼对外资设限较多，且国内基础建设较为薄弱，对外资吸引力不强，因此在引进外资能矿方面，印尼仍有待进一步改善。

2. 俄罗斯

储量大、品种全、行业垄断：俄罗斯煤炭资源丰富，截至 2018 年年底，煤炭探明储量占全球总量的 15.2%，仅次于美国，居世界第二位。储产比高达 364，开采潜力极大。煤炭品种较为齐全，烟煤（如瘦煤、焦煤、肥煤等）、无烟煤、褐煤等都比较丰富，尤其焦煤。但俄罗斯的煤炭资源分布不均，75%以上集中在俄罗斯亚洲部分，欧洲部分相对匮乏且多聚集在其中部地区。因此，俄罗斯每年必须在国内调配大量煤炭资源。俄罗斯国内煤炭行业属于垄断经营，西伯利亚煤炭能源公司是俄罗斯最大的煤炭公司，同时也是世界煤炭供应商巨头之一。

由于煤炭资源生产和运输成本高于其他能源，目前俄罗斯煤炭资源虽不如其石油、天然气资源瞩目，但考虑到俄罗斯煤炭资源的极高储量和其开发潜力，未来发展不可小觑。俄罗斯近年煤炭战略重点如下。

（1）提高效率、降低成本

2012 年俄罗斯出台的《2030 年前俄罗斯煤炭工业长期发展规划纲要》，提出要着力提高煤炭开采、加工等技术，优化煤炭经营结构以及运输格局，包含铁路运输和港口运输，以提高煤炭运输能力与效率。同时，在煤炭领域引进高科技设备，实现基础设施现代化，从而进一步降低煤炭的生产成本，增加煤炭资源同其他能源在价格方面的国际竞争优势。

（2）调整煤炭输出重心

考虑到欧洲能源已相对饱和，俄罗斯近年正将煤炭出口重心转移到亚洲地区。这一策略同时也是俄罗斯石油、天然气等其他能源共同的出口战略。出口重心转向主要

---

① 印尼 2009 年第 4 号法律——《矿产和煤炭法》。

源于两方面考虑：一方面，考虑到目前亚洲各国经济的快速增长，必然会带动对煤炭资源的需求增长；另一方面，俄罗斯煤炭很大一部分分布在俄罗斯亚洲地区，资源的就近出口可以降低煤炭的运输成本，在价格方面取得一定的优势。早在2009年《2035年前俄罗斯能源战略》就已明确指出，未来俄罗斯要着力建设一批面向亚太市场的煤炭开采和加工中心。2020年俄政府颁布新的《俄罗斯2035年前能源战略》，提出将扩展非洲市场，加大对其煤炭出口供应。

（3）煤炭清洁化

煤炭资源的清洁化利用是世界普遍关注并致力于发展的方向，俄罗斯作为煤炭储量大国，更是如此。全球对煤炭清洁利用的高质量要求，制约着俄罗斯煤炭工业发展。过去的十几年间，俄罗斯自身的煤炭工业结构发生了较大变化，主要是为了形成高利润且具有强竞争力的采煤和选煤企业，进一步完善煤炭清洁体系。2020年俄罗斯批准了《俄罗斯联邦2035年前煤炭工业发展规划》，提出未来将对燃煤电站进行现代化改造和升级，对煤炭生产中废水排放的严格规范。

二、全球石油战略

（一）石油进口国战略

中美两国的石油进口量连续多年排名全球前二（图2-2）。据BP统计，2020年，仅中国和美国的石油进口之和占全球30%以上。中国是世界上最大的原油净进口国、排名第二的石油消费国，国内经济和消费增长驱动中国石油进口消费大幅增长。短期内中国将继续保持其最大原油净进口国的地位。美国在2017年之前始终保持世界最大石油进口国位置，目前仅次于中国。因此，本书选取这两个国家作为典型石油出口国进行分析。

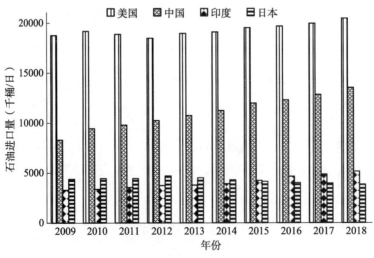

图2-2 2009—2018年部分国家石油进口量
数据来源：《BP世界能源统计年鉴》2021年版

1. 美国

进口转向出口：美国长期以来都是石油需求大国，但随着美国工业转移、人均石油消耗趋缓，美国正逐步由能源进口国转为能源出口国。2017年以来，全球能源行业发生较大变动，美国开始作为原油出口国而逐渐崛起。美国石油的出口正在改变世界石油市场的局势。2015年年底美国取消对原油出口的禁令后，石油出口贸易规模缓步扩大，美国目前在石油生产方面领先于沙特阿拉伯。2020年美国石油产量为1647.6万桶/日。

"石油独立"作为美国历届政府实施能源独立战略的核心。美国已基本构建起石油供应多元化格局，加拿大、中东、中南美、墨西哥等国家和地区为美国主要的石油进口来源地，石油储备量位居全球第一。美国的石油战略重点如下。

（1）实施综合举措，保障石油安全

发展替代能源。美国国内核电、风电、水电等可再生能源产业发展迅速，部分替代了对石油能源的需求。美国长期注重科技创新，鼓励发展新型石油替代能源，2017年，美国埃克森美孚公司和合成基因组公司联合研究的"转基因藻类生物制油技术"取得历史性突破，藻类生物油曾被美国能源部视为最有可能替代石油的能源之一。

积极开发国内资源。美国页岩油技术起步早，目前处于世界领先地位，页岩油技术的成熟使得美国在2018年首次从石油进口国转为出口国，原油产量近年得到大幅提升，进一步提升了美国的能源独立性。

（2）打"石油美元"牌，掌控国际话语权

美国凭借强大的经济、军事实力，以及美元自身有利的国际货币地位，成功构建起"石油美元"的全球体系。20世纪70年代，美国与沙特签订了石油美元协议，双方协定将在石油交易中以美元为唯一的定价货币，从而美国便可通过国内美元的货币政策，影响和操纵国际油价，干预国际石油市场，借此获得一定的国际石油定价权。石油美元体系使得美国至今都在世界石油贸易市场上占据重要地位。中国近年也提出"石油人民币"，目前暂处起步阶段，短期内难以撼动美国在国际石油结算中的强势地位。

2. 中国

人均量少、分布不均：中国在世界一百多个产油国中，属于油气资源较为丰富的国家。据《中国矿产资源报告（2021）》数据，2020年中国石油矿产查明资源储量为36.19亿吨，石油产量为1.95亿吨。中国石油资源总量排名居世界前列，但人均占有量偏低，资源分布不均衡，国内石油能源远不足以满足社会发展的需要，石油进口依赖程度加大。BP历年数据显示，从2017年开始，中国就已经超越美国，成为全球第一大石油进口国（图2-2）。

石油是战略储备资源，石油资源的安全供给关乎国家经济与国家安全，其特殊性质决定了中国必须坚持石油的可持续发展战略。考虑到国内石油资源储量与消费需求之间的矛盾，以及石油在国家能源安全中的重要地位，中国始终高度重视石油安全。一方面，开源节流，调整石油在能源消费中的份额；另一方面，寻求国际合作，稳定海外石油的多样化供应。近年中国石油战略重点如下。

（1）完善节约型石油消费模式

节约资源是中国的一项基本国策，石油资源属于重大资源，尤其应当如此。中国在国家能源发展战略中，多次强调要通过适度调整石油在能源需求结构中的比重，完善节约型石油消费模式，确保石油资源的安全稳定供应。

（2）健全石油安全保障体制

中国正采取多项措施，建立和完善国家的石油安全保障体制，提高突发事件的应对能力。

如大力开发国内石油资源、提高石油自给能力。目前国内石油资源开发的技术重心之一在南海。南海蕴含丰富的石油天然气资源，有着巨大的开发潜力，虽然在海洋石油的工业勘探开发方面还存在技术瓶颈，一旦技术成熟，南海的资源将长期惠及中国。

积极开展能源的国际合作、充分利用国外石油资源，保障能源储备安全。据BP数据，2018年中国的石油进口主要源于中东、俄罗斯、非洲、南美洲，而原油供应国几乎都在"一带一路"倡议版图内，"一带一路"建设对中国能源安全意义重大。并且，考虑到马六甲海峡不可取代的关键水道地位对中国石油安全潜在的威胁，中国与巴基斯坦近年正积极推进"瓜达尔港项目"，打造另一条海上运输通道。且中国也在大力开发和利用更为优质的天然气和新能源，寻求石油的替代能源，优化能源结构。

（3）推广"石油人民币"

考虑到石油能源的国家战略地位，为降低石油美元结算带来的不确定性，中国更偏好于使用人民币进行石油结算。2018年3月人民币原油期货被正式推出，标志着"石油人民币"从概念走向现实。俄罗斯、伊朗、委内瑞拉、安哥拉和尼日利亚等产油国，也已在与中国进行石油交易时用人民币进行结算。各国通力合作以期逐步打破石油美元的束缚。中国未来将继续面向世界推广"石油人民币"，逐步提高中国在全球原油市场的话语权。

（二）石油出口地区国家战略

据BP数据统计，2010年起，中东、加拿大、俄罗斯三个地区和国家的石油出口量始终处于全球前列（图2-3）。中东地区石油资源相当丰富，每年对外出口石油数量巨大。且中东各国联合成立了石油输出国组织（Organization of the Petroleum Exporting Countries，OPEC，简称欧佩克），在世界石油供应市场具有相当的地位。加拿大的石油资源丰富，截至2020年年底，加拿大原油探明储量高达1681亿桶，排名世界第三，仅次于委内瑞拉和沙特阿拉伯，其国内石油储量主要是油砂。因此，本书选取中东地区和加拿大作为石油输出组织，进行典型分析。

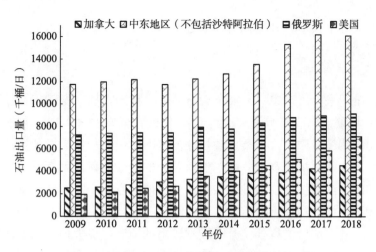

图 2-3　2009—2018 年分地区、国家石油出口量
数据来源：《BP 世界能源统计年鉴》2021 年版

1. 中东地区

总量高、易开采：长期以来，中东地区都是世界上石油储量最大、生产输出石油最多的地区，且未来这一趋势基本不会发生改变。据英国能源研究所发布的《世界能源统计年鉴》2021 版，2020 年中东地区的石油储产比高达 82.6。中东石油主要分布在波斯湾及沿岸国家，如沙特阿拉伯、伊朗、伊拉克、科威特等几个主要产油国家。中东地区具有得天独厚的资源优势，石油品质较高，多为轻油，开采成本低。截至 2020 年年底，世界已探明石油储量为 2444 亿吨，其中中东地区 1132 亿吨，全球占比 48.3%，几乎占全球已探明储量的一半。但中东地区国家工业能力较弱，炼油能力不具有优势，因此主要对外出口原油。

中东地区凭借其丰富的石油资源，在全球石油供应市场占据举足轻重的地位。中东地区波动的石油市场和持续变化的能源需求，地区各国早在 1960 年就联合成立了欧佩克，据此抗衡西方的石油定价权，维护地区内经济高度依赖能源出口各国的利益，保障其在世界石油供应方面的控制力。中东地区近年来石油战略重点如下。

（1）采取多种措施，维护石油市场稳定

2016 年欧佩克通过的"OPEC Long-Term Strategy"[1]，重申了该组织维护市场秩序和稳定的基本立场，指出油价过高对于产油国和消费国均有害。欧佩克通过控制石油产量稳定油价，这一限产保价的石油战略是中东地区长期实施的战略，对世界石油价格变动拥有相当大的控制权。

此外，长期战略中还提出，未来将制定一套指标，以便积极应对，石油市场结构的变化、经济衰退等诸多影响石油供求的因素，更好地稳定市场。

（2）推广环保技术在石油工业的应用

技术是未来能源供应和使用的关键驱动因素之一。长期战略中提出，欧佩克支持

---

[1] "OPEC Long-Term Strategy" 2016，OPEC.

开发和推广石油环保技术，并提倡持续改进勘探和开发标准，提出更严格的燃料质量规范，助力石油资源的长期清洁发展。

2. 加拿大

储量高、难开采、出口单一：加拿大石油资源相当丰富，据 BP 数据统计，截至 2020 年年底，加拿大原油探明储量高达 1681 亿桶，全球占比 9.7%，位居世界第三，在单个国家的探明储量中仅次于委内瑞拉和沙特阿拉伯。加拿大石油资源主要有三个生产来源：加拿大西部沉积盆地、阿尔伯塔北部的油砂储藏及大西洋海上油田。常规原油由陆上和海上油田生产，油砂则主要在阿尔伯塔省生产。虽然加拿大石油资源充足，但在国际石油市场却远远没有中东地区瞩目，主要是由于加拿大的石油资源中，常规石油较少，其石油储量主要是开采成本较高的油砂，极大地限制了加拿大的石油产量。据加拿大国家能源局统计，2019 年，原油和沥青约占加拿大能源出口的 73%，在加拿大历年能源产品出口中占主要地位。但主要出口国为美国，2019 年美国占加拿大石油出口比重的 90%。

由于石油开采成本偏高，加之国内环境保护标准严格，加拿大石油缺乏国际竞争力。加拿大多年来始终采取出口为主的石油战略，国内的石油资源基本上用于出口，很少炼化。近年来加拿大的石油战略重点如下。

（1）优化运输能力，保障出口供应

提高加拿大西部的石油管道和铁路运输能力，以优化现有石油管道供应系统。加拿大西部沉积盆地是加拿大的主要原油产区，其原油产量每年持续增长，但现有产量已超过管道吞吐能力。加拿大的石油价格和生产趋势将在很大程度上取决于出口管道和铁路运输能力。加拿大必须优化基础设施建设，保证石油的正常供应。

（2）调整油砂项目，探寻未来发展

加拿大油砂资源丰富，其油砂开发是世界能源的一大亮点，油砂未来可能取代常规石油成为加拿大西部主要石油生产来源和世界石油市场的重要组成部分。但目前加拿大国内油砂产业陷入困境，出现产业退潮现象。自 2016 年开始，多家国际石油公司相继剥离出加拿大油砂资产，仅保留稳健的多年投产项目合作。主要是由于油砂的开采成本、提炼成本、运输成本等都偏高，与常规油类相比处于劣势。并且，油砂的开采对周围环境的影响较大，加拿大民众反对情绪高涨。为保证未来油砂项目持续健康地发展，加拿大政府必须对项目重新布局调整，建立一套致力于能源开发、环境、经济和社会相互协调统一的综合资源管理系统。

三、全球天然气战略

（一）天然气进口国战略

从 BP 公司的统计数据来看，近年来，中国、日本的天然气进口量始终在全球排名靠前，对天然气的需求巨大。日本国内能源极度稀缺，始终高度依赖进口能源，长期是世界第一大液化天然气（liquefied natural gas，LNG）进口国。中国天然气进口量则是逐年快速增长，在2021年超越日本成为全球第一大液化天然气进口国。因此，本书选取这两个国家作为典型的天然气进口国进行分析。

1. 日本

LNG进口重度依赖：日本天然气资源极其匮乏，国内几乎没有天然气产出能力，对海外天然气供应极度依赖。且国内地震频发，不适宜建设长输跨境天然气管道，LNG依赖于进口，国内LNG进口量逐年稳步上升，近年稍有下降，但始终处于高位水平（图2-4）。据BP公司统计，2020年日本天然气消费量为1044亿立方米，其中液化天然气进口为1020亿立方米。

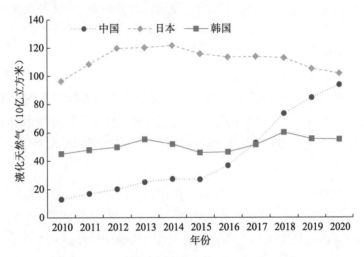

图2-4 部分国家液化天然气（LNG）进口
数据来源：《BP世界能源统计年鉴》2021年版

长期以来日本都是能源进口依赖国，福岛核事故之后，国内愈加依赖LNG。日本国内始终大力发展燃气产业。近年日本将LNG战略重心转向国际市场，依托全球最大的LNG消费国身份，意图在日本国内构建一个国际LNG交易中心，由最大进口商转为最大转口贸易商。谋求其在LNG市场的利益，进一步确保LNG的价格、供应稳定，保障国家能源安全。近年日本的天然气战略重点如下。

（1）重塑交易规则，争取国际话语权

近几年，随着LNG市场逐渐转向买方市场，2016年日本发布"LNG市场战略"，宣告日本的LNG能源政策将从过去以"长期稳定、确保进口"为核心的保供原则，转向注重灵活性、透明性的市场化原则。2017年，日本公平贸易委员会发布日本企业LNG市场交易实态调查报告，认定含有"目的地限制""利润分成""照付不议"等格式条款的LNG合同，违反了日本《反垄断法》，委员会要求该部分LNG企业纠正或废除相关合同中的此类垄断条款。2018年，日本与欧盟联合发布天然气市场的联合研究报告,报告中给出了LNG合同的示范性标准文本,赋予买方变更目的地的权利。并且日本还积极游说利益相关国家,重构LNG交易规则,争取买方话语权。目前日本在争取国际话语权方面已取得一定成效。

（2）重构定价机制,遏制过度溢价

由于亚洲区域的LNG贸易往往与原油价格挂钩,多采取与日本进口原油加权平均价格（Japan Crude Cocktail,JCC）挂钩的定价,存在较大的不确定性,不公平的溢价较高。日本近年来正力图摆脱这一局面,创建灵活化、公平化的LNG市场定价机制。例如,日本在2018年减少了中东、东南亚地区的LNG进口,转增美国、澳大利亚的LNG进口,从而部分引入美国天然气市场的HH（Henry Hub,HH）定价。日本政府积极鼓励构建反映日本LNG交易市场的多种交易价格指数,以及与煤炭价格挂钩的定价方式等。

（3）燃气市场化改革,保障LNG多元化供给

日本早在20世纪90年代,就已开始对燃气行业进行市场化改革,以降低国内用气成本。分阶段逐步放宽市场准入标准,允许投资者进入燃气产业的各个环节,减少政府干预,有利于LNG供应的多元化。通过立法建立起较为完善的市场交易体系,如日本《燃气公用事业法》,规定燃气企业必须针对用户类型和负荷特点进行分类定价。

2. 中国

需求巨大、进口集中：BP数据显示,截至2020年年底,中国天然气探明储量为8.4万亿立方米,全球占比4.5%,整体来看,我国天然气资源并不算丰富。中国近些年的LNG（图2-4）与管道天然气的进口量均呈稳步增长的趋势。且据BP历史数据,中国的天然气进口较为集中：LNG进口主要源于澳大利亚、卡塔尔、印尼以及马来西亚,管道天然气进口则集中于土库曼斯坦,每年为中国提供至少70%的进口管道天然气。

中国正推行能源转型,逐步加大天然气比重,国内天然气需求持续快速增长,但国内天然气产业增速不足,国内天然气供需存在矛盾。中国为保障天然气的安全稳定供应,一方面积极开采国内天然气资源,推动国内天然气市场；另一方面利用国际资源,逐步形成天然气多元化进口的局面。近年来中国的天然气战略重点如下。

（1）走低碳道路,"煤降气升"

天然气在当前能源转型的进程中承担重要角色,世界典型天然气消费国家都在能源转型中走上"煤降气升"的道路。中国能源未来的主要发展方向也遵循着这一规律。未来将扩大天然气在能源消费中的比重,加快国家能源低碳化进程。而随着"西气东输""南气北上"等一系列互联互通工程的实施落地,天然气基础设施不断完善,中国的天然气市场也在不断发展,未来国内天然气消费占比必然有所提高。

（2）完善政策,促进产业发展

中国近年来在天然气产业的各个方面通过了多项文件,广泛涵盖天然气定价、基础设施建设等,以推动和引导天然气产业的发展。如《关于加快储气设施建设和完善

储气调峰辅助服务市场机制的意见》《天然气基础设施建设与运营管理办法》《加快推进天然气利用的意见》等，首次将天然气的战略定位提高至国家政策的高度。且中国已基本构建起天然气基础设施的主体框架，逐步完善基建对天然气市场发展的保障作用。

（二）天然气出口国战略

俄罗斯、卡塔尔国家的天然气产量及出口量在全球排名靠前（图2-5）。卡塔尔油气资源丰富，是世界第一大液化天然气出口国。俄罗斯是管道气出口大国，天然气产量排名世界第一。因此，选取这两个国家作为典型的天然气出口国进行分析。

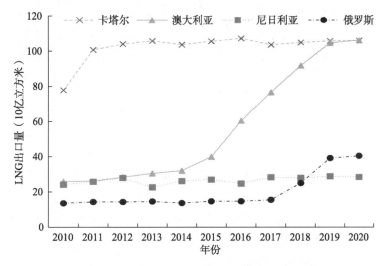

图 2-5　2010—2020 年部分国家 LNG 出口量
数据来源：《BP 世界能源统计年鉴》2021 年版

1. 俄罗斯

资源丰富、管道发达：俄罗斯是世界天然气资源最为丰富的国家，素有"天然气王国"之称。天然气产量居世界首位（图2-6）。同时俄罗斯是世界最大的管道天然气出口国，也是世界上天然气管道铺设最长的国家。据 BP 数据统计，截至 2020 年年底，俄罗斯天然气探明储量为 37.4 万亿立方米，全球占比 19.9%，排名第一。2020 年出口管道天然气 1977 亿立方米。俄罗斯天然气资源最主要分布于西西伯利亚地区，其次为伏尔加—乌拉尔地区、科米自治共和国等地。但俄罗斯天然气主产地距天然气消费核心地区较远，这也对天然气的调配运输提出较高要求。

俄罗斯的能源出口拉动着国内经济的发展，每年为俄罗斯带来巨额外汇收入。天然气能源在俄罗斯经济和外交领域处于重大战略地位。为维护和稳固在世界天然气市场的地位，俄罗斯积极开发国内资源，通过不断完善天然气管道建设，打造发达的运输系统，向全球提供充足的供应。虽然近几年美国借助页岩气革命在天然气市场异军突起，但短期内，俄罗斯在国际天然气市场的地位难以撼动。目前俄罗斯国内天然气战略重点如下。

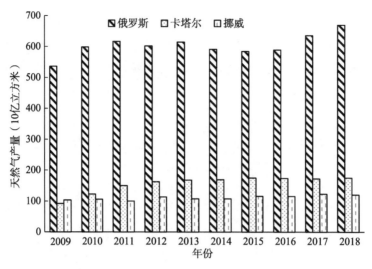

图 2-6　2009—2018 年部分国家天然气产量

数据来源：《BP 世界能源统计年鉴》2021 年版

（1）有效满足国内市场的天然气需求

在俄罗斯国内，政府计划将居民气化率从 2018 年的 68.6% 提高到 2035 年的 82.9%，并大力推广天然气车用燃料，到 2035 年俄罗斯国内天然气消耗量将有 2.2%～5.2% 的增长潜力。同时，随着俄罗斯天然气相关基础设施的快速建设，供气系统将得到进一步完善，国内气化率提高的潜力巨大。

（2）合理开发天然气出口潜能

俄罗斯近年管道天然气出口量不断创历史新高，在全球天然气市场的优势明显。同时，俄罗斯也在积极谋求液化天然气出口量增加。俄罗斯在天然气出口中始终保持世界先进地位。据《2035 年前俄罗斯能源战略草案》2019 修订版，俄罗斯会继续鼓励液化天然气和天然气车用燃料的生产和消费。并且随着"西伯利亚力量""土耳其溪""北溪二号"等输气管道项目陆续建成投运，俄罗斯天然气出口能力得到进一步巩固和保障。

（3）俄罗斯天然气外交

能源外交是俄罗斯促进国家经济复苏、参与世界经济体系、维护能源格局的重要手段，而石油和天然气在其中占据主要地位。早在 2000 年，俄罗斯政府就出台了《俄罗斯联邦能源发展战略》，强调要通过强化能源外交促进经济复苏、维护政治利益。2014 年以来，随着西方对俄罗斯的多轮能源制裁带来的不利影响，俄罗斯将能源战略重点逐步转移到亚太地区。《2030 年前俄罗斯能源战略》也提出未来将开拓亚太市场，计划于 2035 年天然气产量将增加到 8050 亿～8800 亿立方米。

2. 卡塔尔

LNG 丰富、低生产成本：卡塔尔位于阿拉伯西湾的中部，国土面积较小，但蕴藏着极其惊人的天然气资源，且开发成本低，据此奠定了其在天然气市场上的价格优势。在对天然气液化基础设施进行大量投资后，目前卡塔尔有足够的能力出口更多的液化天然气。据 BP 数据统计，截至 2020 年年底，卡塔尔天然气探明储量为 24.7 万亿立方米，全球占比 13.1%，居世界第三位。

卡塔尔经济对能源出口具有重度依赖，国内长期高度重视能源出口，是典型的世界能源供应国。但国内技术薄弱，卡塔尔采取多举措保障其天然气出口服务。卡塔尔主要的天然气战略如下。

（1）与国际石油公司"强强联合"

21 世纪以来，卡塔尔国内与包括埃克森美孚、康菲和壳牌等众多国际油气公司强强合作，充分发挥各自优势。并且，卡塔尔两家液化天然气公司——拉斯拉凡天然气公司和卡塔尔天然气公司合并重组，新成立公司命名为卡塔尔天然气公司，专门从事北方气田的开发和液化天然气的生产与经营。卡塔尔的天然气除了国内自用及通过管道向阿联酋等国输送销售以外，其余大部分加工成 LNG 销售。

（2）提高 LNG 产量，保障出口供应

2019 年卡塔尔能源事务国务大臣兼卡塔尔石油首席执行官萨阿德·本·沙里达·卡阿比公开表明，将继续提高 LNG 产能，拉动国内经济增长。通过开放液化天然气生产设施建设方面的投资，吸引资本进入卡塔尔国内，推动国内基础设施建设，增加 LNG 产量，向全球供应充足的天然气能源。

（3）加入"一带一路"，转移出口重心

卡塔尔积极加入"一带一路"。2014 年中塔两国发表联合声明，表示将建立能源与替代能源领域长期全面的战略合作关系，加强两国在包括 LNG、石化领域在内的油气生产和加工领域的合作。鼓励两国政府主管部门、相关企业签署并落实能源供给，以及相关项目投资领域的合作协议。卡塔尔重视能源领域的互联互通建设，从固守北美市场向重视亚太市场转变。将修建更多的石油天然气运输网络，向亚洲各国输送清洁能源，以实际行动呼应"一带一路"上的互联互通建设。

四、全球电力战略

作为现代社会生产生活的重要能源基础，电力的重要性不言而喻。且随着全球气候等问题的影响进一步扩大，电力对传统一次能源的替代趋势也越来越明显。世界能源消费格局正在逐步改变，以电力为主，强调电力优先。随着可再生能源价格的降低与电池技术的突破，全球电力系统也随环境的变化与技术的进步得到快速发展。目前全球电力战略的重点如下。

（一）再电气化

电力对能源转型起着主动支撑的作用，在世界向低碳、清洁的新型能源体系转型的过程中占据重要地位，全球电气化进程势不可挡。2017 年原中国国家电网董事长、中国华能董事长舒印彪首次提出"再电气化"的概念,是指将现代能源、材料及信息技术充分运用于传统电气化过程中,并通过清洁能源的大规模利用替代常规化石能源,从而实现以清洁能源为主导的高度电气化社会的进程。由中国社会科学院研究生院国际能源安全研究中心与社会科学文献出版社联合出版的《世界能源蓝皮书:世界能源发展报告(2019)》则指出,"再电气化"将成为不可逆转的趋势。

在生产环节方面,全球再电气化体现为清洁能源(如太阳能发电、风电等)的广泛开发利用。据国际能源署(International Energy Agency,IEA)统计,政策导向上,未来20年全球电力仍将依赖燃煤和燃气发电,但可再生能源发电比重将得到快速增长。目前可再生能源中水电占比最高,风电、太阳能发电自2015年起持续高速增长。未来以风电、太阳能发电为代表的可再生能源将得到持续发展。

在消费环节方面,全球再电气化体现为电力对常规化石能源的逐步替代。一方面,可再生能源发电对化石能源具有直接替代作用;另一方面,电动汽车在全球的兴起对石油能源具有较大的间接替代作用。

(二)低碳化

气候问题上升为全球议题后,世界能源的发展开始强调绿色可持续。这一大趋势下,低碳化发展成为必然。未来煤电将可能是最大的输家,煤炭能源在全球发电结构的占比将逐步下降,清洁能源将成为发电主力。

低碳能源将逐步替代化石能源成为全球的常规能源,优化能源结构,实现能源低碳化,充分开发利用对环境、气候影响较小的低碳替代能源。其中,低碳能源可以大致分为两类:以天然气、核电为典型的清洁能源和以太阳能、风能为典型的可再生能源。

在推动低碳化方面,各国因地制宜,逐步实施低碳战略,欧盟国家表现较好。如法国承诺在2021年关停所有的燃煤电厂、2040年禁售燃油汽车、2050年前能源消耗量减半,为应对全球气候变化做贡献。荷兰近年也在推行新的能源政策,降低煤电比重,2018年荷兰宣布将从2030年起禁止煤炭发电。此外,英国计划在2025年前关闭所有煤电设施,彻底退出燃煤发电。

(三)保障电力安全

随着科技的不断进步,国际能源消费结构的改变以及电力需求的多样化,世界电力系统正在发生巨变。多手段、高技术保障电力安全逐步成为各国电力系统发展的重点,应运而生的新概念有智能电网、微电网等。特高压和全球能源互联网,目前已成为电力行业的新发展方向。

智能电网的概念最先由欧美国家提出,其后逐步成为世界电网发展的新趋势。由于发展暂时处于起步阶段,目前智能电网的概念并未得到统一。据国家电网中国电力科学研究院,智能电网是指将先进的传感测量技术、通信技术、信息技术、计算机技术和控制技术充分运用于物理电网,综合形成的新型电网。21世纪初美国率先提出微电网的概念，但目前概念也并未统一。微电网也称微网，据国家能源局发布的《微电网管理办法（征求意见稿）》，微电网是指由分布式电源、用电负荷、配电设施、监控和保护装置等组成的小型发配用电系统（必要时含储能装置）。

在发展智能电网、微电网方面，美国、日本、欧洲地区具有示范作用。美国是最早建设微电网的国家，微网研究重心落在提高供电的稳定性、电能质量方面，目前拥有逾 200 个微电网示范工程。典型如 2001 年建立的威斯康星大学麦蒂逊分校微电网示范工程，2005 年建设的美国北部电力微电网第一示范工程等。早在 2003 年美国能源部制订的"Grid 2030"计划中，美国便将微电网列入未来电力系统的三大基石技术之一。《2009 年美国复苏与再投资法案》[①]推出后，美国在智能电网的投资持续增长，已达百亿美元级。日本是建设微电网较早的亚洲国家，由于资源匮乏，对微网的研究侧重于保障电力供应、系统控制及电储能。日本重视对海岛微电网的建设，2009 年启动岛屿新能源独立电网实证项目，计划通过财政补贴在国内多个海岛建设海岛独立电网示范工程。欧盟第五框架计划、欧盟第六框架计划中，共计拨款 1300 万欧元专门用于微电网的研究。

继智能电网、微电网之后，为进一步保障电力安全运行，中国提出能源互联网与特高压的创新性概念，成为全球电力关注的新方向。2015 年，中国首次提出"能源互联网"（详见第十四章）的战略，计划从能源输送、能源调度、能源供给这三个方面对能源领域进行全面革新。2020 年，中国提出"新基建"，重心之一便是建设特高压，打造坚强电网以满足输送需求。截至 2020 年 7 月，我国已建成投运 25 条特高压线路（含直、交流输电项目），总投资额逾 4000 亿元，未来仍将继续加大投资额度。

（四）电力市场化改革

面对能源结构不合理、经济发展与环境保护之间不协调等问题及不断变化的国情，全球多国陆续推行电力市场化改革，减少干预，以期通过高效的市场行为实现电力资源的优化配置，最大化社会福利。而各国电力市场运行模式、能源现状等各具特点，这就决定其在电力改革方面相异。

电力工业一般分为四个环节——发电、输电、配电、售电，其中输电环节具有较强的自然垄断属性，因而各国的电力改革大多从发电、售电环节入手，打破垄断，引入竞争机制。世界电力改革总体呈现由电力纵向一体化运作模式转向非纵向一体化运作模式的趋势。电力纵向一体化模式即发、输、配、售电的一体化运作模式，具有较强的垄断性质。非纵向一体化模式则将各个环节的运作分离，允许竞争。

英国在 20 世纪 90 年代率先开始电力产业改革，改革初期旨在允许私有化及引入市场竞争。2001 年放弃原强制电力库模式，实行以双边交易主导的市场模式，即新电力交易协议（New Electricity Trading Arrangement，NETA）。2005 年启动英国输电和贸

---

① "American Recovery and Reinvestment Act of 2009" 2009，United States.

易安排（British Electricity Transmission and Trading Arrangement，BETTA）计划，在全英建立统一的电力竞争市场。2011 年开始的新一轮电力改革致力于构建适应低碳目标的电力市场，满足未来能源的发展方向。2013 年英国正式颁布《能源法案（2013）》[①]，为新一轮以低碳为核心的电力体制改革奠定立法基础。

第二节　全球非化石能源战略概述

水电、核电、风电等非化石能源的兴起，起源于多方面因素，如化石能源的稀缺性、环境保护、国家能源安全等，行业发展则得益于相关技术的进步和国家初期的大力扶持。本节对非化石能源战略的介绍围绕部分典型国家展开，通过分析国家的资源现状阐述各国能源战略的重点。

一、全球水电战略

据 BP 数据统计，自 2010 年起，中国、巴西、美国三个国家的水力发电量连续多年排名全球前三。中国的水电在国际上一直处于领先队列，且水力发电量逐年快速增长，2020 年中国水电占全球水力发电总量的 30.1%，远超全球其他国家，且中国仍有丰富的水力资源待开发。巴西国内水资源丰富，水电在国内电力中起着主要支撑作用，但受干旱等气候条件影响较大，目前是装机容量仅次于中国的第二大水电生产国。美国水电历史悠久，水力发电的发电量和装机容量均排名世界前三。中国、美国、巴西的水电各具特点，且总体规模较大，因此，选取这三个国家进行分析，如图 2-7 所示。

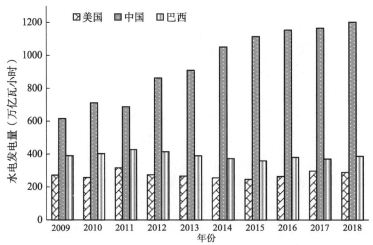

图 2-7　2009—2018 年部分国家水电发电量
数据来源：《BP 世界能源统计年鉴》2021 年版

---

① "Energy Act" 2013，United Kingdom.

1. 中国

水资源丰富、高速发展：中国是世界最早创新利用水能的国家，水能资源丰富，且三级阶梯地形具有天然的地理优势。在水力总发电量方面，2020年中国水力发电量高达1322太瓦时，稳居世界第一位。中国已经逐步发展成为世界水电创新中心。但水电发展受生态环境制约，过度开发会引发一系列自然生态和社会问题，且受气候影响较大，因此在鼓励发展水电的同时，需统筹考虑多方面因素。中国近年水电战略重点如下。

（1）深度开发水力资源

与发达国家比，中国水电开发程度较低。按照我国常规水电"三步走"发展战略，第一步，到2020年，水力资源的开发初具规模，实现常规水电（包括小水电）装机容量达到3.5亿千瓦的目标，全国分区域实现水力资源不同程度的深度开发。第二步，到2030年，常规水电装机容量将达4.3亿千瓦，对澜沧江、金沙江等主要河流干流的水电资源基本开发完毕，全面建成西南地区规划水电基地。第三步，到2050年，我国常规水电装机容量将达5.1亿千瓦，基本开发完雅砻江、大渡河和怒江等大江大河的水电资源。

（2）推动抽水蓄能电站不断发展

抽水蓄能电站是当下最经济、最清洁的大规模储能方式，有助于保障电力系统的稳定性。截至2020年年底，我国抽水蓄能装机总量位居世界第一，但抽水蓄能装机总量在电力装机占比还低于发达国家，难以满足电力系统的发展需要。根据国家"十三五"能源发展规划，"十三五"期间新开工抽水蓄能6000万千瓦，到2025年达到9000万千瓦左右。近几年新开工的抽水蓄能电站投资总额达百亿级。

（3）深入推进水电"西电东送"战略

我国将在未来的几十年间深入推进水电"西电东送"战略。尤其是重点推进长江上游、金沙江、大渡河、澜沧江、黄河上游、怒江、雅鲁藏布江等大江大河的水电基地建设。并且加强国内输电通道的建设，不断完善水电"西电东送"格局，实现电力资源更大范围的优化配置，最大限度消纳水电等可再生能源。

（4）水电开发与生态保护并重

中国国家《国民经济和社会发展第十二个五年规划纲要》明确提出：在做好生态保护和移民安置的前提下积极发展水电。按照水电开发的指导思想，即"生态优先、统筹考虑、适度开发、确保底线"，统筹考虑，强调水电建设的同时注重生态环境保护。

（5）鼓励水电科技创新

中国的水电技术走在世界前列，如坝工技术。水力发电行业发展至今，面临的技术问题有很多，如复杂工程地质条件下大型水电工程建设技术难题。一方面，未来水力发电技术将致力于合理解决当前的各种问题；另一方面，科技革命催生出"互联网+"智能水电站的新模式，重点内容包括数字流域和数字水电、"互联网+"智能水电站和智能流域试点、信息化管理平台建设等。未来中国将继续鼓励水电科技创新，促进水电的可持续发展。

2. 巴西

长期高度依赖水电：巴西是仅次于中国的世界第二大水力发电国，水电建设历史悠久。近 30 年年水力发电量均占该国发电量的 60% 以上（见图 2-8），国家对水电整体依赖度较高。巴西大多数水力发电厂位于该国北部的亚马孙河流域，但电力需求主要集中在东部沿海地区和南部地区。巴西国内电力系统对水力的高度依赖，以及其供需的地域不匹配，给巴西电力的可靠性提出了挑战。

巴西水电潜能居世界第三位，仅次于俄罗斯和中国。截至 2017 年，该国大型水力发电容量为 8600 万千瓦，共计 158 座在运，9 座在建以及 26 座水电站计划建设。

巴西国内电力系统对水电极度依赖，但水电受气候影响较大，电力供应不够稳定。巴西近年正努力降低水电占比（图 2-8），努力保障国内水电的稳定供应。近年重点的水电战略发展规划如下。

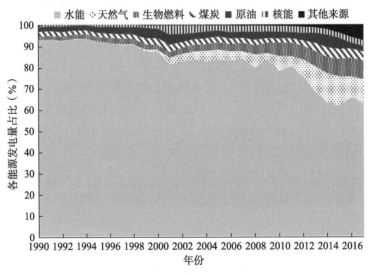

图 2-8 1990—2016 年各能源发电量占比
数据来源：国际能源署

（1）综合实施电能调剂机制

出力再分配机制（efforts to redistribute mechanisms，MRE）是在整个巴西发电体系内分担水文气象风险的特设机制，规定每 5 年进行一次保证出力的调整，自 20 世纪启用后一路沿用至今。MRE 机制的成员由巴西所有统调水电站和所有受益于燃料补偿成本计划的火电厂构成，经过 MRE 划转再分配的机制后，所有机制内成员将同步盈余或赤字。即当水力发电量高于 MRE 共同体保证出力时，多余电量将以现货市场价格出售，所获利益由成员之间共享；当水力发电量低于保证出力，即处于发电亏欠状态时，实际发电量与保证出力之间的差额与保证出力的比值称为 GSF（generation scaling factor，GSF），此时成员需要及时在现货市场购电补足相应电量缺口，各自承担相应损失。

近年由于降雨不足，MRE 成员风险加大。2015 年，巴西电监局发布巴西 GSF 机制改革的新政策。据 GSF 机制新政，MRE 成员可以购买"保险"，通过这种方式来化解 GSF 风险。推出后，众多巴西 MRE 成员均选择购买这种"保险"，从而确保这些售电协议可在协议期内避免 GSF 机制可能带来的损失。

在发电电能调剂机制的保障下，巴西水力发电商共享利益、分摊风险，水电商之间的竞争得到有效遏制，水力资源得到有效利用。

（2）提高非水电再生能源发电比重

巴西计划大力发展太阳能，部分取代水电。图 2-8 中，水电占比下降趋势也对这一政策导向有所展现。这种政策导向的主要原因在于巴西水电频受干旱等气候条件影响，导致水电站蓄水量不足，水电供应面临困境。《2024 年能源计划》要求将非水电可再生能源发电技术的发展比 2014 年水平提高 36 吉瓦，天然气发电能力提高 11 吉瓦，核能发电能力提高 1.4 吉瓦。近年来巴西致力于提高非水电再生能源发电比重，部分取代水电，以减缓对水电的重度依赖。

3. 美国

据美国能源信息署数据，美国的水电容量主要源自西部地区，水电容量的一半集中于三个州：华盛顿州、加利福尼亚州和俄勒冈州。华盛顿州、爱达荷州、俄勒冈州和佛蒙特州，水电占州公用事业规模发电能力至少 50%。2019 年美国常规水力发电总容量为 79.75 吉瓦。

美国目前主要的水电战略规划是，重振美国水电行业，充分开发国内水电潜力。美国水坝工程世界瞩目，但美国已建成的大坝中，绝大部分仅用于防洪，并不具备发电功能。同时，由于大坝建设较早，设备技术落后，想要应用于水电需要首先进行技术升级、能效改造。面对种种问题，美国政府近年正在逐步通过政策引导，重新推进水电行业的发展。

2016 年年底，美国能源部发布的《水电愿景：美国最早的可再生能源新篇章》提出要进一步发挥可再生能源优势，促进美国低碳经济的发展。此报告确立了美国水电的发展目标：通过对水电大坝的改造，达到新增装机容量 50 吉瓦的目标。且到 2050 年使美国水电和抽水蓄能规模增至 150 吉瓦。同时，美国政府也在不断完善相关法律法规。2013 年通过了《水电监管效率法案》，改善和优化小水电项目的审批程序。2018 年通过《垦务局抽水蓄能开发法案》，对抽水蓄能的开发给出优惠政策。种种举措力在重振美国水电，提高可持续清洁水电供应。

二、全球核电战略

在核电方面，美国核电发电总量长期排名全球第一，远超其他国家的核电量，美国的核电技术已经较为成熟。法国电力 75% 来自核电，电力净出口位居世界第一，国内对核电极其依赖。日本本身国内能源匮乏，20世纪不得不通过核电来满足部分国内能源需求。然而地震频发的地理因素等决定了其并不适宜建设核电站，日本国内对于核电抵触较大，福岛核事故之后日本快速削弱核电份额，但近几年又重启核电。各个国家在核电方面各具特色，本书选取图 2-9 中美国和法国两个核电发电量最大的国家作为典型核电国进行分析。

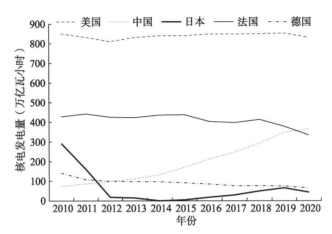

图 2-9　2010—2020 年部分国家核电发电量
数据来源：《BP 世界能源统计年鉴》2021 年版

1. 法国

长期坚持核电：世界发展核电的各国中，法国无疑是核电实施最成功的国家之一，国内总发电量 75% 源于核电。法国的核电发展至今已经具有相当的优势，国内核电规模较大、技术先进、核电机组相对年轻。考虑到国内常规能源尤其是石油稀缺，法国将能源重心聚集于核电开发。经过约 70 年的发展，法国通过学习吸收其他核电强国的核电技术和不断地研发改进，在核电方面取得了极大的成功。截至 2020 年 6 月，法国境内已建设起 59 座核反应堆，58 座正常运行，是当之无愧的核电大国。

法国是世界上电力净出口最大的国家，核工业已是法国的第三大工业部门。法国几十年来始终坚持发展核电的战略不动摇。目前来看，取得了较大成功。其核电战略重点如下。

（1）政策明确核电为电力主要来源

2005 年法国《能源法》通过法律明确规定了核电为法国的主要电力来源。这一举措从根本上确立了核电在法国的地位，其后十几年，法国也依然坚持大规模发展核电，政策导向十分明确。虽然 2018 年，法国公布的《多年能源计划》中，提出到 2035 年将缩减核电在发电总量的占比至 50%，推广可再生能源，但核电在法国电力系统依旧举足轻重。

（2）注重核电技术创新

法国核电相对美国等国家起步较晚，但始终积极学习美国的核电技术，如美国西屋电气公司的先进技术，消化吸收化为己用，加以研发创新。从初代核反应堆，到如今全球正积极研究的第四代核反应堆，法国一直参与其中。

（3）完善的核电监管体系

首先，法国在核能使用的防护、放射性材料管理、核废料管理、核事故应急等核电的各个方面都已建立起一套相对完善的法律体系。其次，法国早在1980年就已成立法国核岛设备设计、建造及在役检查规则协会，这一专门的标准化组织并不受有关各方的利益制约，现已是全球最具影响力的核电标准化组织之一。法国的这些举措，既有利于核电市场的安全有效运作，又向民众发出国家全力保障核电安全的信号。

（4）做好核电意识宣传

法国在取得公众对核电支持方面的成就举世瞩目，这主要是由于法国注重信息公开化与公众参与。核事故的分级就是由法国电力集团首次设计，致力于向民众普及核电知识，避免谈"核"色变。并且法国会定期向公众开放其核电站，一旦发生核事故及时披露，政府对公众舆论的新趋势也都及时反应。值得一提的是，德、法两国都曾是核电领域的先进国家，但当下的发展却大相径庭，当核电继续在法国能源领域坚挺时，其在德国已经逐步清零。造成两国巨大差异的原因主要有两个。一是国家政策的走向不同。法国始终坚持发展核电，而德国近年加快削弱核电，转而发展太阳能、风电等其他清洁能源发电。二是考虑到资源储量、民众态度的因素。法国国内资源匮乏，且人口分布较为分散，受核电站影响有限，大多民众支持核电。但德国人口分布较为密集，核电站影响到民众生活，反对者占多数，不得不放弃核电。

2. 美国

核发电量长期位居全球第一：美国是世界上最早推行核电的国家，核电技术也长期处于世界前沿水平。20世纪的美国三哩岛核事故一度使得美国核电产业停滞，后期美国重拾核电。核电在美国电力系统中发挥着重要作用。据美国能源信息署EIA报道，2019年美国三个州的州内发电量的50%以上来自核电。据2020年年初美国核能研究所发布的报告，美国国内96台核电机组2019年的发电量均创新高，年发电量高达8094亿千瓦时，2019年核电为美国提供了19.7%的发电量。

随着核电技术的不断提升，发电成本逐年下降，美国近几年又开始推动核电的发展，核电在美国电力体系中越发重要。近年美国的核电战略重点如下。

（1）鼓励技术创新

从第一代核反应堆到第三代核反应堆，美国核电在技术方面始终领先并带动世界，这和美国政府对核电技术创新的坚定支持脱不开关系。美国能源部在推动核电技术研发方面提供了较多的资金与政策支持，如2014年、2015年、2017年美国能源部先后多次向先进反应堆的研制项目提供高额的资金支持。美国能源部还鼓励美国多所大学开展核相关研究并向其提供研发资金，在美国高校内建设国家实验室，多方位推动技术创新。

（2）重启核电发展

1979年的三哩岛核事故，给环境造成了灾难性影响。事故一度使得美国核电产业被冰封，直到21世纪美国才渐渐重启核电。虽然目前美国的页岩气革命及其他清洁能源在政策扶持下快速发展，对美国核电的发展造成较大冲击，但美国政府依旧明确了核电是美国未来电力的重要发展方向之一。

奥巴马政府时期，大力发展核电被列入美国重要的能源战略之一，即"核电复兴"能源战略。2019年美国能源部宣布，将为乔治亚州沃格特勒核电厂的两个核反应堆建设提供贷款担保，这是30多年来美国唯一一个获得批准建设的核电项目。美国近年已有"重启"核电发展的意向。

（3）重塑核能领导地位

美国能源部于2020年4月发布报告《重塑美国核能竞争优势：确保美国国家安全战略》，明确提出将重塑美国的核能领导地位。该报告在核技术研发、核燃料供应链安全等核电产业的多个方面分别阐明了未来的举措，且将中国、俄罗斯列入美核能出口的竞争者。5月美国能源部又发布报告《核燃料工作组战略》，在核燃料供应链方面提出政策建议，力图重振铀产业，助力美国重新成为核能领军者。

值得注意的是，美国目前在运行的核电机组中，相当一部分修建于20世纪70—90年代，未来20年间美国即将面临一大波核电站退役潮，随之而来的核废料处理问题亦存在较大隐患。目前暂未有政策出台应对，但未来这些问题会切实影响美国核电的发展。

专栏　日本核电战略发展

三、全球风电战略

据BP数据，2020年全球风能发电量最高的国家中，中国位居榜首，美国位居第二，德国位居第三（图2-10）。中国与美国在风能发电方面快速发展。2020年中国风电量达4665亿千瓦时，同比增幅达14.8%。德国坚持大力建设风电产业，是海上风电建设强国，风电占德国可再生能源发电量近半数。2020年德国风能发电量达1310亿千瓦时，产业近10年间发展十分迅速。因此，本书选取中国和德国作为风力发电典型国家进行分析。

1. 中国

风能充裕、高装机总量：中国的风电产业在波动中上升发展，经历过高速发展、短暂下滑和调整发展，目前已是世界风能领域的领导者。中国的风能资源总体上较为丰富，风电设备能力在近十年也得到很大提高，拥有世界1/3以上的风电装机容量。中国甘肃省拥有世界上最大的陆上风电场，装机容量达到796.5吉瓦，是世界第二大陆上风电场的5倍。据中国电力企业联合会数据，2021年，非化石能源发电装机容量达到11.2万千瓦，第一次超过煤电装机规模。

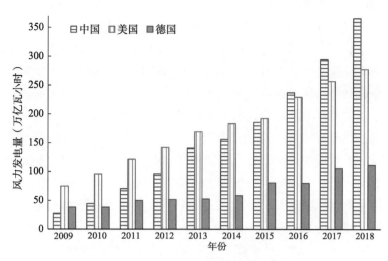

图 2-10　2009—2018 年部分国家风电发电量
数据来源：《BP 世界能源统计年鉴》2021 年版

在常规能源与可再生能源、新能源交替更迭的 21 世纪，中国也在抓住机遇发展风电，完善相应设施，积极利用风能助力电力结构的绿色低碳转型。近年中国的风电战略重点如下。

（1）完善配套电力系统

由于风能具有波动性、间歇性，大规模风电并网对电力系统的规划和运行提出较大挑战，尤其是随着近年我国若干个千万千瓦级风电场的规划和落地，难度进一步加大。近年来中国陆上风电开始重视分布式风电系统模式。更加注重风电场建设和电网建设协调，未来中国将在风电传输中充分利用智能电网、特高压等新技术。

（2）重视分散式装机

过去几年中国风电装机以集中式为主，分散式装机不足，风电装机容量主要集中在华北和西北地区，其他地区分布较少。2016 年起中国进行风电行业结构性调整，逐步注重风电分散式发展，利用分散式做好低风速区的风能利用。

2017 年中国发布分散式风电政策，明确分散式不占用指标，阐明了分散式和集中式的差异，并对分散式的建设开发思路做出规范。2018 年国家能源局发布了《关于印发〈分散式风电项目开发建设暂行管理办法〉的通知》，完善相关机制，进一步推动分散式风电的发展。现阶段，已有多省份逐步筹备起分散式项目，内蒙古、河南、山东等多省份下发建设规划，未来其他省市亦将陆续出台配套政策，助力行业装机增量。

（3）积极发展海上风电

目前中国风能发展以陆上大型风电场建设为主，鼓励稳妥发展海上风电，妥善处理好陆地风电和海上风电的关系。根据 2011 年发布的《中国风电发展路线图 2050》，在 2020 年以前中国将主要发展陆上风电，同时开展海上风电示范；2021—2030 年，开始加大对海上风电的开发，实现陆上风电与近海风电并重发展，并开展远海风电示范；2031—2050年，全面发展东中西部地区陆上风电与近、远海风电。2020年7月，我国首台单机容量10兆瓦的海上风电机组在福建海上风电场并网发电，成为亚太地区最大、世界第二的海上风电机组，中国的海上风电正稳步发展。

（4）风电发电补贴逐步退坡

风电行业早期实施电价补贴，随着行业的进一步发展，国家近年正稳步推进风电发电补贴退坡，积极推动风电高质量发展。前期试点项目的建设进展顺利，如2017年在河北、黑龙江等五个省区启动的风电平价上网示范项目，2018年批准的乌兰察布风电基地规划，国家不予补贴。2019年国家印发《关于积极推进风电、光伏发电无补贴平价上网有关工作的通知》，提出将通过一系列支持措施，保障风电平价上网的逐步实现，提高风电的市场竞争力。

2. 德国

平缓增长、海上风能丰富：20世纪90年代起，德国积极推动风电等可再生能源的发展。德国海上风能资源丰富，在优惠政策的大力扶持下，德国风电技术得到迅速发展，现已是海上风电强国。目前，德国已成为全球最大的风电市场之一，风电设备制造业居国际领先地位。据BP统计，2018年德国风电总量高达1116亿千瓦时，位居世界第三。德国在风电总量规模和技术研发方面均处世界前沿。

德国核电逐步清零，转而发展太阳能发电、风电等其他可再生能源。近年德国风电战略重点如下。

（1）由沿海地区向内陆地区发展

德国早期的风力发电项目大多建设于风力资源丰富的沿海地区，着重发展海上风电。而德国政府近年加大了对风电的扶持力度，内陆地区也开始发展风电，开发德国陆上风电的潜力，陆上风电逐步得到重视。但由于政策不当、电价转型失利等原因，德国陆上风电已连续几年呈颓势，陆上风电投标不足。2020年，德国计划修改陆上距离规则，尤其是风电建设的"1公里规则"（风电场距离任何有人居住的地方不得小于1公里），德国经济部提出新提议：风电机组应该离建筑物多远，为各州留有制定相应政策的余地。

（2）强化海上风电

德国自2011年起逐步削弱核电，而德国陆上风电基本饱和，引发的电力供应缺口正由海上风电逐步补上。2010年德国公布的能源方案指出，计划到2030年海上风电装机容量达到150亿瓦的目标。2012年起，德国对旧版《可再生能源法案》做出调整，向海上风电提供比陆上风电更为有利的补贴政策。以扶持海上风电发展。2017年全球首个零补贴下的海上风电项目在德国建设。2020年，德联邦政府正式宣布将2030年、2040年海上风电目标从原定目标提高到200亿瓦、400亿瓦。且德国将凭借此次扩容，加快国内绿色氢气产业链的建设。

同时，德国计划建设海上风电专用电网以降低并网成本，进一步保障风电的稳定供应。2020 年德国输电系统运营商 Amprion 公司公布了"欧洲海上风电母线计划"（European Offshore Busbar，Eurobar），未来将建设海上风电的专用电网系统，并逐步将该计划推向周围北海邻国。

四、全球太阳能发电战略

据 BP 数据统计，2020 年，世界太阳能发电总量较高的国家中，中国位居榜首，美国位居第二（图 2-11）。中国在太阳能发电领域建设成果显著，产业发展迅速。2020 年中国太阳能光伏发电量达 2611 亿千瓦时，与上年 2240 亿千瓦时相比，增幅高达 16.6%。美国的太阳能发电产业起步较早，发展趋势一片向好，数据显示，2020 年美国太阳能光伏发电量达 1340 亿千瓦时，和上年同期相比增幅为 23.7%，美国国内正致力于实现太阳能产业商业化运作。因此，选取这两个国家作为典型的太阳能发电国家进行分析。

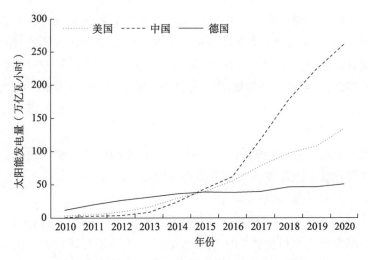

图 2-11　2010—2020 年部分国家太阳能发电量
数据来源：《BP 世界能源统计年鉴》2021 年版

1. 中国

高速发展、规模巨大：中国的光伏发电自 20 世纪 80 年代起步，中央和地方政府向光伏行业投入资金，并在全国多地建设示范工程，拉开中国的太阳能产业发展序幕。其后行业历经几度起伏调整，目前中国在开发太阳能资源方面已推进到规模实用的关键阶段，光伏装机总量、太阳能光热产业规模排名世界第一。中国既是光伏发电的生产大国，又是光伏发电的消费大国。

近几年中国的光伏发电战略重点如下。

（1）"领跑者"计划提高能效

2015 年中国七部委联合发布《能效"领跑者"制度实施方案》，特别指出光伏"领跑者"将作为与能效"领跑者"并行的专项方案。国家能源局随后提出光伏行业"领跑者"专项计划。根据该计划，政府将对能效领跑者给予政策扶持，从而良性引导企业、公共机构追逐能效"领跑者"。意在引导中国光伏发电企业提升效率，推动行业走向高质量发展的健康之路。

（2）光伏发电补贴逐步退坡

行业发展的早期，为促进产业的快速发展，2011年国家发改委发布《关于完善太阳能光伏发电上网电价政策的通知》，针对集中式光伏电站与分布式光伏发电上网发电执行标杆电价。而随着技术的不断成熟，目前中国开始调整光伏标杆上网电价，据《能源发展战略行动计划（2014—2020年）》，未来国内将积极引导原标杆电价政策的逐步退坡，促进光伏产业加快技术创新，减少政策依赖。

2. 美国

快速发展、规模小：太阳能产业在美国能源消费中，相对其他可持续能源占比较小，但其近年正迅速发展，原因在于美国近年来的政策调整。2014年之前，美国太阳能发电总量始终位居全球第一，目前排名第二。美国太阳能基础建设世界瞩目，大型规模设施如伊凡帕（Ivanpah）太阳能发电站，是世界上最大的太阳能光热发电站，小型公用事业规模设施数量也较多。据美国能源信息署于2018年10月发布的初步月度发电机组清单报告，到2020年年底新上线的216座太阳能光伏设施中，大部分规模为500万瓦甚至更小。2019年，美国新增光伏装机量133亿瓦，排名世界前三，新增装机量达行业历年最高份额。

美国光伏行业政策主要包括两大类：联邦财政激励计划；法律法规、标准、约束性指标等管理类政策。近年美国太阳能发电战略重点如下。

（1）税收抵免和政策补贴

2018年，美国国税局明确规定，投资税收抵免（investment tax credit，ITC）将为符合条件的美国太阳能项目提供30%的税收减免。此外还有针对太阳能行业的其他补贴优惠，如"产品税赋抵免"提出每使用1千瓦时电可获得0.022美元的税金抵免，《美国复苏与再投资法案》则为符合资格的太阳能设备提供相当于成本30%的奖励金。美国各州对光伏发电的激励政策各不相同，但主要是运用税收优惠、现金补助、优惠贷款等政策手段。

（2）长期鼓励科技创新

美国对科技研发始终予以高度重视，太阳能发电技术在世界上属于高水平行列。太阳能光伏产品最早由美国贝尔实验室研发。目前，美国能源部的国家可再生能源实验室、太阳能研发中心等，均是其太阳能产业基础研究和应用研发的重要机构。此外，美国许多知名高校和研究机构也都加入到新能源技术的研发队伍中。根据能源部的要求，美国高校举办的全美高校新能源创业比赛中近1/3的设计项目涉及太阳能产业，而对于优胜的项目，将迅速投入创业启动资金。美国通过各种举措，长期鼓励科技创新，推动太阳能核心技术的研发。

第三节　新能源汽车发展战略

除常规能源与非化石能源战略外，电池技术的突破、环境问题的凸显等因素，使得新能源汽车在全球汽车市场逐步瞩目，各国亦在新能源汽车产业方面发力。本书从电动汽车发展简史、战略意义及现存的发展问题出发，分析了几个典型国家的新能源汽车战略布局。扫描右侧二维码阅读新能源汽车发展战略。

新能源汽车发展战略

本 章 小 结

本章主要阐述了全球能源战略的发展历程与现状。

首先是按时间顺序，根据不同的能源战略核心思想，将全球能源战略发展历程大体分成四个阶段：开源战略、安全战略、效率战略及可持续战略。各个战略在思想方面具有一定的延续性，只是强调的重点有所不同。

然后进行具体能源品种的战略介绍，总体分为化石能源战略概述及非化石能源战略概述。其中，化石能源战略根据能源品种，按煤炭、石油和天然气战略分别展开，各个能源品种都选取了一些典型国家进行各自的能源战略介绍，各国的能源战略受国家资源禀赋、经济发展阶段等因素影响而有所不同。另外还介绍了全球电力战略，指出目前世界能源的消费格局正在强调以电力为主，全球整体正加大发电设施的投入、开发新型电力技术，保障电力的稳定供应，以推动全球电气化进程。非化石能源战略则是按照水电、核电、风电、太阳能发电战略分别进行介绍，清洁能源的发展在各国进展不一，但在总体上呈现快速推动趋势。部分非化石能源尤其是核电，由于对居民产业的安全隐患问题而备受争议，如何转变人们的态度是各国面临的普遍问题。

最后，由于新能源汽车在减轻全球对石油能源依赖的步伐中扮演着重要的角色，因此最后一节从战略角度出发，对新能源汽车发展进行了阐述。一是简要介绍了新能源汽车的发展史，行业发展主要由技术推动。并且发展新能源汽车对各国具有多方面的战略意义。二是阐述了新能源汽车发展目前存在的一些问题，如安全性问题、环保问题、配套设施问题。三是选取了部分典型新能源汽车国家，进行各国战略介绍。

1. 全球能源战略经历了哪些发展阶段？各阶段战略的核心思想是什么？
2. 中国的煤炭进口量与印度、日本相比具有什么特点？中国、印度与日本近年的重点煤炭资源战略有什么共同点？
3. "石油美元"指什么？为什么中国近年也开始推行"石油人民币"？
4. 为什么强调电力优先？什么是再电气化？

5. 巴西为什么要实施发电电能调剂机制？这一机制有什么优缺点？

6. 什么是新能源汽车？各国为什么纷纷发展新能源汽车？

7. 世界在发展核电的问题上屡屡受挫却依旧兴起，谈谈你对发展核电的看法并说明原因。

[1] 欧训民, 张希良, 覃一宁, 等. 未来煤电驱动电动汽车的全生命周期分析[J]. 煤炭学报, 2010, 35(1): 169-172.

附表 2-1 中国新能源汽车的历年主要政策

年份	政　　策	要　　点
2001	"863" 计划电动汽车重大专项	中国电动汽车起步
2009	《汽车产业调整和振兴规划》	提出实施国家新能源汽车战略
2010	《关于加快培育和发展战略性新兴产业的决定》	将新能源汽车列为七大战略性新兴产业之一
	《关于印发〈"节能产品惠民工程"节能汽车推广实施细则〉的通知》及《关于开展私人购买新能源汽车补贴试点的通知》	对部分节能车型给予补贴；在五个城市展开基础设施补贴试点
2012	《节能与新能源汽车产业发展规划（2012—2020 年）》	战略纲领性文件，明确新能源汽车的发展路线
2013	《新能源汽车补贴标准》	对原补贴标准做了调整
	《节能与新能源汽车示范推广应用工程推荐车型目录》第 41～52 批	新增共计百余个推广产品型号
2014	《关于免征新能源汽车车辆购置税的公告》	2014 年 9 月—2017 年 12 月免征购置税
	《关于新能源汽车充电设施建设奖励的通知》	充电基础设施补助
2016	《关于调整新能源汽车推广应用财政补贴政策的通知》	2017 年起调整补贴政策，提高准入标准
2017	《外商投资产业指导目录（2017 年修订）》	放开汽车电子和新能源汽车电池等领域外资股比限制
	《关于免征新能源汽车车辆购置税的公告》	新能源汽车免征车辆购置税
2018	《关于调整完善新能源汽车推广应用财政补贴政策的通知》	调整财政补贴
2020	《乘用车企业平均燃料消耗量与新能源汽车积分并行管理办法》	出台"双积分"新规，明确划分车型，修改了新能源乘用车车型积分计算办法

第二篇　能源战略的基本构成

　　基础的能源战略可从以下五个维度进行划分：能源供给侧、能源需求侧、能源安全维度、能源技术与环保节能维度。社会经济发展与工业化进程的不同阶段，各国国家能源战略的侧重点不同：工业化初期，能源利用处于野蛮开采阶段，能源资源相对能源需求较为充足，能源战略侧重于能源开发技术提升与能源供给扩张；而随着工业化进程加速与能源开采技术的提升，能源供需矛盾日益突出，能源战略开始重视能源需求的量与结构上的调控及一国能源独立与能源安全的维系；工业化后期环境问题也成为各国社会经济发展中的重要议题，因而各国在制定能源战略时将节能理念作为贯穿能源战略的核心思想。在能源资源日益稀缺与复杂变更的世界能源格局下，能源技术的突破越来越聚焦清洁能源与可再生能源类型，新型能源技术的突破既是解决能源供需矛盾源泉，又是解决能源安全，保持一国能源独立的根本性解决方法，同时也为节能战略的制定提供了新视角。

　　第二篇主要解读了能源战略的基本构成，分别阐述了能源供给战略、能源需求战略、能源技术战略、节能战略以及能源安全战略，并分别对每种能源战略形成与演变的基本规律、能源战略制定的理论基础、能源战略制定的主要依据及各国未来能源战略的展望进行了深入分析与探讨。

第三章

能源供给战略

> 能源供给战略是能源战略的重要组成部分，也是一国能源产业发展最重要的政策支持。由于能源是支撑经济发展的重要因素，因此为维持一定的经济增长速度，一国的能源供给必须与其经济发展程度相匹配，这在一定程度上要求能源供给必须具有持续性和稳定性。因此，合理规划能源供给流程、全面制定能源供给战略就显得尤为重要。
>
> 本章重点讨论以下几个方面的内容：①能源供给战略概述，包括能源供给战略的含义及条件、能源供给战略的分类和影响能源供给战略的因素；②能源供给战略的相关理论，本章主要介绍了五种相关理论；③能源供给的预测方法，本章从三个层面上提出了五种预测方法；④能源供给战略的制定，通过国内外的实践经验来揭示能源供给战略的制定意义；⑤世界及中国能源供给战略的展望。
>
> **关键词：** 能源供给战略　理论基础　供给预测　国际实践

第一节　能源供给战略概述

能源供给是决定一国能源消费和经济发展最主要的因素之一，但在分析能源供给战略之前，首先要对能源供给战略的内涵有一定的了解，如能源供给战略的含义和条件、能源供给战略的分类、影响能源供给战略制定的因素等。因此，本节主要针对这几方面的内容来进行说明。

一、能源供给战略的含义和条件

（一）能源供给战略的含义

能源供给战略是能源战略的首要环节和决定性因素。当今能源需求日益增长，能源消费增速已远远超过能源开采速度，而地球上的能源，尤其是化石能源的总量是相对有限的。因此，很长一段时期以来，人们总是千方百计地去寻找更多、更加高效的能源。此外，能源储藏具有区域性特点，即能源资源在地理分布上不均衡，存在数量或质量上的显著差异。因此，为满足一国的能源需求，该国必须对本国及国际市场上的能源供给能力具有充分的了解，在此基础上并制定完善的能源供给战略。

本书依照能源供给战略的性质，将能源供给战略定义为：为满足能源需求，各国对各种形式能源进行开发、利用制定的方式和规则。能源供给战略不仅能够影响一国能源供需局面，影响国家经济发展，同时能源作为一种重要的经济发展要素，也可以成为国家制裁的方式。因此，能源供给战略作为能源利用的最重要的战略之一，具有重要的政治、经济和军事意义。

（二）能源供给战略的制定条件

制定本国资源禀赋类能源供给战略需要具备以下几个基本条件：

一是本国能源产业在能源勘探、开采、提炼等方面能够提供相应的设备和技术支持。先进的勘探、生产技术不仅有助于准确掌握一国能源资源的存储量，还能够提高能源产出量，对未来能源供给情况做到心中有数，以便制定更细致准确的能源供给战略，为满足未来的能源需求提供保障。

二是正确运用能源供给理论。一般的化石能源均是不可再生资源，无序和过量的开采都会导致资源的浪费。正确运用能源供给理论有助于促进能源可持续利用，提升能源供给战略制定的合理性与实施的有效性。此外，对未来能源供给的科学预测能够有效化解能源资源使用的代际矛盾，从长期提高能源的利用效率。

三是构建具有衡量和对比能源开采、生产成本与收益的价值体系。能源产业具有投资本规模大、回收周期长的显著特征。衡量国内能源生产的成本和收益有助于调整国内能源供给水平，实现能源产业的利益最大化。

制定进口型能源供给战略也需要满足几个基本条件。

一是掌握对进口能源种类和进口量的测度方法。进口型能源供给战略是建立在完善的资源禀赋型供给战略之上的。制定进口型能源供给战略必须结合一国国内能源供给量和总需求量，同时合理预估进口能源的种类和规模。

二是将保障能源安全置于重要地位。国际能源市场风云变幻，风险极大。由于能源产品是生产和生活的必需品，较大的能源进口依存度不仅会使一国输出大量外汇，同时还会将国家能源安全寄托于能源进口国之上。因此，进口型能源供给战略需保障能源使用的安全性。

三是提升能源交易过程中的风险意识，能源交易风险主要包括价格风险、运输风险、政治风险等。进口能源产品不仅要承担贸易过程中可能存在的所有价格和运输风险，还需承担能源产品作为战略资源背后的政治风险。

因此，能源供给战略的制定涵盖能源供给的各方面内容，全面、安全、有效的能源供给战略不仅需要考虑本国的能源生产与消费，还需考虑国际市场的能源供需关系。

二、能源供给战略的分类

能源供给战略按照供给来源和供给层次可以有几种不同的划分方式，具体如下：

（一）供给来源划分方式

按照能源供给来源，可以分为基于本国资源禀赋的能源供给战略和基于对外贸易的能源进口型供给战略。

例如，在 2008 年后，页岩油和页岩气的大量开采，使美国由原来的能源进口国变成了能源出口国，能源供给战略也从能源进口型供给战略转向资源禀赋型能源供给战略。随着原油和天然气产量的提升，美国能源进口规模呈现下降趋势，这有助于克服煤炭产量下降带来的不利影响，对美国的国家能源安全及经济安全都具有重要意义。

（二）供给层次划分方式

按照能源供给层次，可以将能源供给战略分为能源供给总量战略和能源供给结构战略。

能源供给总量战略是有效能源供应在数量上的反应，是规定一定范围内各种能源供给量的战略。能源供给总量战略是有效能源供应在数量上的反应，是规定一定范围内各种能源供给量的战略。能源供给总量战略需要考虑三点内容：一是能源生产运输能力，即考虑在当前运输线路的输送能力下配给能源资源的能力；二是能源价格，能源价格的变动会严重影响能源供给量，如石油价格的波动；三是供给量安全，也就是在区域能源可持续消费和生态安全的基础上，合理地供给能源总量。

在能源供给总量战略上最突出的例子就是欧佩克成员国对石油产品的供给。由于受到国际各方势力的影响，欧佩克成员国常以石油产品出口量作为一种军事和政治手段来应对这种国际影响。

能源供给结构战略包含两方面的内容：一方面是能源供给种类多元化，其有赖于能源产业多样化的发展；另一方面是能源的供给安全，也就是一国的能源供给中进口供给量占总供给量的比例。

煤炭、石油、天然气、核能、可再生能源是英国主要的能源产品。受能源消费需求降低的影响，英国能源产品产量在 1998 年后出现了显著下降，其中石油和天然气产量下降最为显著，但可再生能源发电量在此期间呈现迅速上升趋势。2022 年，英国可再生能源发电量占总发电量比例已接近 40%。

三、影响能源供给战略的因素

（一）地区的能源禀赋

能源禀赋是指一国或一个地区各种能源的储量。一般来说，一国的能源储量越大，能源供给越多。因此，能源禀赋是影响一国能源供给的最主要因素，而在此基础上制定的能源供给战略也会随着能源储量（探明储量）的变化不断调整。

（二）能源价格

一般来说，能源价格越高，越能刺激能源开采与供给。在一些情况下，具备一定能源市场垄断能力的国家会通过控制能源供给以达到操控能源价格的目的,如中东一些石油国家。

(三)能源投资

能源投资主要有两类:一类是对能源供给物质体系的投资,包括生产类固定投资和非生产类固定投资;另一类是能源研发投资。能源投资越多,能源生产速度将持续提升,从而增加能源供给量。

(四)科技水平

能源技术的突破将有效延拓能源供给的种类,从而在很大程度上影响能源供给战略。例如,美国的页岩气革命逐渐改变了美国天然气进口的历史,使其逐步成为天然气生产大国和出口大国。

专栏 俄罗斯形成能源供给和产业联盟

(五)偶发因素

战争、国际政治变革等偶发因素会导致能源供给出现较大波动。例如,国家间的相互经济制裁往往针对的就是能源进出口贸易,而国家间经济发展格局的变化则推动国家间形成能源—产业链联盟。

第二节 能源供给战略的相关理论

能源供给战略在制定过程中需要遵循一定的能源和经济发展规律,即能源经济学相关理论。因此,本节对于能源供给战略所涉及的重点相关理论进行归纳与整理。

一、资源耗竭理论

经济学(尤其是资源经济学)一般把自然资源分成可再生资源和耗竭性资源(不可再生资源)两类,其中耗竭性资源是指那些不能自我再生的资源,这类资源需要经过漫长的地质演化才能形成。如煤炭、石油、天然气、金属矿产、非金属矿产等,分布具有地域性,品质具有一定的差异性,且相互之间具有伴生性(主矿种与其他矿种一起伴生的现象,如铁矿中伴生稀土、钒、钛等)。相比于人类使用这类资源的速度,耗竭性资源的形成速度几乎可以被忽略。因此,资源耗竭理论一般指在短期内资源不可再生的前提下,研究人类开发利用资源的理论。

由于资源存在可耗竭性,如何在各个阶段合理分配储藏的资源量是资源耗竭理论要解决的主要问题。面对这一问题,统计学家、经济学家和数学家哈罗德·霍特林在1931年发表了《可耗竭资源的经济学》,这被认为是资源经济学诞生的标志。在这篇著作中,霍特林主要对可耗竭的矿产资源的消费问题做了探讨,其主要观点为:①当资源开采成本忽略不计时,资源价格的上涨率应该等于利率;②在完全竞争市场中,政府无须保护资源,但可进行干预;③垄断将推迟可耗竭资源的枯竭期;④可耗竭资源的开发必须遵循代际公平原则和代内公平原则,这也是环境资源保护与利用问题必须遵循的一个基本法则。

二、生产者均衡理论

生产者均衡是指在既定约束下,实现利润最大化的状态,即在给定的成本约束下产出量达到最大,或是在给定产量的情况下使得生产成本最小。

能源供给厂商依据边际成本(marginal cost,MC)等于边际收益(marginal revenue,MR)原则确定最优产量。其中,边际收益是增加一单位产量所增加的收益量,边际成本是增加一单位产量所增加的总成本,满足 MC=MR 的供给量即为生产者均衡状态下的供给量。针对能源供给情形,边际收益是每增加一单位能源产品销售带来的收入,边际成本指每生产一单位能源产品产生的成本增加量(这些成本一般包括能源开采成本、能源加工处理成本、能源储存和运输成本以及其他管理性成本,还可能包括能源供给设备的研发和维护上的资本投入)。

在应用生产者均衡理论时,还需注意能源供给行业的几大特性。

首先,能源供给行业属于资本密集型行业,前期投入的沉没成本相对较多,因此在确定是否进行能源供给以及供给多少等方面需要格外慎重。能源供给行业的沉没成本主要包括在能源供给前期产生的考察、调研、勘探设备购置、开采等一系列成本,这些资本需要从未来较长的能源供给收益中收回,因此明确能源供给的未来收益对于是否进行能源供给具有决定性作用。

其次,除了能源生产成本和收益外,能源供给产业的生产能力是影响能源供给量的重要因素。可耗竭能源的生产能力取决于单位时间内能源的开采效率,而不可耗竭能源的生产能力则取决于单位时间内能源的转化效率(例如,水能的生产能力取决于重力势能转化为电能的效率,风能的生产能力则取决于动能转化为电能的效率)。此外,可耗竭能源和不可耗竭能源的勘探、开采与利用技术均影响能源的生产能力,进而影响能源供给。

三、石油峰值理论

"石油峰值"源于1949年美国著名石油地质学家哈伯特(Hubbert)发现的矿物资源"钟形曲线"规律,即图3-1所示的 Logistic 曲线,其中横轴为时间,纵轴为石油的产量。石油峰值理论核心内容为:石油作为不可再生资源,任何地区的石油产量都会在一定时期达到最高点,而后逐步下降。

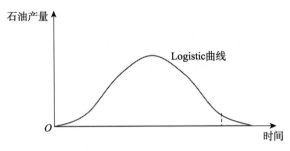

图 3-1 石油供给随时间变化趋势

1956 年,哈伯特大胆预言美国石油产量将在 1967—1971 年达到峰值,继而持续下降。当时美国的石油工业蒸蒸日上,他的这一言论引来很多批判和嘲笑,但后来美国的确于 1970 年达到石油峰值,历史证明了他预测的正确性。1998 年,石油峰值论的继承者坎贝尔与一位法国石油地质学家发表了《廉价石油时代的终结》,在油价还十分低迷的时候得出廉价石油时代必将终结的结论。近年来石油价格高企趋势验证了这一经典预测。

四、能源替代理论

传统化石能源的不可再生性导致了能源开发和能源供给不能及时满足生产和生活需要,而替代能源,一般具有可再生性和清洁性,能够在一定程度上弥补不可再生能源的需求缺口,同时也不会污染环境。大力发展替代能源有助于实现低排放传统能源对高排放传统能源的替代,以及新能源对传统能源的替代,从而有效缓解目前能源供需瓶颈、供需结构性矛盾以及环境压力。随着可再生能源战略定位和发展目标的确立,在替代能源战略地位的认识上,已经从原来的工业经济层面上升至能源安全的高度,能源替代战略的重要地位日益凸显出来。

替代能源,一般是指替代石油、天然气和煤炭等化石燃料的能源,包括风能、太阳能、生物质能、海洋能、水能等可再生能源,也包括核能等不可再生能源。

决定不同能源替代程度的因素主要有两点:一是替代能源在使用过程中的内外部成本。替代能源的内外部成本需低于原来的能源内外部成本,其中包括能源生产及运输成本、供能效率、安全性等。二是替代能源的后继储量以及是否具备可再生性。后继储量和是否再生决定了替代能源的供给安全性,即能够长久和持续地提供能源。

五、外部性理论

根据经济学家保罗·萨缪尔森(Paul A. Samuelson)和威廉·诺德豪斯(William D. Nordhaus)对外部性的定义,外部性是指那些生产或消费对其他团体强征了不可补偿的成本或给予了无须补偿的收益的情形。通俗来说,外部性是指某个经济主体对另一个经济主体产生的一种外部影响,可以分为正外部性(或外部经济)和负外部性(或外部不经济)。对于能源供给而言,同样存在这两个方向的外部性影响。

能源供给的正外部性影响主要来自能源供给产业发展方面。一国能源供给产业的发展能为国内能源需求行业带来充足的能源供应,同时降低能源的对外依存度,还能促进国内上下游相关行业的发展,对推动产业链完善、推进能源技术研发及增加就业率等方面都具有重要意义。

而能源供给的负外部性影响主要来自对能源的过度供应及供应过程中对环境的破坏。如图 3-2 所示,考虑能源供给的负外部性后(能源供给的社会成本为私人成本与外部成本之和),社会最优能源供给量低于当前能源供给量。能源供给产业的扩张会挤占其他产业的生存空间,造成能源生产部门繁荣而其他产业日渐衰弱的情况,即"荷兰病"。同时,不当的能源供给方式和过快的能源消费也可能对生态环境造成影响,如地表塌陷、能源开采泄漏、环境污染等问题。

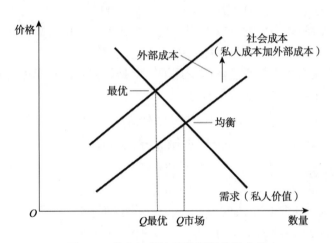

图 3-2　考虑外部性的能源供给量变化

第三节　能源供给的预测方法

目前全球经济形势愈加复杂,能源的消费和生产结构也发生了相应变化,越来越多的国际争端使得能源供给及能源战略安全问题日益突出。因此,对能源供给进行预测有助于一国能源产业可持续发展。为了解决未来能源供需之间的矛盾,提升能源供给的安全性,就必须对能源供给能力进行科学评价。

对能源供给量的预测方法可以分为三大类:第一类是根据某变量的过去值和现在值预测将来值,其中包括灰色预测模型、差分自回归移动平均模型、马尔可夫预测等;第二类是已知某时间序列的影响因素,通过回归或其他方法运用变量之间的关系进行预测,包括线性回归模型、弹性系数法等;第三类是通过研究能源生产技术对能源供给量开展预测,如能源生产函数混沌动力学模型方法。

一、灰色预测模型

学界将只掌握或只能获取部分控制信息的系统称为灰色控制系统，简称灰色系统。一般来说，社会系统、经济系统、生态系统都是灰色系统。运用灰色系统及相关基本原理进行预测的理论叫作灰色系统理论。该理论由我国著名控制与工程学者邓聚龙于1982年首次提出，主要用于对部分数值未知、信息散乱或不完全的事物的时间分布和数列分布进行预测。

具体来看，灰色系统理论，通过鉴别系统因素之间发展趋势的相似性与相异性，即关联分析，对原始数据进行生成处理，并构建具有较强规律性的数据序列，然后建立相应的微分方程模型，再用基于等时距观测到的反应预测对象特征的数值构建灰色预测模型，从而预测事物未来发展的趋势。

灰色预测模型主要有GM(0,N)、GM(1,1)、GM(1,N)、SCCM(1,1)等，由于GM(1,1)模型计算量小、求解容易，同时精度较高，在实际预测过程中一般采用GM(1,1)模型。

灰色预测模型应用的一般步骤如下。

（1）对原始时间序列数据进行处理。灰色预测模型常用的数据处理方式有累加和累减两种，经过数据处理后的时间序列称为"生成列"。

（2）计算关联系数或关联度。简单地说，就是计算待预测指标受其他因素影响的相对强弱关系，并对这些因素进行排序。

（3）建立预测模型。假设原始时间序列 $X^{(0)}$ 具有几个相互对应的数据 $x^{(0)} = \{x^{(0)}(1), x^{(0)}(2), \cdots, x^{(0)}(n)\}$，建立GM(1,1)微分方程

$$\frac{dx^{(1)}}{dt} + ax^{(1)} = b \tag{3-1}$$

其中：$x^{(1)}$ 为一次累加生成的数列，a、b 为待求参数。

通过最小二乘法得到式（3-2）

$$\hat{a} = \begin{bmatrix} a \\ b \end{bmatrix} = [B^T B]^{-1} B^T Y_M \tag{3-2}$$

其中：$B = \begin{bmatrix} -\frac{1}{2}(X^{(1)}(1) + X^{(1)}(2)) & 1 \\ -\frac{1}{2}(X^{(1)}(2) + X^{(1)}(3)) & 1 \\ \vdots & \vdots \\ -\frac{1}{2}(X^{(1)}(n-1) + X^{(1)}(n)) & 1 \end{bmatrix}$，$Y_M = \begin{bmatrix} X^{(0)}(2) \\ X^{(0)}(3) \\ \vdots \\ X^{(0)}(n) \end{bmatrix}$

将原始数列及一次累加数列带入到式3-2中，得到 a 和 b 的值，再将 a 和 b 的值带入到式（3-1）中，得到

$$\hat{x}^{(1)}(k+1) = \left(x^{(0)}(1) - \frac{b}{a}\right)e^{-ak} + \frac{b}{a} \tag{3-3}$$

其中，k 为时期，因此，$k+1$ 期的预测值 $\hat{x}^{(1)}(k+1)$ 可以由首期的 $x^{(0)}(1)$ 来表示。则预测值计算公式为

$$\hat{x}^{(0)}(k+1) = x^{(1)}(k+1) - \hat{x}^{(1)}(k) \tag{3-4}$$

由式（3-4）可以得到预测数列 $\hat{x}^{(0)}$。

（4）对预测数据进行残差和后验差检验。后验差比值 C 和小误差概率 P 是判断模型精度的重要参数。一般情况下，如果得到的 a 值较小，则最终预测值的误差也较小，但如果 a 值较大，则预测值准确性会大大下降。

如需对该模型进行详细了解，请自行阅读本书推荐的相关方法论及应用文献（邓聚龙，1990；谢乃明和刘思峰，2005；杨华龙等，2005；陈涛捷，1990；吴跃明等，1996；Ofosu-Adarkwa et al.，2020）。

二、差分自回归移动平均模型预测

差分自回归移动平均模型（autoregressive integrated moving average model，ARIMA）是由乔治·博克斯（George Box）和格威利姆·詹金叶（Gwilym Jenkins）于1970年共同提出的一种时间序列分析模型。ARIMA 模型的基本思想是将预测对象随时间推移而形成的数据序列视为一个随机序列，并用一定的数学模型来近似描述这个序列，若模型拟合程度良好，就可以根据数据序列的过去值及现在值来预测未来值。

ARIMA 模型由 AR(p)自回归过程、MR(q)移动平均过程和 I(d)单整过程三部分组成，表示为 ARIMA(p,d,q)。p 和 q 分别为自回归和移动平均过程的最大阶数；d 则表示含有 d 个单位根的随机过程，经过 d 次差分后可转换为一个平稳的自回归移动平均过程。平稳性是 ARIMA 模型建立的前提。

AR(p) 自回归过程表达式为

$$x_t = \mu + \varphi_1 x_{t-1} + \varphi_2 x_{t-2} + \cdots + \varphi_p x_{t-p} + u_t \tag{3-5}$$

其中，x_t 为当前值；μ 为常数项；φ_i 为自回归参数，$i=1,2,\cdots,p$，p 为最大阶数，表示 p 阶自回归过程；u_t 为误差。

MR(q) 移动平均过程表达式为

$$x_t = \mu + \theta_1 u_{t-1} + \theta_2 u_{t-2} + \cdots + \theta_q u_{t-q} + u_t \tag{3-6}$$

其中，θ_i 为回归参数，$i=1,2,\cdots,q$，q 表示 q 阶移动平均过程。

将以上两个表达式结合后即为 ARIMA(p,d,q) 的模型表达式

$$x_t = \mu + \sum_{i=1}^{p} \varphi_i x_{t-i} + \sum_{i=1}^{q} \theta_i u_{t-i} + u_t \tag{3-7}$$

通常用式（3-7）表示的 ARIMA 模型来进行静态预测。如需进一步了解该模型的应用，请参考本书推荐的相关文献（刘立阳等，2013；张立杰和朱新杰，2012；李刚等，2004；Jamil，2020）。

ARIMA 模型也有自身的局限性：其一，ARIMA 模型使用自身数据进行预测，需要原始数据相对完整；其二，ARIMA 模型要求原始数据必须具有平稳性；其三，ARIMA 模型要求数据间具有较强的相关性。一般来说，若相关性小于 0.5，则不宜使用该模型。因此在使用该模型前，需要对数据的特征进行较为详细地检验，以确保模型的正确使用。

三、多元线性回归分析预测方法

回归分析指因变量与几个自变量之间的相互依存关系分析，当自变量的数目大于 1，且自变量与因变量之间为线性关系时，为多元线性回归分析。多元回归分析预测法指通过分析因变量与几个自变量之间的相关关系，建立预测模型进行预测的方法。对于样本量较少、时间序列较短、无法用 ARIMA 模型进行预测的样本，可以采用多元回归分析预测模型补充预测。

多元线性回归分析预测模型表达式为

$$y = b_0 + b_1 x_1 + b_2 x_2 + \cdots + b_k x_k + \varepsilon \tag{3-8}$$

其中，y 为因变量；$x_1 \sim x_k$ 为自变量；b_0 为常数；$b_1 \sim b_k$ 为回归系数；ε 为误差项。

通过最小二乘估计，可得到如下回归系数结果。

$$\begin{bmatrix} b_0 \\ b_1 \\ b_2 \\ \vdots \\ b_k \end{bmatrix} = \begin{bmatrix} n & \sum x_1 & \sum x_2 & \cdots & \sum x_k \\ \sum x_1 & \sum x_1^2 & \sum x_1 x_2 & \cdots & \sum x_1 x_k \\ \sum x_2 & \sum x_1 x_2 & \sum x_2^2 & \cdots & \sum x_2 x_k \\ \vdots & \vdots & \vdots & \ddots & \vdots \\ \sum x_k & \sum x_1 x_k & \sum x_2 x_k & \cdots & \sum x_k^2 \end{bmatrix} \cdot \begin{bmatrix} \sum y \\ \sum x_1 y \\ \sum x_2 y \\ \vdots \\ \sum x_k y \end{bmatrix} \tag{3-9}$$

在得到参数的最小二乘估计量后，将其带入至式（3-7）中，并进行模型检验。

多元线性回归法是数理统计中的一个常用方法，也是处理多个变量之间相互关系的一种数学方法。在得到回归拟合参数后，即可得到回归模型表达式，在设置各类变量未来值后，对待预测变量进行计算和预测。线性回归分析主要针对客观事物的数量关系进行分析，因此被广泛地应用于社会经济现象变量之间的影响和关联研究中。基于此，本书并未给出相关的参考文献，读者可根据自身专业需要寻找相应文献进行查阅和学习。

四、基于熵值法的组合模型预测

组合模型预测方法是由贝茨（Bates）和格兰杰（Granger）在题为"The Combination of Forecasts"的论文中首次提出的，其基本思想是选取适当的权重，将几种预测方法所得的预测结果进行加权平均来进行预测。

权重的确定成为组合模型预测的关键。基于熵值法的组合模型预测法是以熵值为权重来进行预测的方法。在信息论中，熵用来衡量系统的不确定程度，是对信息无序程度的度量，一个系统的无序程度越高，则熵值越小，对综合评价的影响越大。陈华友（2003）提出了基于熵值法的组合预测模型，其理论基础是求出应用于某个时间序列的多个预测模型的相对误差值的权重，从而得到每个预测模型在组合模型当中的加权系数，继而求出组合预测值。

假设对于某个时间序列 x_t（$t=1,2,\cdots,n$），利用 m_i（$i=1,2,\cdots,m$）种预测模型进行预测，假设第 i 种单项预测模型在 t 时刻的指标预测值为 x_{it}，令

$$e_{it}=\begin{cases}1, & \text{当}|(x_t-x_{it})/x_t|\geqslant 1\\ |(x_t-x_{it})/x_t|, & \text{当}0\leqslant|(x_t-x_{it})/x_t|\leqslant 1\end{cases} \quad (3\text{-}10)$$

其中，e_{it} 指的是第 i 种单项预测模型在 t 时刻的指标预测值的相对误差值。

将进一步相对误差序列归一化，即计算第 i 种单项预测模型在 t 时刻预测值的相对误差的比重，进而得到第 i 种单项预测模型的相对误差的熵值 h_i

$$\begin{cases}h_i=-k\sum_{t=1}^{n}p_{it}\ln p_{it}, & i=1,2,\cdots,n\\ h_i\geqslant 0\end{cases} \quad (3\text{-}11)$$

其中，k 为常数，当单项预测模型相对误差的熵值越大时，则变异程度越小，继而说明该模型在组合预测模型当中的权重系数越小，因此将第 i 种单项预测模型相对误差的变异程度系数 d_i 定义为信息熵冗余度，即

$$d_i=1-h_i, \quad i=1,2,\cdots,m \quad (3\text{-}12)$$

那么，每个单项预测模型的权重系数 l_i 为

$$l_i=\frac{1}{m-1}(1-\frac{d_i}{\sum_{i=1}^{m}d_i}), \quad i=1,2,\cdots,m \quad (3\text{-}13)$$

利用各个单项预测模型的加权系数，可以得到组合预测模型表达式为

$$\hat{x}_t=\sum_{i=1}^{m}l_i x_{it}, \quad t=1,2,\cdots,m \quad (3\text{-}14)$$

基于信息利用最大化原则，组合预测方法集结了多种单一模型所包含的信息并进行最优组合，因此相比于其他预测方法，组合预测法能够相对改善预测精度。

五、能源生产函数混沌动力学模型方法

预测的基本问题是要根据事物的自身发展变化规律来推断其未来发展趋势。为揭示这一规律，需要正确地建立描述系统的动态数学模型。传统的描述方法有两种，其中一种就是动力学途径。动力学预测模型建立在熟悉的物理规律，如运动的连续方程、

各种守恒方程上,通过对事物变化的规律进行简化和数值求解来进行预测。实际的经济系统都是离散的系统,混沌动力学可以较为准确地揭示经济系统的运行规律,在研究经济系统时具备更强的适用性。

首先建立能源生产函数

$$E = AK^a \quad (3\text{-}15)$$

其中,E 为历年能源生产总值环比指数;K 为历年能源工业固定资产投资环比指数;a 为固定资产投资产出弹性系数;A 为综合因素系数。

则增长模型的连续形式为

$$\frac{\dot{K}}{K} = \alpha - \beta K/E = \alpha - \beta/(E/K) \quad (3\text{-}16)$$

其中,$\dot{K}$ 为 dK/dt;α 为能源工业固定资产投资环比指数 K 增长速率的上限;β 为单位资产投资的产出对 K 增长速率的影响因子。

将式(3-15)代入式(3-16)得到

$$\dot{K} = K[\alpha - \beta K^{1-\alpha}/A] \quad (3\text{-}17)$$

式(3-17)是能源生产的哈维尔莫(Haavelmo)增长模型的连续系统。其解为

$$K(t) = [1/A((AK(0)^{a-2} - \beta/\alpha)e^{\alpha(1-a)t} + \beta/\alpha)]^{\frac{1}{a-1}} \quad (3\text{-}18)$$

当 $K(0) > (<)(\alpha A/\beta)^{\frac{1}{2-a}}$ 时,K 和 E 均单调减少(增加),分别接近它们的唯一稳定状态值 $(\alpha A/\beta)^{\frac{1}{1-a}}$ 和 $A(\alpha A/\beta)^{\frac{a}{1-a}}$。而由于能源系统数据生成的离散性,因此采用微分的形式,得

$$K_{t+1} = K_t[(1+\alpha) - \beta K_t^{1-\alpha}/A] \quad (3\text{-}19)$$

为简便,令 $K_t = (A(1+\alpha)/\beta)^{\frac{1}{1-a}} x_t$,同时 $a^* = \left[\left(\frac{1}{2-a}\right)^{\frac{1}{1-a}}\left(1-\frac{1}{2-a}\right)\right]^{-1} - 1$,进一步得到能源生产预测式

$$x_{t+1} = (1+\alpha)x_t(1-x_t^{1-\alpha}), \quad 0 < \alpha < \alpha^* \quad (3\text{-}20)$$

其他的模型应用研究可参考相应的文献(文启湘和席建强,2008;罗登跃,2004;王周喜等,2002;刘文财等,2002)。

使用混沌动力学模型来进行能源供给预测优势有二:①不必事先建立一个主观模型,再通过对这个模型的微调来拟合原系统,而是直接根据序列本身的客观规律进行预测,这样可以最大限度地避免人为主观性,提高预测的精度和可信度;②传统预测方法仅适用于某一类具有特定特征的系统,而混沌方法的系统适应性较好,除物理学领域外,被广泛运用于金融和经济学领域。

第四节 能源供给战略的制定

能源供给战略的制定包括战略制定的基本流程、国际经验以及中国实践。本书主要介绍世界各国在能源供给战略上的差异，同时梳理我国在能源供给战略层面的政策沿革。

一、基本流程

能源供给战略的制定主要包括确定一国能源供给任务，认清一国内部能源生产供给条件与外部能源进口的优势与劣势，建立长期能源供给目标、制定可供选择的能源供给战略以及在恰当的时候实施特定的战略选择。一国在战略制定过程中必须考虑多方位因素，主要包括：其一，能源供给目标是什么；其二，怎样实现这个目标。据此，能源供给战略的制定一般分为以下几个重要步骤。

（一）充分了解本国能源储备量及需求量

一般来说，一国的能源资源储备量决定了一国能源供给量，而能源的需求量则决定了能源供需缺口的大小。能源资源储备量充裕的国家在能源供需上受到国际市场的影响较小，因此较大的能源储备量是能源供给安全的一大保障。但对于能源储备量不足而能源需求量却较大的国家来说，能源进口量一般较大，此时制定有效的能源供给战略能够在很大程度上应对国际市场的不确定性，保障国家能源使用安全。

（二）确定能源供给战略的目标

能源供给战略的目标主要分为三个方面：第一是满足能源供需平衡。能源供需平衡是能源供给战略最基本的目标。第二是能源供给安全。能源供给安全包括能源开发、运输、使用安全，还包括能源产业的生态环境安全和国际关系安全等。第三是能源生产利用效率。主要包括能源生产、利用等各个环节的效率最高与能源配置效率最优。能源供给战略只有同时满足以上三个方面的目标，才能指导一国能源产业长期稳定发展。

（三）明确能源供给成本与供给方式

不同的能源种类和能源供给方式有不同的供给成本，制定能源供给战略就是在不同的方式中不断调整和选择供给成本最小、风险最低的能源供给方式。国际市场上能源种类繁多，供给形式多种多样，对国内外能源安全局势的影响也各有不同。因此，只有在充分考虑和权衡不同能源、不同供给方式的成本和收益的前提下，才能制定出完整的、合理的能源供给策略。

（四）协调能源供给布局

基于前述步骤，结合各地能源资源的禀赋、能源供给的目标和能源供给的成本，在不同时间、不同地区之间相互协调安排能源供给的行为被称为能源供给布局。

能源供给布局是能源供给战略制定的重要环节之一。通常来说，能源供给布局一般作为保障一国能源安全和提高能源产业影响力的重要手段，具有重要的战略意义。因此，能源供给布局不仅能够决定能源供给目标是否能够顺利实现，同时还能够决定未来能源供给战略的部署。

（五）能源供给战略调整

一般来说，能源供给战略时限一般为5～10年，最长为20年左右。较长时间的能源战略不仅在制定的难度上较大，在对未来国际能源格局的预测上也存在较大困难。例如，国际经济形势、国际能源价格、能源生产技术革新及大型能源资源的探明等，都在很大程度上影响了能源市场的格局，也会影响能源战略的实施效果，因此有必要适时地对能源战略进行调整。

二、国际经验*

本部分主要介绍了美国、日本、欧盟与俄罗斯四个经济体能源供给战略的特点，为线上阅读内容。

国际经验

三、中国实践

（一）我国能源供给现状

中国经济的快速发展带动能源需求的持续增长。随着能源需求规模增量化和能源需求结构多元化，保障中国能源的稳定供给压力也越来越大。在能源国内供给层面，我国面临的挑战主要来自国内能源在供需和时空分布上的不平衡，导致我国能源自给自足压力较大，能源对外依存度仍处较高水平，能源贸易逆差明显。

在能源供给层面的压力主要来自全球能源供给的不确定性，包括三方面内容。

第一，能源来源的不确定性。据2017年版《BP世界能源统计年鉴》统计，2016年非欧佩克产油国的石油产量出现了近五年来的最大跌幅，下降了80万桶/日；美国致密油产量下降了30万桶/日；与此同时，欧佩克的石油产出则稳步增长了120万桶/日。在短时间内如此剧烈地能源供给结构调整，对于能源需求较大的国家造成了能源来源层面不确定性冲击。

第二，能源价格的不确定性。2014年以来，全球石油价格大幅下跌，对能源市场造成了很大的冲击。同时，天然气价格也呈现剧烈波动，以日本到岸液化天然气的价格为例，2014年和2016年分别为16.33美元/百万英热单位和6.94美元/百万英热单位。此外，自2014年以来煤炭价格的波动也在30%左右。

第三，能源运输的不确定性。从能源通道保障层面讲，中国能源运输通道的保障能力与保障机制不尽完善。由于世界海洋大国对海洋通道实行垄断性、排他性控制，中国在海上通道的安全问题上面临受制于人的风险。

(二) 我国能源供给战略实践

基于能源供给的不确定性,我国积极制定各项能源供给战略来降低能源对外依存度,保障国内能源供给安全与稳定。本节主要选取"能源供给革命"和"分布式能源供给"两大能源供给战略实践进行介绍。

1. 能源供给革命

党的十八大以来,习近平总书记提出了"四个革命、一个合作"的能源革命总体框架。继党的十九大之后,党的十九届四中全会通过的《中共中央关于坚持和完善中国特色社会主义制度、推进国家治理体系和治理能力现代化若干重大问题的决定》进一步提出"推进能源革命,构建清洁低碳、安全高效的能源体系",其中,重点提到"推动能源供给革命,建立多元供应体系"。

推进能源供给革命的目的在于构建多轮驱动的能源供给体系。能源供给体系的根本是立足于国内实际,通过科学判断全球能源以及国内能源供给的问题,大力倡导"形成煤、油、气、核、新能源、可再生能源多轮驱动的能源供应体系。"完善能源供给体系需要统筹国际国内两个能源市场,尤其要重点应对国际能源运输过程中面临的一系列政治、文化冲击,同时不断强化能源输配网络和储备设施建设。

实施能源供给侧结构性改革必须充分立足资源国情,推进煤炭转型发展,提高非常规油气规模化开发水平,大力发展非化石能源,完善输配网络和储备系统,优化能源供应结构,形成多轮驱动、安全、可持续的能源供应体系,主要应从如下几个方面发力。

第一,应推动煤炭清洁高效开发利用。将煤炭产业升级作为我国能源转型发展的立足点和首要任务,实现煤炭集中使用,大力推进煤炭清洁利用,促进煤炭绿色生产。

第二,要实现增量需求主要依靠清洁能源。推动清洁能源成为能源消费增量主体,开启能源低碳供应新时代,即推动非化石能源跨越式发展,积极推动国内天然气供应能力倍增,推动分布式能源利用模式快速普及。

第三,应该推进能源供给侧管理。坚持严控能源增量、优化存量,着力提升能源供给质量和效率,扩大有效供给,合理控制能源要素成本,增强供给的适应性和灵活性。

第四,优化能源生产布局。综合考虑能源资源禀赋、生态环境承载力以及能源消费总量和强度"双控"等因素,做大做强能源重点开发基地,统筹能源生产与输送。

第五,全推动能源产业数智化水平提升。促进能源产业与现代信息技术深度融合,推动能源生产管理和营销模式变革,重塑能源产业链、供应链、价值链,增强发展新动力,建设分布式能源网络,大力发展以能源互联网为代表的新兴业态。打造能源企业"大众创业、万众创新"平台,全面推进能源领域众创、众包、众扶、众筹。

2. 分布式能源供给

大到工业、商业园区,小到每家每户,再到与我们生活息息相关的社区、学校和医院等，都需要可持续的能源供应。同时，随着可再生能源的不断发展，能源系统也面临着巨大的变革。作为全新的源系统优化解决方案，稳定、灵活且高效的分布式能源系统能根据不同场景的需求变化平衡能源供给与使用，重新定义了人与能源的关系，让每个人不仅是能源的使用者，还成为能源的生产者和管理者。

传统的集中式供能系统采用大容量设备集中生产，然后通过专门的输送设施（大电网、大热网等）将各种能量输送给较大范围内的众多用户；相对而言，分布式能源系统则涵盖发电、储能和能源管理的解决方案，是直接面向用户、按用户的需求就地生产并供应能量、可满足多重目标的中、小型能量转换利用系统。

作为能源供给业务模式的重要转变，分布式能源系统，通过本地发电和动态负载管理，为建筑业主和能源消费者降低成本并创新可靠的额外收入。相对于传统的集中式线性发电，分布式能源系统更趋多样化、动态化、复杂化，蕴含众多参与者和多层次能源的信息流与资金流，不仅能更好应对突发性电力中断事件，还可以对能源消耗有更灵活的安排和计划。

第五节　世界及中国能源供给展望

能源的稀缺性使得安全有效的能源供给变得越来越重要。在当今全球经济复苏的大环境下，合理地预测未来世界能源供给战略的发展趋势对研究能源供给具有重要意义，同时也能为我国制定相应的能源供给战略提供借鉴。

一、世界能源供给预测

（一）能源供给总体趋势

1. 传统能源供给增长率下降

传统化石能源给的全球投资持续下降。国际能源署署长法提赫·比罗尔表示，2014年至2016年间，全球能源投资每年下降比例约为25%，尽管近年来投资呈现回升，但仍未达到高油价时代的水平。

中国石油经济技术研究院发布的《2050年世界与中国能源展望》认为，未来35年全球石油生产将面临更加严峻的挑战，全球现有油田产量将从现在的36亿吨下降到2050年的不足12亿吨，年均下降3.2%，相当于全球每年减少两个大庆油田。

目前，石油和煤炭供应分别占全球能源供应的29%和28%。到2023年，天然气供应占比将超过煤炭，并在2027年超过石油，成为最大的能源供应来源。

2. 能源供给格局"四分天下"

世界一次能源供给结构趋向清洁、低碳和多元化，并且转型速度要快于之前的预期。英国石油公司（BP）在近三年的能源报告中大幅上调了风电和太阳能发电装机规模估值，预计2035年将上涨150%。中国石油经济技术研究院认为，清洁能源将成为世界能源供给的主要来源，到 2040 年，石油和天然气供给占比将达到 55%；到 2050 年，煤炭、石油、天然气和非化石能源供给占比将分别达到四分之一，清洁能源占比将超过 54%。可见，世界能源结构在逐渐向"四分天下"的多元格局前进。

3. 可再生能源发展瓶颈逐渐破除

国际可再生能源署（International Renewable Energy Agency，IRENA）数据显示，未来几年内，包括风电、光伏、生物质能等在内的可再生能源发电成本将会与化石燃料发电成本几近持平，从而推动世界能源发展进入新时代。

BP 认为，核电、水电和其他可再生能源将占到全部新增能源供给的一半，在一次能源中占比将在 2035 年升至 23%，其中太阳能增长超过 8 倍，风能增长超过 4 倍；2040 年，可再生能源发电增长将超 400%，占全球发电量增长的 50% 以上。EIA 认为，未来 25 年可再生能源增幅最大，年均增速为 2.3%[①]。

（二）能源供给战略发展趋势

对世界能源供应预测的合理预测须基于保障能源充足供应和安全供应两大前提。根据《BP 世界能源展望报告 2019——能源的需求与供给》对世界能源供给的预测结果，全球主要能源供给将在 2030 年到 2039 年初期达到峰值，并不再以煤炭、石油和天然气为主导；到 2050 年，能源供给组合由化石燃料和非化石燃料平分。

能源供给前景预测对国家政策制定和战略谋划都意义重大，能源供给的发展将深刻地影响未来能源格局。为此，各国十分重视能源供给变革，并制订能源战略计划，如美国的《全面能源战略》、欧盟的《2050 能源技术路线图》、日本的《面向 2030 年能源环境创新战略》等。

资源禀赋是各国制定能源战略的基础，国际社会约束则是重要影响因素。美国丰富的化石资源为其实现能源独立提供了多种选择；法国缺乏化石能源，因而积极发展核能，其后受福岛核事故影响加强发展可再生能源；日本资源匮乏并面临巨大减排压力，使其不得不重启核电和大力发展可再生能源，如氢能。

未来，能源多元化和清洁高效利用是各国能源政策的共同目标。美国积极打造化石能源、核能和可再生能源的能源组合，并发展清洁能源技术；欧盟制定了具有法律效力的减排、可再生能源和能效发展目标；日本率先提出国家层面的氢能发展战略，并将清洁高效纳入能源政策基本方针。

科技创新是实现能源政策目标的重要抓手，协同创新是科技创新的重要组织形式。美国把研究和创新摆在能源政策的重要位置，形成了多套行之有效的协同创新机制，有力推动了技术成果转化；欧盟把研究与创新置于低碳能源系统转型的中心地位，通过组建技术平台和资助研发项目等多种形式促进产学研合作；日本把科技研发作为能源政策的重要内容，通过新能源产业技术综合开发机构在政府与大学、产业界、研究机构之间架起合作桥梁。

---

① http://news.cnpc.com.cn/system/2018/10/23/001708284.shtml。

二、我国能源供给展望

当前，我国已成为世界上最大的能源生产国和消费国，形成了煤炭、电力、石油、天然气、新能源、可再生能源全面发展的能源供给体系，但也面临着能源需求压力大、能源供给制约多、能源生产和消费对生态环境损害严重、能源技术水平总体落后等挑战。

2014年6月，习近平总书记在中央财经领导小组第六次会议上提出推动"四个革命、一个合作"的能源战略新思想，其中包括能源供给革命。能源供给革命的本质是主体能源的更替或其开发利用方式的根本性改变，它将贯穿于能源发展始终，引领中国未来能源中长期发展的大趋势和大方向。

（一）能源供给侧改革的长期指导作用

能源供给战略作为能源中长期发展的指导思想和行动纲领，深刻揭示了世界能源发展的大逻辑、大格局、大趋势，科学回答了如何化解能源发展和环境约束矛盾的世界性难题，对我国能源未来发展进行了全局性、系统性的前瞻谋划和布局，是指导我国能源发展的理论基础和基本遵循。能源供给侧改革作为"十三五"期间我国能源领域的主要改革任务，是适应和引领经济发展新常态的务实举措，重点在能源需求结构、投资结构、城乡结构、区域结构、产业结构、分配结构等方面集中发力，有针对性地破解能源行业中的结构不合理、体制弊端、产能过剩和效率低下等问题，充分调动能源企业内部生产要素潜能。

由此可见，能源革命着眼于2030年中长期，能源供给侧革命聚焦于"十三五"时期，能源供给侧改革承前启后，是能源革命的重要组成部分，能源革命则是能源供给侧改革的结果和目标，二者属于战略与战术、全局与局部、长期与近期、目标与任务的关系，彼此相互支撑、互为倚重。在新常态下，能源行业要深入贯彻落实新发展理念，坚持目标导向和问题导向相统一，把能源革命的长期战略与供给侧结构性改革的重大任务有机结合起来，以全局眼光看待能源供给侧改革，解决能源供给侧的深层次问题，促进企业形成自我约束机制和激励机制，打造能源产业良性循环新型生态圈，有效解决经济结构扭曲问题，最终以主动的姿态引领能源大转型时代发展潮流和趋势。

（二）能源供给战略未来发展方向

1. 促进油气增储上产，加快产业链重构

未来油气供给以保障国家管网公司顺利启动运营为核心，进一步重构油气产业各环节，不断完善天然气产供储销体系建设，全面提高资源配置效率和供应保障能力。一是放宽油气勘探开发，促进增储上产，提高油气安全保障程度，进一步落实国家能源安全战略；二是完成国家管网公司组建，平稳顺利运营；三是鼓励天然气储备体系建设；四是缓解炼油产能过剩的局面。

2. 煤炭仍具有基础地位，转型升级势在必行

低碳化、清洁化是中国能源结构发展的必然方向，但资源禀赋和能源消费结构的现实，决定了煤炭在中国能源行业仍具有不可动摇的基础地位。未来中国仍需推进能源供给侧结构性改革，提升煤炭行业的供给质量；一是提升优质产出在总产出中的比重，优化煤炭企业组织结构和区域分布，强化煤炭对总体能源供应的基础保障能力；二是加强煤炭市场流通体系建设，依托互联网，以信息技术提高流通效能，促进资源竞争。三是促进煤炭与煤电、煤制油、煤制气等相关产业的协调发展。

3. 聚焦绿色发展，完善清洁能源消纳政策

中国风电和光伏行业相继进入竞价时代。未来国家政策的重点将是推动电力系统源网荷储协调发展，进一步提升风力发电和光伏发电并网消纳水平。

4. 加强能源监管体系建设，推进能源领域重要改革

按照中央推进"放管服"（简政放权、放管结合、优化服务）和提升监管效能的原则，近年来国家能源局在能源信息系统建设方面开展大量工作，着力在现代技术条件下提升监管效能。同时政府已经在电力与油气监管、天然气管网设施公平开放、风电投资监测预警等方面建立了信息报送机制，并进一步推动能源行业统计、监测、预测预警能力建设，建立信息共享平台。在监管方面，推动行政资源配置从事前审批转向事中事后监管，加强对电力调度、市场交易、价格成本等的监管，利用好市场的竞争机制，将政府的"有形之手"和市场的"无形之手"更好地结合起来。

本 章 小 结

本章主要介绍了能源供给战略的相关内容，包括能源供给战略的基本内涵、能源供给战略制定的理论、能源供给预测、能源战略制定及能源供给未来的展望，从理论到实践充分分析了能源供给战略的重要意义。

本章重点描述了能源供给的含义以及分类，有助于能源供给的不同侧重点：在供给战略制定的理论中，本章从能源经济学中能源的特征与供给的特征来阐述能源供给战略的相关理论；在预测部分，在具备一定的经济学研究背景的情况下，本章分析和对比各种不同预测方法之间的差异，读者可以自行选择适合的方法来进行进一步探索；在战略制定部分，各个国家的能源产业发展存在差异，本章梳理了几个重要的国家在能源供给战略制定上的实践，同时也梳理了我国在能源供给战略上的探索过程；在此基础上，本章最后对世界和中国的能源供应战略进行了展望。

1. 能源供给有哪几个来源？影响能源供给的因素有哪些？
2. 在能源供给战略制定过程中，哪些因素决定了能源供给量，而哪些因素决定了

能源的供给种类？

3. 造成能源供给外部性的原因是什么？通过哪些方法能够改善或降低能源供给的负外部性？

4. 能源供给预测方法能否准确预测未来能源供给量？哪些方法可以有效降低预测误差？

5. 能源供给战略制定的基本流程是什么？其影响因素分别是什么？

6. 一国的资源勘探是否会改变能源要素禀赋？能源供给战略是否会因此发生改变？请举例说明。

7. 结合本书，谈谈对未来我国能源供给战略发展的展望。

[1] 陈华友. 熵值法及其在确定组合预测权系数中的应用[J]. 安徽大学学报(自然科学版), 2003, 27(4): 1-6.

[2] 陈涛捷. 灰色预测模型的一种拓广[J]. 系统工程, 1990, 8(4): 50-52.

[3] 陈志建, 王铮. 全球石油供应下新地缘政治经济格局分析[J]. 世界地理研究, 2015, 24(3): 1-12.

[4] 邓聚龙. 灰色系统理论教程[M]. 武汉: 华中理工大学出版社, 1990.

[5] 韩冬雪, 王雨. 俄罗斯国家能源发展战略评析[J]. 当代世界与社会主义, 2016(1): 138-143.

[6] 李刚, 汪寿阳, 于刚, 等. 牛鞭效应与生产平滑模型有效性问题[J]. 管理科学学报, 2004(1): 1-18.

[7] 刘立阳, 吴军基, 孟绍良. 短期风电功率预测误差分布研究[J]. 电力系统保护与控制, 2013, 41(12): 65-70.

[8] 刘文财, 刘豹, 张维. 中国股票市场混沌动力学预测模型[J]. 系统工程理论方法应用, 2002(1): 12-14+31.

[9] 罗登跃. 基于非线性混沌动力学模型的宏观经济系统运行实证分析[J]. 数量经济技术经济研究, 2004(10): 136-140.

[10] 王周喜, 胡斌, 王洪萍. 人口预测模型的非线性动力学研究[J]. 数量经济技术经济研究, 2002(8): 53-56.

[11] 文启湘, 席建强. 混沌理论在我国税收预测中的应用[J]. 经济纵横, 2008(12): 89-91.

[12] 吴跃明, 张子珩, 郎东锋. 新型环境经济协调度预测模型及应用[J]. 南京大学学报(自然科学版), 1996(3): 466-473.

[13] 谢乃明, 刘思峰. 离散 GM(1,1)模型与灰色预测模型建模机理[J]. 系统工程理论与实践, 2005(1): 93-99.

[14] 杨华龙, 刘金霞, 郑斌. 灰色预测 GM(1,1)模型的改进及应用[J]. 数学的实践与认识, 2005(1): 93-99.

[15] 张立杰, 朱新杰. 我国棉花价格长期走势与短期预测——基于差分自回归移动平均模型(ARIMA)的分析[J]. 价格理论与实践, 2012(6): 53-54.

[16] Jamil R. Hydroelectricity consumption forecast for Pakistan using ARIMA modeling and supply-demand analysis for the year 2030[J]. Renewable energy, 2020, 154: 1-10.

[17] Ofosu-Adarkwa J, Xie N, Javed S A. Forecasting CO_2 emissions of China's cement industry using a hybrid Verhulst-GM (1, N) model and emissions' technical conversion[J]. Renewable and Sustainable energy reviews, 2020, 130: 109945.

第四章

能源需求战略

当今世界能源格局风云变幻,一国的能源战略会受到多国能源供给和需求战略的影响。因此,只有根据本国经济社会发展水平和能源工业发展程度,在总体协调的前提下合理制定本国的能源需求战略,才能更好地维护国家能源安全、促进能源和经济的可持续发展。本章将从能源需求概述、能源需求理论和规律、能源需求的预测模型、能源需求战略的制定、能源需求展望五个方面进行阐述。

关键词: 能源需求刚性 能源总量控制管理 能源有效配置 能源需求侧管理 能源需求预测 能源需求战略

第一节 能源需求概述

制定能源需求战略的前提是厘清能源需求的内涵,阐明能源需求的含义和能源需求总量的定义;归纳影响能源需求的因素,包括经济发展水平、产业结构、能源技术创新和能源结构等;明确度量能源利用效率的重要指标;分析影响能源利用效率的因素,包括能源结构、城市化水平、对外开放程度以及政府政策;总结工业化和城市化进程中能源需求变动的一般规律。

一、能源需求的基本概念

(一)能源需求的含义

能源需求是指消费者在各种可能的价格水平下愿意并且能够购买的能源商品的数量。其中,"愿意"是指购买欲望,"能够"是指支付能力,需求是购买欲望和支付能力的结合。能源需求是一种派生需求,是由人们对社会商品和服务的需求而派生出来,可以看作一种生产要素。而能源需求和能源消费的概念也不尽相同,能源消费是有效能源需求的反映,但由于能源需求一般不能精准测算,所以通常用能源消费来代替能源需求。

(二)能源需求总量

能源需求总量是指在全国物质生产部门、非物质生产部门中各种能源消费量的总和。通常来说，能源需求量是指一次能源需求量，一国的能源需求总量由终端能源需求量、能源加工转换损失量和能源损失量三部分组成。终端能源需求量指终端用能设备输入的能源量，其等于扣除了用于加工转换二次能源消费量和损失量以后的数量；能源加工转换损失量是指一定时期内全国投入加工转换的各种能源数量之和与产出各种能源产品之和的差额；能源损失量是指一定时期内能源在输送、分配、储存过程中发生的损失和由客观原因造成的各种损失量。

二、能源需求的影响因素

能源需求的影响因素包括经济发展水平、产业结构、能源技术创新和能源结构等。

（一）经济发展水平

一国经济发展水平代表工业化和城市化发展程度的高低，其直接影响能源需求。经济水平的提高会大幅增加能源需求，一方面，从工业化发展和基础建设的角度来看，以中国为例，第一个五年计划的重点是集中力量进行以重工业为核心的工业化建设，重工业作为一个高耗能、高投入、长期性的行业，其发展主要以能源和矿产等资源为原料，使中国经济发展对煤炭、石油和电力等能源的需求迅速增加，至今，工业化和城市化进程的加快仍要以能源消耗为基础。另一方面，从经济发展促进人民生活水平的角度来看，生活水平的提高带动消费升级，其中也包括能源产品的消费。

（二）产业结构

产业结构对能源需求的影响体现在各个国家（地区）第一、第二、第三产业的能源消耗上。第一次工业革命后，第二产业（工业）的一次能源消耗量占比最大，第一产业（农业）占比相对较小。随着第二次工业革命中内燃机的发明，西方发达国家的能源消费结构由以煤炭为主转向以石油和电力为主。目前，逐渐呈现能源消费以第二产业为主到以第三产业为主的变动趋势，发达国家的能源消费构成大致为工业、交通运输和建筑业各占 1/3，而我国一次能源消费的部门结构越来越集中于能源工业部门，工农业生产和公共服务与生活等对二次能源的需求也越来越大。

（三）能源技术创新

能源技术创新对能源需求的影响体现在新能源技术和储能技术的创新推动了能源消费向新能源转型。首先，可再生能源技术包括风电技术和光伏（聚光太阳能发电，concentriong solar power，CSP）。大型的风力发电机扩大了电力覆盖地区，以苏格兰 Hywind 项目所开发的高 250 米的漂浮式风力发电机为例，该项目为海上技术开创了新局面。而聚光太阳能发电方式提供了能源技术创新的新思路，以位于迪拜的 700 兆瓦太阳能项目为例，其采用熔盐热储能技术，可日夜不停地发电，成本在 70 美元/兆瓦时左右，可以与化石燃料发电在无补贴的情况下抗衡。其次，伴随着固态储能成本的急剧下降，固态储能技术持续进步，尽管抽水蓄能目前在装机电力储能总容量中仍占主导地位，但新型储能电池，如高能量密度的锂离子电池、空气金属电池、液流电池和固态电池等，在电力储存、电动汽车等领域均具有更大潜力。

（四）能源结构

能源结构指能源生产中各类一次能源、二次能源的构成及其比例关系，能源需求结构是决定能源消费的关键因素，即"生产什么，消费什么"，而能源需求结构主要受一国能源资源禀赋的影响，其影响体现在一国（或地区）能源需求结构受到化石能源资源的总量限制，以及技术水平和开采经济性的影响。鉴于全球石油、天然气和煤炭等不可再生能源资源分布的不均衡，可通过贸易和对外直接投资来进行全球能源资源配置，但这也会在一定程度上威胁国家能源安全。

以中国为例，受制于"富煤、贫油、少气"的资源禀赋，目前中国能源消费结构仍以煤炭为主。2019 年中国煤炭消费占能源消费总量比重为 57.7%，火力发电占主导地位，虽然电力生产中风电和水电占比不断提高，但仍无法与火电相比，在一定程度上会加剧环境污染。另外，《2018 年国内外油气行业发展报告》显示，我国石油的对外依存度为 69.8%，天然气的对外依存度为 45.3%。因此，调整能源结构是中国能源高效利用和可持续发展的前提，也是保障中国能源安全的关键，应该减少对煤炭、石油、天然气等化石能源的需求，降低煤电的比重，大力发展新能源和可再生能源，并减少对国际石油的依存度。目前，我国面临着以高碳能源为主导的能源需求结构向以低碳能源为主导的能源需求结构转化，主要途径为高碳能源低碳化和低碳能源对高碳能源的替代。高碳能源低碳化分为对煤炭的清洁化利用、温室气体减排技术的革新及节能新技术的使用；低碳能源对高碳能源的替代主要包括太阳能、风能、地热能、生物质能及核能等，对以煤炭为主的化石能源的替代，主要发展方向表现为智能电网、绿色工厂、智能建筑、新能源汽车和能源多元化等。

三、度量能源利用效率的重要指标：能源强度和全要素能源效率

（一）能源利用效率的概念和度量指标

能源利用效率是度量能源消费强度和全要素能源效率的重要指标，衡量了能源的投入与产出关系。

能源强度是指生产一单位国内生产总值消耗的能源量，其反映了一个国家（或地区）的综合能源利用效率和对能源消费的依赖程度，单位经济产出消耗的能源量越少，能源强度越低，能源利用效率越高。在国家（或地区）层面，各国均需先经历能源消耗的高速增长，再逐渐向 GDP 年度增长率高于能源消耗增长率的阶段过渡，最终实现

能源强度的连续下降；在区域层面，经济发达区域能源强度一般在总体上是低于经济欠发达地区。另外，由于工业是一次能源的主要需求者，因此工业能源强度也是一个衡量指标，以工业能源强度为单位工业产值能耗的初始定义出发，分解为各工业行业的能源强度。

全要素能源效率是运用数据包络分析（data envelopment analysis，DEA）方法计算而得到，它考虑了能源要素投入和其他要素投入（资本、劳动、技术）以及期望产出。若继续将能源消耗和污染物排放（非期望产出）纳入全要素能源效率的核算框架，则能进一步计算出绿色全要素能源效率，可以用于省际数据和工业数据分析。

（二）能源利用效率的主要影响因素

能源利用效率的影响因素主要包括能源结构、城市化水平、对外开放程度以及政府政策等。

能源结构。优化以煤炭、石油等化石燃料为主的能源消费结构，增加可再生能源以及风电、光电等清洁、高效二次能源的使用。值得注意的是，电能在终端能源消费中发挥着越来越重要的作用，特别是随着电力替代化石燃料战略的实施，有利于提高单位能源消耗所产生的单位国内生产总值。

城市化水平。城市化水平的提高意味着人口由农村向城市的流动伴随着产业结构的转型，生产和服务在城市的积聚，形成规模化生产和集聚效应，进而提高能源利用效率。

对外开放程度。贸易开放程度影响能源利用效率的作用渠道主要表现为本国在进口发达国家的产品、设备时，会在本国产生学习和模仿效应，同时贸易壁垒、国际市场竞争将迫使本国企业为进一步增强自身的国际竞争力而提高技术水平，两种途径均可以提高能源利用效率。

政府政策。政府政策主要包括环境规制和国家政策规划。迫于碳税、碳配额和碳交易等环境规制的影响，企业会努力研发环保、低碳技术，提高能源利用效率。

（三）中国能源利用效率变化特征

本部分主要从能源消费强度的角度来阐述中国能源效率的变化。

第一，我国能源强度目前处于持续下降趋势。在中国能源消费经历了2002—2005年的高速增长之后，自2006年以来，GDP年度增长率始终高于能源消费增长率，说明我国能源强度（energy intensity，EI）实现了连续负增长。图4-1呈现了我国电力消费增长率和GDP年度增长率的对比。但根据《2021年BP世界能源统计年鉴》和《2020年国民经济和社会发展统计公报》，2020年我国占全球能源消费量的26.1%，而中国国内生产总值（GDP）占世界经济的比重为17.4%左右，我国能源强度仍高于世界平均水平，我国初始能源的能源强度曲线如图4-2所示。

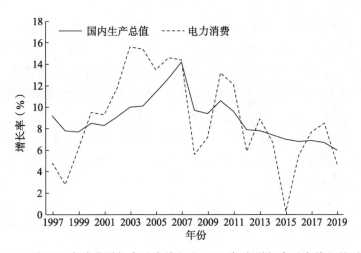

图 4-1　我国电力消费增长率（虚线）和 GDP 年度增长率（实线）的对比

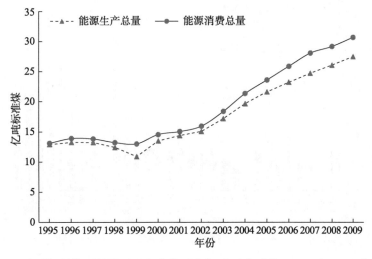

图 4-2　我国初始能源的能源强度曲线（兆焦/购买力平价，2011 年 GDP 价格）

因此，降低能源强度的目标仍任重道远，其已被定为中国政府的重要任务之一。国家能源局在《2021 年能源工作指导意见》中提出，2021 年我国单位国内生产总值能耗降低 3%左右；在"十四五"规划（2021—2025 年）中，政府也明确提出在 2025 年前实现能源强度下降 13.5%以上。实现降低能源强度目标的意义具体可以体现在以下三个方面：首先，这诠释了我国的负责任大国形象，表明我国正在用实际行动为《巴黎协定》和 2030 年碳达峰的承诺做出努力。其次，《2020 年国内外油气行业发展报告》显示，2020 年我国石油对外依存度升至 73%，天然气对外依存度升至 43%，基于我国石油和天然气仍大规模依赖进口的现状，能源强度的降低有利于在一定程度上保障我国能源安全。最后，如果能源不能得到有效利用，环境状况将恶化，可能对经济和环境的可持续性构成威胁，因此能源强度的下降对每个国家的经济和环境可持续性发展至关重要。

第二,我国能源强度的地区差异明显。我国30个省份(西藏、港澳台数据未统计)能源强度自2004—2016年的变动趋势如图4-3所示,可以看出西部地区的能源强度总体上大于东部地区,而平均能源消耗强度基本能够反映各省份近年来的能源消耗强度的变化。按照2004—2016年各省份的平均能源消耗强度的高低重新划分能耗区域,将平均能源消耗强度低于1的划分为低能耗区域,将1~1.5之间的划分为中能耗区域,将高于1.5的划分为高能耗区域。按照前面的划分,此图给出了2004—2016年中国低、中、高能耗区域的能源消耗强度随时间变化的柱状图。从图4-4可以看出,三个区域的平均能源消耗强度在2004—2016年都有较明显的下降。各区域的能源消耗强度差别非常明显,2004年低、中、高能耗区域的能源消耗强度之比为1.03∶1.64∶3.09,2016年这一比例为0.6∶0.9∶2,高能耗区与中、低能耗区的差距是在扩大的。

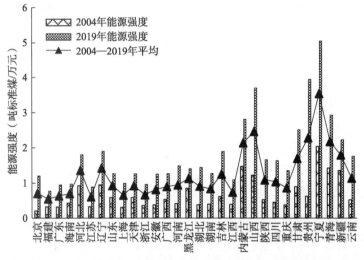

图4-3 我国30个省份(西藏、港澳台数据未统计)能源强度变动趋势

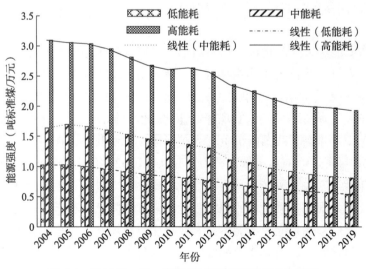

图4-4 我国低、中、高能耗区域能源强度变动趋势

四、工业化和城市化进程中能源需求变动的一般规律

（一）工业化进程中能源需求变化的一般规律

从发达工业化国家的实践来看，工业化中能源需求的一般规律符合环境库兹涅茨曲线（environmental Kuznents curve，EKC）理论，即工业化进程中的能源消耗先大量增加后逐步减少，呈倒U形曲线关系。EKC理论将能源消耗与环境污染相联系：当经济发展水平较低时，环境污染程度较轻，随着经济发展水平的提高，环境污染随着经济增长而加剧；但当经济增长达到一定水平，即达到某拐点后，随着人均收入的进一步增加，环境污染又趋于减小，环境质量逐渐得到改善，也就是在工业化进程中，环境污染与经济发展的关系可视为能源消耗和经济发展的关系。在工业化发展的初期阶段，也就是早期轻工业的快速发展阶段，能源消耗强度较低；而进入工业化发展的中期阶段，变为以重工业为主导，能源消耗强度达到顶峰；到达工业化发展的后期阶段，工业结构和产业结构发生巨大变化，高级制造业和第三产业快速发展，能源强度又开始下降。

从中国工业化的发展来看，与西方发达国家的工业化进程是相似的。自改革开放以来，从1980—2000年，中国正式启动了工业化，并以低能耗支撑经济高增长，能耗增长速度显著低于经济增长速度，但这仅为暂时现象，不具备长期规律性，不符合EKC曲线中经济发展与环境污染的倒U形变动趋势。但进入21世纪以来，随着中国工业化进程加速，进入倒U形曲线的上升阶段，中国单位GDP能耗先呈上升趋势，又随着能源利用效率提高、能源结构优化，进入倒U形曲线的下降阶段，中国单位GDP能耗又不断下降。从长期来看，中国工业化进程中的能源消耗也遵循工业化中能源消耗的一般规律。

（二）城市化过程中能源需求变化的一般规律

城市化过程中可能增加能源需求，也可能利用规模经济、集聚经济，通过改善能源结构和提高能源利用效率减弱对能源需求的压力。

首先，城市化进程中增加的能源需求主要来自城市的生产活动，城市化进程以物质资料生产活动为基础，表现为生产和服务在城市的积聚。一方面增加能源资源的消耗利用，如城市化引起的生产规模的扩大和交易范围的扩展，从而增加了交通运输上的能源消耗量；另一方面也会形成规模化生产和集聚效应，提高能源利用效率。其次，城市化伴随着人口集聚。①居民生活和各类服务在城市聚集，人口集中增加交通服务需求，如机动车的增加导致能源消耗增加和由于交通拥堵导致能耗进一步增加。②人口集聚和出行活动需要匹配大规模基础设施建设以保证城市的运转，如写字楼、道路、桥梁、污水管网、发电厂等，会消耗大量水泥和钢材等高耗能材料，且此类能源密集型产品的需求也随着城市规模的扩大而不断增长，从而间接增加了能源消耗。③随着城市化进程的进一步推进，一方面生活模式的改变是增加居民能源消费的重要原因，如电器种类

的增加使居民的能源消费尤其是电力消费上升,技术进步提高能源利用效率的同时也增加了居民对生活和服务的需求,从而增加能源需求,出现能源经济的"反弹效应";另一方面,人口由农村向城市的流动伴随着产业结构的转型,劳动力也逐渐从传统低能耗的第一产业(农业)转向高耗能的制造业以及服务业。

而城市化进程带来的影响在发达国家和发展中国家是不同的。在发达国家,城市化进程的起始时间较早,城市化伴随着工业化同时进行,由于其率先经历了"先污染,后治理"的发展历程,因此在优化能源消耗结构、改善城市环境方面,发达国家有先行优势和丰富经验。相比之下,发展中国家的城市化与工业化进程不是协调发展的,鉴于经济水平低下、产业结构不合理、能源资源短缺等问题,发展中国家与发达国家的城市化道路则截然不同,需分别考虑。

第二节　能源需求理论和规律

本节从能源需求总量的增长和能源需求结构的优化两个角度出发探讨能源需求理论和规律。关于能源需求总量的理论和规律主要为能源需求刚性规律、能源总量控制管理理论和能源需求与经济周期理论,关于能源需求结构的理论和规律主要为能源有效配置理论和能源需求侧管理理论,旨在通过能源需求量的增长和质量的提升两方面对能源需求理论和规律进行论述。

一、能源需求刚性规律

(一)能源需求刚性的含义

能源需求刚性是指在能源商品供求关系中能源需求受价格影响较小,也就是能源价格无论上涨还是下跌,都不影响能源消费。需求曲线表示在每一价格下所需求的商品数量,是显示价格与需求量关系的曲线。需求曲线的斜率表达的是需求的价格弹性。由于曲线斜率是负值,因此曲线斜率越小(越平缓),则价格弹性系数越大,商品的价格弹性越高。而刚性需求曲线在理论上是一条直线,即不受价格变动的影响。

能源需求刚性主要体现为城市化和工业化进程中的能源消费增长较快的特征。一方面是由农村到城市的人口流动造成的,农村和城市居民的能源需求存在巨大差异;另一方面,城市化所需要的大规模城市和交通基础设施建设和房屋建设所需要的基础能源和衍生品,以及工业化初期生产的劳动密集型和资源密集型的产品大多属于高能耗产品。因此,能源需求是刚性的。

(二)电力需求的刚性规律

电力消费作为能源需求中重要的一部分,呈现出明显的刚性规律,主要体现为产出效应、结构效应、价格效应、电气化效应和居民用电等方面。产出效应是由经济发展、国内生产总值增加以及规模效应拉动电量增长带来的;结构效应是重工业和第二产业比重增加引起的，然而由于传统产能逐渐饱和，以及第三产业崛起的影响较大，可能会降低能源需求；价格效应表现为短期内电力价格的变化并不会导致电力需求的显著变化；电气化效应是由推行以电代煤、以电代油，发展电动汽车，以及城市轨道交通带来的；电作为居民生活的必需品，居民数量和居民生活用电水平的提高，均会形成较强的电力需求刚性。

作为电力输送的载体，电网已经成为能源供应体系的重要组成部分，电网规划也存在刚性需求。首先，由于风能、太阳能等可再生能源具有分布集中、规模大的特点，因此优化能源结构、增加清洁能源的使用必须借助电网输送，电网是清洁能源利用的关键媒介；核电大规模使用，同样也需要电网支持。其次，很多国家存在能源地区分布不均的问题，合理规划电网是能源资源最优利用和优化配置的重要手段。因此，电网的需求也是刚性的。

（三）石油需求的刚性规律

石油被称为"黑色的金子"、现代工业的"血液"，其具有不可再生性、稀缺性等特质，是国家和社会发展不可或缺的战略性能源资源，对保障国家经济发展和能源安全发挥重要作用。对石油的需求刚性主要来自工业化的发展、基础设施的建设以及人民日常出行的使用等方面，与电力需求的刚性规律相似，能源需求在产出效应、结构效应、价格效应和居民利用等方面表现出刚性规律。

二、总量控制规律

（一）能源总量控制规律

能源总量控制是指对能源消费总量的控制，而控制能源消费总量的途径主要有三个。一是直接进行能源消费总量控制，例如，欧盟提出 2020 年的能源消费量较基准情景削减 20%的控制目标；《中华人民共和国国民经济和社会发展第十二个五年规划纲要》和党的十八大报告要求"合理控制能源消费总量"，中国国家能源局要求"十二五"期间必须将一次能源消费总量控制在 42 亿吨标准煤以内。二是制定节能目标任务，例如，美国的部分州、英国、法国、意大利等欧盟国家均设置了能效配额目标，要求能源生产商可以完成相应额度的能源节约量；2007 年中国国务院颁布的《节能减排综合性工作方案》制定了一些"十一五"节能减排的目标任务，包括到 2010 年，万元国内生产总值的能耗由 2005 年的 1.22 吨标准煤下降到 1 吨标准煤以下，降低 20%左右。三是污染物排放的总量控制，例如，欧盟对温室气体绝对减排量做出承诺，在一定程度上可以理解为能源消费总量被限制；中国《国民经济和社会发展第十一个五年规划纲要》规定了全国主要污染物排放总量减少 10%的约束性指标；中国国家能源局规定到 2020 年单位 GDP 的二氧化碳排放较 2005 年下降 40%~45%；为了减弱消费总量控制的局限，美国、日本、澳大利亚和欧盟等均建立了碳排放交易体系。这三种途径都可以从不同的方面进行能源消费总量控制。

（二）能源总量控制的意义

首先，合理有效实施能源消费总量控制可以突破本国能源资源储存量的约束，抑制传统能源消费过快增长，在一定程度上维系了能源安全。其次，能源消费总量控制是节能减排、环境保护的关键措施，也是应对气候变化、维护大国形象的必要途径。再次，能源消费总量控制是改变经济发展方式、优化产业结构和工业结构的重要举措。最后，能源消费总量控制是先进能源技术创新的推手。

三、经济周期理论

（一）经济周期理论

经济周期也称为景气循环，是指国民总产出、总收入和总就业等经济活动随着经济增长的总体趋势而出现收缩和扩张的周期性波动，具体可以分为繁荣、衰退、萧条和复苏四个阶段。能源需求与经济周期的相关性体现为能源需求与经济发展之间是相互影响、相互促进、相互制约的。一方面，能源消费除了数量上的增长之外，还有质量的提高，使能源不仅作为生产要素为经济增长奠定了能源资源基础，还为经济发展提供资金和技术上的支持，能源需求的增加也可能成为新的经济增长点。另一方面，经济发展也为能源产业进步提供了丰富的物质条件。

（二）能源需求与经济周期理论：以电力需求为例

电力需求与经济周期相似，也存在周期性波动，电力需求周期是指电力需求在一个不间断的过程中围绕一个稳定增长趋势交替重复出现升降的情况，也可以理解为电力需求周期是对电力稳定增长趋势的偏离，即电力消费需求变化也是在电力需求收缩和扩张的往复运动中实现的。每个电力需求周期大致可以按照总体变动趋势分为收缩和扩张两个时期：收缩期是指电力需求从波动的峰顶至谷底的下落期，在这一时期电力需求增长呈减缓趋势；扩张期是指电力需求从波动的谷底至顶峰的上调期，在这一时期电力需求增长呈加速趋势。

从总体上来看，借鉴上述经济周期波动阶段的划分，电力需求周期也可分为繁荣、衰退、萧条和复苏四个阶段。从时间上来看，根据电力需求波动发生时间的长短和对经济增长的影响程度，可以将电力需求周期做出如下划分：短周期（3～5年），中周期（8～10年），中长周期（15～20年），长周期（45～60年）。当然在现实生活和生产中这种划分类型并不是严格的，可能存在重叠。

四、能源有效配置

能源有效配置是源于能源资源的稀缺性，是指相对稀缺的能源资源需要通过一定的方式合理分配到不同领域和不同用途中，以达到能源资源的最优使用，即用最少的能源消耗获取更多生产总值和最佳的收益。能源的有效配置主要是为了调节能源结构、缓解环境污染，增加能源使用的多样性，解决能源分布广泛、能源资源与经济发展水平相悖等问题。本部分主要从电能替代、分布式电源、能源物联网和能源互联网等方面阐述能源有效配置。

（一）电能替代

电能替代是指在生产制造领域、交通运输领域、居民采暖领域、电力供应与消费领域等终端能源消费环节，采用电能替代烧煤和燃油等一次化石能源，比如用电取暖、电动汽车、停靠船舶使用岸上电力、工业电锅炉和电蓄能调峰等。电能替代的重要意义在于，目前我国煤炭和燃油的使用对生态环境和空气质量造成恶劣影响，而电能是高效、清洁的二次能源，实施电能替代是增加电煤消费比重的重要举措，有利于扩大电力消费，建立高层次、大规模的新型电力消费市场。另外，实行电能替代有利于改善能源消费结构，推动能源的清洁化发展，减少环境污染，并进一步落实国家能源战略。

（二）分布式电源

分布式电源是指功率为数千瓦至 50 兆瓦小型模块的独立电源，主要来源包括光伏发电、风力发电、小水电、燃料电池和垃圾发电等，其主要用于调峰和为边远地区供电，可以节约电力输送和变压投资，并提高电力供给的可靠性。

分布式电源具有经济性、安全性、高效性、环保性、灵活性和互补性的优势。经济性主要表现为由于分布式电源在用户端附近，可以在一定程度上削减输电和配电网络的施工成本和损耗，并且投资回笼速度快、风险低。安全性体现在分布式电源的分布位置分散，受自然灾害和突发事件的影响较小。高效性主要是利用分布式电源能源使用的多样性特征，包括可再生能源（风能和太阳能等）和清洁能源（天然气）。环保性体现在分布式电源可以大幅加强清洁能源的利用，以此削减煤炭等化石能源的消费和污染排放。灵活性是指分布式电源一方面通常运用中小型设备，具备维修方便、调整灵活的特点；且电源之间的相对独立性强，可满足客户的不同需求并满足削峰填谷的功能。互补性可以与灵活性特征相结合，主要是利用分布式电源的调峰作用，可以缓解夏、冬两季的高负荷，也可以在一定程度上化解用天然气供应产生的气峰谷差过大问题，实现了电力与天然气供应的互补性。

（三）能源互联网

能源互联网是基于先进的信息技术、电力电子技术和管理技术，将分布式能量采集、储存装置等新型电力网络、天然气网络相互连接起来，以实现能量共享网络。

能源互联网的特征归纳为可再生、分布式、互联型、开放性和智能化五个方面。可再生体现在能源互联网的能量供应主要来自可再生能源。鉴于可再生能源分布较分散，能源网络拥有单体小、分布范围广的特征。互联性体现在大范围分布式电源形成的能源网络并不能完全保障供给，需要将分布式电源网络相连接并发生能量交换，才能达到能源供给和需求的平衡状态。开放性是将能源互联网作为能量双向流动的能源共享网络。智能化是指能源互联网中能源的生产、传送、转换和使用都应该智能化。

（四）能源物联网

能源物联网体系是指基于环境和设备感知、工况智能预知的智能节电控制系统与模型，可以应用于社区、商业、工厂、开发区的建筑节能、厂房设备节能控制和办公领域节能控制。能源物联网可以把能源生产、储存、运输、消费等能源基础设施，通过先进嵌入式技术、传感器技术、边缘计算技术、区块链等连接起来，对风能、光伏、传统能源储能设备和充电桩等进行协同控制，以实现智能感知、计算、处理、决策和控制的目标。

由于风电场通常处于地理位置偏远的地区，且风车等风力发电设备相对分散。运用能源物联网系统，可以就设备采集的数据进行初步分析以预测新能源功率，并采用机器学习的设备进行健康评估和控制服务，最终完成智能化管理。将光伏和物联网相结合能够对光伏电站进行智能监控，并运用获取的数据进行电站性能分析，预测能源功率，为提高能源利用效率、实现大规模开发可再生能源奠定基础。

五、能源需求管理

（一）能源需求管理的含义

能源需求管理是能源规划和管理的重点，可以概括为能源部门（以电力部门为主）作为供应方（即供给侧），通过采取财政激励政策，鼓励用户方（即需求侧）运用高效节能技术，改变原有能源需求方式，有效减少能源消费总量和负荷水平，最终实现一次能源消耗的削减，实现社会经济和环境效益的增加。

（二）能源需求管理的关键点

能源需求管理的关键点主要集中于电力需求侧管理（demand side management，DSM），通过发电厂、电网公司、供电公司、能源服务公司、产品经销商和电力使用者等主体的共同努力，改变用户用电方式并提高终端用电效率，在满足相同电力用途的条件下削减用电总量消耗，实现资源节约和环境保护的目标。以中国为例，电力需求管理的核心目标是"负荷调控"，强调管理重心应从"节约电量"向"负荷调控"转变，并指出"静态节约电力电量"应向"系统动态优化"转变。中国国务院发布的《能源发展"十二五"规划》也明确指出，加强能源需求侧管理"需要开展电力需求侧管理城市综合试点"，加强"能效电厂"示范和推广。另外，还应该明确电网企业在电力需求管理的定位，充分发挥电网企业在电力需求管理中的核心优势，即运用电网的平台优势和统一调度的优势，将管理重心放在引导用户削峰填谷。

第三节 能源需求的预测模型

影响能源需求的因素有很多，西方经济学的需求理论指出，某种商品的需求量受商品价格、消费者收入、相关物品价格、消费者偏好、消费者对未来价格的预期和商品供给等的影响。根据上述理论，本节将经济发展、人口增长、收入水平、城市化水平、产业结构、能源消费结构、能源价格、技术创新水平和环境政策等作为能源需求的影响因素。先进行能源消费总量与其影响因素之间的相关关系分析，再基于协整分析原理，开展能源需求与其影响因素的平稳性检验，与协整性检验。

一、能源需求与其影响因素的关系研究

（一）能源需求与其影响因素之间的相关关系分析

在分析能源需求及其影响因素之间的相关关系时，通常使用的是时间序列分析。传统时间序列分析的基本思想是：将能源消费按时间顺序排成一个序列，观察随着时间推移能源消费量变化的规律，并把能源消费量当作时间的函数，从函数关系式中解得能源消费量的预测值。时间序列分析的宗旨即为能源消费量随时间变化的规律在过去和未来是相同的，可以用来预测国家（或地区）中短期的能源消费需求。时间序列分析模型包括自回归模型、移动平均模型、自回归平均移动模型、指数平滑法、趋势线预测法。但当遇到历史数据波动较大的情况时，就必须结合其他预测方法综合分析。

在研究能源需求及其影响因素的关系时，先要确定能源需求和其影响因素之间的相关关系。影响能源需求的因素包括经济增长、城市化水平、收入水平、产业结构、能源消费结构、能源价格、能源技术创新水平、环境政策，具体解释如下。

经济增长。经济增长对能源需求的影响除了总量的影响外，还有经济发展通过产出效应影响能源需求，即经济增长会拉动煤炭、石油等一次能源和电力等二次能源的消费，在这种情况下经济发展与能源需求之间是正相关关系；而当经济发展到一定程度形成规模效应，生产率提高则会减少能源消费，在这种情况下经济发展与能源需求呈负相关关系。

城市化水平。城市化水平的提高，对能源需求的影响是"双向的"。一方面会导致人口数量的增加，对能源的需求增多，即城市化水平提高对能源需求的影响是正向的；另一方面会促进技术进步，资源优的化配置会减少能源需求。其中，人口数量增加会从两个方面促进能源消费的增加：第一，城市化水平的提高会促进人口规模的增长，会增加居民能源消费总量和改变能源消费习惯和消费结构，对能源产品的需求逐渐呈现多样化趋势；第二，城市人口的增加区别于农村人口的增加，因为

城市和农村居民的能源消费取向和能源消费结构不同，会导致能源使用存在差异。这两个方面均会增加能源需求，因此人口增长正向影响能源需求。

收入水平。消费者的收入水平是影响能源需求的重要因素，能源产品的消费主体是面向所有居民和企业，从消费者的衣、食、住、行来看，没有一样可以离开能源产品，从这一程度上来说，能源产品可以作为社会生产和生活的必需品。因此，收入水平的提高会增加能源产品这一必需品的消费，增加能源需求。

产业结构。能源消费可以分为生活用能和生产用能，其中，生产用能占主要。而生产用能又包括第一产业能源消费、第二产业能源消费和第三产业能源消费，其中，第二产业的能源消费占比通常最大。产业结构的改变通过结构效应（即第二产业、重工业发展）会增加能源消费和高耗能产品的生产，带来能耗的高速增长，从用第二产业增加值占国民经济的比重来看，产业结构对能源需求的影响是正向的。而在不影响第二产业发展的情况下要降低能源消费，实现降低能耗的目标，就需要优化产业结构，抑制高耗能产业的发展，加快低能耗、低污染、科技含量高、附加值高的产业发展，推动产业结构向能源集约型发展。

能源消费结构。以中国为例，煤炭是能源消费结构中占比最大的能源，煤炭消费比例对能源需求总量的影响主要体现在煤炭的能源效率比其他能源低，煤炭在燃烧过程中的损失较大，获得相同热量要比其他能源消耗更多，因此对煤炭的需求会更多。能源消费结构的转变和改善，如薪柴到煤炭、煤炭到石油和天然气，再到新能源和可再生能源对化石能源的代替等，均会影响特定能源需求。

能源价格。根据需求理论，价格是影响某种商品需求量最重要的因素。然而对于能源及其产品来说，其价格可能并不是影响能源需求最重要的因素。根据薛黎明[1]的研究，能源价格和能源消费之间不存在长期均衡的关系，其原因可以归纳为以下几点：国家会对能源价格进行控制，国家对能源价格调控的因子很重；我国现行的能源价格体系还没有加入环境因素，导致能源价格并不能反映出能源的稀缺性。能源产品在一定程度上属于生活必需品，根据需求弹性理论，生活必需品是缺乏弹性的，随需求量的变化，价格变化不大。

能源技术创新水平。能源技术和相关产业技术创新会促进能源利用效率的提高，如终端能源消费技术和设备、超超临界发电技术、节能灯等，会降低单位GDP能耗，进而降低能源需求，也就是技术创新与能源需求是负相关关系。

环境政策。环境政策可以影响能源消费的途径有两种：一是规定严格的污染排放标准，如碳税、碳配额以及具体的污染治理指标；二是强行替代一些污染严重的能源产品。

（二）能源需求与其影响因素的协整分析

经济变量之前存在的长期均衡关系意味着，即使某一变量在一定时期内受干扰后偏离其长期均衡趋势，均衡机制也会在下一时期将其调整回均衡状态，也就是 X 与 Y

之间存在协整关系，下面就通过假设 X、Y 之间的长期均衡关系来解释上述理论。假设 X、Y 之间的长期均衡关系如下。

$$Y_t = \alpha + \beta X_t + \varepsilon_t \tag{4-1}$$

其中，β 表示 X_t 的系数；ε_t 是误差项，也称为随机干扰项，它反映了除 X 和 Y 之间的线性关系之外的随机因素对因变量的影响，是不能由自变量和因变量之间的线性关系所解释的变异性。如果用 $\hat{\alpha}$ 和 $\hat{\beta}$ 来表示上式回归系数的估计值，那么模型的残差估计值可以表示为

$$\hat{\varepsilon}_t = Y_t - \hat{\alpha} - \hat{\beta} X_t \tag{4.2}$$

X、Y 之间满足长期稳定均衡关系的一个重要假设就是随机干扰项 ε_t 必须是平稳序列。倘若随机干扰项是随机的，则因变量 Y 相对于每个均衡点的偏离都会被累积而不会被删除。总体来说，协整模型是表示 X 和 Y 之间长期均衡关系的，检验的具体步骤主要参考了薛黎明[1]的研究，将以协整分析理论为指导，对能源需求与经济发展、城市化水平、收入水平、产业结构、能源消费结构、能源价格、技术创新水平、环境政策等能源消费的影响因素的长期均衡关系进行如下协整分析：第一，进行平稳性检验，应用的是增广迪基-富勒（augented Dicky-Fuller，ADF）单协整检验方法，旨在检验单个变量的平稳性；第二，进行协整检验，主要为了验证两变量之间是否存在长期稳定的均衡关系；第三，构建误差修正模型，向量误差修正模型可以看作协整检验中的一种延伸，如果说协整检验反映的是变量间的长期均衡关系，而误差修正模型则反映的是变量由于某种原因而短期偏离长期均衡的调整机制；第四，进行格兰杰因果关系检验（Granger causality test）。上述检验的具体原理如下。

首先，进行平稳性检验。在时间序列分析中，第一个需要解决的问题就是时间序列数据的平稳性检验，主要是因为如果在模型回归中使用了非平稳的变量，则导致一组非平稳时间序列之间不存在协整关系时，这一组变量构造的回归模型中可能出现的一种"假回归"问题。考虑到平稳性检验 DF（Dicky-Fuller test）法不能确保样本回归方程中的残差项是白噪声，因此我们使用 Dickey 和 Fuller 对 DF 法扩充后的 ADF 单协整检验方法。平稳性检验的基本原理是利用 n 次差分把非平稳的序列转化为平稳序列，在给定的 ADF 临界值的显著水平下，对于如下时间序列 Y_t 来说，如果系数 $|\rho|<1$，则不存在单位根，即序列是平稳的；若 $|\rho|>1$，则证明序列是发散的，没有什么实际含义。总体来说，ADF 检验主要是为了检验单个变量的平稳性。

$$Y_t = c + \rho Y_{t-1} + \varepsilon_t \tag{4-3}$$

其次，进行协整检验。协整检验主要用于验证两变量之间是否存在长期稳定的均衡关系，有效的前提是，所有变量均是非平稳且同阶单整的，或者两个以上变量虽然拥有不同单整阶数但是经过线性组合后可以构成低阶单整变量。因此，协整检验的基本思想概括为：假如两个及两个以上的时间序列变量均呈现非平稳特征，但是它们的

某种线性组合却是平稳的,那么这些变量之间存在一种长期均衡关系,也就是所谓的"协整关系"。值得注意的是,满足协整关系的变量间相互不会相隔太远,即使在某一因素的影响下它们可能会短时间偏离均衡点,但是从长期来看将会逐渐恢复到均衡位置。对于协整检验,最常用的方法包括Engle-Granger两步法(适用于单方程)和Johansen极大似然法(适用于多方程)。其中,Engle和Granger为检验变量X_t和Y_t是否为协整关系,在1987年提出EG两步法,其具体方法和过程为上述式(4-1)和式(4-2)所述。

再次,构建误差修正模型。在建立误差修正模型之前,需要先对变量进行协整分析,以确定变量间的协整关系,也就是长期均衡关系,并以此构成误差修正项;再建立短期模型,将误差修正项看作一个解释变量,连同其他反映短期波动的解释变量一起建立短期模型,即误差修正模型。传统的经济模型通常默认变量之间是"长期均衡"的关系,但是实际的经济数据其实是在"非均衡"中形成的。因此,建模的时候要用数据的动态非均衡过程来逼近长期均衡过程,使用最普遍、最一般的模型即为自回归分布滞后模型。

最后,进行格兰杰因果关系检验。格兰杰因果关系检验的基本思想是未来的事件不会对现在与过去产生因果影响,而过去的事件才可能对现在及未来产生影响。换句话说,在确定X的未来值不会影响Y的现在值的前提下,如果我们试图探讨时间序列X是否对另一组时间序列Y有因果影响,那么只需要估计X的滞后期是否会影响Y的现在值。因此,时间序列X和Y之间的格兰杰因果关系可以定义为:若在包含了变量X、Y的过去信息的条件下,对变量Y的预测效果要优于只单独由Y的过去信息对Y进行的预测效果,即变量X有助于解释变量Y的将来变化,则认为变量X是导致变量Y的格兰杰原因。格兰杰因果关系检验的模型如下。

$$Y_t = \alpha_1 + \sum_{j=1}^{n} b_{1k} X_{t-j} + \sum_{k=1}^{m} c_{1k} Y_{t-k} + \mu_t \qquad (4-4)$$

其中,α、b、c是系数;n和m均为正整数;μ_t为随机干扰项。

为了检验X和Y之间是否有格兰杰因果关系,需设定X不是Y的格兰杰原因的零假设$H0$。验证如下零假设的方法是F检验,若F统计值小于临界值,拒绝零假设,则证明X是Y的格兰杰原因;若F统计值不小于临界值,结果则相反。至于滞后阶数则根据赤池信息准则(Akaike information critetion,AIC)确定。

$$H_0 : b_{11} = b_{12} = \cdots = b_{1n} = 0 \qquad (4-5)$$

二、能源需求预测方法总结

能源需求的分析方法除了上一部分阐述的时间序列分析法,还有BP人工神经网络模型法、灰色模型法和情景分析法等。下文将对BP人工神经网络模型法、灰色模型法和情景分析法做具体阐述和分析,并简要阐述能源消费弹性系数法、部门分析法和投入产出法的含义。

（一）BP 人工神经网络法

BP 人工神经网络又称反向传播神经网络，是一种由大量的神经元等互连处理单元构成的并行计算系统，其由三层或三层以上的阶层型（输入层、隐藏层和输出层）神经网络构成，如图 4-5 所示。其中，隐藏层可以具有一层或多层，相邻的上下层之间所有神经元都连接在一起，但是每一层中的神经元之间没有连接。根据董长虹的《神经网络与应用》一书，神经网络图"通过样本数据的训练，不断修正网络权值和阈值，使误差函数沿负梯度方向下降，逼近期望输出。训练数据由输入层单元传到隐含层单元，经隐含层单元逐个处理后传到输出层单元，由输出层单元处理后产生输出模式"。BP 人工神经网络法的过程具体如下。

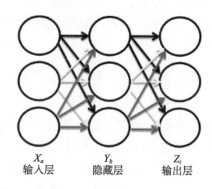

图 4-5　BP 神经网络图

首先，假设 BP 人工神经网络有 3 层，分别包括输入层、隐藏层和输出层。其中，输入节点为 x_a，隐藏节点为 y_b，输出节点为 z_i，输入与隐藏节点之间的网络权值为 w_{ab}，隐藏与输出节点之间的权值为 w_{bi}，传递函数为 logsig 函数，也就是 $f(x) = \dfrac{1}{1+e^{-x}}$，并设置输出节点的期望值为 t_1。

其次，计算隐藏节点的输出得到

$$y_b = f(\sum_a w_{ba} x_a) = f(R_b),$$

其中，$R_b = \sum_a w_{ba} x_a$。计算输出节点的输出为

$$z_i = f(\sum_b w_{ib} y_b) = f(R_i),$$

其中，$R_i = \sum_b w_{ib} y_b$。输出节点的误差为

$$E = \frac{1}{2}\sum_i (t_i - z_i)^2 = \frac{1}{2}\sum_i \left(t_i - f\left(\sum_b w_{ib} y_b\right)\right)^2 = \frac{1}{2}\sum_i \left(t_i - f\left(\sum_i w_{ib} f(\sum_i w_{ba} x_a)\right)\right)^2 \quad (4-6)$$

在进行基于 BP 神经网络中国能源需求预测模型的具体分析时，需要按照如下步骤。第一，需要考虑影响能源需求的因素，包括经济发展、人口增长、收入水平、城市化水平、产业结构、能源消费结构、能源价格和技术创新水平。由于以上数据的量纲不同，需要对其进行"归一化"的初步数据处理，归一化公式为 $x_j = \dfrac{x_j - x_{\min}}{x_{\max} - x_{\min}}$，$j = 1, 2, \cdots, 8$。其中，$x_{\min}$ 代表 x_j 中的最小值，$x_{\max}$ 代表 x_j 中的最大值。第二，选择神经网络的参数，采用输入层、隐藏层和输出层等 3 层 BP 神经网络，其中，输入层的节点数为 8，也就是影响能源需求的 8 个影响因素；输出层的节点数为 1，即能源需求的预测值；而隐藏层的节点数需要调试后得到，与此同时，得到学习步长和动量因子。第三，获得 BP 神经网络模型的训练结果，包括预测值、实际值和相对误差（%），并将当前年份各影响因素的值带入"训练好"的 BP 神经网络，即可得到该年能源消费总量。

（二）灰色模型法

如果一个系统具有层次结构关系的模糊性、动态变化的随机性、指标数据的不完整性或不确定性的灰色特征，那么这一系统则被称为灰色系统，而对灰色系统建立的预测模型称为灰色模型（grey model，简称 GM 模型），它揭示了系统中事物不断发展变化的过程。简单来说，按照灰色系统理论的概念，存在着三种系统形式：黑色系统为未知信息的系统，白色系统为已知信息的系统，而灰色系统则是既含有未知又含有已知或不完全信息的系统。显然，一定范围内的能源消耗系统就是一个灰色系统，能源消耗过程是一个灰色过程，能源消耗量是一个灰色量。

由于在运用灰色模型的预测过程中，将煤炭、石油和天然气等三大一次能源的需求量历史数据作为预测依据，因此采用的是一阶、单变量的线性动态预测模型，简称为 GM(1,1)，用于时间序列预测的是其离散形式的微分方程型预测模型。具体建模步骤如下。

首先，构建初始时间序列。对于一个变量：如果 $X^{(0)}$ 有 n 个相互对应的数据，则可形成如下数列。

$$X^{(0)} = \left(x^{(0)}_{(1)}, x^{(0)}_{(2)}, \cdots, x^{(0)}_{(n)} \right) \tag{4-7}$$

在这里，$X^{(0)}$ 是各类能源 n 年的消费量。

其次，对数列进行一次累加，生成弱随机数列 $x^{(1)}_{(k)}$。根据灰色系统理论，虽然灰色系统的行为现象是模糊的，数据是杂乱的，但其实是有序的，也就是说，在杂乱的数据背后必然隐藏着某种规律。为了削弱时间序列的随机性，并探索这一规律，"合适的方法"是数据累加生成（或减少生成），表现为式（4-8），这样可以使无序的原始数列整理成具有较强规则性的数列，累加后的弱随机数列 $X^{(1)}$ 的公式表示为式（4-9）。

$$x^{(1)}_{(k)} \sum_{i=1}^{k} x^{(0)}_{(i)}, (k = 1, 2, 3, \cdots, n) \tag{4-8}$$

$$X^{(1)} = \left(x_{(1)}^{(0)}, x_{(2)}^{(0)}, \cdots, x_{(n)}^{(0)}\right) \quad (4\text{-}9)$$

最后，建立一阶灰色微分方程 GM(1,1) 预测模型

$$\frac{\mathrm{d}x^{(1)}}{\mathrm{d}t} + \alpha x^{(1)} = b \quad (4\text{-}10)$$

其中，α 和 b 是待定系数；α 为发展灰数，b 为内生控制灰数。

（三）情景分析法

"情景"一词最早出现在 1967 年赫尔曼·卡恩和安东尼·维纳合著的《2000 年》一书中，核心思想是"未来是多样的，几种潜在的结果都有可能在未来实现。通向这种或几种的未来结果的途径也不是唯一的，将可能出现的未来以及实现这种未来结果的途径的描述构成一个情景"。与其他预测方法相比，情景分析法的独特之处在于：第一，情景分析认识到未来发展的多样性，预测结果具有多重可能性；第二，认识到人在未来发展过程中的能动作用，将群体意图和决策者对未来发展的意图分析作为情景分析的重要方面；第三，情景分析要特别注意对组织发展起重要作用的关键因素的协调一致性分析；第四，情景分析在定量分析中嵌入了大量的定性分析，它是一种定量与定性相结合的新的预测方法。

情景分析法中情景设置主要是针对能源需求量影响因素，主要可以分为两类：一类是由社会和经济发展衍生出来的，比如国民经济的增长和人民生活水平的提高；另一类是与能源相关的国家政策，比如节能减排政策，其旨在应对气候变化和环境保护等。有效合理的情景控制设置需要考虑很多因素，其中，历史数据和经验分析是非常重要。以经济发展情景设置为例，从 2015 年到 2019 年期间中国 GDP 的年平均增长率是 6.74%，而 2019 年（6.11%）与 2018 年（6.75%）相比增长有所放缓，而且近五年来增速一直呈下降态势，无论研究的主体是国家、省份还是城市，在进行国民经济发展情景设置时，需要在国家发展的经济背景下，将国家、省份或城市的经济增长速度与国家的增长速度作比较，再依次设置低速发展情景、中速发展情景和高速发展情景分别讨论。

（四）能源消费弹性系数法

一个国家（或地区）的能源消费弹性系数在宏观层面可以反映出本国（或地区）经济发展与能源消费的规律。能源弹性系数是能源消费增长率与经济发展速度之比，其波动反映了经济增长与能源消费变化之间的关系。能源弹性系数的降低意味着经济增长每增加 1%，能源消耗的增长就会减少，能源效率也会提高，反之亦然。本部分主要是基于定基能源消费弹性系数法，进行中国能源消费总量预测。该方法的基本思想为：假设一个国家（或地区）在预测时期的经济发展趋势和过去相一致，基于经济增长和能源消费的历史数据，先计算出能源消费弹性系数，再利用此系数值来对往后年度的能源需求量进行预测。

（五）部门分析法

该方法用于直接预测在一定经济发展速度和技术进步条件下的能源需求量。主要思路是基于能源需求（消费）量和经济增长速度的关系，将单位产值的能源消耗量作为衡量各部门管理和技术水平的指标，并在假定生产总值增长速度和单位产值能耗变化率后，能对各部门的能源需求量、能源需求总量及其增长趋势进行预测。值得注意的是，部门如果被划分得越细，预测得到能源需求相关变量的准确率越高；反之，准确率越低。

（六）投入产出法

能源投入产出分析用于研究能源部门与经济发展之间的联系，主要是将国民经济作为一个有机整体，同时从能源生产和能源分配两个角度，充分反映能源产品的价值形成过程和能源产品在国民经济各部门之间的运动轨迹。

第四节　能源需求战略的制定

首先，本节阐述了能源需求战略制定的基本步骤，包括：①了解本国能源需求基本特征和主要矛盾；②明确能源需求战略的目标和总体思路；③制定能源需求战略总体布局；④适当做出战略调整。其次，归纳总结英国和日本等国的能源需求战略制定经验。最后，阐述中国能源战略制定的具体实践。

一、基本步骤

能源需求战略的制定和实施关系到一国能源总量控制的可行性、能源需求结构的合理性、能源利用效率的先进性等，需要明确国内能源消费需求和国际能源进口限制，厘清能源需求弹性和刚性规律，合理规定能源价格，实现能源有效配置和能源需求侧管理。与能源供给战略相似，能源需求战略的目标及如何实现这一目标是一国能源需求战略需要解决的两个基本问题。因此，能源需求战略的制定通常按照以下几个重要步骤展开。

（一）了解本国能源需求的基本特征和主要矛盾

准确掌握本国能源需求总量、能源结构和能源利用效率等能源需求基本特征是制定能源需求战略的必要前提，解决能源安全等能源需求主要矛盾是制定能源需求战略的重要保障。一国的能源需求量决定了能源供需的缺口大小，进一步影响了能源的对外依存度和能源安全；在工业化和城市化进程中，能源结构中煤炭、石油、天然气和其他可再生能源所占比重的大小会对能源消耗污染排放造成影响，进一步制约了经济和环境的可持续发展；而能源利用效率则决定了生产单位生产总值所需要的能源消费。对于拥有清洁能源结构的国家来说，化石能源的对外依存度和环境压力相对较小，而对于能源消费以煤炭等化石燃料为主且需求量较大的国家来说，解决污染排放等环境问题是实现可持续发展的关键。因此，制定高效合理的能源需求战略能够在一定程度上减轻能源对外依存度高的压力并加强能源安全，缓解能源消耗和利用造成的环境污染，支持经济的可持续发展。

（二）明确能源需求战略的目标和总体思路

能源需求战略的目标和总体思路可以归纳为以下三个方面：第一，实现能源供需平衡是能源需求战略的基准目标；第二，推动能源结构低碳化，增加清洁能源的利用；第三，提高能源利用效率，降低能源强度。制定能源需求战略需要兼顾能源需求平衡、能源结构优化和能源效率提升的目标，只有这样才能长期合理地促进能源产业和经济的可持续发展。

（三）制定能源需求战略总体布局

能源需求的总体布局首先应与能源供给布局相协调，部分国家（或地区）能源资源禀赋存在地区差异，需要明确能源开发重点和需求中心，将能源需求的基本特征与目标相结合，解决能源需求矛盾。

（四）适当做出战略调整

能源需求战略的时限分为短期、中期和长期。短期的能源需求情况受能源需求战略的影响，长期的能源需求战略可以根据短期能源需求发展调整，这是为了缓解能源战略制定的难度、避免时限较长的能源战略对能源需求预测的不足。例如，国际金融危机、气候变化应对要求、绿色和低碳能源科技创新等冲击性事件，均会对国内和国际的能源格局造成影响，虽然会在一定程度上影响已有的能源战略，但也可能会产生重要战略契机。

二、国际经验*

本部分介绍了日本和英国两个经济体能源需求战略的特点，为线上阅读内容。

国际经验

三、中国实践

"十三五"时期，我国能源消费增长速度放缓，能源供给的压力相应有所缓解，能源供需平衡状态相对宽松。但仍然面临以下问题：以煤炭为主的传统能源产能结构性过剩，可再生能源的多元化发展面临多重瓶颈，天然气消费水平亟须提高，"以气代煤"和"以电代煤"的能源清洁替代任务艰巨，能源系统整体效率较低，跨省区能源资源配置矛盾凸显。因此，基于能源需求理论和规律，根据能源需求的基本情况、发展目标等，中国具体的能源战略实践体现在以下几个方面。

（一）能源消费总量控制

在能源消费总量控制的目标方面，我国颁布的《能源发展战略行动计划（2014—2020年）》《国民经济和社会发展第十二个五年规划纲要》《"十二五"节能减排综合性工作方案》《国家应对气候变化规划（2014—2020年）》《能源发展战略行动计划（2014—2020年）》《中国的能源政策（2012）》及2012年党的十八大报告等均明确指出了要"合理控制能源消费总量"，并实施"能源消费总量和强度的双控制，形成倒逼机制，推动经济发展转方式、调结构"。

在节能减排的目标方面，我国颁布的《节约能源法》《"十二五"节能减排综合性工作方案》《中国的能源政策（2012）》和《能源发展"十二五"规划》等规定了"应适当调整产业结构、能源消费结构，降低对化石能源的依赖，加强节能降耗，降低产值能耗，加大减排力度"，改变从前只单一地从能源供给侧考虑是否可以满足能源需求，还应该将节能也纳入需求侧管理中并使其成为满足能源需求的一部分。将二氧化碳的排放也作为能源需求的约束，使其明确包括在能源战略的减排目标中，兼顾能源强度和碳强度的目标。

（二）能源有效配置

在电能替代方面，中央财经领导小组第六次会议、《国务院关于印发大气污染防治行动计划的通知》（国发〔2013〕37号）、《能源发展战略行动计划（2014—2020年）》（国办发〔2014〕31号）关于推进电能替代实施的总体目标是：完善电能替代配套政策体系，建立规范有序的运营监管机制，形成节能环保、便捷高效、技术可行、广泛应用的新型电力消费市场。具体指标为：在2016—2020年，实现能源终端消费环节电能替代散烧煤、燃油消费总量约1.3亿吨标准煤，带动电煤占煤炭消费比重提高约1.9%，带动电能占终端能源消费比重提高约1.5%，促进电能占终端能源消费比重达到约27%。

在能源互联网方面，2015年9月，习近平主席在联合国发展峰会上发表了有关构建全球能源互联网的重要讲话，讲话旨在倡导构建全球以电力为核心的能源网络，推动电力能源的高效绿色利用，满足全球不断增长的用能需求。

第五节　世界及中国能源需求展望

从全球视角出发，未来能源消费总量是持续上升的，清洁能源将起主导作用。中国的能源消费总量将会在期间达到峰值；能源消费结构将会向低碳、清洁、高效的方向转型；在消费终端，受智能化、物联网的影响，工业的能耗占比呈下降趋势，而居民的建筑和出行用能将逐渐增加；风能、太阳能等可再生资源随着技术的发展将得到更多利用。

一、全球能源需求预测

对于全球能源发展趋势，根据《2050年世界与中国能源展望》，可以从能源消费总量、能源消费结构和终端能耗方面来讨论预测世界能源需求，具体内容如下。

首先，从能源消费总量的角度来看，到2050年，世界一次能源消费将一直持续增长，到2050年达到182亿吨标准油的体量。可以说，一个"涨"字将贯穿从现在到2050年期间的世界一次能源的发展态势。世界一次能源的年均增长幅度为0.89%，其中，2015—2035年年均增长1.2%，2036—2050年年均增长0.45%，增速逐渐放缓，世界一次能源需求量预计到2050年达到182亿吨标准油。

其次，从能源消费结构的角度来看。①展望期内，非化石能源与天然气等清洁能源需求增长50亿吨标准油，超过一次能源需求总增量48.5亿吨标准油。这就意味着清洁能源在未来世界能源领域将成为主角，世界能源也会向清洁化方向发展。一方面得益于世界一次能源消费增速的逐渐放缓，另一方面得益于新能源技术的不断进步。②石油消费则会在2035年前后达到峰值，其中绝大部分增长来自亚太地区的需求。能效提高、新能源汽车快速发展以及出行方式变革，导致世界石油需求增长逐渐放缓，预计2035年达到51.1亿吨的峰值，到2050年降至49.3亿吨。尽管如此，在交通领域，人们对石油的需求依然旺盛，老油田面临供应不足的难题，想要满足人们对石油的需求，需要开发更多新的油田，预计到2050年新油田供油占比将达到32%左右。③天然气或许更是主角中的主角。因为天然气占比会上升到27.6%，超过石油的27%，成为第一大能源品种。④在消费端，电气化程度会进一步提高，到2050年，由于工业数字化、网络化和智能化发展，工业用电量增长到14.84亿吨标准油，电气化率则会提高到26.7%。

最后，从终端能耗的角度来看，人们还将更加关注终端能耗中的清洁能源，以降低终端能耗中煤炭和石油的比例。到2050年，煤炭消费的比重将迅速下降至8%左右，石油消费的比重将从2015年的45%下降至38%，天然气和电力的比重将迅速增加。根据《BP 2019年世界能源展望》，在生活水平提高的推动下，到2040年，全球能源需求将增长约1/3，尤其是在整个亚洲，工业和建筑业的能源消耗约占总能源需求增长的75%，而运输能源需求的增长则明显低于过去，因为车辆效率的提高正在加速。

二、我国能源需求展望

根据中国石油集团经济技术研究院发布的2019版《2050年世界与中国能源展望》，我国能源需求的预测可以从能源需求总量、能源消费结构、新能源和可再生能源发展和电能终端的角度展开。

第一，从能源需求总量的角度来看，我国的一次能源需求形势与世界一直看涨的状态并不相同。恰恰相反，国内一次能源需求会有一个达峰回落的过程。《2050年世界与中国能源展望》指出：2035年至2040年期间，我国一次能源消费需求会在达到峰值之后就保持平稳态势。预计峰值为40亿吨标准油，约合57亿吨标准煤。石油需求预计2030年前后达峰，峰值为7亿吨标准油左右。究其原因：是2035年前，产业结构优化和技术进步是能源强度下降的主要因素；2035年后，技术进步成为能源强度下降的首要因素。此外，我们国家进入了工业化后期，城镇化稳步推进，能源需求由生产侧转向消费侧，工业用能占比将持续回落，也让能源整体消费需求出现了峰值后回落的情况。

第二，从能源消费结构的角度来看，中国的用能结构将更加清洁、低碳、多元，终端用能结构将继续维持电代煤、气代煤趋势。由于我国不断进行能源结构调整，我国非化石能源在整个能源结构的占比不断提高，而煤炭作为主体能源份额又在不断减少，油气则在一段时间内保持动态平衡稳定，进而就形成了未来我国能源结构非化石能源、油气和煤炭三足鼎立的发展态势。报告指出，2035年和2050年，我国非化石能源占比分别升至28%和37.8%，煤炭占一次能源需求的比重分别降至40.5%和30.7%。油气占比在2035年后基本保持在31.5%左右；2035年，石油和天然气占比分别为17.4%和14.2%；2050年，石油和天然气占比分别为15.2%和16.5%。

第三，从新能源和可再生能源发展的角度来看，随着风能、太阳能等新能源技术的大规模应用，将进一步降低新能源技术成本，创新应用场景，变革商业模式，助推世界能源低碳清洁转型。特别是在"一带一路"倡议的指引下，中国可与西亚、中东、南亚、非洲等风能、太阳能资源条件好的地区进行新能源技术研发、装备制造、产能利用等领域的深度合作，不断提升世界可再生能源利用水平。

第四，从电能终端的角度来看，随着智能化、物联网时代的到来，中国电力需求重心正逐步转向生活消费侧，表现为工业用能占比持续回落，民用和工商业将贡献全社会用电增量的56%的份额。我国电力发展随着5G时代的到来会出现大幅增长的态势。终端部门电气化水平将从2018年的23.2%提升到2035年的32%与2050年的38.4%。相应的我国电力需求将从2018年的6.4万亿千瓦时增加到2035年的10.6万亿千瓦时与2050年的12.2万亿千瓦时。

本 章 小 结

能源是生存发展之本。一国制定能源战略的重要性在于，能源问题不仅涉及能源的生产、供应和消费等基本问题，还关系国民经济是否可以实现可持续发展，并直接影响国家安全。本章讨论的是能源需求战略，第一，制定能源需求战略要以明确能源需求的基本概念为前提，具体阐明能源需求和能源需求总量的定义；分析经济发展水平、产业结构、能源技术创新和能源结构等影响能源需求的因素，及其对能源需求的具体作用效果；将能源需求延伸至能源需求利用效率，明确度量能源利用效率的重要指标，分析能源结构、城市化水平、对外开放程度以及政府政策等影响能源利用效率的因素；总结工业化和城市化进程中能源需求变动的一般规律。第二，从能源需求总量和能源需求结构的角度探讨能源需求理论和规律，其中，能源需求总量理论和规律包括能源需求刚性规律、能源总理控制管理理论和能源需求与经济周期理论，能源需求结构的理论和规律包括能源有效配置理论和能源需求侧管理理论。第三，建立能源需求预测模型，关键是进行能源需求与其影响因素的关系研究。首先，对能源需求与经济发展、人口增长、收入水平、城市化水平、产业结构、能源消费结构、能源价格、技术创新水平和环境政策等影响因素之间开展相关关系分析；其次，进行能源需求与其影响因素的协整分析，包括平稳性检验、协整检验、构建误差修正模型和格兰杰因果关系检验。总结能源需求预测方法，对 BP 人工神经网络模型法、灰色模型法和情景分析法进行详细分析，并简要阐述能源消费弹性系数法、部门分析法和投入产出法的含义。第四，制定能源需求战略，先要了解本国能源需求的基本特征和主要矛盾，再明确能源需求战略的目标和总体思路，之后制定能源需求战略总体布局，最后适当做出战略调整。借鉴日本和英国等国的能源需求战略经验，并阐述中国能源战略的具体实践。第五，开展能源需求的展望，对于全球能源和中国能源的发展趋势，可以从能源消费总量、能源消费结构和终端能耗方面来讨论预测全球和中国能源需求。

1. 能源需求的影响因素包括什么？除了文中提到的影响因素，请从国际关系的角度阐述。
2. 简要回答工业化和城市化进程中能源需求变动的一般规律。
3. 能源总量控制规律指什么？请列举出四个符合该规律的国家能源战略或者政策。
4. 通过阅读文献，详细阐述能源消费弹性系数法是如何预测能源需求的。
5. 能源需求战略制定的基本步骤是什么？
6. 能源有效配置的具体方法包括哪几个方面？
7. 除了文中列举的日本和英国的能源需求战略，请选择两个发展中国家，并通过查阅资料对其能源战略进行阐述，分析其与中国能源战略的异同点。

[1] 薛黎明. 中国能源需求影响因素分析[D]. 中国矿业大学(北京), 2010.

第五章

能源技术战略

"科学技术是第一生产力",是推动经济、社会发展的不竭动力。纵观历史上的三次工业革命,均由能源技术创新吹响了产业生产方式深入变革的冲锋号。能源供需不平衡是能源技术革命产生的源泉,能源技术革命进而推动了产业结构的改变,产业革命也反作用于能源研发模式的转变。能源技术创新的动力来源于技术推动、市场拉动以及政府驱动。能源技术创新能力是衡量能源产业发展前景的重要尺度,是构成一个国家能源竞争力的决定性因素。由于能源技术演化投资大、前瞻性高、关联广、周期长、不确定性强,能源技术的创新能力和战略可操作性就显得尤为重要。目前,能源技术创新已进入高度活跃期,绿色低碳成为能源技术创新发展的优先方向,国际化能源技术合作成为共识。

关键词: 能源技术　能源技术创新　能源技术战略　工业革命　创新能力评价　战略制定

第一节　能源技术发展的基本规律概述

本节梳理了能源技术的概念、特点、分类和发展阶段,分析了能源技术进步对三次工业革命的推动作用,从能源技术的概念和现实作用出发,总结了能源技术发展的基本规律。

一、能源技术的概念

能源是一种可以提供能量的资源,能源技术使之从自然资源的状态到可以为人类所用的状态。能源服务是人类赖以生存的基础,能源技术的进步极大地提高了能源服务水平,改善了人类的生活条件,推动了社会经济的发展。

(一)能源技术的定义

Sagar 和 Van(2006)界定了能源技术的概念,他们认为能源技术是指将初始资源转化成可直接使用的一级能源(如燃烧煤获取的热能)或者是便于终端使用的二级能源(如电力、汽油)的技术,同时也包括二级能源转换能源服务的技术(如将电力用于照明的技术，将汽油用于驱动机动车辆的技术）。在国际能源署发布的《世界能源技术展望 2020》中，能源技术被定义为专门用于生产、储存和能源分配的设备或者这些过程中涉及的组件，此外还包括向用户提供新的或改善的能源服务和商品。

总而言之，能源技术是指从初始自然资源到可以直接使用的能源的过程中所涉及的全部技术，包括能源勘探技术、能源采集技术、能源加工处理技术、能源转换及运输技术以及能源使用技术。

（二）能源技术的特点

能源技术是国家战略意志的体现，是多学科实际应用的集中映射，涉及不同工业门类。能源行业属于现代社会不可或缺的基础设施建设，其技术投资量巨大、涉及国家安全、收益周期长。因而不同于其他的工业技术，能源技术具有投资大、前瞻性高、关联广、周期长、不确定性强等特点。

1. 投资大

能源技术具有较高的自主创新难度，能源技术的研究开发、设备维护和排放控制均需要大量的投资。能源技术全过程均需要大量投资以改变当地的用能习惯，实现能源供给的平稳长效。加拿大于 2007 年投资 3500 万加元开展"生态能源可再生供热计划"，于 2007—2012 年投资 3 亿加元开展"生态能效计划"，于 2018 年投资 2630 万美元推动清洁技术创新。

2. 前瞻性高

能源技术发展与国家基本国情密切相关，是当前经济社会发展阶段国家战略需求的高度反映，前瞻性高。国家的能源技术选择不仅是该国自然条件、经济和政治禀赋的反馈，更是国家未来发展方向、关键技术选择、国家安全战略开展的前提条件。以日本可再生能源技术发展为例，由于日本传统能源资源禀赋匮乏，分别于 1974 年和 1978 年实施开发可替代能源和节能技术的发展计划，21世纪后更是加速发展"氢能社会"，这些技术至今仍是能源技术发展的焦点。

3. 关联广

能源技术涉及企业、科研院所和政府等多部门以及能源学、材料学和经济学等众多学科。资源端能源技术包含光伏、水力发电、生物质、核能等方面，应用端技术涉及智慧电网、智慧交通等领域，能源技术支撑了现代产业体系运作，能源来源的广泛性和应用的多元化要求能源技术覆盖国家技术领域的各方面，需要各部门的广泛参与。德国发展光伏技术构建了以企业为主导、高校等专业科研机构参与和政府支持的产业联盟，应用涵盖光学、化学、物理学以及材料学等多领域。相关企业负责提升太阳能材料结晶、加工和生产的效率；高校等科研机构关注光伏技术长期发展的基础性问题；德国政府对研发项目提供无偿的资金支持，用来增添或更新科研设备，并设立特别面向年轻科技人才的专项资助。

4. 周期长

能源技术创新从研发、示范到推广应用要经历几十年的发展周期。能源技术由"从原型到市场引进阶段"到"早期应用阶段"是一个长期的过程，能源技术从产生到被广泛接受需要长时间的市场应用检验。一般来说，能源新技术从最初的原型到早期应用阶段（即达到全国市场的1%）需要20～70年的时间（Bento等，2018；Gross等，2018）。太阳能光伏技术在西班牙实现市场引入耗时39年，又花费了25年才首次达到国家电力供应市场1%的份额。锂离子电池从基础性研发到标准化应用历时近30年。直接还原铁技术从最初在瑞典诞生的技术原型到在美国的南卡罗来纳州实现市场引入则耗时60年之久（图5-1）。

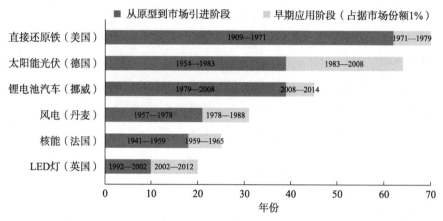

图 5-1 选定的能源技术从原型到市场引进所用时间
数据来源：《世界能源技术展望 2020》

5. 不确定性强

能源技术的演化需要能源技术企业内外部因素的共同参与，内部诸如人员经验缺乏、技术发展方向不确定、辅助性技术研发缺失、获取配套资源不充分，外部诸如市场发展目标不明确、竞争对手的打压、能源市场需求结构变动、政策环境变化、主流能源消费的惯性影响等均将影响能源技术发展。在其演化任何一个过程中，上述不确定性事件的出现都会阻碍能源新技术的成熟。在20世纪六七十年代的日本，由于企业内部研究人员对项目推进方法不了解，缺乏合作关系，不具备长期实践经验和技术，企业本身在发生事故时应对不力导致社会信用丧失，而企业外部的政府缺少开展项目的经验，全球能源消费习惯仍依赖于化石能源，因此，内外部等各因素导致了其各核能研发项目大多以失败告终。

（三）能源技术的分类

把握世界能源技术的演进趋势，推进能源技术创新，要求各国明确能源技术的应用环节、研发目标和利用种类，从而才能将技术优势转化为经济优势，培育能源技术升级的新增长点。参考李立涅等（2018）的能源技术体系，根据能源的生产流程、发展方向以及能源类别将能源技术进行分类如表 5-1 所示。

表 5-1 能源技术类别

划分依据	技术类别	举 例
生产流程	能源勘探技术	深海油气勘探技术、纳米智能驱油技术、压缩感知地震勘探技术
	能源采集技术	石油钻井技术、井下油水分离技术、地下原位改质技术
	能源加工处理技术	原油加工技术、低阶煤热解提质技术、TDS 智能干选技术
	能源转化及运输技术	煤炭的直接液化技术、原油管道运输技术、地下煤气化技术
	能源使用技术	煤炭高附加值利用技术、终端散煤利用技术、薄膜电池技术
发展方向	安全性技术	核废料处理技术、煤电废物控制技术、煤制油技术
	清洁性技术	洁净煤技术、碳捕获与封存技术、太阳能光热发电技术
	高效性技术	灵活交流输电技术、高比例新能源消纳技术、高效能源转换技术
	智慧化技术	能源互联网技术、智能完井采油技术、风机智能化运维技术
能源类别	化石能源技术	石油测井技术、增压富氧燃烧技术、整体煤气化联合循环技术
	电力技术	电气化交通技术、透明电网技术、远距离输电能力提高技术
	可再生能源技术	海洋能发电技术、高空风力发电技术、生物质能利用技术
	核能技术	四代核电技术、核聚变技术、模块化小型压水堆技术
	新能源技术	太阳能制氢技术、水电解氢储能技术、质子交换膜水电解技术

（四）能源技术的发展阶段

能源技术从最初的产生到最终的广泛使用，一般要经历研发、示范和推广三个发展阶段。研发阶段需结合本国国情，立足长远，充分预判未来能源结构发展趋势与相关产业的供需关系，前瞻性地选取能源技术的战略方向；示范阶段应坚持问题导向，依托重大能源工程开展试验示范，健全政产学研用协同创新机制；推广阶段应发挥市场在能源技术创新资源配置中的决定性作用，加快政府职能向创新服务转变，促进能源技术创新资源高效合理配置。

1. 研发阶段

能源技术生命周期的最前端是研究与开发。研发指为增加知识总量（包括人类、文化和社会知识的总量）而进行的系统性的有创造性的活动，以及运用这些知识从事发明新的应用。能源技术研发通过对能源领域基本科学的理论研究，将新的理论和概念发展成初步的技术原型，用以改进市场上已有的技术产品。19 世纪又被称为"科学的世纪"，热力学、光学、电磁学等学科都取得了重大突破，进而引发了能源利用技术革新的热潮。安培定则、欧姆定律、电磁感应定律等研究成果的出现，推动了发电机、电动机以及电灯的诞生，人类开始了对电力的使用。而物理学家对热学的研究以及能量守恒定律的提出，为石油利用等技术奠定了科学理论基础。

2. 示范阶段

示范指一项新技术或实践在现实中正常工作条件下的全规模或接近全规模的应用

（Macey，Brown，1990）。能源技术示范的目的是检验和展示第一阶段的研发成果，为下一步市场扩散和商业化奠定基础。一方面，在真实的环境中试验实验室中的技术原型，以检测该技术的有效性；另一方面，向其他人展示该技术的相对优势，以说服潜在用户。对于风能等新能源技术，由于实验室无法模拟出能源技术运转的真实环境，所以在大规模推广之前，必须将该项能源技术移至风电场进行示范。对于核电技术，若核电站没有安全运行十年甚至数十年以上，这项新能源技术的可行性和可靠性就得不到充分的检验，民众对其接受程度也将较为有限，从而无法进入商业化阶段。

3. 推广阶段

根据国际能源署的定义，推广位于示范之后，在这一阶段，能源技术尚未具有经济性，生产规模小。能源技术推广的目的是验证该能源技术在大规模使用时的经济性和在商业模式下运行的可行性。创新性技术在推广中能够沿着自身的学习曲线实现成本的下降，直到新技术逐渐具有经济竞争力。能源技术的推广也离不开配套基础设施的快速建设，以我国新能源汽车技术的推广阶段为例，2015 年我国公共充电行业初现苗头，自 2016 年开始公共充电桩及公共充电站迅猛发展，公共充电站保有量增长 7 倍之多（图 5-2）。随着充电桩和充电站的大范围推广，充电技术逐渐成熟，直流桩功率模块成本明显降低。2019 年直流模块降至 0.4 元/瓦，仅为 2016 年的 30%（图 5-3）。

图 5-2　2015—2019 年中国公共充电桩和充电站保有量

数据来源：《2020 年中国公共充电桩行业研究报告》

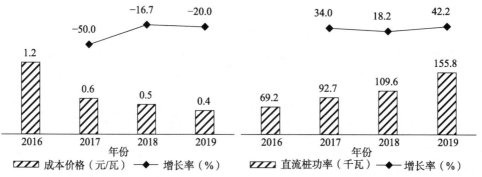

图 5-3　2016—2019 年直流模块成本和新增直流桩功率变化情况

数据来源：《2020 年中国公共充电桩行业研究报告》

二、能源技术在三次工业革命中的作用

纵观三次工业革命，能源技术均承担了先导作用。能源技术的发展促进了能源替代，能源的更新换代为人类使用工具进行更大规模改造自然的活动提供了更高效且可持续的动力来源。能源技术更新源自生产效率提高的客观要求，促进了技术含量更高、可持续性更佳的生产工具服务于人类生产活动。

（一）煤炭利用技术促进了蒸汽机的规模化使用，引发第一次工业革命

煤炭利用技术的改进在推动英国开展第一次工业革命的过程中发挥了催化剂作用。煤炭技术革新的发源地英国，也是第一次工业革命的中心，其工业革命前的木材危机使得煤炭得以被重视，煤炭利用技术的应用加速了以蒸汽机和火车为代表的第一次工业革命的开展。

传统上，英国主要以木材和木炭为能源，但由于人口的急剧增长、农牧业对土地需求的增加和生产技术的革新等原因，森林消退，木柴资源急剧短缺。能源短缺引起木柴价格迅猛增长，英国面临第一次能源危机，人们不得不寻找替代能源。英国是世界上煤炭资源较丰富的国家之一，虽然英国人早在 9 世纪就开始使用煤，但由于煤炭燃烧时会产生煤烟，煤炭的使用率很低。因此如何用煤炭替代木柴并成为主要燃料这一问题受到普遍关注，吸引了大批专业人员，在家庭用煤、工业用煤和矿业给排水等领域产生了一系列煤炭利用技术革新。特别是排水方面的需求促进了蒸汽机的产生和改良，进而带动了其他技术的革新，能源利用技术创新的高潮开始出现。煤炭利用技术的提高，不仅解决了生产生活中的燃料问题，还引发了以纺织业、冶金业和交通运输业为突破口的产业革命。通过煤炭工业，蒸汽机和其他大机器被广泛运用，人类也由畜力运输时代走向了机器运输时代。

（二）石油利用技术推动内燃机广泛应用，深化第二次工业革命

石油是汽车工业和重化工业发展的基石，是内燃机的驱动力量和重化工业重要的原料来源，石油利用技术的提高为美国和德国超过英国，奠定了重要的动力和材料基础。石油利用技术推动了以内燃机和重化工业产品为代表的第二次工业革命的加速发展。

在第二次工业革命伊始，蒸汽机受到其能量密度和使用条件的限制，不再能充分支撑各种重型机械的运转，而电气化的发展充分弥补了蒸汽机的空缺。虽然电力支撑的电动机在各类工业生产中被广泛应用，但由于传输和储能技术的不成熟，在交通运输和小型专业化机械领域，电力机械让位于以石油作为主要驱动力的内燃机式机械。由于各地集约化农业、化工业和交通运输业对石油原料的需求，以及美国丰富的石油禀赋，传统的人力开采被大规模机械采掘替代，各行业提高了对石油利用技术的开发。在石油利用技术上，特别是使石油能与各类内燃机相结合的原油提炼技术，使得农业机械、交通运输和战争等领域的能源需求逐步得到满足，对社会生产向更加大规模的

集约化方向发展具有重要作用。此外，由于石油产量的迅速增长，石油也进而成为化工业发展的基础性材料。石油利用技术推动了第二次工业革命向更深层次发展，第二次工业革命也被称为"石油化时代"。

（三）非常规能源利用技术实现第三次工业革命的全球化、智能化、信息化

社会生产方式的变革以及自然人文禀赋条件的约束致使传统的能源不再能充分满足现代社会生产生活的需要与可持续发展的要求。非常规能源利用技术更好地满足了现代社会生活的需要和生产清洁化需求，推动了第三次工业革命的有序开展。

随着新型经济体的兴起，其生产生活和全球价值链的融入带动了新一轮电力需求的提升，而由于该类经济体庞大的人口规模和在全球价值链的地位状况，基本生活需求成为现代化的主要能源需求。由于煤炭石油等传统能源价格的不确定性和环境保护的需要，全球的生活生产迫切需要新的能源来源，因此各国政府也根据所在国禀赋和国家安全的需要，集中力量自主开发非常规能源。页岩气、页岩油、油砂、煤层气和天然气水合物等非常规能源的开采技术的发展，结合特高压输电、智能电网和储能设备等电力能源技术的使用，推动了能源跨区域生产和调度，促进了生产组织的集聚，满足了各地居民生活需要，推动了能源互联网的居民化发展。各类非常规能源技术的发展，稳定了能源生产和传输，进而推动工业信息化智能化发展。非常规能源利用技术稳定了能源供应，促进了能量运输和存储，推动电力更好地融入社会生产生活，将更大规模的人口纳入商品经济生产范畴，实现第三次工业革命的全球化、智能化、信息化开展。

三、能源技术发展的基本规律

纵观历史上的三次工业革命，能源革命发挥了举足轻重的作用。能源技术的不断升级是人类生产生活对能源供应不充足的客观要求，而能源技术的改进也推动了能源替代和产业革命。能源技术被视为新一轮科技革命和产业革命的突破口，政府协调企业实现能源技术开发的专业化转变。基于能源技术在三次工业革命中的作用，可以总结得出能源技术发展的基本规律。

（一）能源供需不平衡是能源技术进步的根本动力

能源属于自然资源，其稀缺性和对其需求的无限性的矛盾推动了能源技术进步。随着工业水平的发展，社会发展对能源也有了新的要求。18世纪英国出现的木材危机，推动了人类对煤炭资源的开发和利用。第一次工业革命中，煤炭成为主要动力来源。而在第二次工业革命中，煤炭由于具有能量密度低以及转化效率低、燃烧不稳定、燃煤蒸汽机体量大等缺陷，并不能满足人类工农业生产、生活以及交通需求。电力以及石油的使用则方便了生产的发展，促使全球性市场形成。二战后，新型经济体的发展和传统能源及其技术的不确定性和非绿色，又促使非常规能源利用技术成为第三次工业革命新的推动力量。人类社会生产发展的能源需要与能源生产利用方式不能满足人类需要的矛盾，是推动能源技术不断革新的根本动力。

（二）颠覆性能源技术的出现推动产业结构的变革

能源技术创新对产业结构的影响主要体现在两个方面。第一，新技术的诞生推动了传统产业转型升级。蒸汽机的出现将热能转化成机械能，使机器大生产逐步代替手工劳动，传统的手工业开始向近现代工业转变；内燃机在交通运输业中的应用，使蒸汽机车升级为燃油汽车；在技术的推动下，重工业也得到了长足的发展，工业超过农业成为世界第一大产业。第二，颠覆性能源技术的出现促生了新的产业。煤炭利用技术的发明，推动了煤炭产业的兴起。而工厂制代替手工工场，使工业作为一个新兴产业走上了历史的舞台。在第二次工业革命中，电能相关技术的发明（如发电机、电动机）和石油加工技术的进步，催生了电气、化工等新的产业部门。第三次工业革命中各能源技术均带来了新产业，如光伏产业、核工业、新材料等。传统产业升级和新产业兴起是颠覆性能源技术出现的外延，加速了能源技术的调整和换代。

（三）能源技术研发模式向专业化、政企联盟转变

能源技术研究模式的专业化水平不断提高，政企联盟成为运营主体。能源新技术与现代信息、材料和先进制造技术深度融合，研发模式专业化凸显，个体和企业不再能承担提高能源使用效率、创新和完善能源技术，以提高生产能力、降低生产成本的责任。能源技术开发活动由最初个别技术人员或科学家的经验累积、理论突破和发明创造，到组建企业成立研发部门、深挖产业前沿技术，转向现阶段利用政产学研的合作模式寻求技术突破。而转向政企联盟能源技术研发模式后，能源的环境和社会效应更受到关注。新能源技术、节能技术、碳捕获封存（carbon capture utilization and storage，CCUS）技术、智能电网以及能源互联网等技术的出现，反映了政府参与后政企联盟对环境保护和气候变化的关注以及对生产的社会效益和集约化水平的重视。

第二节　能源技术创新理论

本节从推动能源技术创新主体的差异性出发，区分能源技术创新动力来源为技术推动、市场拉动以及政府驱动，分析了不同能源技术创新动力来源对应的创新理论。基于不同能源技术创新动力来源及其理论，企业或国家进行能源技术创新能力评价，将明晰创新主体的能源技术禀赋条件，确定合适的能源技术创新方式，具有重要的先导性作用。因而本节引入能源技术创新评价指标体系，分析主要的指标权重设置方法，选取变异系数法作为能源技术创新能力的权数，介绍变异系数法作为权重后，由模糊综合评价法和灰色综合评价法评估不同能源行业能源技术创新的方式，总结了不同能源行业的能源技术创新能力的评价方法及其机制。

一、能源技术创新的动力来源

根据推动能源技术创新主体的差异性，能源创新动力的来源可以被分为技术推动、

市场拉动以及政府驱动。由于这三种类型能源技术驱动力量各不相同，其在能源技术发展不同阶段的表现也存在差异（王敏和银路，2008）。在研发阶段：技术推动型能源技术创新动力来源于科学家的创造性，其研发资金来源多样，能源技术的研发种类多样化；市场拉动型能源技术创新动力来源于后发企业追求能源利润而进行的差异化努力，其研发资金来源于相关企业，能源技术的研发种类依赖于市场潜在需求；而政府驱动型能源技术创新动力来源于国家战略需求，其研发资金依赖国家支持，能源技术的研发方向锚定国家发展目标。在示范阶段，技术推动型能源技术创新为开发潜在市场而投入各种资源进行持续调整；市场拉动型能源技术创新为使新技术能够更好满足市场需求的方向而进行改进；政府驱动型能源技术创新则依托国家重点能源项目进行系统性协调。在推广阶段：技术推动型能源技术创新追求维护其高利润率；市场拉动型能源技术创新追求高利润率及更大的市场份额；政府驱动型能源技术创新则更考虑其与国家整体产业发展的协调性。

（一）技术推动型能源技术创新

技术推动型能源技术创新，是指随着新兴能源的诞生和演化从市场中产生对这类新技术的需求创新。一般来说，这类新兴能源技术是通过重大原创性能源技术创新形成的，是基于一系列的科学理论突破才被研发出来的。

技术推动下的能源技术创新具有两个特点：一是新能源技术在诞生之初并没有明确的应用领域；二是在该类能源技术产生后，往往会有一系列其他新的能源利用技术的突破。即这类新兴能源技术并不是某一项技术，而是以重大原创性能源技术的突破为核心的技术群。技术群内的能源技术相互补充、相互促进，共同实现商业化应用。例如，蒸汽机这一能源利用工具的技术创新，其和水泵的结合带动了煤炭开采技术的革新，催生出了各种煤炭利用技术，例如煤气灯改变了照明方式，煤炭使用技术的广泛应用又促进了开采技术的进步（即瓦特改良蒸汽机）。

新技术只有被市场接受、产生市场需求后，才能算作真正的研发成功。而新技术的成本收益率决定其能否标准化应用。技术推动型能源技术一般基于生命周期费用法和学习曲线法进行理论分析和数理评价。

1. 生命周期费用法

为了确定消费者是否会购买一项新技术，预测消费者行为对能源技术创新的作用，一个通常使用的方法是计算这项技术的生命周期费用（the life-cycle costs，LCC）。新技术的生命周期费用主要包括两个部分：一方面是购买和安装这项技术所需的费用（purchase and installation costs，PIC）；另一方面是使用这项技术时的费用（operating costs，OC）。用公式表示为

$$LCC_j = PIC_j + \sum_{t=0}^{T_j} \frac{OC_{jt}}{(1+r)^t} \qquad (5\text{-}1)$$

其中，j 表示能源技术；T_j 表示预期寿命；r 表示家庭所面临的折现率。

与购买和安装的一次性费用不同，使用费产生于这项技术的整个生命周期。使用费的高低取决于多种因素，其中最显著的因素是使用这项技术所产生的能源消耗费用。通过一个典型消费者使用新技术所耗费的能源数量，以及能源的期望价格，来计算能源消耗费用的期望值。

生命周期费用法假设，一个典型消费者在使用创新后的新技术与被替代的旧技术时的使用强度是一样的。所有的技术都同样可靠，当出现技术故障时，维修费用是一样的。该方法认为，当新能源技术的生命周期费用低于旧能源技术时，消费者会产生对新技术的需求，从而促进能源技术创新。反之，能源技术创新将受到抑制。由此可见，新能源技术的成本对于能源技术的推广至关重要，虽然新技术在问世时价格比较昂贵，但由于规模经济现象的存在，技术的生产成本往往会通过技术学习而逐渐减小，该规律可以由能源技术的学习曲线表示。

2. 学习曲线

学习曲线又称为经验曲线，是干中学思想的体现。干中学是指新技术将旧技术淘汰后，在新技术的广泛推广和不断使用中，逐渐积累该技术的使用经验和相关知识。新技术的生产效率增加，技术水平更加成熟，从而实现技术成本的下降。学习曲线就表示了经验和知识的积累所引起的技术价格的降低，用公式表示为

$$P_t = P_0 \cdot X^{-e} \tag{5-2}$$

其中，P_t 表示第 t 年技术的价格（或成本）；P_0 表示在总产出为 1 单位时的价格（或成本）；X 表示第 t 年的总产出；e 为学习指数，表示学习曲线下降的速度，其数值越大即学习效率越高，曲线下降就越明显。

进步率（progress ratio，PR）是指累计的产量翻一番时，价格（或成本）下降的速率，用公式表示为

$$PR = 2^{-e} \tag{5-3}$$

学习率（learning rate，LR）是与进步率相关的一个指数，用公式表示为

$$LR = 1 - PR \tag{5-4}$$

通过对历史数据做回归，可以得到学习曲线和学习率，再利用学习曲线进行能源技术结构变化的分析。而成本学习曲线和价格学习曲线相结合可以分析能源市场结构变化的情况，以及进行能源技术研发政策的相关分析等。

（二）市场拉动型能源技术创新

市场拉动型能源技术创新是指为了满足已经存在的潜在市场需求而不断地对能源技术进行改进或通过集成创新实现新的功能。这类新兴能源技术是以满足消费者需求为目的，借由应用导向型的能源技术创新而产生。

专栏　政府对纯电动汽车的补贴退坡机制可行吗？

市场拉动型能源技术创新具有三个特点：①由于对能源技术进行自主研发在时间上已经无法满足现有需求，所以这类新兴能源技术往往源于对技术的引进或现有技术的集成创新。②由于消费者对新兴能源技术的需求已经存在，所以这类技术的应用领域和潜在市场非常明确。③市场拉动型能源技术一般是先满足应用领域中的某一个或几个市场，然后通过对技术的不断改进，逐渐渗透到主流市场。例如，为了快速拥有国产的原子弹，我国最初的核能技术是从苏联引进的，经过消化、吸收以及改进，我国核能技术迅速进步。进入和平年代后，核技术从军用走向民用，一座座核反应堆被建立起来，核电技术成为重要的无碳发电技术。

市场是消费者和厂商相互作用的外部环境，市场竞争会对能源技术的创新产生影响。Aghion（2002）认为市场竞争与企业创新之间呈现倒 U 形关系，即在市场竞争达到最优临界值之前，市场竞争对技术创新具有促进作用，但当超过这一临界值后，市场处于过度竞争状态，此时，市场竞争反而会阻碍技术创新。市场竞争对能源技术创新抑制或是促进的效应可以从熊彼特效应和避免竞争效应两个方面展开。

1. 熊彼特效应

熊彼特效应是指市场竞争对技术创新具有一定的抑制作用。首先，在技术水平差距较大的行业中，技术水平低下的企业往往只关注当前利润，缺乏动力进行技术创新和追赶领先企业。这种情况下，市场竞争程度的提高，只会加剧企业的短期逐利行为，从而抑制技术创新。其次，在缺乏对知识产权及专利保护的情况下，市场竞争的加剧会增加企业之间的"搭便车"行为，从而降低技术创新的独占性给企业带来的利润，进而降低企业进行技术创新的动力和意愿。最后，激烈的市场竞争会使企业面临较大的经营压力，使企业更加关注于当前所面临的外部挑战，从而相对减少在技术创新方面的资金投入和重视程度，进而抑制了该行业的技术创新。

2. 避免竞争效应

避免竞争效应（Aghion 等，1997；Aghion 等，2005）是指市场竞争对技术创新具有一定的促进作用。首先，在技术水平差距较小的行业中，企业之间的竞争接近完全竞争状态，每个企业都只能获得很小甚至没有超额利润。为了避免这种竞争，企业将进行技术创新，从而在产品质量、生产成本等方面取得优势地位，提高自身的竞争力。其次，在市场竞争中，潜在进入者对已在市场中的企业造成的威胁，促使已有企业为维持其市场份额，加大技术创新方面的资本投入，来提高技术水平，树立行业进入壁垒，巩固市场地位。同样，潜在进入者或者竞争弱势企业，为了在市场中占有一席之地，必须通过技术创新实现产品的差异化，从而避免与在位的企业进行正面竞争。最后，能源行业的技术创新一般由上游设备生产商进行，下游设备使用者所在行业的市场竞争加剧：一方面，使得上游企业具有卖方优势，议价能力增强，拥有更多资金进行技术创新；另一方面，下游企业的竞争会促进对高技术设备的需求，从而推动设备生产商进行技术革新。

Aion（2002）认为在初始阶段市场的总体竞争较弱，当企业利润随竞争的增加而减少时，企业因迫于业绩压力而选择逃离竞争环境、改善盈利、加大创新，表现为"避免竞争效应"占主导地位，即市场竞争程度相对于企业创新呈现正相关；但当竞争过于激烈时，企业可获得的创新收益减少，却要承担大量的研发成本。此时企业会减少创新，表现出"熊彼特效应"占主导地位，即竞争对于创新的正效应达到临界，并开始呈现负相关。

（三）政府驱动型能源技术创新

政府介入能源技术创新的出发点是企业优先考虑利润更为确定的技术研发领域，从而导致市场对某些关键领域的能源技术供应不足。这些技术往往对本国的环境、能源安全等问题的解决起到至关重要的作用，此时就需要政府通过制定相关政策推动能源技术的创新。例如，氢能源技术、核聚变技术等前沿的颠覆性能源技术创新往往需要从基础理论研究开始，经过研发、示范和推广，最后只有少数能达到大规模市场部署。较长的研发周期以及每个研发阶段都存在的风险（如资金风险、技术风险和市场风险），使得社会资金对这类技术研发投入不足，而这些技术的研发对于解决温室气体排放问题和抢占未来能源技术制高点都非常重要，所以一些国家会提早部署这类能源技术开发。

一般来说，政府可以通过两种途径驱动能源技术创新：①政府制定有利于能源技术创新的制度规则，引致市场中相应能源技术的需求产生，进而拉动能源技术创新（图 5-4）。②政府对能源技术创新提供资金支持，企业从事技术研发的利润增加，推动能源技术创新（图 5-5）。具体理论如下。

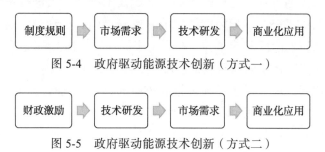

图 5-4　政府驱动能源技术创新（方式一）

图 5-5　政府驱动能源技术创新（方式二）

1. 创新促进效应

能源技术创新活动具有投资大、关联多、范围广、周期长、不确定性强等特点，需要大量的资源支持，而政府通过制度规则的调整可以缓解企业能源技术创新所面临的资金约束以及激励不足等问题（黎文靖和郑曼妮，2016；余明桂等，2016）。制度规则的调整将放松能源企业财政、货币机构以及资本市场约束，促进能源技术创新宏观经济环境的演化。此外，制度环境的变化也将使能源技术开发市场上的创新主体产生变化，提高能源技术市场的竞争程度。政府协调进行信息披露，使能源技术创新信息的自由度和规范性也得到加强，便利企业获取能源技术市场的公开信息，降低信息成本，明确能源技术创新发展的市场需求和行政倾向，从而促进能源技术创新研发。

2. 资源基础观和信号理论

资源基础观在能源技术创新活动中的应用是指企业进行能源技术创新时，政府通过财税补贴等机制补充企业所必需的创新资源（杨洋等，2015）。信号理论在能源技术创新活动中的应用是指政府实施财税补贴等机制时向投资者传递了政府对该企业能源技术创新禀赋的认可，释放出投资利好信号，促使企业获取更多能源技术创新相关资源（余明桂等，2010；Zheng 和 Zhu，2013）。资源基础观和信号理论共同反映了政府通过财税补贴等机制，整合和促进社会各类资源向能源技术创新相关组织倾斜，促进其进行能源技术的研发、示范和市场推广工作，从而加速能源技术创新演化进程。

二、能源技术创新能力评价机制

能源技术创新以国家战略需求为导向，不仅将明确国家相关技术发展的整体趋势，更服务于国家整体发展规划，对能源技术创新的目标选择和能力评价将有助于选择重点扶持领域，瞄准关键和前沿技术，提高能源技术创新质量。本部分引入能源技术创新评价指标体系，分析主要指标权重的设置方法，选取变异系数法作为能源技术创新能力的权数，介绍变异系数法作为权重后，采用模糊综合评价法和灰色综合评价法评估不同能源行业能源技术创新的方式。

（一）评价指标体系的建立

能源技术创新能力是衡量能源产业发展前景的重要尺度，是构成一个国家能源竞争力的决定性因素。通过定量分析的方法对能源技术创新能力进行评估，可以判断一个国家能源创新的优劣势，引导完善能源技术创新措施，推动制定能源技术战略。

技术创新包括研发阶段和成果转化阶段（张经强，2016），考虑到能源技术创新研发、示范和推广流程与技术创新阶段的适配性，本文参考李荣平和李剑玲（2003）、周喜君等（2017）构建产业技术创新评价指标体系的指标，结合能源技术创新的特点和指标体系设立的原则，构建了能源技术创新评价指标体系（见表 5-2）。通过综合考虑能源技术创新研发阶段的投入要素，兼顾能源技术成果转化阶段效果评价的合理性，表 5-2 涵盖了能源技术创新研发阶段的三类投入要素指标，即经费投入、人员投入和机构设备投入，以及能源技术创新成果转化阶段的两类产出评价指标，即商业化产出以及知识化产出。其中，经费投入包括：科技活动经费内部支出（E），衡量了各产业的绝对货币投入量；R&D 经费占产品销售收入比重（MI），表示了该产业对于技术开发活动的资金支持力度。人员投入是指科技活动人员（ST），即企业科技活动人员，反映了该产业从事科技活动的人员投入。机构设备投入是技术创新的物质基础，由微电子控制设备占生产经营用设备原价比重（CP）表示，衡量了企业微电子设备原值与同期该产业生产设备原值之比，反映该产业劳动手段的先进程度。商业化产出包括：新产品产值（NM），反映了该产业的技术创新产出情况；新产品产值占工业产值比重

（NMIP），表示了该产业技术创新的产出力度；新产品销售收入占主营业务收入比重（NMPP），衡量了该产业新产品开发取得的经济效益。而知识化产出包括专利申请数（PA）、拥有发明专利数（PH），分别反映了某产业技术创新活动的知识性产出。

表 5-2 能源技术创新评价指标体系

技术创新要素	技术创新具体指标
经费投入	科技活动经费内部支出（E）
	R&D 经费占产品销售收入比重（MI）
人员投入	科技活动人员（ST）
机构设备投入	微电子控制设备占生产经营用设备原价比重（CP）
商业化产出	新产品产值（NM）
	新产品产值占工业产值比重（NMIP）
	新产品销售收入占主营业务收入比重（NMPP）
知识化产出	专利申请数（PA）
	拥有发明专利数（PH）

（二）指标权重的确定

在进行综合评价之前，需要通过分析指标体系中各个指标对能源技术创新能力的贡献率确定每一个指标的权重，而权重的不同反映了指标体系中每个指标相对重要程度的不同。

常用的指标赋权方法主要分为两类即主观赋权法和客观赋权法。主观赋权法是指通过综合咨询评分的定性方法确定权重。这种方法一般是相关领域的专家和研究员根据长期研究的经验信息，得出的关于指标权重的主观看法。其中包括德尔菲法、层次分析法等。客观赋权法又称为信息权重法，即根据各个指标之间的相关关系或者各项指标的变异程度来确定权数。其中包括变异系数法、熵权系数法等。由于主观赋权法基于个人的主观判断，难免会出现认识的偏差，进而影响权重确定的准确性，客观赋权法虽然避免了人为因素的影响，但是忽视了指标本身的重要性，存在权重与预期不一致的问题。在客观赋权法中，熵权系数法侧重于对单个指标的效益评价，不能反映各个指标的综合作用，而能源技术创新能力则更强调了各指标的综合作用，因而本文将着重介绍变异系数法。

变异系数的定义为 $C = \sigma / \mu$，其中 σ 为总体标准差，μ 为总体均值。假设被评价对象个数为 n，每个被评价对象由 p 个指标来描述，每个指标的均值 X_i 和方差 S_i^2 分别为

$$X_i = \frac{1}{n}\sum_{j=1}^{n} x_j, (i=1,2,\cdots,p) \tag{5-5}$$

$$S_i^2 = \frac{1}{n-1}\sum_{j=1}^{n}(x_j - X_i)^2, (i=1,2,\cdots,p) \tag{5-6}$$

其中，x_j 表示第 j 个被评价对象在第 i 项指标上的取值。

各个指标的变异系数 v_i 表示为

$$v_i = S_i / X_i, (i=1,2,\cdots,p) \tag{5-7}$$

最后对 v_i 作归一化处理就可得到各个指标的权重

$$w_i = v_i \bigg/ \sum_{i=1}^{p} v_i, (i=1,2,\cdots,p) \tag{5-8}$$

（三）主法的介绍

基于前述变异系数法得出主要指标权重后，通过模糊综合评价法和灰色综合评价法，可以计算得出各个能源产业的能源技术创新水平。

1. 模糊综合评价法

模糊综合评价法是以模糊数学理论为基础，对数据进行无量纲处理和加总计算，最终得到综合的评价结果。主要步骤如下。

第一步，计算各个指标的得分。李荣平和李剑玲（2003）根据人们对数据的认同习性，对数学模型进行了改进，把理论上的[0，1]范围扩展为[40，100]的范围。对于数值越大越好的正向指标 x_i，采用样本比较的方法，构造函数

$$A_{ij} = \frac{x_{ij} - x_{i\min}}{x_{i\max} - x_{i\min}} \times 60 + 40 \tag{5-9}$$

其中，x_{ij} 表示第 j 个能源产业第 i 项指标的实际数值；$x_{i\min}$ 表示能源产业中第 i 项指标数据中的最小值；$x_{i\max}$ 表示能源产业中第 i 项指标数据中的最大值；A_{ij} 表示第 j 个能源产业中第 i 项指标的得分。

该函数把指标最大值的能源产业得分定为 100 分，最小值的产业定为 40 分。类似的，对于数值越小越好的逆向指标 x_k，构造函数

$$A_{kj} = \frac{x_{k\max} - x_{kj}}{x_{k\max} - x_{k\min}} \times 60 + 40 \tag{5-10}$$

其中，x_{kj} 表示第 j 个能源产业第 k 项指标的实际数值；$x_{k\min}$ 表示能源产业中第 k 项指标数据中的最小值；$x_{k\max}$ 表示能源产业中第 k 项指标数据中的最大值；A_{kj} 表示第 j 个能源产业中第 k 项指标的得分。

第二步，采用变异系数法确定指标权重。

第三步，采用加权线性平均法，计算综合得分。

$$Z_j = \sum_{i=1}^{p} w_i A_{ij} \tag{5-11}$$

其中，p 表示指标个数；w_i 表示第 i 项指标的权重；Z_j 表示第 j 个能源产业的综合得分。

第四步，根据各个能源产业的得分进行排序，得到评价结果。

2. 灰色综合评价法

灰色综合评价法是指人们对事物的认知具有不完全性和不确定性，对评价指标的描述越模糊，指标的灰色性越大。由于评价对象或多或少都有灰色性，因此这种方法的适用范围较广。该方法的核心是计算关联度，指标之间变化情况越相近，关联度越大。主要步骤如下。

第一步，确定参考序列。参考序列 x_0 是指根据各评价指标的经济意义。假设被评价对象个数为 n，每个被评价对象由 p 个指标来描述，则参考序列用公式表示为

$$x_0 = \{x_{01}, x_{02}, \cdots, x_{0p}\} \tag{5-12}$$

若第 i 项指标是正向指标，则 x_{0i} 就是所有被评价对象中第 i 项指标实际值的最大值。相反，若为逆向指标，则为最小值。

第二步，进行无量纲化处理。由于不同指标的计量单位不同，为了便于指标之间的相互比较，需要对原始数据进行无量纲化处理。直线型无量纲化变量 x'_{ji} 公式为

$$x'_{ji} = \frac{x_{ji}}{x_{0i}}, \ (i=1,\cdots,p; j=1,\cdots,n) \tag{5-13}$$

此时，各个指标的最优值均为 1，最优参考序列为 $x_0 = \{1,1,\cdots,1\}$。

第三步，求两极最大差和两极最小差。首先，计算每个被评价对象序列与最优参考序列的差序列 Δ_{ji}。

$$\Delta_{ji} = |x'_{ji} - 1|, (i=1,\cdots,p; j=1,\cdots,n) \tag{5-14}$$

然后，按照以下公式即可得到两极最大差 $\Delta(\max)$ 和两极最小差 $\Delta(\min)$。

$$\Delta(\max) = \max_{1 \leq i \leq p} \max_{1 \leq j \leq n} \Delta_{ji} \tag{5-15}$$

$$\Delta(\min) = \min_{1 \leq i \leq p} \min_{1 \leq j \leq n} \Delta_{ji} \tag{5-16}$$

第四步，计算关联度。首先，计算关联系数 μ_{ji}。

$$\mu_{ji} = \frac{\Delta(\min) + \rho \Delta(\max)}{\Delta_{ji} + \rho \Delta(\max)} \tag{5-17}$$

其中，ρ 为分辨系数，$0 < \rho < 1$，可以通过调整 ρ 的大小来提高最终评价结果的区分效度。然后计算第 j 个被评价对象序列与最优参考序列之间的关联度 r_j。

$$r_j = \frac{1}{p} \sum_{i=1}^{p} \mu_{ji} \tag{5-18}$$

第五步，计算综合评价系数 E_j。

$$E_j = r_j \times 100 \tag{5-19}$$

第六步，根据各个能源产业的综合评价系数进行排序，得到评价结果。综合评价系数越高，表明对应能源产业的技术创新能力越强。

这种计算方法的缺陷是没有考虑到评价指标之间重要程度的不同，同等看待所有指标，将每个指标的权重都设为$\frac{1}{p}$。为克服这一缺点，可以用变异系数法为不同指标设置不同的权重，从而改进这种评价方法。用公式表示为

$$E_j = 100\sum_{i=1}^{p} w_i \mu_{ji} \tag{5-20}$$

其中，w_i表示第i项指标的权重。

通过模糊综合评价法和灰色综合评价法，计算得出的能源技术创新水平得分，比较不同能源行业的能源技术创新水平，从而评价不同能源行业的技术创新发展水平和可能的发展方向。

第三节 能源技术战略的制定

本节首先明确了能源技术战略含义及其全局性、长远性和方向性的特征，分析了能源技术战略制定的依据，并按能源技术成熟度和能源技术发展方向区分了能源技术战略的主要类型。

一、能源技术战略的含义及特征

能源技术战略是指国家为满足当前或将来能源技术需求，在立足于本国基本国情和自主创新的基础上，正确把握世界能源技术的演进趋势，确定本国能源技术主攻方向，并根据国际能源技术研发形势所制定的未来较长一段时期的总体发展方略。其战略目的是推动本国能源技术创新，将技术优势转化为经济优势，培育能源技术及关联产业升级的新增长点。能源技术战略是为能源供给、能源需求等其他国家战略提供技术方面的支持，应坚持以国家战略需求为导向，为解决资源保障、结构调整、污染排放、利用效率、应急调峰能力等重大问题提供技术手段和解决方案，并为实现经济社会发展、应对气候变化、环境质量等多重国家目标提供技术支撑和持续动力。

能源技术战略有三个主要特征。一是全局性，它以整个能源行业未来发展中所涉及的技术问题为研究对象，确定能源技术发展的总体目标，追求能源技术创新为环境和社会发展所带来的总体效益，而不拘泥于局部的状态。二是长远性，能源技术战略着眼于能源的可持续利用和经济的可持续发展，关注的是长远的效益，而不是短期利润。三是方向性，在对能源技术现状和问题充分认识和把握的基础上，强调对其未来发展趋势的分析和预测，从而对未来研究重点和实现途径做出科学合理的决策。

二、能源技术战略的制定

能源技术战略的制定是指明确国家层面的能源技术发展方向，选择未来重点研究的能源技术，以及确定各个阶段技术研究的侧重点。国家在制定能源技术战略时应考

虑多方面的因素并最终解决两个基本问题,即未来能源技术的需求是什么,以及如何满足将来的需求。因此,能源技术战略的制定一般分为以下几个重要步骤。

（一）充分了解本国各种能源资源的禀赋情况

国家能源技术战略必须基于该国家的能源禀赋,明确自身所拥有的能源以及各种能源的储藏量,针对性地制定相应的技术战略。不同国家的能源禀赋不同,国家的能源技术战略也不相同。比如：美国拥有大量的页岩气,着重对其开采技术的研究推动了"页岩革命"的爆发；而日本是一个能源资源禀赋匮乏的国家,其能源技术战略则是侧重于对太阳能、氢能、核能等可再生能源的开发和利用。

（二）明确能源技术的发展方向

预测未来能源技术的需求,把握能源技术的发展趋势,提出将要解决的能源问题。未来能源技术可以朝着四个方向发展：一是清洁性,主要包括非化石能源开发和装备制造技术、化石能源清洁开发利用技术应用推广；二是高效性,主要是指以节能为基础的高效用能技术,涉及工业、建筑、交通等领域；三是安全性,主要是指电网安全技术和核安全技术；四是智能化,即能源互联网,主要是指互联网与分布式能源技术、先进电网技术、储能技术的深度融合。

（三）确定重点突破的能源技术

分析能源技术的发展现状及存在的问题,筛选出需着重研究的能源技术。在选择重点突破的技术难题时,要充分考虑该项能源技术的可能实现程度,优先研究实现度较高的能源技术。任何技术创新都有风险,而能源技术创新的周期长和投资大等特点更加大了风险,所以在制定能源技术战略时要充分评估各项能源技术的实现度。若实现度较低,则能源技术研发很有可能无法达到预期甚至失败,这不仅会造成经济上的损失,还会使国家陷入技术方面受制于人的被动局面。

（四）关注能源技术研发中带来的问题

国家在制定能源技术战略时要重视新技术的出现可能带来的负面问题,合理选择技术路径,充分考虑其负外部性。科技是一把"双刃剑",能源技术的进步使人类可以更加方便地利用更多的资源,但其使用不当所带来的后果可能会违背最初的能源技术战略目标。例如,氢能这一卓越的清洁能源,其生产和制备却需要利用其他能源。在进行氢能的生产中,我国宁夏回族自治区积极探索,力求克服灰氢问题,探索减煤加氢、减碳增效的新路径。

（五）适时进行能源技术战略的调整

能源技术具有阶段性的特点,从最初的研发、示范,再到最后的推广,不同发展阶段需要不同的能源技术战略进行支持。随着对某项能源技术的深入研究,该项技术的实现度和发展前景等问题逐渐明朗,应定期地对能源技术进行评估,对于实现度较低、发展前景不好的技术应及时止损,调整研究方法和技术创新战略。此外,还要考虑到国际能源技术创新的水平和速度,进而对本国能源战略进行调整,避免与国际技术创新脱轨。

三、能源技术战略的主要类型

根据不同的划分依据,能源技术战略可以被分为多个种类。按能源技术成熟度可以将能源技术战略分为能源技术创新战略、能源技术突破战略以及能源技术跟随战略;按能源技术发展方向将能源技术战略划分为能源技术清洁性战略、能源技术高效性战略、能源技术安全性战略以及能源技术智慧化战略。

(一)根据能源技术成熟度划分

1. 能源技术创新战略

该战略指对于未来有重大需求但目前还处于科学前沿的潜在技术(如氢能利用技术),采取完全自主研究、自主创新的战略,主要是针对新发现的能源,人们对这种能源的认识和了解还处于起步阶段,战略布局应着重于基础理论的研究和专业人才的培养。例如,在氢能源开发领域(图5-6),日本基于传统能源供需矛盾,以高校科研机构为中心,研判未来氢能源技术创新研发方向,通过"节能技术开发计划"等政府扶持政策,推动松下、东芝和丰田等企业不断发展氢能源开发和应用技术,实现了氢燃料电池和燃料电池车标准化应用。氢能技术进步也带动了相关产业的发展,家用燃料电池和燃料电池汽车所使用的重要部件和材料、加氢站的构成要素和氢气运输等技术几乎都与日本企业相关。

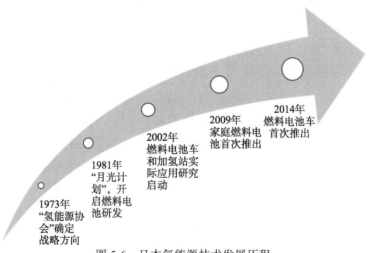

图 5-6 日本氢能源技术发展历程

2. 能源技术突破战略

该战略是指对于未来有较好的应用前景但还存在许多技术难题或者还未进入商业

应用的技术，采取关键技术攻关与重点突破的战略，主要是针对基础研究已经成熟，但由于存在个别技术障碍，使得无法被广泛开采和使用的能源。战略布局应侧重于关键技术的研发，一旦攻克，这类能源将迅速走入市场，实现爆发式的增长。美国的页岩油革命就是一个很好的例子。早在1953年，美国就开始了对页岩油的探索，但由于开采技术有限页岩油年产量不到10万吨。为推动技术创新，美国专门设立了非常规油气资源研究基金，从20世纪80年代开始，先后投入60多亿美元，其中用于相关理论和技术研究的费用约为20亿美元。联邦政府和州政府还制定了针对非常规资源的补贴和扶持政策，例如：《能源意外获利法》中明确规定非常规能源开发享受税收补贴政策；2005年的《美国能源法案》规定，政府在10年内需每年投资4500万美元用于非常规油气技术研发。进入21世纪，美国页岩油技术实现突破。水平井和水力压裂技术的成功应用，揭开了美国页岩油开发的新篇章，2007年美国页岩油产量首次突破100万吨/年。

3. 能源技术跟随战略

该战略是指对于自主研发的但在时间上已经无法满足现有需求的能源技术，采取引进、消化、吸收、再创新的战略，主要是针对别国已经研发成功的能源技术，通过学习和模仿先进技术的创新思路和关键性突破，为下一步的创新奠定基础。战略布局应侧重于通过国际合作实现技术的引进和再创新，从而在较短的时间内提高自身的技术水平和自主创新能力，并缓解眼前急迫的能源需求问题。我国早期的核电发展就是采用能源技术跟随战略。2007年中国成立国家核电技术公司，并吸收引进美国西屋公司AP1000第三代核电技术。与此同时，我国技术人员对AP1000技术进行消化吸收，建造出拥有自主知识产权的140万千瓦CAP1400机组，并在2018年实现并网发电。在此基础上，我国正在研制更大功率的CAP1700机组。在引进AP1000技术时，我国与西屋达成协议，在CAP1400、CAP1700出口地为美国和日本时，我国与西屋合作，而在除美国和日本之外的国际市场，中国将完全拥有CAP1400、CAP1700的自主知识产权。

（二）根据能源技术发展方向划分

1. 清洁型能源技术战略

该战略是指对于传统上高污染不可持续的能源使用方式，采取开发高效节能的能源来源或采取清洁性能源使用方式的战略，主要体现在通过技术实现能源利用效果的清洁性和可持续性。战略布局应侧重于非化石能源开发和装备制造技术、化石能源清洁开发利用技术应用推广，提高能源利用效果的清洁化。随着化石能源使用所带来的气候变暖等环境问题日益严重，人们越来越重视能源利用的清洁性，从而产生了对清洁性能源技术的需求。各国政府以及环保机构纷纷出台相应的政策和措施，清洁性能源技术战略的制定成为大势所趋。奥巴马被誉为"清洁能源总统"，曾于2011年发布

《美国创新战略》报告，提出了金字塔型的创新战略体系，清洁能源技术是位于塔尖的优先发展战略目标之一。美国能源部发布的《2011年战略规划》中，也再次强调要尽快而有效地促进美国能源结构的转变，确保美国在清洁能源技术方面的领先地位。清洁能源技术成为2008年以来美国自主创新的主要成就之一。

2. 高效型能源技术战略

该战略是指通过对现有能源技术进行升级，充分发挥现有能源的利用潜能，提高能源转换效率，减少从最初开采到最终使用过程中的能源损耗的战略，主要体现为能源利用效率的高效性。战略布局应侧重于普及先进高效节能技术，为高能耗工业开发和部署能源强度和碳强度更低的过程技术，如光伏就地利用、热电联产、废热回收、智能控制与能源管理系统等。为了实现能源的可持续利用以及缓和能源对经济社会发展的约束，能源技术高效性战略势在必行。在欧盟的能源战略中，能源效率一直是战略部署中的重要领域。早在2007年欧盟宣布的著名"20—20—20"一揽子目标中，"到2020年能源使用效率在1990年的基础上提高20%"是其三大目标之一。2014年欧盟委员会和欧盟理事会曾初步确定了2030年的能源发展目标，提出将能效在1990年基础上提高27%，这一目标在2018年被再次提高至32.5%。在2015年欧盟委员会提出的落实能源联盟战略的"一揽子计划"提案中，重点突出了"能源效率第一"的原则，并将能效技术研发列为十大优先行动之一。

3. 安全型能源技术战略

该战略是指充分考虑本国能源禀赋条件，满足当前及未来本国发展需要的能源水平，保障能源供给来源稳定的技术发展战略，主要体现在能源来源的安全性。战略布局应侧重立足本国能源禀赋，开发利用长效性能源，进行能源技术储备，提高能源自给率，改善能源需求对外依存度，实现长期能源供给稳定。随着新兴能源在能源体系中的占比逐步增加，世界各国能源安全形势不再仅仅取决于（甚至不取决于）对油气资源的控制能力，更多取决于对新能源利用的技术水平和开发能力，能源技术将会成为各国布局世界能源版图、保障能源安全的重要抓手。德国依靠风电和光伏发电等新能源技术，使得可再生能源发电占全社会用电量的比重迅速增加到30%左右，风电、光伏发电、生物质发电、垃圾发电等发电比重合计达到60%以上，在较短时间内扭转了长期依赖油气进口的局面，从而德国面临的能源安全形势发生了根本性改变。美国页岩气技术革命虽未改变以化石能源为主的能源体系，却使得美国在较短时间内由能源进口国变为能源出口国，改变了本国能源安全形势，直接推动了美国能源战略调整。

4. 智慧化能源技术战略

该战略是指运用信息技术、互联网和大数据等智能化手段，调节能源利用分散化、连续性差、随机性强、波动性大及不可控等特点，实现能源平稳生产、传输和使用等方面的技术战略，主要体现为能源供给的平稳性。战略布局应侧重于有效利用智能化技术，将能源技术创新和互联网、大数据联系起来，利用信息和互联网平台，提高各类能源传输和利用的效率。探索新兴能源领域时，可再生能源大规模利用要求采用智能化能源技术战略。日本在2016年发布的《能源环境技术创新战略2050》中，提出了将要重点推进的五大技术创新领域，其中包括能源系统集成，即利用大数据分析、人工智能、先进的传感器和物联网技术构建一系列智能能源集成管理系统，以实现对建筑、交通和家庭用电信息的实时监测、采集和分析，从而实现对用户用电情况实时性、全局性和系统性的远程调控和优化管理，实现"管理节能"和"绿色用能"。我国在2017年4月颁布的《能源生产和消费革命战略（2016—2030）》中，也提到了要推动互联网与分布式能源技术、先进电网技术、储能技术深度融合。

第四节 世界及中国能源技术展望

随着新技术革命的发展，能源使用引起的气候变化成为世界关注的焦点。能源技术革命引领新时代能源产业，成为实现创新驱动发展战略的核心动能。把握全球能源技术发展趋势、尊重能源技术发展的基本规律以及创新的主要方向，重视并加强国际能源技术创新合作，有助于提高能源技术发展水平和创新能力。推动能源技术革命，实现能源产销模式转变，必将成为各国能源产业发展升级的历史性选择。面临新的战略机遇期，能源大国均制定政策措施加强能源技术创新，推动能源产业逐步实现由传统的低效高耗能高排放调整为以能源技术驱动的绿色低碳发展模式，协调部署发展各类非常规能源利用技术，推动经济高质量发展。新时代世界及中国能源技术战略的制定面临以下几个方面的状况。

一、能源技术创新进入高度活跃期

新兴能源技术正以前所未有的速度加快迭代，对今后世界能源格局和经济发展将产生重大而深远的影响。随着化石能源走向战略性枯竭，能源越发成为限制国家经济社会发展的重要约束条件。为缓解化石能源资源的约束，各国纷纷开始对非常规能源进行探索，加大对能源技术研发的投入，开发相应的能源利用技术，推动了能源技术的创新。

2020年4月，国际能源署发布的《能源技术研发预算2020：概述》指出：其成员国的公共能源研发预算总额在2017—2019年期间实现了连续增长（图5-7），以购买力平价计算，2019年预算总额达到218.47亿美元，尽管还远远低于2009年的峰值水平，但比2008年高出1/3，并在数量上与2012年相当。美国和日本是成员国中在能源技术研发方面支出最多的国家，其次是德国、法国、英国、加拿大、韩国、意大利和挪威。在2019年，除日本支出下降了2%以外，所有这些国家的研发支出都有所增加，其中还包括欧盟"地平线2020计划"的能源技术研发预算，该项预算总额比美国和日本的预算之和还要大。

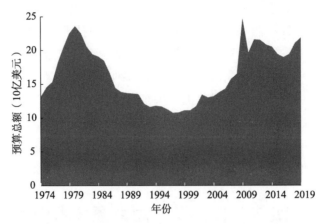

图 5-7　国际能源署成员国公共能源研发预算总额
数据来源：《能源技术研发预算 2020：概述》

从世界范围来看，2019 年全球公共能源研发预算预计增加至 304 亿美元。这一增长主要是由欧洲和美国推动的，其次是中国（图 5-8）。中国在能源技术研发方面的公共支出，经历了两年的强劲增长后，趋于稳定。

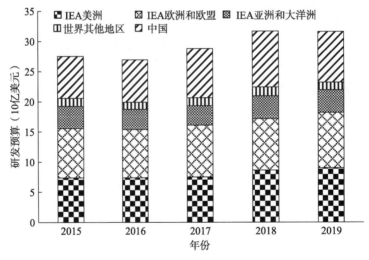

图 5-8　全球公共能源研发预算
数据来源：《能源技术研发预算 2020：概述》

随着能源技术投资的增加，能源技术创新成果显著。能源技术创新推动了可再生能源的蓬勃发展，带动清洁能源技术的成本下降，甚至低于传统技术和化石能源技术。根据 2019 年 9 月法国能源核电政策国际独立咨询顾问发布的《世界核工业现状报告 2019》中的数据，2018 年全球风能发电量增长 29%，太阳能增长 13%，核能增长 2.4%，非水可再生能源发电量已超过煤炭和天然气，达到 1900 太瓦时。

二、绿色低碳是能源技术创新的主要方向

以绿色低碳为主要特征的新能源技术革命正在并将持续改变世界能源格局,"绿色、低碳"成为人类寻找新能源的方向。可再生能源、智能电网、安全先进核能等新兴能源技术正在深刻影响各国传统能源结构和布局,各国对该类能源技术的需求水涨船高。在人类共同应对全球气候变化的大背景下,世界各国积极寻求低成本清洁能源技术路径,制定更加积极的绿色低碳政策与相应的能源技术战略,以实现能源结构绿色低碳转型。

绿色能源,即清洁能源,其开发以人与自然和谐相处为核心,以减少其他污染物排放、促进高质量发展为目的。低碳能源是替代高碳能源的一种能源类型,对其开发利用的核心和目标是减少温室气体排放量。联合国气候变化《巴黎协定》明确21世纪下半叶实现全球碳排放和吸收相平衡的目标,以驱动绿色低碳为核心的能源技术开发成为能源技术创新的主要方向。而国际能源署发布的《能源技术研发预算2020:概述》显示,2019年,其成员国增加了对低碳技术研发的支出,低碳能源技术研发方面的公共支出大幅度增加,达到197亿美元,占总预算额的94%(图5-9)。这是在连续4年下降后,连续3年实现总支出增长。

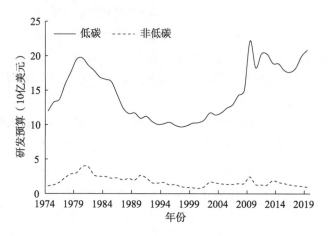

图5-9 国际能源署成员国低碳能源技术研发预算的演变
资料来源:《能源技术研发预算2020:概述》

从世界范围来看,在创新使命(mission innovation,MI)之下,15个国际能源署成员国和欧盟,以及巴西、中国、印度和印度尼西亚等主要新兴经济体,于2015年承诺:在5年内将公共清洁能源研发支出翻一番。据国际能源署的数据,公共清洁能源研发支出在2016年后一直呈上升的趋势,并在2019年达到约250亿美元的新高。值得注意的是,低碳能源研发方面的公共支出增长快于能源研发总预算,年增长率接近6%(图5-10)。

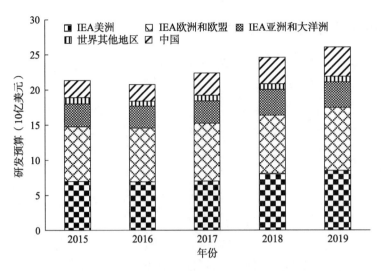

图 5-10 2015—2019 年全球低碳能源技术研发预算的变化
数据来源:《能源技术研发预算 2020:概述》

三、能源技术研发走向国际合作

国际共享能源技术研发成果将快速提高国际能源技术水平,有效帮助后发国吸收技术研发的经验和教训,加快国际整体能源技术的改进和迭代进程,有利于气候变暖等全球性问题的解决。在联合国气候变化大会上,《巴黎协定》的提出与签订标志着气候问题已经由国家层面上升至全球范围,气候问题的解决需要世界各国的共同努力,其中就包括能源技术研发的国际合作。

目前,国际上多个多边倡议的提出,加速促进了国家间在能源领域交叉技术的协作,如国际能源署实施协议(又称为多边技术倡议)、欧盟战略能源技术计划以及清洁能源部长级会议等。其中,国际能源署所支持的 40 个多边技术倡议旨在让其成员国和非成员国、企业、行业、国际组织和非政府组织进行突破性技术的研究,填补现有的研究差距。多边技术倡议鼓励和支持能源安全、经济增长和环境保护的相关技术活动。除此之外,近年来国际上还成立了许多能源技术研发国际组织(表 5-3)。各能源技术研发组织的成立和活动的开展,有力促进了国际间新兴能源技术交流和合作,为各类非常规能源、新能源和清洁能源技术的发展、示范和推广创造了有利条件。

表 5-3 能源技术研发国际组织

技术领域	组织名称	成立宗旨
低碳技术	国际低碳能源技术平台	传播 IEA 对低碳技术的分析和政策建议,共享全球范围内推广低碳技术的最佳国际政策实践
先进汽车	先进汽车领导人论坛	共享电动汽车(EV)和插见式混合动力电动汽车(PHEV)的全球发展信息和规划

续表

技术领域	组织名称	成立宗旨
二氧化碳捕获与封存	碳收集领导人论坛	推广温室气体减排技术，促进CCS项目的开发和示范
	欧盟近零排放项目	提供关于扩大CCS的技术、政策和商业方面的建议，分享欧盟CCS示范项目所取得的经验
	全球碳捕集与封存研究院	知识共享、战略分析填补知识差距，提供项目资金和支持，通过大规模示范加快技术推广
能源效率	国际能效合作伙伴关系	关键节能技术联合研发和应用，加强政企合作，推进节能技术商业化和推广措施的信息交流
	可持续建筑网络	识别改善世界各地建筑物能效的政策，关注智能建筑、零能耗建筑和既有建筑的政策组合
核能	国际热核聚变实验堆	设计和建立能生产500兆瓦聚变电力的实验聚变反应堆，开发该示范反应堆发电所需的关键部件
可再生能源	风能技术平台	制定研究议程和市场推广策略，建立欧洲风能倡议，关注风能的研发和示范
	全球风能理事会	为风能提供一个具有代表性的论坛
	国际地热技术伙伴关系	为开发新技术和开展项目提供了平台，分享成果和最佳实践信息，加快地热技术的开发
	国际可再生能源署	获取技术、经济和可再生资源发展潜力的数据等信息，分享最佳实践经验和政策框架、能源建设项目、现有融资机制以及可再生能源相关的能效措施
	国际太阳能学会	鼓励和支持太阳能基础研究、应用研究及其他工作
	全球生物能源伙伴关系	组织和协调生物能源相关方，实施关于生产、运输、转换和利用生物质能源的活动
	亚洲太平洋经济合作组织生物燃料工作组	帮助成员国更好地理解在交通运输中生物燃料取代石油的潜力，分析影响生物燃料发展的关键问题
	欧洲生物燃料技术平台	制定战略研究日程，为研究和示范活动制定发展路线，支持生物燃料相关方的研究项目和示范活动

本 章 小 结

本章首先概述了能源技术发展的基本规律。基于能源技术的定义，具体论述了其特点、类别和发展的阶段等方面。能源技术具有投资大、高前瞻性、关联广、周期长、不确定性强等特点，可从利用过程、发展方向、能源类别等角度对其分类。一项能源技术要实现最终的市场化应用，需要经过研发、示范和推广三个阶段的发展。通过梳理历史上的三次工业革命和能源利用技术革新的关系，总结得出了能源技术发展的规律，即能源供需不平衡是能源技术革新的根本推动力，颠覆性能源技术的出现引发了产业结构的改变以及研发模式的转变，扩充了能源技术进步的内涵。

第二节叙述了能源技术创新理论。首先，解释了能源技术创新的三个动力来源，即技术推动、市场拉动和政府驱动，并阐述不同条件下，其对能源技术创新的作用。其后对能源技术创新能力进行定量评估，判断国家能源创新的优势和劣势，进而为能源技术战略的制定提供指导性意见。整个评价机制的设定包括三个方面的内容：第一，建立能源技术的评价指标体系；第二，确定各个指标的权重，所用的方法有两类——主观赋权法和客观赋权法，并详细阐述了客观赋权法中的变异系数法；第三，选择适当的评价方法，详细介绍了模糊综合评价法和灰色综合评价法的操作步骤。

第三节讨论了能源技术战略的相关内容。在简单介绍了能源技术战略的定义和特征的基础上，提出了战略制定时需考虑的五大因素，包括本国能源禀赋情况、未来能源技术发展方向、重点突破技术的选择、新技术带来的问题以及战略的适时调整。此外，根据当前技术成熟度将能源技术战略分为能源技术创新战略、能源技术突破战略以及能源技术跟随战略，根据未来能源技术发展方向将能源技术战略划分为清洁型能源技术战略、高效型能源技术战略、安全型能源技术战略以及智慧化能源技术战略。

本章的最后一节，梳理了当前能源经济技术发展的现状并展望了未来能源技术战略的发展方向。能源技术创新进入高度活跃期，绿色和低碳是能源技术创新的主要方向，国际能源技术研发逐步走向国际合作的局面。

1. 能源技术具有哪些发展阶段？每个阶段分别要解决什么问题？
2. 能源技术发展的基本规律是什么？分别包含哪些方面的内容？
3. 推动能源技术创新的因素有哪些？具体是如何推动的？
4. 试计算典型燃油汽车的学习曲线，并对比文中纯电动汽车的学习曲线，分析政策含义。
5. 熊彼特效应和避免竞争效应分别是什么？为什么市场竞争与企业创新之间会呈现倒 U 形关系？
6. 如何用模糊综合评价法和灰色综合评价法对能源技术创新能力进行评价？在确定指标权重时应注意什么问题？
7. 什么是能源互联网？为什么要发展能源互联网？
8. 试将能源技术战略进行划分，同一类别下不同战略之间有什么区别？

[1] 黎文靖，郑曼妮. 实质性创新还是策略性创新?——宏观产业政策对微观企业创新的影响[J]. 经济研究, 2016, 51(4): 60-73.

[2] 李立涅，饶宏，许爱东，等. 我国能源技术革命体系战略研究[J]. 中国工程科学, 2018, 20(3): 1-8.

[3] 林倩云，邱国玉，曾惠，等. 基于"学习曲线"的我国纯电动汽车价格补贴及其可持续性研究

[J]. 管理现代化, 2019, 39(3): 39-43.

[4] 王敏, 银路. 技术推动型与市场拉动型新兴技术演化模式对比研究——基于动态战略管理的视角[J]. 科学学研究, 2008, 26: 24-29.

[5] 杨洋, 魏江, 罗来军. 谁在利用政府补贴进行创新?——所有制和要素市场扭曲的联合调节效应[J]. 管理世界, 2015(1): 75-86, 98, 188.

[6] 余明桂, 范蕊, 钟慧洁. 中国产业政策与企业技术创新[J]. 中国工业经济, 2016(12): 5-22.

[7] 余明桂, 回雅甫, 潘红波. 政治联系、寻租与地方政府财政补贴有效性[J]. 经济研究, 2010, 45(3): 65-77.

[8] 张经强. 两阶段视角下高技术产业技术创新能力比较研究——来自行业数据的实证分析[J]. 科技进步与对策, 2016, 33(13): 72-77.

[9] 中国科学院能源领域战略研究组. 中国至 2050 年能源科技发展路线图[M]. 北京: 科学出版社, 2019.

[10] 周喜君, 郭淑芬, 张变玲, 等. 中国煤炭产业技术创新能力与效率关系研究[J]. 经济问题, 2017(12): 92-99.

[11] Aghion P, Bloom N, Blundell R, et al. Competition and innovation: An inverted-U relationship[J]. The quarterly journal of economics, 2005, 120(2): 701-728.

[12] Aghion P, Harris C, Vickers J. Competition and growth with step-by-step innovation: An example[J]. European Economic Review, 1997, 41(3/4/5): 771-782.

[13] Aghion P. Schumpeterian growth theory and the dynamics of income inequality[J]. Econometrica, 2002, 70(3): 855-882.

[14] Bento N, Wilson C, Anadon L D. Time to get ready: Conceptualizing the temporal and spatial dynamics of formative phases for energy technologies[J]. Energy policy, 2018, 119: 282-293.

[15] Gross R, Hanna R, Gambhir A, et al. How long does innovation and commercialisation in the energy sectors take? Historical case studies of the timescale from invention to widespread commercialisation in energy supply and end use technology[J]. Energy policy, 2018, 123: 682-699.

[16] Macey S M, Brown M A. Demonstrations as a policy instrument with energy technology examples[J]. Knowledge, 1990, 11(3): 219-236.

[17] Sagar A D, Van der Zwaan B. Technological innovation in the energy sector: R&D, deployment, and learning-by-doing[J]. Energy policy, 2006, 34(17): 2601-2608.

[18] Schumpeter J A, Nichol A J. Robinson's economics of imperfect competition[J]. Journal of political economy, 1934, 42(2): 249-259.

[19] Zheng Y, Zhu Y. Bank lending incentives and firm investment decisions in China[J]. Journal of multinational financial management, 2013, 23(3): 146-165.

第六章

节 能 战 略

> 节能战略属于能源需求侧管理的战略类型,该战略应将能源节能因素纳入,确定最优的能源供给量以满足能源需求,即能源总需求＝能源供给量＋能源节能量(林伯强等,2010)。随着非可再生能源储量的不断减少、可替代的新型能源应用成本的不断降低以及节能技术的发展,满足能源消费需求的能源战略会在能源供给与能源节能两方面进行权衡,因此节能战略是在满足生态可持续发展约束要求的同时实现成本最小化的战略组合。
>
> **关键词:** 节能理念 节能战略 节能技术 资源稀缺理论 增长极限理论 不可再生资源开发利用理论

第一节 节能理念和节能技术发展的基本规律概述

一、节能理念的提出背景

自然资源的稀缺性与各国自然禀赋的差异性,使得"节能"发展理念较早地成为各国在制定能源战略、政策与法律法规时的重点考量依据之一。随着石油危机等威胁各国能源安全的事件频发,各国开始致力于构建本国的能源安全供应体系,并制定长期能源战略规划。节能理念的出现一方面是为了满足能源需求、提高能源储备与提升能源利用效率;另一方面节能理念从中长期看是为了实现代际公平,满足经济可持续发展的要求。不同的经济发展阶段需要不同类型的节能理念与之配套。

传统节能理念:传统的节能理念是伴随着经济高速发展而产生的,各国的节能理念与节能战略的提出大多围绕资源的开发利用本身,为满足经济发展对能源需求的目标,制定一系列命令–控制型政策,降低能源需求,提高能源效率。这一阶段节能理念认为节能的实现应制定具体、明确的阶段性标准。以 1975 年美国国会应对 1973 年石油危机出台的《能源政策能源节约法》[①]为例,该法案就如何缓解能源供需矛盾这一问题,授权诸多行政部门,制订与实施节能计划。如"消费品节能计划"制定了对能源产品的"最低能耗标准",而《公司平均燃料经济标准》则规定了不同时期用于提高

---

① "Energy Policy and Conservation Act" 1975,United States.

汽车燃油效率的阶段性目标等。

新型节能理念：随着早期粗放型经济增长模式频繁地带来资源枯竭和生态环境恶化等问题，各国开始从多维度思考节能发展方向，经济发展阶段也由注重经济发展速度阶段转向重视经济发展质量阶段。这一阶段节能理念与节能政策目标围绕如何通过建立与发挥市场机制来降低能耗，提高能源利用效率。新型节能理念将环境与可持续发展问题纳入研究范畴。比如，美国《2005 国家能源政策法案》[①]中采用税收优惠方式鼓励公众购买太阳能热水器与新能源汽车，对节能增效的能源企业给予减税优惠，并通过市场手段鼓励公众与企业的节能行为。

二、节能理念与节能技术发展的基本规律

节能理念的出现是为了缓解能源供需矛盾，降低能耗，提高能源使用效率。节能技术则是针对具体存在的节能空间领域，提供同等产出水平下更低能耗的节能改造方案，是践行节能理念的重要推动力量，为解决经济发展、资源稀缺性及生态环保发展问题提供了具体的解决思路。与经济发展相适应的节能理念会催生新型节能技术的普遍化应用，节能技术的发展也拓展了节能理念的科学内涵，使得节能理论的研究体系更加系统化。

（一）节能理念对节能技术进步具有诱导作用

节能技术的进步是在现有的生产力、知识积累与技术水平条件下，由企业、工人与科研群体等众多主体发起的、为满足生产力发展需要所产生的同等产出水平下能耗更低的技术方案。科学的节能理念是一定时期内节能知识积累的体现，为节能技术改进的方向与有效应用领域提供了指导与引领作用。科学有效的节能理念还会对技术进步的实施主体起到激励与约束作用。具体而言，节能理念下的相关规制与优惠政策会约束企业的高能耗与污染性行为，鼓励企业开展节能工作并激发相关技术的创新，进而对节能技术的进步产生诱导作用。

（二）节能理念在节能技术创新中的作用需要通过政府规制行为来实现

节能理念在指导一国的社会经济活动过程中，会通过一系列阶段性的诸如命令型、激励型和市场型等节能政策，鼓励、支持、引导社会公众与企业实施节能行为，从而在总量上与结构上逐步实现节能战略的中长期目标。在这期间，企业出于节约自身能耗成本或争取相关节能政策的优惠补贴等原因，会积极探索新型节能技术的理论创新与在生产活动中的工作应用，政府则会鼓励、支持进一步拓宽新型节能技术的应用范围，进而加速节能技术的创新与变迁。

（三）节能技术创新不断拓展节能理念的内涵与外延

传统的节能理念主要聚焦在为各部门制定详细的最低能耗标准，同时自上而下地引

---

① "Energy Policy Act of 2005", United States.

导公众或企业实施节能消费行为。节能技术的进步与普遍化应用为企业、公众与行业提供了多样化的节能方案，拓宽了不同企业与行业的节能空间。引入新型节能技术的生产函数重新构造了不同行业的边际节能成本曲线，从而深入推进新型节能技术在节能空间较大的行业与区域的应用，以推动节能生产被纳入到节能理念指导社会经济活动的范畴中。比如，《能源生产和消费革命战略（2016—2030）》提出推动重点用能单位与用能行业的节能行动，开展全民节能行动，建立用能权核定制度与交易市场，逐步通过完善市场交易机制、推广全民绿色节能活动从而自下而上地实现节能战略的目标。

第二节 节能战略理论体系

一、资源稀缺与增长极限理论

节能战略致力于解决能源的供需矛盾与转变粗放能源的消费方式。我国经济的高速发展阶段是以大量消耗能源为代价的，但资源本身是稀缺的，特别是油气等不可再生资源供给在总量上存在硬约束，这就对我国经济活动的开展施加了资源开发的约束条件（能源供给的约束性）。为满足能源需求就需要实施节能战略，而节能战略理论的起点就是资源稀缺理论与增长极限理论。

（一）绝对稀缺理论

马尔萨斯自然资源绝对稀缺理论建立在他的几何级数增长人口论与土地所能供应的生产资料有限性这一对立矛盾的基础上，即自然资源供给与需求失衡的绝对稀缺思想。托马斯·罗伯特·马尔萨斯认为，土地生产力发展并不是静止的，而是成算数级数增长，但人口增长产生的对食物的需求远大于土地供给能力的增长；当人口增长不受控制时就会出现灾难、战争、疾病等减少人口增长的力量，即"马尔萨斯陷阱"（马尔萨斯，1798）。马尔萨斯对人口与土地生产力的增长率假定过于简单，且并未考虑技术进步与制度力量，因而绝对稀缺理论在现实应用中存在一定缺陷。

（二）相对稀缺理论

大卫·李嘉图（David Ricardo）从土地质量出发，认为土地存在肥沃与贫瘠的差别，随着人口增加，肥沃土地无法满足人类需求，人类不得不耕种边际报酬远低于肥沃土地的劣等土地，从而导致农产品价格由劣等土地耕种的农产品决定。李嘉图的地租理论源于土地资源的相对稀缺理论，从而反驳了马尔萨斯土地质量一样的理论，并认为技术进步的存在并不会使得资源的相对稀缺完全阻碍经济发展（李嘉图，1817）。李嘉图的相对稀缺理论放宽了马尔萨斯自然资源绝对数量稀缺的假设，认为只有肥沃土地存在相对稀缺性。

（三）静态经济理论

詹姆斯·穆勒（James Mill）的资源稀缺理论引入对技术进步速度的思考，认为只有在人口增速大于技术进步增速时才会出现社会贫困，换言之，技术进步会推迟自然资源约束极限的到来。穆勒提出了一个"静止状态"经济发展最终状态。与马尔萨斯的存在绝对自然约束的极限约束状态不同，穆勒认为人类应自发地调整自身行为，使得人口、资源环境与财富处于相对稳定状态，因而这种静止状态是为避免达到极限水平而有意识地调节经济生产活动所处于的经济状态（穆勒，1848）。

（四）增长极限理论

德内拉·梅多斯（Donella Meadows，1972）在其《增长的极限》中通过模拟未来社会发展的可能结果，提出在资源存量的极限约束下，如果人口增长、资源消耗、工业发展以目前趋势发展下去，地球所提供的矿物与耕地资源将无法满足人类长期经济活动，达到极限后会出现不可控制的衰退，并提出了"零增长"理论。"零增长"理论认为技术的力量只能推迟极限的到来，而无法避免灾难的发生，只有经济实现"零增长"方可避免灾难的到来。

二、不可再生资源开发利用节能理论

资源稀缺理论基于不同假设前提探讨了自然资源的存量约束为经济增长带来的天花板约束，但技术进步、制度和社会要素的作用会延缓极限的到来。资源稀缺与增长极限理论大多处于静态中或处于一个最终状态的分析框架内。部分学者认为在一个长期过程中，不可再生资源的开发利用可以兼顾资源节约与经济的可持续发展。因此，他们对不可再生资源的定价、跨期分配、如何实现代际公平、再生产资本投资与技术进步等问题展开了探讨，以指导、约束人们的开采行为。这也构成了指导节能战略制定与实施的理论基础。

（一）不可再生资源开发理论

霍特林（Hotelling，1931）是最早研究不可再生资源开发利用最优化模型的学者，其在《可耗竭资源的经济学》中给出了满足最大化所有期限现值收益的开采模型。就稀缺资源特别是不可再生资源的开发过程中如何兼顾现期收益与未来收益问题，霍特林提出了可利用资源跨期分配的最优方案，并提出自然资源"影子价格"的定义，认为影子净价格应等于可耗竭资源的边际净产品价值，即边际成本等于边际收益，且影子价格的增长率等于社会贴现率。霍特林将资源存量约束定义为可耗竭性，并没有考量开采技术进步与可替代资源出现的问题，因而其对不可再生资源开发的"影子价格"的探讨缺乏一定现实意义。

（二）资源循环利用理论

霍特林模型是在资源具有开采存量的基础框架下展开研究，但资源的有效力与可持续发展在一定条件下是可以兼顾的，因此该模型从循环利用的视角对节约资源与经

专栏　博茨瓦纳的钻石开采之路

济的可持续发展进行探讨。约翰·哈特维克（John Hartwick，1977）从代际公平角度提出将可耗竭资源受益中的一部分转化为可再生资本产品这一理论，从而保持代际消费公平性。Hartwick 以"机器"为例解释了资源循环利用理论，即在人口不变与机器不贬值条件下，将可耗竭资源存量转化为机器存量，生产性资本存量则不会枯竭，这个"机器"就是可再生资本产品。此时人均消费会在各期保持恒定，因此将净收益投资于可再生资本的储蓄投资准则会实现代际公平。Hartwick 准则在一定程度上为资源节约与经济可持续发展提供了解决路径。

专栏　耗竭性资产评估方法

在不可再生资源开采速度的把控上，Hartwick 和 Hageman（1991）提出了社会规划者的最优开采路径。其假定非可再生资源的开发利用分为四个阶段。前两个阶段资源价格不断降低，资源回收利用动机较小；第三阶段随着资源价格的提升，资源回收利用动机增强，进而出现资源循环利用。且当不可再生资源的开发边际成本高于回收利用的边际成本时，增加循环回收是具有经济意义的。因而对初级资源产品征税，或尽早将环境的外部性纳入资源价格体系，对于推动资源循环利用具有重要意义。

（三）耗竭性资源资产评估理论

耗竭性资产定价理论为政府制定能源税费、控制能源要素成本、推动化石能源外部成本内部化提供了政策实施的理论依据，从而引导人们更加合理有效地开采利用自然资源，促进经济可持续发展。

（四）边际减排（节能）成本理论

边际减排（节能）成本理论常用来评估不同部门或区域节能减排成本问题，并据此制定资源税或环境税，将不可再生资源使用的外部环境成本内部化，以实现节能减排的目标。边际减排成本的测算源于 Färe（1993）和 Boyd（1996）提出的基于方向距离函数构造的产出的影子价格模型，产出包括合意产出与非合意产出。如果一个完好定义的市场价格体系中并没有非合意产出的价格，则其价格为影子价格，且非合意产出（二氧化碳）的绝对影子价格可以近似等于边际减排成本。不同的节能减排政策或环境规制行为对应着不同的非合意产出影子价格，也就对应不同的边际减排成本。边际减排成本理论为测算不同政策的节能减排与能源效率的提升提供了评估的理论依据。

专栏　一国能源效率激励型政策是否实现了节能战略目标？

（五）能源反弹效应理论

能源反弹效应源于 Khazzoom-Brookes 假说，是指因技术进步所引起的能耗增加的情况，即在能源价格一定条件下，技术进步可以节约能源资源使用、提高使用效率与降低能耗,但其带来的经济增长与能源服务价格的降低反而会加剧能源的使用,这种情况被称为能源的反弹(回弹)效应(Khazzoom,1980;Brookes,1978)。

三、节能理论在不同环节的应用

(一)油气、煤炭等能源开采环节

非可再生能源开采环节的节能战略主要围绕能源增量开采控制、合理把控能源要素成本、提高能源供给效率等目标还应聚焦设定合理的资源税费,将环境污染的外部成本内部化。因而满足中长期节能战略目标的不可再生能源的定价、税费的制定是节能目标实现的重要保障。耗竭性资源资产评估理论为解决一定期限内资源开采总量控制、可持续发展、税费制定与外部性问题提供了分析依据。

专栏 我国油气资源税率对节能减排的效果如何?

(二)电力节能环节

电力节能战略可分为供给侧与需求侧两方面,其中供给侧主要围绕低能耗、低排放电力行业市场机制的建立与清洁能源发电的发展,需求侧则聚焦减少重点用能企业与社会公众用能需求。因而从节约能耗的效果出发提供何种制度安排,构建怎样的市场机制就组成了电力行业节能战略的重要内容。另外,我国区域经济发展、资源禀赋与基础设施建设的差异性导致了各地区电力供需的不平衡与电力能源使用效率的不同,因此满足区域协调发展内涵的节能战略仍需探知发展区域节能潜力与电力能源效率的大小,并据此完善总体节能减排效果更强的区域电网建设与跨区电力输送与补偿机制。

专栏 电力节能潜力?

(三)工业节能环节

工业是深入推进节能减排与能源消费革命的重点领域,工业节能战略也可划分为两方面。一方面,在行业层面上调整各部门用能结构,对节能减排潜力较高的部门与重点能耗行业制定严格能效标准,提高能源资源配置效率。另一方面,在企业层面上建立与完善重点用能企业的能耗监控体系与用能预算管理制度,加强对企业阶段性节能工作的监察与考核。因此工业各部门用能效率与节能潜力的测算则成为节能战略制定的首要工作。

专栏 工业能源节能潜力?

(四)建筑节能环节

建筑部门是我国能耗的重要部门,建筑节能战略致力于释放建筑部门节能潜力,其主要通过建立与完善建筑节能标准体系,提高行业节能标准,约束既有建筑的节能

专栏　建材耗能与建材耗资铁当量

改造以及提高新建建筑的能效水平。建筑节能理论也引起了学者的广泛关注,其中建筑环节的节能潜力测算大多采用生命周期评估(life cycle assessment,LCA)。LCA法是将建筑物的构成按生命周期划分为五个阶段:原材料—建材与设备加工—施工—运行与维护建筑物—拆迁处置。由于大部分能耗与污染排放集中在原材料生产与建筑物运行两个环节,因而节能潜力释放研究也主要聚焦这两个环节(顾道金等,2006)。

LCA方法是在纳入资源稀缺度、建材可回收比例、污染物排放等可持续发展因子后,对不同环节建筑能耗水平与环境影响程度进行测度。在此基础上,确定了重点能耗管控环节,并选择使用单位质量能耗更低或更环保的建筑材料,从而进一步确定了建筑物的能耗削减程度。项目的 LCA 法同样也可应用于建筑的节能改造效益评估中(刘玉明和刘长演,2009),从而为绿色节能建筑与改造提供评判依据。

(五)交通节能环节

交通运输业是一次能源消耗的重点部门,也是深化推进节能减排、实现绿色低碳生活的核心管控领域之一。交通领域节能潜力的释放一方面需要削减一次能源的消耗量,另一方面需要降低温室气体的排放量。通过优化交通运输结构,全面布局绿色交通运输体系,积极推进城市轨道交通、水运与铁路建设,促进公共交通与交通枢纽

专栏　道路交通减排潜力

建设,鼓励居民采取低碳出行方式,可以在一定程度上减少私人交通出行方式带来的能耗与碳排放。那么,不同的绿色低碳交通运输方式对降低能耗和减少温室气体排放的效果有多大,或者说交通运输行业的节能战略应重点关注哪些领域?我国学者高渡阳和刘卫东(2013)对道路交通的减排潜力进行了测算。

第三节　节能战略的制定

节能战略是一国为满足长期的经济增长与生态环境可持续发展的要求,对能源生产与能源消费各个环节制定的从总量到结构的能耗节约的总体方略。一国节能战略的制定与实施应贯穿各类能源相关产业,同时也应注重节能技术与制度要素对节能发展的贡献力量。20世纪90年代以来,以"节约为首"的能源发展理念一直作为我国能源战略制定的指导思想,现阶段"节能优先"的能源战略更是成为我国中长期能源可持续发展的基本指导方略。因而制定具有前瞻性、策略性、科学性与合理性的节能战略对于应对全球气候变化、稳步推进能源结构调整与优化、实现社会经济发展的中长期目标具有重要意义。本节将从两方面探讨一国节能战略的制定与实施。首先,本节从解析科学有效的节能战略内容开始,而后梳理各国主要的节能战略,并分析其应用

场景或战略实施的目标愿景。

一、节能战略的主要内容

具体来看节能战略的制定应从以下几方面布局。

（一）制定能耗节约的总体目标和阶段性任务

能源是一国经济发展的基础原料，在满足经济社会中长期发展需求的同时制定与实施严格的能耗总量控制目标，方可科学有效地倒逼能源产业结构调整与优化，真正形成绿色低碳消费模式，加快该国由传统的资源密集型增长模式向科技创新驱动型发展模式转变，促进经济与能源走向可持续发展道路。战略目标的实现不是一蹴而就的，应从行业与企业的发展与转型出发，通过阶段性节能安排逐步实现高耗能产业的能耗步入峰值或下降区间，形成绿色低碳的能源消费结构。

（二）制定各行业节能标准

长期生态环境可持续发展与区域协调发展是考量能源结构转型成功与否最重要的标准之一，特别是在化石能源资源日益枯竭、国际能源形势日益复杂的背景下，我国作为最大的能源消费国，不能对国外能源资源输入形成过度依赖，应逐步提高国内可再生能源占比与化石能源使用效率，节约总体能耗水平。节能战略的实施应从单位成本下节能潜力最大的产业与区域入手，因而不同产业、不同区域实施的节能目标与具体规划有所差异。影响各地与各产业节能战略目标制定的主要因素包括当地的社会经济发展水平、生态环境容量、污染防治水平、经济结构、节能潜力及产业布局规划等。因此节能目标须与各地区各阶段经济发展规划相适应。节能目标实施负责方为各级政府，辖区内企业为节能目标实施主体。因为需要进一步将目标分解，落实实施主体的目标责任与考核机制，所以节能战略目标的分解与实施保障环节均属于节能战略规划内容。

专栏　节能目录与节能标准

（三）重点布局清洁可再生能源的发展与基础设施建设

绿色低碳能源结构的转型升级需要增加新能源与可再生能源的投资与基础设施建设，加大可再生能源技术研发与加快设备更新。在经济与能源发展增速放缓时期，新型技术驱动的基础设施建设对于促进经济转型与普及清洁能源的应用具有重要意义。降低可再生资源成本与完善相关基础设施是生产端能源供应企业与消费侧用能单位实现阶段性节能减排任务的重要推动力量，也是一国在经济发展处于新旧动能转换时期应重点布局的领域。对于战略性新兴产业、专业性与价值链更高端的服务业，及早布局清洁能源与基础设施建设，有助于加快培育能耗更低、经济效益高的新增长点，促进新业态的形成。

（四）市场节能相关激励手段、税收政策与检测审核等约束制度安排

新型节能理念下的节能战略更偏向于采用市场机制调节实现节能目标，因为市场机制有利于充分调动用能单位的积极性，发挥相关产业的优势，促进区域间协调发展与产业转移的优化组合，激励企业转变发展方式。不可再生资源开采利用的外部性成本可以通过税费的方式转化为市场销售价格，从而改变资源过度开采与污染物肆意排放的恶性循环，促进能源资源在区域间与产业间的优化配置，削减资源不合理使用，有效节约能源。市场节能手段是节能战略的重要组成部分，降低了我国由高碳经济向低碳经济转轨的运行成本。

（五）多领域先进节能减排技术推广工作安排

通过对未来国际节能减排技术发展趋势的准确把握，一国应立足于本国绿色低碳与节能技术的自主创新，优先选择在工业、建筑与交通运输等重点能耗领域推广和普及先进的节能技术，并以系统节能与提高用能效率为战略目标。在实施过程中，强化对原料处理、生产工业流程和废料回收等环节的绿色节能设计，同时积极推进用能单位的系统化节能改造升级。就新兴节能材料与超低能耗节能技术，应加快推进技术研发与普及，将技术优势转化为经济优势，培育能源技术驱动下相关产业升级的新增长点。

（六）终端用能领域的能源节约行为引导与勤俭节约消费观培养

扭转能源消费模式与培育勤俭节约的消费观是需求侧全面普及节能行动的最终目标。需求侧节能战略的制定与实施也应聚焦重点突破领域，采用节能示范项目或重大工程的方式，确保各项阶段节能战略的完成。例如，应在居民消费端深入开展绿色节能活动，反对不合理能源消费行为，推进节能技术与提高清洁能源在家庭能源消费中的占比，实施节能改造工程。对于一些经济发达地区或重点用能单位，应重点推进用能权交易制度的完善与试点工作的进行，确保经济发达区域的碳排放优先达到峰值，开展低碳省市示范工程与完善需求侧用能管理体系。

二、节能战略主要类型

（一）按总体战略布局划分

1. 节能增效战略

节能战略中最早出现的可量化调控战略目标的就是节能增效战略，也是各国一直以来能源战略的支柱之一。节能增效战略是在制定满足经济发展需求的前提下最大程度降低能耗的长期目标与行动方针，为国民经济各部门制定可量化的节能目标，从而实现能耗的节约与能效的提升。除了制定总量目标，节能增效还对各国一次能源供应比例与高能耗部门节能工作做出部署。日本 2006 年出台的《新国家能源战略》制定了到 2030 年日本能源发展要实现的战略目标，其中对于节能增效，要求能源利用效率到 2030 年应提高 30%以上。石油在一次能源供应中的比重下降至 40%以下，同时对

不同产业部门一次能源依存度的降低程度做出了明确规定。我国 2004 年发布的首个《节能中长期专项规划》就为实现"十六大提出的全面建成小康社会的目标"提出了解决能源约束矛盾问题的中长期能源需求节能目标,即到 2020 年能源消费总量控制在 30 亿吨标准煤以内,每万元 GDP 能耗下降至 1.54 亿吨标准煤,同时形成节约 14 亿吨标准煤的节能能力。

2. 节能环保战略

一次能源的过度开采与低效率使用带来的小范围气候与污染问题逐步演变为国际间协同治理问题,为应对全球性气候变化与污染防治问题,节能环保战略应运而生。节能战略的制定往往需要同时兼顾环境保护目标的实现,而节能环保型战略是实现能源发展与转型升级的重要组成部分,它对一国未来的节能环保技术、相关产业与配套设施建设、制度与法律安排等各个方面都做出中长期的发展指引与规划部署。各国在参与全球气候治理时提出的节能减排承诺也体现在节能环保战略中。节能环保战略也是节能战略的重要组成部分。例如,我国为实现《巴黎协定》框架下自主减少碳排放的战略目标,以 2030 年温室气体减排的国际承诺为目标制定节能环保战略,即《能源生产和消费革命战略(2016—2030)》。战略中规定到 2020 年单位 GDP 二氧化碳排放相比 2015 年下降 18%;2030 年单位 GDP 二氧化碳排放相比 2005 年下降 60%~65%,且二氧化碳排放达到峰值。

3. 新能源发展节能战略

全球能源消耗加剧与生态环境恶化促使各国出台以保障能源安全与维护生态系统为目的新能源发展战略。新能源的开发利用服务于能源战略的多重目标,而节能环保是新能源战略实施的一个重要目标。新型能源的开发与使用在一定程度上替代了传统能源的使用,并可以有效减少污染物排放与资源的过度开采,为践行节能战略开辟了新的市场,并提供了新的发展指引。以美国为例,奥巴马时代采取的清洁能源战略致力于减少化石能源的浪费,增加太阳能、生物燃料等清洁能源对传统能源的替代,并计划于 2020 年生物燃料、核能及可再生能源在一次能源消费结构中占比达到 19.3%,2040 年达到 21.7%。在新能源应用领域上,该政策也做出了部署,如推动交通运输系统使用清洁能源,实施节能改造,部署可再生能源工程与提高能效项目。奥巴马的新能源发展战略以实现绿色能源的推广为动力,兼顾节约能耗与提高能源利用效率的目标(陈英超等,2013)。

4. 国际节能合作战略

石油危机与"9·11"等政治危机的出现加速了国际能源合作的步伐。为保障国家能源供应安全,稳定国际能源格局,各国不断加深与其他国家在能源相关产业的合作。以节能技术、降低能耗、提高能效及新能源产业为特征的国际节能合作战略在全球能源战略合作的框架下紧密展开。为应对全球气候变化与环境治理问题,《联合国气候变化公约》《京都议定书》与《巴黎协定》等一系列议案公约相继出台,各国节能减排战略的制定也不可避免地被纳入到温室气体国际减排承诺中。以中美合作为例，2008年中美双方签订的《中美能源和环境十年合作框架》对两国在能源安全与能源环境领域展开合作的目标与行动计划给出了系统性安排，包括双方在能源开发、废弃物处理、环境治理等方面的技术合作，石油储备、能效提高、能源多样化等能源安全方面的合作，能源贸易与投资部门的合作以及能源创新与知识产权保护等领域的合作。随后签订的《能源效率和可再生能源技术开发和利用领域合作议定书》又在提高能源使用效率、合作开发可再生资源与新能源应用领域展开合作与交流。

（二）按不同节能部门划分

1. 全民节能战略

全民节能战略立足于勤俭节约的消费观，培养用能主体的环保意识以及与自然和谐相处的理念。意识形态的建立需要配套的节能制度与节能技术开创的先进生产力支撑。为民众提供可供选择的新型能源消费模式与激励参与机制，企业端则需通过市场监督与市场体制增强企业参与节能环保的主动性。全民节能并不只约束居民用户，"全民"二字强调的是推动社会各界积极主动参与的氛围与思想意识。我国全民节能战略部署可参照《能源生产和消费革命战略（2016—2030）》，战略提出要建立完善的现代能源服务与监督的公众参与制度，引导消费者购买各种节能产品；对重点用能企业加强节能检查，推广实施绿色施工与改造方案。为有效落实全民节能战略，确保"十三五"单位 GDP 能耗降低 15%的目标实现，国家发展改革委等相关职能部门制订了《"十三五"全民节能行动计划》，系统地布局了居民用户、公共机构、企业等各方用能主体的节能工作目标与实施规划。如推广"量大面广""节能潜力大"的高能效设备与用能产品，对购买节能节水专用设备的企业实施企业所得税抵免等优惠政策。

2. 油气等不可再生资源开发节能战略

不可再生资源的开发利用的节能战略主要聚焦于建立资源产权与交易机制，解决外部性与可持续发展的资源保护性投入等问题。通过不同稀缺度的资源设定不同税率，包括资源税、所得税、增值税等，调整能源消费结构、实现节约能耗和降低污染物排放的目标。总量目标的科学设定是关键，需要加强对不可再生资源的存量勘测以及可替代能源的开发利用，从可持续发展角度对能耗总量与排放总量提出要求。总量目标的设定既要满足我国城镇化与经济增长的能耗要求，又要从中长期绿色能源发展目标出发，稳定安全清洁、高效节能的能源供应，强化"节能优先，总量控制"的战略要求。

3. 电力节能战略

电力行业作为消耗煤炭资源的主要部门，是我国节能战略调控的重点领域。电力节能战略的制定主要可分为供给侧与需求侧两方面。①供给侧：从可持续发展角度建立市场激励与竞争机制，合理运用资源税、经济补偿等市场调控手段，兼顾效益与区域、代际公平问题,如推进电力体制与生产模式的市场化改革、基于能耗水平与排放标准建立节能减排的市场机制、采用税费等手段将资源使用的外部成本内部化等。②需求侧:通过电价调控引导消费者的节约用电行为,积极提高终端电气化水平,采用清洁电能替代传统能源发电,推进煤改气、煤改电工程。比如通过价格引导机制引导用户合理用电、参与调峰,形成智慧用电新模式。例如,2016年出台的《电力发展"十三五"规划》中,对电力节约的布局主要从以下几个方面展开:提高电力部门的清洁能源发电消费占比,减少化石能源消费;淘汰高耗能发电机组的产能、大力发展新能源发电装机容量;加快煤电转型升级,推进发电设备节能改造比例;加强电力调峰能力建设,优化电力调度体系以及深化电力体制改革。

4. 建筑节能战略

建材与建筑是我国能源消耗的重要领域,建筑节能战略的出台对于深入推进居民住房与重点用能企业绿色建筑改造以及城乡基础设施建设等众多高能耗领域的节能减排具有重要意义。终端使用的绿色节能要求会直接带动上游建材、化工产品等原材料产业的转型升级。为充分释放建筑节能潜力,需针对建筑物出台建筑节能标准或绿色建筑评估体系,从而对城镇新增建筑以及改造建筑的节能工作提供评判标准。科学有效的评估体系需充分反映建筑材料使用与建筑过程中资源稀缺度、能耗与污染排放物等考量因素,同时积极发展新型节能环保建筑材料,逐步提高对高能耗建筑材料的替代比例。2013年国家发展改革委与住房和城乡建设部指定的《绿色建筑行动方案》明确了我国绿色建筑节能战略的发展方向与实施规划,方案对中长期建筑节能战略目标、战略实施准则、重点任务、保障措施与发展策略做出了系统化部署。其中节能战略目标可分为两方面。①对于新增建筑的节能构筑,"十二五"期间计划实现新增绿色建筑10亿平方米,且20%城镇新型建筑符合绿色建筑标准要求。②对于既有建筑的节能改造,"十二五"期间应确保北方供暖地区的既有建筑节能改造工作超过4亿平方米,公共构筑物节能改造完成1.2亿平方米,农村危房节能改造40万套,且基本完成北方采暖区域城镇居住节能改造工作。

第四节 世界及中国的节能战略展望

随着全球能源消费规模的日益扩张与一次能源的过度开采与粗放式使用,越来越多的生态环境问题频频发生,各国不得不在资源可持续开发利用与经济发展之间寻求新的平衡路径,以降低对化石能源的依赖度,改变能源需求结构与发展模式,进而减少不合理的能源损耗与提高能源使用效率。为应对全球气候变化与环境治理问题,各国在可持续发展理念的指导下,逐步调整经济模式,由传统的高碳快速增长转向以技术驱动和产业转型升级为特征的低碳发展模式,并且用于保障经济高质量发展的能源发展模式也做出了相应的调整与升级。在能源发展的新阶段,世界各国节能战略的制定需要考虑以下几个方面的要求。

一、满足低碳经济发展要求

节能战略最直接与最核心的制定依据就是经济发展路径兼顾低能耗与高质量的要求,其的制定是一个长期的、纲领性要求,必须适用于经济发展的各个环节。低碳经济发展为各国节能战略制定提供了具体化考量标准,而低碳的节能战略从供给端与消费端两方面发挥作用。①供给端:低碳经济意味着要从源头入手,减少化石能源的使用,选择更为清洁高效的可再生能源。低碳节能战略并不意味着对可再生能源的开发利用不加筛选、不加节制,而是在开采与推广清洁能源时应充分考量该种类型能源资源的节能潜质与发展空间,从而选择从开发到使用全过程中耗能小、能效高的可再生能源进行普及推广。②需求端:需求端一方面通过碳交易等市场手段调节人们的能源消费数量与低碳排放行为,提高能源使用效率;另一方面通过研究发展碳捕集与碳封存技术,并致力于降低技术实施成本与能耗水平,从末端治理实现零排放。节能视角下的低碳发展路径更加强调从全局出发,系统性地考量能源配置的清洁性与效率性问题。比如,就能源质量最好的天然气而言,广泛用于居民生活采暖是否存在能源使用的低效率问题,偏远农村大规模普及风能、水能等清洁发电举措是否满足节能战略的要求。低碳经济发展要求进一步深化与细化了节能战略的内涵与考量体系,为各国在现阶段发展水平基础上,制定新时期总体能耗降低目标和调整能源消费结构提供了科学有效的指导。

二、满足可持续发展要求

低碳经济发展侧重从清洁能源使用与污染排放上对各部门施加约束,而可持续发展则从动态维度以及生态学角度对各国节能战略的制定提出约束,意味着既满足当代人需求又不损害后代人满足其需求的能力。这要求节能战略在各个部门的制定与实施应从系统的、动态的角度出发,而不是仅仅关注短期能耗与排放情况。在解决现实问题中应注重纳入可持续发展相关的约束指标,包括动态跟进可开发利用的化石能源储量、新能源或可再生能源的供给水平、能源消费节能情况的全流程把控等,以此为依据制定新时期节能政策与实施规划。

从可持续发展出发,一方面,对能源资源以及可替代资源的开发利用做出要求,对当前开采使用效率低的能源应在一定程度下延缓该资源的普及与大规模使用,特别是稀缺资源。可替代能源的开发也应从对能源不同层次的真实需求出发,配套建设不同质量的能源供应体系,避免可再生能源的开发过程中出现高能低用、产能过剩、重复建设等无效率的情况出现。另一方面,可持续发展也对能源开发利用过程中生态环境损害问题提出要求。全球气候变暖、环境与气候灾害频发都与化石能源的过度开采有关,因此为保护生态系统的可持续发展应从化石能源的削减与治理污染排放两方面入手,制定满足经济发展规划的阶段性节能减排目标,促进高能耗部门或区域尽快达到碳排放峰值,同时增加对生态环境资源的再生产性投入,抓紧建立与完善各国的环境检测系统与污染排放交易体系,明确企业治理责任,从根本上树立勤俭节约、低碳环保的能源消费观。

三、满足国际协同合作节能减排的要求

现阶段各国就共同应对全球气候变化与环境治理问题已达成共识,但随着国际分工的深化,如何界定国际间减排指标的分配仍存在诸多争议(樊纲等,2010)。如何基于经济发展协同合作确定各国碳排放责任对解决区域争端、维护本国经济发展与激励本国节能技术发展至关重要。在国际协同合作框架下实施节能减排战略的必然性可以从以下几方面理解。①现阶段各国对碳排放责任的认定与分配尚未达成统一意见,一国的二氧化碳排放与本国在全球价值链中的地位存在紧密联系。温室气体排放高的国家碳消费不一定高,存在他国需求导致的可能性,因而对碳排放责任的认定不应该成为阻碍发展中国家或落后国家发展的因素,更不应成为发达国家逃脱碳消费的有力依据。全球应从能源消费的全过程出发,共同解决气候变化问题。所以发展中国家应积极主动地参与国际能源治理与全球节能减排议题,维护国际规则制定过程中的本国权益。②国际节能减排战略的合作也体现在节能减排技术的共同研发与应用上,积极吸收国际上先进的节能与低碳技术和管理经验,有利于推进本国城市可持续发展、环境治理与节能改造等节能工作,增强国际间能源技术合作也有助于准确把握国际能源发展关键领域的前沿动态,推进国际能源产业链整合,推动技术优势转化为经济优势。③能源产业大多为重资产部门,产业结构的调整与转型升级在客观上需要消耗大量时间与投入要素,而国际节能合作有助于本国优势节能领域的产能输出,既在全球范围内配置资源与设备、加速本国的资本周转速度、促进产业结构转型升级,又帮助落后国家投资可再生能源领域设备并获取先进的节能与低碳技术,推进清洁高效的民生保障项目建设。

本 章 小 结

节能战略属于能源需求侧管理的战略类型。为了满足能源需求,最优的能源供给量应考虑能源节能因素。从能源平衡等式出发,满足能源消费需求的能源战略需在能源供给与能源节能两方面取得平衡,并选择满足生态可持续发展约束要求的、成本最小化的战略组合。节能理念是节能战略形成的指导思想,因而本章第一节对节能理念提出的背景及节能技术发展的基本规律进行了论述,认为与经济发展相适应的节能理念会催生新型节能技术的普遍化应用,同时节能技术的发展也拓展了节能理念的科学内涵,使得节能理论的研究体系更加系统化。制定科学有效的节能战略需要从理论层

面出发，为解决自然资源的定价、跨期分配、实现代际公平、再生产资本投资、资源开采总量控制以及外部性问题提供最优化的方案，因此第二节梳理了节能战略涉及的资源稀缺与增长极限、不可再生资源开发利用相关节能理论体系，并对不同理论分析工具在指导不同产业节能战略制定时的应用价值进行了详细解读。节能战略是一国为满足长期的经济增长与生态环境可持续发展的要求，对能源生产与能源消费各个环节制定的从总量到结构的能耗节约的总体方略。一国节能战略的制定与实施应贯穿各类能源相关产业，同时也应注重节能技术与制度要素对节能发展的贡献。第三节从两方面探讨各国节能战略的制定与实施。首先，该节从解析科学有效的节能战略内容开始，主要涉及能耗节约的总体目标和阶段性任务制定、各行业节能标准制定、清洁可再生能源的发展与基础设施建设布局、市场节能相关激励手段制定、税收政策与检测审核等约束性制度安排、多领域先进节能减排技术推广工作安排以及终端用能领域的能源节约行为引导与勤俭节约消费观培养等六个部分。然后对各国实施的主要节能战略进行梳理，并分析其应用场景或目标愿景。在应对全球气候变化与环境治理问题下，主要能源国家逐步调整经济模式，由传统的高碳快速增长转向以技术驱动和产业转型升级为特征的低碳发展模式，并且用于保障经济高质量发展的能源发展模式也做出了相应的调整与升级。本章第四节对能源发展的新阶段下各国节能战略制定时需满足或者综合考量的主要因素进行了深入剖析与阐述，提出新时期各国能源战略的制定应充分满足低碳经济、可持续发展以及国际协同合作节能减排的综合要求。

1. 简述传统节能理念与新型节能理念的区别。
2. 简述节能理念与节能技术发展的基本规律。
3. 简述耗竭性资源资产评估主要方法。
4. 什么是哈特维克准则？博茨瓦纳如何对其矿石资源进行合理开采？
5. 什么是 Khazzoom-Brookes 假说？能源反弹效应理论在节能战略制定中的应用价值是什么？
6. 一国节能战略制定需考虑哪些因素？
7. 简述节能战略的分类。
8. 新时期各国节能战略制定需满足哪些要求？试举一国为例，从该国发展现状出发，具体阐述。

[1] 陈英超, 冯连勇, 王宏伟, 等. 美国奥巴马政府新能源战略及其特点[J]. 中国能源, 2013, 35(9): 16-21.
[2] 樊纲, 苏铭, 曹静. 最终消费与碳减排责任的经济学分析[J]. 经济研究, 2010, 45(1): 4-14, 64.
[3] 高菠阳, 刘卫东. 道路交通节能减排途径与潜力分析[J]. 地理研究, 2013, 32(4): 767-775.

[4] 顾道金, 朱颖心, 谷立静. 中国建筑环境影响的生命周期评价[J]. 清华大学学报(自然科学版), 2006(12): 1953-1956.

[5] 李嘉图. 政治经济学及赋税原理[M]. 郭大力, 王亚南, 译. 北京: 北京联合出版公司, 2013.

[6] 林伯强, 姚昕, 刘希颖. 节能和碳排放约束下的中国能源结构战略调整[J]. 中国社会科学, 2010(1): 58-71, 222.

[7] 刘玉明, 刘长滨. 基于全寿命周期成本理论的既有建筑节能经济效益评价[J]. 建筑经济, 2009(3): 58-61.

[8] 马尔萨斯, 马尔萨斯. 人口论[M]. 周进, 译. 北京: 北京出版社, 2008.

[9] 穆勒. 政治经济学原理及其在社会哲学上的若干应用[M]. 赵荣潜, 等译. 北京: 商务印书馆, 1991.

[10] 孙传旺, 林伯强. 中国工业能源要素配置效率与节能潜力研究[J]. 数量经济技术经济研究, 2014, 31(5): 86-99.（线上阅读内容）

[11] 杨桂元, 曹秀芬, 宋马林. 考虑环境因素的中国电力能源效率测度与改进[J]. 技术经济, 2012, 31(11): 80-85, 128.（线上阅读内容）

[12] Boyd G, Molburg J, Prince R. Alternative methods of marginal abatement cost estimation: non-parametric distance functions[R]. Argonne National Lab., IL (United States). Decision and Information Sciences Div., 1996.

[13] Brookes L G. Energy policy, the energy price fallacy and the role of nuclear energy in the UK[J]. Energy policy, 1978, 6(2): 94-106.

[14] El Serafy S. The proper calculation of income from depletable natural resources[C]//Environmental accounting for sustainable development, A UNEP-World Bank Symposium. The World Bank, 1989.

[15] Hartwick J M, Hageman A P. Economic depreciation of mineral stocks and the contribution of El Serafy[M]. Policy and Research Division, 1991.

[16] Hotelling H. A general mathematical theory of depreciation[J]. Journal of the American Statistical Association, 1925, 20(151): 340-353.

[17] Hotelling H. The economics of exhaustible resources[J]. Journal of political economy, 1931, 39(2): 137-175.

[18] Hu J L, Wang S C. Total-factor energy efficiency of regions in China[J]. Energy policy, 2006, 34(17): 3206-3217. (线上阅读内容)

[19] Lange G M, Wright M. Sustainable development in mineral economies: the example of Botswana[J]. Environment and development economics, 2004, 9(4): 485-505. (线上阅读内容)

[20] Meadows D H, Randers J, Meadows D L. The Limits to Growth (1972)[M]//The Future of Nature. Yale University Press, 2013: 101-116.

[21] Repetto R C, Magrath W, Wells M, et al. Wasting assets: natural resources in the national income accounts[R]. Washington, DC: World Resources Institute, 1989. (线上阅读内容)

第七章

能源安全战略

> 能源作为战略资源，其安全性关乎经济增长、国家发展与社会稳定。面对有限的能源资源、严峻的环境约束条件及不同国家在能源问题上的博弈加深，各国面临许多能源风险。因此，始终保持忧患意识与危机意识，立足国内，放眼全球，制定合理的能源安全战略，建立综合的安全保障体系，才能够牢牢掌握能源安全的主动权。本章系统介绍了能源安全概念、相关理论基础、衡量能源安全方法、能源安全战略内容及未来能源安全发展方向。通过对本章的学习，我们可以了解当前世界能源安全形势、面临的挑战与未来发展方向，以及各国采取的差别化的能源安全战略。
>
> **关键词：** 能源安全　能源安全形势　能源安全战略　能源储备　能源安全展望

第一节　能源安全形势发展的基本规律概述

一、能源安全的含义

能源产业是国家的重要基础产业，其安全性对社会生产和生活具有重大意义。但是能源安全形势严峻复杂：从国内看，面临能源资源储备与开发不足、生产技术水平有限，满足自身能源需求的能力较弱，生态环境与经济效益冲突等一系列挑战；从国际看，国际能源市场不稳定，能源产品价格波动剧烈，全球能源领域战略博弈日益深化。能源安全面临的风险因素加剧，进而成为威胁经济社会发展的潜在因素。因此，能源安全是国家安全的重要组成部分，能够保障社会有序和平稳发展。

能源安全的概念诞生于 20 世纪 70 年代的石油危机，由于石油输出国的石油产量骤减，油价暴涨，石油消费国的进口量大大下降，对国内经济产生重创。如何保障石油安全供应引起广泛关注，此时的能源安全主要指石油供应安全。伴随经济和能源发展的不断深入，能源安全的内涵和外延日益丰富。不同的官方机构对能源安全有不同的定义。

国际能源署是发达国家保障能源安全的联合组织，其在 20 世纪 80 年代将能源安全界定为以合理的价格获取充足的能源供给，2007 年又进一步更新能源安全的概念，认为能源安全有长短期不同的内涵。短期能源安全指能源系统可以对供需平衡的突然变化做出迅速反应；长期能源安全则指兼顾经济发展和环境保护的能源系统投资。

亚太能源研究中心（Asia-Pacific Energy Research Center，APERC）在2007年提出能源安全的4A概念[①]：①能源资源的可利用性（availability），能源的储量和储采比、开采技术水平和经济价值等客观因素影响能源是否可以利用；②能源资源的可获得性（accessibility），包括基础设施和劳动力水平、能源运输通道的安全性、政治因素是否阻碍能源的获得；③能源投资的可负担能力（affordability），涉及能源开采利用的投资成本与消费者能否接受能源价格等问题；④环境的可接受能力（acceptability），能源的使用对自然环境造成的环境污染是否阻碍可持续发展。这四者之间不是相互独立的，而是相互作用。

随着研究的角度日益宽泛，能源安全涉及自然资源、经济、政治、军事和外交等范畴。其概念逐渐综合化，包括能源供给安全、消费安全、经济安全和环境安全等。其中，能源供需安全是能源安全的核心。综合而言，能源安全是指一国能以合理可靠的价格充足稳定地获得基于当前及未来一段时间内经济和社会发展需要兼顾环境效益所需的各种能源。

二、能源安全形势发展规律

面对资源约束加紧、经济发展新挑战、能源供需新变化和国际能源新趋势，能源安全形势逐渐复杂化。在追求可持续发展的道路上，各国对能源安全提出了更高的要求。

（一）各国对能源安全的追求是能源安全形势转变的内生驱动力

能源安全为人们的生活和出行等需求提供保障，更对国家发展至关重要。然而威胁能源安全的因素可能存在于与能源相关的各个环节。能源资源有限是威胁能源供给的首要因素，能源供需关系间的总量与结构矛盾导致价格波动剧烈，同时环境污染问题影响经济体可持续发展。因此各国为追求能源安全，在不同时期针对不同的能源风险在国内国外展开了各种能源安全行动，这会促使国际能源安全形势发生转变，已有的能源安全局势是各方追求能源安全的结果。例如，美国为追求能源安全，大力研发开采技术，页岩油气革命为美国提供充足能源，同时给世界能源市场的格局带来重大改变，在一定程度上缓解了紧张的能源枯竭担忧。

（二）外部冲击不断加深了各国在能源安全问题上的博弈

石油危机造成能源市场震荡剧烈，供给端输出的能源总量突然大幅减少甚至中断，使能源需求国无法满足生产和生活需要。此次冲击无疑是能源安全形势的一次转折，它为能源安全敲响了警钟，各国开始重点关注能源供给充足和稳定的重要性，纷纷制

---

① A quest for energy security in the 21st century（2007）.

定对应办法。能源作为战略物资,其安全状况是各国之间博弈的重点。可以发现,国际能源市场的波动总是伴随着各国在经济、政治、外交、文化等方面政策的出台或联合行动的发生,从而为形成新的能源安全形势做铺垫。例如,石油危机后,在美国的率先倡导下成立了国际能源署,这是发达国家为保障能源安全的联合行动,旨在调整成员国对石油危机的政策,监督能源安全形势,提供市场信息,加强成员国间的合作等,为制衡石油输出国组织发挥了巨大作用。

(三)能源安全观念的转变催生了各种能源安全战略

石油危机发生后,各国都开始关注能源供应安全的重要性。这一时期国家的能源安全观念比较狭隘,仅仅追求能源供应充足与供应稳定。因此,能源安全战略的重点是确保充足的能源获得,具体举措包括:寻求稳定可靠的进口能源和大力提高国内能源产量;进口来源和燃料多样化;提高石油储备能力等。例如,美国尼克松政府建立了联邦能源局,构建了战略石油储备、国际协调、燃料转换等综合性应对机制。1997年《京都议定书》的签订标志着世界各国重新界定了能源安全的概念,能源发展涉及的问题越来越广泛,环境污染问题成为使用能源的约束条件,能源对经济和社会发展的影响越来越广,各国在经济快速发展下对能源利用提出更高要求。新的能源安全观应包含科学的能源供给满足合理的能源需求、能源价格合理稳定、环境安全等,与此对应的能源安全战略则更为丰富和全面,各国需要在更多方面做出努力保证能源安全,因此能源安全形势更加复杂。

第二节 能源安全相关理论

随着研究领域越来越宽泛,能源安全问题不仅是经济问题,也是政治问题,因此基于不同的视角、不同的理论基础对能源安全问题有不同的分析。我们将介绍现实主义、新自由主义、建构主义及国际政治经济学的理论体系。这几大范式对于能源安全都有独特的认识,但同时也存在一定的片面性。因而,我们在树立全面的能源安全观时,应该将这些思想综合起来加以运用。

一、现实主义的能源安全观

现实主义在国际关系理论中占有重要地位,该主义强调国家主权的重要地位,将能源安全与权力的大小相联系,而权力又是以强大的军事力量为保障。现实主义安全观可分为传统现实主义安全观和新现实主义安全观,二者的区别在于对权力有不同的认识。传统现实主义能源安全观把权力放在首要地位,认为一个国家相对其他国家的权力大小是能否实现安全的重要因素。而新现实主义能源安全观认为,国家的最终目标是国家安全,权力不过是追求安全的途径。现实主义认为国际体系是无政府状态,各个国家通过竞争的方式争夺权力以维护自身国家利益时,必将能源也纳入竞争过程之中而非合作。在保障能源安全问题上,现实主义认为国家应该做到自给自足,通过来源多元化发展多种能源形式,建立能源储备以应对日益紧张的供应局势。

传统现实主义代表人物摩根索(Hans Joachim Morgenthau,1948)在《国家间政治》中指出,现实主义视权力界定的利益为普遍适用的客观范畴,权力是人对人的控制;自然资源构成国家权力的一个相对稳定的因素。以原材料为形式的自然资源要转化为国家权力需要有一定的工业能力,而这取决于备战水平。工业革命以后,国家权力越来越依赖于对原料的控制。作为不可或缺的原材料,石油使得政治间的相对权力发生变化,逐渐成为重要的战略物资。同时摩根索认为,石油消费国可划分为两类国家:一类是以日本为代表的国家,这些国家完全依靠进口石油,对这类国家来说取得外国石油是生命攸关的事情;另一类是以美国为代表的国家,这类国家国内有充分的能源,因而不会受到政治操纵石油的致命打击。后一类国家可以通过限制石油进口、节约国内的用油量、建立储备库和发展可替代性能源来保障能源安全。

与传统现实主义一样,新现实主义也认为主权国家是国际政治活动的主要行为体,国际体系处于无政府状态,而不是等级状态,国家间的竞争和冲突不可避免,不否认国际关系中的权力因素,但新现实主义不把权力作为国家目的,更关注安全的重要性。典型代表是肯尼思·华尔兹(Kenneth N. Waltz,1979)以结构研究作为框架指出,权力分配在国际结构中起着决定性作用,结构是由大国决定的。假定国家的目的是生存,则追求安全是其最优先考虑的因素。一国越是依赖其他国家,则对别国的权力越小。由于国际上一些原料及能源变得日益稀缺,各国对相关原料供应国的依赖性将不断加强。因而储存足够的原料,实现供应来源的多元化是十分必要的。在实力不平等的国际环境中,越是能够自给自足的国家,在外交中将越能掌握主动。能源对于国际政治的大国来说就是竞争关系,只有极少数实力最为强大的工业国才能够认真考虑实现能源的自给自足。

专栏 美国能源独立战略

二、新自由主义的能源安全观

新自由主义强调自由竞争市场的重要性,重视市场制度的完善,政府应尽可能减少干预。该主义认为石油的市场价值高于战略价值,应遵循市场规律,通过价格调节其在国际市场上的流通。新自由主义者认为国际的相互依赖、国际制度的规范作用可以降低能源安全风险,实现国家安全。新自由主义强调推行以超级大国为主导的全球一体化,国际机制能促进能源领域的全球化合作。在市场失灵的时候,政府应该实施干预,但也应该以规范市场规则、促进市场调节和国际合作为基础。军事威胁和武力战争并不能从根本上解决能源安全问题,而是应该共同建立一个全球统一的能源市场。多边合作是管理能源危机的有效方法,建立相互依赖的合作将是必然趋势(方婷婷,

2005）。

对于能源安全，新自由主义学者从全球化发展和国际社会相互依存理论出发，强调国际机制对国际能源体系构造的作用（Joseph Nye，Robert O. Keohane，1973）。他们认为，国际机制在国际合作中起着重要作用，可通过谈判、合作而达到互信。

石油危机中的相互依存因素是新自由主义者关注的焦点。武力在幕后发挥了作用，安全相互依存与石油相互依存之间存在着一种间接的联系（约瑟夫·奈，2009）。可见石油在能源消费中占据主体地位，石油安全则在一定程度上保证了能源安全与国家安全。国家依然是保障能源的强大背后依托，军事力量发挥巨大作用。自由的市场使市场主体相互依存，这种依存是有成本的。一是相互依存的程度，二是改变相互依存体系的成本，这些因素会影响依存系统的稳定。若能源进口国对外依存程度高，则这种依存关系比较脆弱，安全系数比较低。若能源情势的改变给市场主体造成的损害较小，那么相互依存的关系比较稳定，有利于共同抵抗风险。约瑟夫·奈提出，在信息时代石油依然十分重要。正在发展的全球经济相互依存网络双赢的同时，也出现了政治问题。在经济全球化时代，石油将被视为权力源泉，因而不能忽视石油在一个相互依赖的世界中所发挥的作用。

专栏　沙特阿拉伯与美国相互依存的安全关系

三、建构主义的能源安全观

建构主义认同国际合作对能源安全的作用，从人的主观能动性方面来探讨国际合作的条件，认为国际合作中最重要的是文化认同。如果行为体之间的不同期望使其高度猜疑，总是将对方的行为作为威胁，这样一来双方就进入了所谓的"安全困境"。反之，如果行为体之间的共有知识使其能够彼此高度信任，那么在解决彼此之间的矛盾时将会使用和平的方式，这样双方就会形成所谓的"安全共同体"。建立能源安全理念相近的国际能源合作可以为能源安全提供保障。

建构主义学者认为国家对彼此身份的认知会影响国家之间的能源合作。在能源安全问题上，由于能源具有战略特性，故而能源竞争与合作将直接影响到国家安全战略。因而，在安全同盟中的能源合作通常能够较为顺利地展开。同样，当前最重要的能源合作组织，国际能源署的主要成员国都是欧美发达国家，其原因也是由于欧美国家相近的文化观念使彼此在能源安全问题上的认知更为接近，从而容易在能源安全领域展开合作。反之，如果国家彼此视为战略对手，相互之间在能源领域的合作就会遇到困难和障碍。因此，对于能源合作来说，两国或多国随着经贸、政治互动的增强，而改变对彼此的"认知"，在能源问题上能主动建立起共同机制。作为"批判性安全研究"的延伸发展，使用建构主义方法论进行安全研究的哥本哈根学派，同样在更宽泛的视野中考察能源安全。能源问题除了涉及经济安全，还涉及环境安全的领域（Barry Buzan，

1998）。在经济安全上，国家作为首要的安全指涉对象，必然首先考虑人民生活和工业发展所需要的资源（包括石油、食物、原材料）是否能够自给自足，如若不能则需要依靠外部供给。此时，该国就必须担忧外部政治势力的影响或剥削，一旦这种供给性的安全不足以满足国内需求时，就会引起社会动荡，甚至造成动乱，威胁到政府。在环境安全中，能源问题包括能源资源的消耗（如燃料、木材）、资源匮乏和不平衡的分配，以及能源灾难事故（特别是与核能源、石油运输和石化工业相关）的处理等。

四、国际政治经济学的能源安全观

在经济全球化的背景下，能源安全已经变成一个全球共同面临的问题。国际政治经济学研究国内和国际不同层面的经济和政治的融合关系，认为能源安全关乎经济安全和国家安全，在各国经济相互依存关系中，能源安全更是国际安全问题，各国应遵循国际市场的竞争规则，减少政府干预。能源安全的经济面是指能源利用的成本和效益，低成本高效益是能源投资的基本原则。全球化特征涉及能源领域使能源价格尤其是石油价格的波动更频繁，且在国际市场上影响深远，能源生产国和消费国会调整其能源政策，国际政治的博弈进一步加深。以合理稳定的价格从国内外获得充足的能源，满足能源需求能为国家经济和政治提供基本的保障，是能源安全的真正体现（王海运和许勤华，2012）。

经济全球化的特征之一是跨国公司的大量涌现，具有特殊地位的能源公司尤其是石油公司的国外投资有利于保障国家能源安全。公司的对外扩展应为国家利益服务。由于国内能源资源禀赋及生产技术、运输系统等有限，从国外获取所需能源是有效的途径（Robert Gilpin，2006）。一国的能源企业向海外拓展业务，在世界初级商品市场上赢得一定的市场份额，可以确保国家的能源供应。一些大型石油公司迅速调整发展战略，进行大规模兼并、联合和重组，如埃克森—莫比尔、英荷壳牌等巨型石油公司，20世纪90年代是公司兼并重组高潮，促进了生产跨国化和贸易自由化。20世纪70年代以前，美国跨国公司基本上一直控制着非共产主义世界对原材料（特别是石油）的获得，保证了石油供应的安全性，而且这一石油方面的垄断地位成为其有力的政治武器，在军事外交中有效地强化了国家主权。在全球能源供应体系中，安全结构、生产结构、金融结构和知识结构这四种基本结构的变化对于大国的政策、公司战略、市场环境和国家、公司与市场三角格局的整个均势都产生了巨大的影响。其中安全结构包括能源安全。除了充足的军事力量，充足的能源供应对国家安全同样重要。

第三节　能源安全的衡量方法

能源安全的衡量十分重要，可以帮助我们了解当前经济体的能源安全程度，为制定能源安全战略做出指导。目前主要运用的方法有能源自给率、能源对外依存度、能源安全多样性指数、能源储备程度及各类代表性能源安全模型等。现实中，我们应该综合运用这些方法，达到全面评价能源安全的目标。

一、能源自给率与能源对外依存度

能源供给可以分为国内供给和国外供给，国内供给量可以由本国自主决定，风险可控，而国外能源则存在一定的风险，因此能源进口量占消费总量的比例能够在一定程度上反映能源安全情况。能源自给率与对外依存度分别从两个方面来衡量能源安全。

能源自给率表示一个国家或地区的能源资源供应本国或本地区能源消费的能力。公式如下。

$$能源自给率=（能源生产总量/能源消费总量）\times 100\%$$

能源自给率越高说明一个国家或地区的能源资源越丰富，满足自身能源需求的能力越高，则该国或该地区拥有更多的能源主动权，能源供给紧缺的风险越小。我国资源丰富，能源保障能力与日俱增，能源自给率长期保持在80%以上。但我国石油供给率较低，且呈逐年降低的趋势[1]，可见单就石油这一能源来说，我国石油供给存在较大风险。美国石油供给率呈现波动上升的趋势，在一定程度上保证了石油供给的充足。

能源对外依存度则表示能源净进口量与能源消费量之间的关系，公式如下。

$$能源对外依存度=（能源净进口量/能源消费总量）\times 100\%$$

能源对外依存度越高代表能源净进口量在能源消费中所占比例越高，相应风险也越高。相应的一次能源对外依存度有煤炭对外依存度、石油对外依存度和天然气对外依存度。中国是全球第一大油气进口国，对外依存度逐渐上升。2015—2018年间中国天然气对外依存度上升趋势明显，2018—2020年有所下降，2020年天然气对外依存度维持在43%。相反美国能源对外依存度较平稳且略呈下降趋势，美国油气资源丰富，对外依赖程度较低[2]。

能源自给率与对外依存度只是简单衡量能源安全的指标，能源自给率低或对外依存度高并不意味着能源供应就一定不安全。一个国家的能源安全，并不要求该国所有的能源消费都自给自足。能源安全更重要的是国家能源对外依存可控，即宏观经济、社会稳定和外交政策不为能源对外依存所绑架。同时，对外依存度高的能源品种，如果其需求弹性较高，或是较容易被其他能源品种替代，那么单个能源品种对外依存度高的负面影响也是可控的。

二、能源安全多样性指数

能源种类和供应来源多样化是加强能源安全的有效办法，多样化已是各国进行能源投资时的重要考虑因素，"不把鸡蛋放在同一个篮子中"则可以分散风险。香农-维

---

[1]《BP世界能源统计年鉴》2021年版.
[2]《BP世界能源统计年鉴》2021年版.

纳指数（Shannon-Wiener index，SWI）与赫芬达尔-赫希曼指数（Herfindahl-Hirschman index，HHI）是测度能源多样性最常用的两个指数。

$$\text{SWI：} \Delta_1 = -\sum_i (P_I)\ln P_I \qquad (7\text{-}1)$$

$$\text{HHI：} \Delta_2 = \frac{1}{\sum_i P_i^2} \qquad (7\text{-}2)$$

其中，Δ 是多样性指数；P_i 是 i 在组合中所占比率。

SWI 能够描述两方面的信息：①种类丰富度；②种类中个体分配上的均匀性，SWI 指数越大，代表多样性越高。SWI 对占据能源市场份额较小的能源供给者赋予较大权重，这一指数主要被运用于能源供应投资决策中，但是它没有考虑政治稳定性和能源资源枯竭。随后 Jansen 等（2004）把一些重要因素引入其中：能源资源供应的多样化；进口能源来源地多样化；进口地区长期政治稳定性；原产地及资源地原产本底。

HHI 是产业经济学中测量市场集中度的方法，用来衡量能源安全多样性时，对占据能源市场份额较大的能源供给者赋予较大权重，因为其对能源市场会产生较大影响，对于保障能源安全更重要。HHI 是简单地从供应份额的角度来衡量能源多样性，更适用于测度能源结构单一所致的风险。

三、能源储备量标准

能源储备是能源安全战略的重要组成内容。能源储备是指政府和企业拿出一部分专项资金，用于购买国内外石油、油品和煤炭，储存备用。能源储备分为能源产品储备和能源资源储备，主要包括煤炭储备、石油储备和天然气储备等。作为调节能源供需不平衡的重要手段，能源储备可以应对能源供应的突然中断或能源产品严重短缺等情况；同时也可以增强应对能源价格波动的能力，起到很好的反对力作用。一旦有紧急情况发生，即使其他能源供应中断，能源储备量也可以支撑经济运行一段时间，为解决冲突赢得时间。各国应该提前根据国内外形势判断潜在影响能源供应的因素，并有效评估冲击大小，建立合理的能源储备制度。

能源储备形式可以分为：①政府储备，是指中央或联邦政府出资建立储备；②机构储备，是指法律规定由公共组织承担的义务储备；③企业储备，是指企业拥有的能源量，包括国家要求的义务储备和为商业运作而留有的库存。能源储备情况可以在一定程度上衡量能源安全程度，储备量越多，应对能源危机的能力越强，通常石油储备量具有一定的代表性。

关于石油储备的安全标准，国际上公认的是国际能源署提出的储备量应达到足够 90 天的消费量。不同国家根据经济发展水平、供油能力不同等制定了差异化的储备标准。我国石油对外依存度逐渐升高，储备战略石油具有重要意义。截至 2016 年年中，我国石油储备达到 3325 万吨①。日本国内石油资源十分匮乏，基本全依靠进口，风险系数很高，因此充足的石油储备十分必要。日本石油储备量位居世界前列，远远超过国际能源署标准。一直追求能源独立的美国也早早开始规划和建设石油储备设施，能源储备量一直处于领先水平。但近年来储备增速有所放缓，在 2019 年美国原油、液化天然气和炼油原料储备下降了 400 万公吨。经济合作与发展组织（Organization for Economic Co-operation and Development，OECD）由 36 个市场经济国家组成，旨在促进成员国经济发展。与 2018 年相比，2019 年经济合作与发展组织国家领土上的石油总存量变化不大，经济合作与发展组织欧洲国家库存总量有所增长，美洲国家储存总量有所下降，亚洲国家储存总量保持平稳。如图 7-1②所示显示了部分经济合作与发展组织国家在 2018 年和 2019 年的石油储备情况。

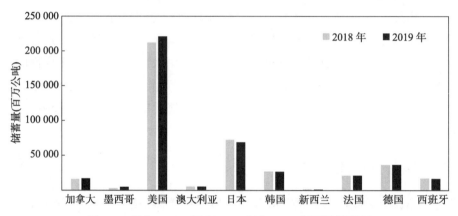

图 7-1　部分 OECD 国家 2018 年和 2019 年石油储备量

四、国际能源署能源安全模型

能源安全和气候变化是各国未来能源政策的驱动力，国际能源署提供了一种前所未有的方法来评估这两个问题间的相互作用。该方法独立处理燃料价格和实际供应量问题，并通过代理评估每一个问题。第一个是基于对国际化石燃料市场集中度的衡量；第二个重点是天然气贸易，特别是基于管道的天然气进口。基于产业组织理论，国际能源署能源安全模型认为通过自由的国际能源市场的有效竞争能够确保安全，国际能源价格由能源市场供给与需求关系决定。该模型主要从能源价格波动与供应中断两方面评估能源安全。由于化石能源资源分布较为集中，化石能源生产大国市场行为具有较大的市场影响力。因此，在国际能源署能源安全研究中，市场影响力评估成为构建能源价格安全指数的基础。国际能源署主要通过市场份额及 HHI 来测度市场影响力。而能源价格波动风险评价则由市场集中度与能源安全指数来实现。

---

① http://www.stats.gov.cn/tjsj/zxfb/201704/t20170428_1489570.html.
② Monthly OECD Oil Statistics，IEA，2021.

由于液化气与管道天然气贸易弹性不同，在评价其供应中断风险时，应区分不同的运输模式。当管道天然气供应不足时，受限于管道基础设施，无法迅速从其他天然气供应商处获得天然气，因此，管道天然气供应中断风险成为天然气消费国能源安全问题的主要挑战。英国在 2004 年至 2010 年间以及荷兰在 2020 年至 2030 年间的天然气进口将引发新的、越来越多的担忧。国际能源署将采购的管道天然气占能源供给总量的比重作为衡量能源供应中断风险的主要指标。该指标值越高，说明该国面临能源中断的风险越大。同时国际能源署也指出通过提高最终使用效率和加强电力部门对非化石燃料技术的依赖可以对能源安全产生积极影响，而发电从煤转变为天然气对两项安全指标都有负面影响。

国际能源署敦促各国对其气候政策举措的能源安全影响进行审查，认为该模型有助于各成员国明晰在寻求构建可持续能源政策时所面临的机遇和挑战。但能源市场自由且价格由供求关系决定的假设与实际不符，这使国际能源署能源安全评价结果缺乏说服力。而且该模型也没有考虑化石能源枯竭、可再生能源等对能源系统的影响。

五、APEC 能源安全模型

亚太经济合作组织（Asia-Pacific Economic Cooperation，APEC）地区对能源持续增长的需求是不可忽视的，随着经济的快速崛起，能源对经济的渗透不断扩大，能源安全成为亚太经济合作组织地区能源可持续发展的重点。亚太能源研究中心的研究旨在为亚太经合组织经济体提供增强能源安全和可持续发展的选择。针对其提出的能源安全"4A"概念，亚太能源研究中心分别总结了亚太经济合作组织地区长期不同能源资源的供应危机：石油供应安全主要被石油资源的可获得性，尤其是地理政治因素威胁；巨大的基础设施投资和长期销售合同是影响天然气获得的主要障碍；环境可持续发展影响煤炭的使用；操作安全性、使用广泛性、恐怖主义、放射性废物处理及公众的可接受程度都是核能使用需要考虑的因素；对天气的依赖和低供应密度是新能源发展的制约条件。

亚太能源研究中心认为长期能源供应安全取决于建立有效的、多样化的一次能源组合。亚太能源研究中心能源安全模型建立了五个能源供应安全指标，具体指标依次为一次能源需求多样化（ESII）；净进口依存度（ESIII）；低碳燃料组合（ESIIII）；石油净进口依存度（ESIIV）；中东石油净进口依存度（ESIV）。通过独立计算不同指标对应的数值，可以评价 2004 年至 2030 年间亚太经济合作组织地区的能源供应安全度，从而反映和能源供给与进口依赖多样性相关的能源安全情况，其中一次能源种类包括煤炭、石油、天然气、水电、新能源和可再生能源。模型预测到 2030 年时，除加拿大、智利和新西兰以外的国家和地区都致力于能源需求多样化，澳大利亚、加拿大、印度尼西亚、墨西哥和马来西亚等国家和地区的净进口依赖将有所增加；中国、菲律宾和泰国将降低进口依赖；大多数国家和地区倾向于使用低碳燃料组合支撑能源供应；智利、中国、印度尼西亚、马来西亚和泰国等 10 个国家和地区倾向于增加进口石油依赖。该模型预测了不同亚太经济合作组织经济体的能源安全趋势，为亚太经济合作组织经济体监测其能源安全提供了模型基础，为亚太经济合作组织经济体掌握、应对未来能源供需形势、提升能源安全和可持续发展水平提供了政策选择。虽然该模型分别从五个方面对能源安全状况进行测度，但是缺乏对能源安全态势的整体判断；而且对于国内能源生产、运输环节中可能存在的风险缺乏考虑；另外也忽略了能源效率的改善、可再生能源的发展等因素的影响。

第四节　能源安全战略的制定

能源安全战略是能源战略的重要组成部分，是针对能源安全方方面面的问题建立的全局性、高层次的筹划和指导，目的是保障能源供给的充足和稳定，构建有效的预防风险机制，增强应对危机的能力。能源安全战略同样也具有能源的一般属性——经济属性和政治属性，它是国家利益与国家意志的体现，从时代和战略的高度审视能源安全问题具有重大意义。能源安全战略的内容十分丰富，围绕能源安全的内涵，涉及能源供应安全、能源需求安全、能源储备应急安全、能源技术和环境安全等战略行动。各国根据本国国情制定差异化的能源安全战略，作为今后一段时间保障能源安全的行动纲领，能够增强未来经济发展的信心，降低能源风险造成的影响。

一、制定流程

能源安全战略为保障能源供给安全、消费安全提供指导意见，制定能源安全战略需要综合分析当前经济体内部与外部存在的或潜在的威胁能源安全的因素，针对这些风险实施有效的应对措施，建立合理的防范制度，确保能源供给充足稳定，从而做到风险可控，安全发展能源。概括来说，制定能源安全战略一般需要经过以下三个步骤。

（一）衡量经济体能源安全程度，明晰当前威胁能源安全的因素

随着能源安全概念的丰富，在评价当前经济体的能源安全程度时，所需考虑的指标应该更加完善和全面，不光要有影响供应侧的风险大小，还应考虑需求方面的总量、结构和环境效益等风险。不同地区根据国情不同，会制定差异化的能源安全评价体系。对于安全风险，应综合考虑国内外情况，例如，国内自主能源供应能力、能源基础设施完善程度及能源利用效率和污染情况等；国外能源进口风险、国际能源市场价格波动等影响。

（二）结合经济和社会发展要求，明确能源安全战略的目标

明晰当前存在的风险后，在满足国家经济和社会发展要求的基础上，明确能源安

全战略目标，即要达到一个什么样的状态才是相对安全的。能源安全基本目标是能源供应充足稳定、能源价格平稳合理、可以满足能源消费需求。高级目标是优化能源消费结构、降低环境污染、追求可持续发展。不同国家基于不同的定位，设立不同的目标。如美国始终强调能源独立，日本追求海外能源供应充足，俄罗斯寻求能源出口市场稳定等。

（三）多方位制定有效应对政策，逐步化解风险

在明确存在的风险和要达到的目标后，我们就可以比对目标逐一地采取措施应对风险，各个击破，降低系统危险系数。基本的政策思想是：增加国内能源产量，提高自主保障能力；控制能源需求合理增长，提高利用效率与节能技术；增加能源战略储备，建立应急制度；分散进口来源，增加能源消费种类等。

二、影响因素

能源充足稳定供应是能源安全的核心内容，对影响能源供应安全的因素主要来自以下五个方面。

（一）燃料储备及国内外供给者情况

稳定充足的能源供应是能源安全的基本目标，明确当前能源储备和供应商供给能源的情况，可以判断当前可利用的能源总量。燃料储备是经济体在前一期投资决策的结果；国内的供给量受到资源禀赋、开发技术、基础设施和运输系统等因素影响，一段时期内比较固定；国外供给量是由本国和能源出口国达成的合作实现的，灵活性较大。如果本国能源储备充足，国内外能源供给稳定，则能源安全系数高，能源安全战略可以保持相对稳定水平。

（二）满足预期能源需求的供给能力

保障能源安全就是要尽可能规避风险，从风险性的角度可以认为能源安全是个期望问题。对风险发生概率和破坏力大小的认知影响能源安全战略的制定。随经济发展能源需求不断增加，有效地预测经济体未来能源需求趋势及潜在的影响能源供需关系、能源价格等的因素，可以提前做出应对措施，在能源安全战略中进行部署。

（三）能源资源和供给者多样化水平

如果经济体能源资源丰富，则国内可以提供可观的能源产量，经济体就掌握了更多的主动权；供给者多样化水平高可以削弱供给者的市场力量，在稳定能源供给量和能源价格方面有重要作用。因此，在制定能源安全战略时所面临的压力大大降低。

（四）能源基础设施情况

除了稳定可靠的能源供给商，便利、经济、安全的能源运输系统和转化系统同样重要。我国煤炭资源丰富，但是因为国内从北方运往南方的运输成本高于从国外进口

成本，于是我国选择进口部分煤炭。可见能源基础设施水平会影响能源安全战略的制定。我国在《中华人民共和国能源法（征求意见稿）》中对能源基础设施做出布局，要科学推进能源基础设施建设，健全能源普遍服务机制。在农村地区也要支持能源开发利用、基础设施和服务体系的建设，加强偏远和贫困地区的建设。

（五）政治风险因素

资源丰富地区的能源供应量通常在市场上的影响力比较大，对其他国家的能源消费贡献率也比较大，但这些地区也通常是资源争夺最厉害的地方，可能出现政治不稳定的情况，如中东地区。政治不稳定会影响能源产量，进而对其他国家产生影响，应有效评估潜在危机，做出相应的应对措施。

三、能源安全战略的分类

按照战略的不同内容可以分为能源供给安全、能源需求安全、能源储备安全和技术与环境安全战略。

（一）能源供给安全战略

供给安全是实现能源安全的首要目标，目的是保证在一段时间内能源供应充足，能够满足各种能源需求。该方面的战略重点包括：国内方面增强能源自主保障能力，稳步提高能源生产技术水平和国内能源产量，维持能源价格平稳，能源品种多元化，鼓励开发新能源；国外方面保证能源进口的安全，分散能源进口源，确保能源运输安全，加强国际能源区域合作。我国能源安全新战略[①]对能源供给革命做出了详细部署，包括加强能源供应能力建设，不断提高自主控制能源对外依存度的能力，合理提高煤炭、石油和天然气的产量，积极发展能源替代。

（二）能源需求安全战略

需求安全是实现能源安全的必要目标，能源需求直接关系到消费者福利，从需求侧出发可以更好地审视安全问题。该方面的战略包括：控制能源需求总量，能源需求数量应合理增长，避免无节制的能源需求，淘汰低效的能源利用方式；能源价格可接受，消费者能以合理的价格获得能源；优化能源需求结构，降低高排放能源消费比例，提高清洁能源利用率。石油危机后，提高能效是美国加强能源安全的重点方向。交通运输是石油消费的重点领域，1975 年美国国会通过的有关车辆公里平均燃油经济性标准的法案规定了在美国销售的国内外汽车燃油效率标准，奥巴马政府还在电动汽车领域进行了重点投资。从需求侧降低石油依赖是能源安全战略的有效途径。

（三）能源储备安全战略

储备安全是实现能源安全的应急目标，目标是在突发紧急情况下或战时状态下确

---

① 《能源发展战略行动计划（2014—2020 年）》（国办发〔2014〕31 号）.

保一国正常的能源需求,是应对能源供应风险冲击的应急手段。该方面的战略要求对未来能源供需关系、能源价格等进行分析预测及预警,从而确定适当的能源储备种类与储备量,同时要加强能源储备的基础设施和监督与管理水平。日本能源安全储备系统相对完善,日本很早就部署石油和天然气等能源的战略储备,并立法强制储备。20世纪70年代的《石油储备法》和《天然气储备法》是最早的储备能源的战略指导,随后不断深化和完善。

(四)能源技术与环境安全战略

技术与环境安全是实现能源安全的更高目标,旨在提高能源生产技术水平,降低能耗,减少能源开发与消费对环境造成的污染,走可持续发展道路。该方面的战略重点关注能源产业技术的升级改造、自主创新和绿色节能,高效清洁开发利用能源,大力发展绿色低碳能源,能源产业高质量发展。英国是进行能源革命的先锋国家,英国政府在2007年的《能源白皮书》[①]中指出,能源战略包括:建立应对气候变化的国际框架;确定有法律约束力的碳排放目标;支持低碳技术的研发、展示和使用等。

四、国际经验[*]

本部分主要介绍了美国、俄罗斯、欧盟及日本四个经济体的能源安全战略特点,为线上阅读内容。

国际经验

五、中国实践

中国能源总量大,但人均占有量低,资源分布不均匀,煤炭资源丰富,油气资源贫乏,一直以来我国以煤炭为主要的供应能源。2015年我国能源消费总量中煤炭占65%,石油天然气占27%;中国煤炭消费占世界煤炭消费总量的50%[②]。随着工业化与城市化进程加快,经济和社会发展的能源需求不断增加。我国始终重视能源安全问题,保持稳中求进的总基调,现行的能源安全战略具有独特的中国色彩,是在新旧动能转换以及应对突发性事件防控下提出的新型能源安全理念。

(一)"四个革命,一个合作"指导新型能源安全观转型升级

党的十九大提出,要构建清洁低碳、安全高效的能源体系。"四个革命,一个合作"能源安全新战略是我国在发展过程中逐渐摸索出来的能源发展新道路,代表能源安全理论创新的新高度,成为我国实现能源安全的根本遵循。能源消费、能源供给、能源技术和能源体制革命及全方位加强国际合作是从长远发展的角度加强能源安全的有效机制。面对世界经济下行风险增加,全球能源秩序发生深刻变化,我国提出"六保""六稳"部署,力求稳住经济盘,守住民生底线,把保障能源安全放在更重要的位置。

---

① Energy White Paper,UK,2007.
② 《BP世界能源统计年鉴》2016年版.

能源安全新战略为实现"六保""六稳"注入了新活力。

（二）"一带一路"沿线能源合作提高能源进口安全

国际能源市场日益成为影响中国能源安全的重要因素。所以，应当将能源进口作为能源供给侧改革的重要内容，深入推进中国对外能源合作，提高中国在国际能源市场上的话语权。以"一带一路"建设为重点，推进中国与哈萨克斯坦、吉尔吉斯斯坦、伊朗等丝路沿线国家的能源合作，借助亚投行、丝路基金等打造石油丝绸之路，推进中国能源进口多元化。"一带一路"沿线国家与中国交好，且具有能源供应的地理优势，能源基础设施建设也具有成本优势，加速能源合作的顺利开展，从而完善海洋能源应急措施或预案，大大提高了能源供给的充足与稳定。建立与维护长期能源合作关系，为我国能源供给安全提供了保障。

（三）因地制宜构建能源储备体系

能源储备是保障能源安全的重要手段，发达国家大多建立了能源储备作为预防机制，以免发生能源中断时完全没有能源供给。2001年3月，中国政府宣布国家将建立能源储备库以保证紧急情况下国家能源供应，随后中石化、中石油等巨头纷纷参与石油储备基地的建设。2006年10月首个国家石油储备基地——镇海基地建成并开始使用，截至2017年年中，我国共建成9个国家石油储备基地，分别是舟山、舟山扩建、镇海、大连、黄岛、独山子、兰州、天津和黄岛国家石油储备地，利用储备基地及部分社会企业库容，储备原油3773万吨[①]。这一储备规模与发达国家相比还有很大差距，因此健全能源储备体系依然是新时代保障能源安全的重大任务。《能源发展战略行动计划（2014—2020年）》中明确提出：完善能源储备制度，建立国家储备与企业储备相结合、战略储备与生产运行储备并举的储备体系，建立健全国家能源应急保障体系，提高安全保障能力；扩大石油储备规模；提高天然气储备能力；建立煤炭稀缺品种资源储备。

第五节　世界及中国能源安全展望

能源是世界性的话题，能源安全的内涵随国际能源格局的变化而变化，快速发展的能源行业凸显了对能源安全采取全面综合、动态跟进思路的重要性。传统能源安全风险并未消失，与此同时，从网络安全到极端天气等一系列新型能源安全风险逐渐凸显。可再生能源成本降低和数字技术进步为能源转型带来了巨大的机遇，同时也带来了一些新型能源安全风险（《世界能源展望2019》，国际能源署）。全球能源供需关系变化莫测，这给国际能源市场带来不小影响。当前国际能源消费重心逐渐由发达国家转为新兴经济体和发展中国家，随着非洲能源消费区的崛起，其对全球能源发展趋势

---

① http://www.stats.gov.cn/tjsj/zxfb/201712/t20171229_1568313.html。

的影响越来越大。新型能源的快速发展、美国页岩油气革命等都从供给侧影响全球能源市场，重塑了贸易流向和能源安全形势。各个国家必须始终把能源安全放在首要位置，为有效保障能源安全，世界及中国能源安全战略发展方向主要集中在以下几点。

一、可再生能源加速发展，能源系统升级转型，提高能源效率

有限的化石能源与严峻的环境情况促进可再生能源的开发与利用进程，全球可再生能源取得巨大发展，尤其是在电力领域。风能、太阳能、水能、核能等发电技术日趋完善，给电力行业带来巨大变革。目前海上风电正在加速发展，在欧洲北海取得的海上风电成本降低和建设经验正在开启一种潜力巨大的可再生资源。海上风电资源开发潜力巨大，可以满足数倍于当前的全球电力需求。整个能源体系需要深刻变革，与传统经济刺激措施相比，可再生能源和能效投资等绿色复苏措施，具有更高的成本效益和投资回报。可再生能源能够创造就业，加速发展中国家对能源的获取及减少碳排放和空气污染。整个能源系统的升级转型促进能源效率不断提高，对转变经济增长方式具有重要意义。全球能源效率改善进展缓慢，2020 年全球能源投资总额为 1.7 万亿美元，比 2019 年降低 5%[①]。在供暖、制冷、照明、出行和其他能源需求不断增加的背景下，全球能源强度的下降速度正在放缓，加速提高能效是世界迈向可持续发展道路的重要一步。能效的提高是延缓能源消费的关键因素，进而加强了能源安全。

二、国际合作与贸易紧密，构建开放式能源安全

在经济全球化下，国家间的贸易频繁，构成相互依存的体系，成为能源资源在全球范围内配置的基础条件，国家间的合作为协调利益冲突提供了思路。能源国际合作满足互惠互利原则，可以弥补能源进口国能源供给不足，有效利用能源出口国有余的能源，并且实现在能源技术发展方面相互学习。因此，能源合作与贸易是未来能源发展的趋势，这将构建能源安全网络，为各国维护共同的能源安全提供动力。能源市场上逐渐形成了以欧佩克国家、俄罗斯和美国三方为主的能源供给态势，竞争与制衡加剧，能源合作是提高能源市场力的重要方式。然而在未来发展过程中，能源合作仍然存在许多挑战。现阶段，贸易保护主义的崛起为国际合作带来了阻碍，为具有战略意义的能源间的合作带来了挑战。历史证明，只有在稳定的市场下建立有效的合作，才能实现共赢。

三、优先发展关键能源技术，引领能源安全新格局

传统能源体系是以化石能源为核心，而化石资源的分布是天然形成的，不以国家的主观意识所改变。资源分布不均匀且数量有限造成资源匮乏国安全程度低，能源主

---

① 国际能源署《2021 年世界能源投资报告》.

动性差，因此发展能源技术成为维护能源安全的关键。在能源技术视角下，能源系统可以降低资源的束缚，能源安全不仅依赖于能源资源的充足，还由对能源技术的掌握水平而决定，资源禀赋差的国家可以通过发展能源技术来弥补这一短板。因而，未来能源技术在一定程度上决定了能源安全格局，是世界能源安全战略部署的重点内容。各种能源技术如开发技术、储备技术和利用技术等都从不同方面减轻了能源安全压力。新型能源技术发展前景广阔，满足了低碳可持续发展的要求，为能源系统升级转型带来持续的动力。

本 章 小 结

能源的利用始终伴随着安全问题，随着能源对经济的渗透作用越来越大，能源安全形势的变化对国家的影响也越来越深。因此，能源安全是各国能源工业的重要话题，对国家发展和社会稳定具有重要意义。为保障能源安全而制定的能源安全战略是对能源安全的全局规划，既涉及宏观层面的方向指引，又包括微观层面的具体改革。本章围绕能源安全的定义展开，起源于石油危机事件的能源安全概念在不同时期随经济发展的要求不断变化，其内涵与外延不断扩展，由量的充足逐渐演变到量与质同步发展。同时国际能源安全形势日趋复杂，各国能源安全理念的发展会塑造新的能源格局，同时这一格局又会反作用于各国对能源安全的追求，二者之间相互影响，共同演进。能源通常与国家主权、军事力量、工业体系等相联系，是经济问题，也是政治问题，因此本章第二节分别从经济和政治的视角梳理了与能源安全相关的理论，为制定能源安全战略提供理论指导。现实主义、新自由主义、建构主义和国际政治经济学从不同的基础假设出发，对能源安全进行了系统阐述，我们应综合理解各种理论，从而建立全面的能源安全观。本章接着介绍了衡量能源安全程度的方法，通过能源自给率等简单的指标可以快速了解安全情况，而复杂综合的模型可以全面评价安全水平，这些方法都有利于了解当前经济体存在的安全威胁，从而可以进行重点防范。能源安全战略成为各国能源战略的重要内容，本章第四节从制定流程、影响因素、国际经验和中国实践四个方面系统论述了能源安全战略的内容、分类和在各国实践中的共性与特性。本章最后探讨了世界及中国未来能源安全发展趋势和各国制定能源安全战略的重点。发展可再生能源、提高能源效率、国际合作与联系紧密、能源技术不断创新是未来能源安全战略的重点。

1. 如何理解能源安全的定义与内涵？
2. 能源安全战略包括哪些内容？请详细论述并举例说明。
3. 请分析能源安全战略与能源供给战略、能源需求战略和能源节能战略的联系与区别。

4. 请论述当前中国能源安全战略的特点与重点。

5. 分别分析当前世界及中国面临的能源安全挑战。

6. 有人认为只有做到自给自足才能保障能源安全，请问你如何看待这种观点？做出合理解释。

[1] 方婷婷. 不同理论范式下的能源安全观研究[J]. 当代世界与社会主义, 2015(3): 143-149.

[2] 肯尼思·华尔兹. 国际政治理论[M]. 北京: 北京大学出版社, 2004.

[3] 摩根索. 国家间的政治[M]. 杨岐鸣, 等, 译. 北京: 商务印书馆, 1993.

[4] 王海运, 许勤华. 能源外交概论[M]. 北京: 社会科学文献出版社, 2012.

[5] 约瑟夫·奈. 理解国际冲突: 理论与历史[M]. 张小明, 译. 上海: 上海人民出版社, 2009.

[6] Buzan B, Wæver O, de Wilde J. Security, A New Framework for Analysis. Colorado and London[M]. Lynne Rienner Publishers, 1998.

[7] Hill M O. Diversity and evenness: a unifying notation and its consequences[J]. Ecology, 1973, 54(2): 427-432.

[8] IEA. Energy Security and Climate Change: Assessing interactions[R/OL]. 2007-3-28.

[9] Jansen J C, Arkel W G, Boots M G. Designing indicators of long-term energy supply security[J]. ECN, Petten, Netherlands, 2004.

[10] Keohane R O, Nye Jr J S. Power and interdependence[J]. Survival, 1973, 15(4): 158-165.

第三篇　能源战略的创新发展

随着人类社会的不断进步，能源需求的不断提升，能源利用带来的全球问题也在不断凸显，这些问题包括：能源生产和消费所带来的环境问题能源资源抢夺对世界格局的影响问题及能源在大宗商品的基础上所衍生出来的能源金融问题。

传统能源在利用过程中，不仅会产生污染性的气体，还会排放大量的温室气体，造成严重的环境和气候问题，传统的粗放型能源利用方式已经不再适用于全球可持续发展的大环境，能源战略转型成了历史发展的大趋势。此外，能源的稀缺性也决定了能源资源必将受到各国一定程度的争夺，在此过程中，能源合作应运而生，能源合作在一方面实现了能源资源的有效配置，还在一定程度上影响了世界格局，这对国际经济、政治和外交局势都具有重要的意义。能源产业的不断发展也使得能源不仅具有传统的普通商品属性，还具有了金融属性，能源金融产品不仅可以维持能源产品的价值，同时还能实现价值增值，能源产业外延得到了进一步的延伸。本书第三篇内容围绕以上气候变化与能源战略、能源合作与能源战略、能源金融与能源战略三大问题展开，全面阐述能源战略的创新发展。

第八章

气候变化与能源战略

> 气候变化是人类迄今面临的最重大环境问题之一，也是 21 世纪人类面临的最复杂的挑战之一。气候变化不仅使全球环境质量恶化，更加剧了各国间本就存在的冲突和风险，气候问题已经影响到了全球经济、政治、国际关系发展等众多领域，而解决气候问题也需要全球各国一起共同努力。
>
> 目前学界认为，气候变化主要是由人类活动引起的，解决气候变化问题的根本措施之一是减少温室气体的人为排放。一般来说，温室气体的人为排放主要来源于人类的能源利用，气候变化问题直接涉及与经济发展紧密相连的能源利用的结构和数量，缓解气候变化的关键在于实现未来能源的可持续发展。因此，要解决全球气候变化问题，必须全面了解各国能源发展战略。本章梳理了气候变化与能源战略之间的关系，解释了能源战略转型的流程和影响因素，并整理了典型国家在能源战略上的调整过程，最后从全球视野对未来能源战略调整进行了展望。在本章中，气候变化问题指的是温室气体（特别是二氧化碳）的全球排放问题。
>
> **关键词：**气候变化　碳排放　能源战略转型

第一节　能源消费与气候变化

目前，全球气候变化引起了越来越多的国家政府和国际组织的关注，人们逐渐意识到，人类活动，更准确地说是能源消费，是气候变化的最重要的原因之一。为了厘清气候变化与能源消费之间的关系，本节主要讲述了目前气候变化的现状、能源利用对气候变化的影响等方面的内容，意在建立起能源消费与气候变化之间一定的因果关系，为后文能源战略转型提供一定的现实依据。

一、气候变化概述

全球气候问题由来已久，温室气体排放、臭氧层破坏等严重的全球气候问题也受到越来越多国家和国际组织的关注。从工业革命开始至 2005 年，化石燃料燃烧向大气中累积排放二氧化碳量达 11 750 亿吨，这导致全球大气中的二氧化碳平均浓度由 1750 年的 280.0 毫克/千克增加到 2005 年的 379.1 毫克/千克以及 2008 年的 385.0 毫克/千克，二氧化碳浓度的增加使得全球变暖问题更加严重。20世纪后半叶，以气候变暖为主要特征的全球气候变化成为国际社会关注的焦点和科学界的热点话题之一，全球气候变暖已是一个不争的事实。政府间气候变化专门委员会(Intergovernmental Panel on Climate Change，IPCC)第四次评估报告指出，在过去100年（1906—2005年）中，全球地表温度升高0.74摄氏度，全球变暖幅度自1990年以来明显增速。以温度升高为主要特征的气候变化将继续对自然生态系统和人类社会经济系统产生重大影响。

据政府间气候变化专门委员会第四次评估报告预计，21世纪上半叶全球的温室气体减排进程将会有所加快，但排放总量仍将保持增长的趋势。如果没有能源政策的重大调整，化石燃料占80%的全球能源结构将可能维持到2025—2030年，2030年的全球温室气体排放将可能比2000年增加40%～110%，其中2/3至3/4的排放增长将可能来自发展中国家。据国际能源署预测，在不同情景下，2050年经济合作与发展组织（OECD）的二氧化碳排放量将比2003年下降32%～70%，发展中国家的二氧化碳排放量将比2000年增加65%～250%。

从当前温室气体产生的原因来看，二氧化碳排放与能源结构、消费量及能源效率等密切相关，控制气候变化及其影响的主要途径是在全球范围内采取积极有效的措施，制定适当的能源可持续发展战略，逐步稳定和削减排放量，减缓全球性的气候变暖。近年来，由能源消费引起的气候变化问题越来越成为社会关注的一个焦点。

二、气候变化与能源利用的关系

全球变暖是当前气候变化研究的主要方面，引起全球气候变化的原因主要包括自然因素和人为因素。但越来越强有力的科学证据表明，最近50年的全球气候变化主要是由人类活动造成的。

人类活动的不断深入是导致气候变化问题的最主要原因之一。许多学者的研究表明，气候变暖的根本原因是人类对化石能源的过度开发利用。化石能源的利用会产生包括二氧化碳、氮氧化物、甲烷等温室气体，温室气体具有吸热和隔热的功能，大气中不断聚集的温室气体会形成一种无形的玻璃罩，使太阳辐射到地球上的热量无法向外层空间发散，从而产生"温室效应"。

政府间气候变化专门委员会第三次评估报告认为，近百年全球气候变化是由人类活动引起的温室气体增加和自然气候波动共同引起的，近50年观测到的大部分增暖可能是由人类活动排放的温室气体浓度增加引起。2007年政府间气候变化专门委员会第四次评估报告认为2001年TAR的结论的可信度达到了90%。

2014年11月在丹麦首都哥本哈根发布的政府间气候变化专门委员会第五次评估报告的《综合报告》给出了以下三个结论：①人类对气候系统的影响是明显的；②人类对气候的干扰越大，面临的风险就越高，受到的影响也更加广泛和不可逆；③可以采取措施限制气候变化，建立一个更加繁荣、可持续的未来。这三个结论均说明人类活动在气候变化问题上的重要影响,同时解决气候变化问题也需要全人类的共同努力。

第二节 典型经济体的气候变化历程及预测

为详细了解各经济体在历史碳排放和责任承担的差异,本节选取部分典型国家,深入探索其碳排放历史以及未来排放趋势。

一、美国碳排放与能源利用

美国是全球最发达的国家之一,同时也是一个碳排放大国,回顾美国历史进程,其碳排放量长期高于全球大部分国家。根据国际能源署对美国能源消费类碳排放的统计,自1990年以来,二氧化碳排放量呈现出小幅度的上升,直到2007年才开始波动下降,但其排放量依然达到了4742兆吨,而在煤炭、石油、天然气三大排放源中,石油消费排放量最高,达到了1981兆吨,占比为41.77%。

根据美国政府能源消费统计数据,美国荣鼎咨询公司(Rhodium Group)初步估算了2018年美国与能源消费相关的二氧化碳排放量。估算结果显示,相比于2017年,2018年与能源消费相关的二氧化碳排放量显著增加,增长率达到了3.4%,超过了自2010年以来历年的增幅。

研究分析称,首先,虽然美国在2018年关闭了较多燃煤发电厂,且发电燃料多由天然气取代,而天然气排放的温室气体少于煤炭,但2018年美国电力需求大幅增长依然造成碳排放的大量增加。其次,排放量的增加可能与2018年寒冷天气导致的天然气供暖需求、货物运输和航空业燃油增加有关。此外,交通运输部门消耗的燃料已连续第三年成为美国最大的二氧化碳排放源。但2018年美国碳排放增长发生在清洁能源和气候政策制定中最常被忽视的两个领域:建筑和工业。该研究估计,住宅和商业建筑的直接排放量在2018年增加了10%,达到2004年以来的最高水平;而工业部门2018年的排放量增幅最大,为5500万吨。

美国居高不下的碳排放量可能是多方面的因素带来的,如经济发展、能源结构及政治体制等。

首先是经济发展。作为发达国家,其工业发展历史长,能源消费起步较早,虽然目前经济发展速度有所降低,但是经济体量大、能耗大,导致二氧化碳排放量多于其他国家。此外,金融危机对美国超前消费模式造成了一定冲击,美国国内回归"储蓄社会"和"理性消费"的呼声较高,但美国物质消费总量仍很大,居民、交通、建筑用能排放量依然较大。

其次是能源结构。在美国,煤炭、石油等排碳量大的能源资源储量大,在能源消费过程中也排放了大量的二氧化碳。同时,美国石油公司和汽车公司掌控着国家输油管道和加油站体系,受经济利润的驱使,排放很难降低。因此,综合考虑其资源储备、基础设施条件、产业结构、消费模式、利益集团博弈及国内政治格局,美国节能减排仍面临很多阻力。

最后是政治体制。美国独特的政治体制决定了联邦政府很难在应对气候变化中有大的作为。力度大的减排目标和方案,一旦进入国内立法程序,难以突破石油、电力等寡头企业以及钢铁、汽车等行业利益集团设置的重重阻挠,这也是导致《美国清洁能源法案》难产、国家层面全局性综合性减排方案缺失的重要原因。

二、欧盟碳排放历程

欧盟与美国的情况类似,成员国大都属于发达国家,在早期工业化中积累了大量的碳排放,因此碳排放基数较大。

但欧盟许多国家较早地意识到了大量的碳排放对于大气环境的恶劣影响,纷纷采取了各类减碳措施,如碳税、碳配额、碳排放权交易等。欧盟委员会在2011年提出了《2050年迈向有竞争力的低碳经济路线图》,确定了欧盟2050年温室气体排放目标,在2014年1月提出了《2030年气候与能源政策框架》,确定了"到2030年温室气体排放量在1990年的基础上至少减少40%,可再生能源至少占能源使用总量的27%,能源效率至少提高27%"的目标。这一举措旨在进一步推进欧盟的低碳经济发展、实现绿色增长来增强自身竞争力,同时通过减少化石能源进口依赖来保证欧盟的能源安全。

在整个减排计划中,最重要的实现路径就是提高可再生能源占比。可再生能源的发展将在欧盟能源体系向着更具有竞争力、安全和可持续方向的变革过程中发挥关键作用。一些国家(如法国)开始放弃煤炭、石油等高污染发电项目,转而进行核电开发和利用,或者如荷兰开发风能等清洁能源,这极大地降低了因能源消费而引起的碳排放。

自2006年开始,欧盟成员国的二氧化碳排放总量逐年递减。欧盟统计局(Eurostat)的数据显示,2017年排放的二氧化碳总量为3144兆吨,而2018年的排放量为3065兆吨,与2017年相比,下降了2.5%。其中,排放量下降前三的国家是葡萄牙(-9.0%)、保加利亚(-8.1%)和爱尔兰(-6.8%),但也有部分国家碳排放量依然上升,如拉脱维亚(+8.5%)、马耳他(+6.7%)等。

在2019年,受欧洲碳市场监管,整个欧盟的温室气体排放量依然保持下降,降幅达到了8.7%,其中电力行业的排放大幅下降。风能和太阳能等可再生能源发电在2019年明显增加,使得电力行业排放量减少了15%。而因化石燃料燃烧(主要是石油和石油产品、煤炭、泥炭和天然气)排放的二氧化碳则平均减少了4.3%。但在2019年,航空业的二氧化碳排放量为6814万吨,同比增加了1%。综合来看,航空业排放的小幅增长没有抵消发电行业和工业排放的下降趋势。

三、日本碳排放历程

日本作为一个能源极度匮乏的国家，其能源消费的一部分依赖大量的能源进口，另一部分则来自本国的核电产业，因此碳排放也主要来自这两个方面。在 2009 年前日本能源消费所排放的二氧化碳保持在 10 亿吨以上。自 2011 年日本福岛电事故发生后，日本逐步关闭了多座核电站，并重新开始使用化石能源发电，这使得该国碳排放量出现骤然上涨，并在 2013 年前后达到高峰，为 14.08 亿吨。

但严重的用电短缺问题成了经济发展的掣肘，日本的对外贸易也出现了长期赤字。为了发展与推动核电技术出口，日本政府在 2014 年确定了新的《能源基本计划》，将核电定位为"重要的基本负荷电源"，明确在安全的条件下推进核电站重启的方针。为保障日本国内能源安全供应，降低能源进口和核能在能源结构中的重要性，同时为快速达到在《巴黎协定》中制定的"在 2030 年减少 26%的碳排放（与 2013 年的排放量相比）"的目标，日本政府在 2017 年 12 月发布了"氢能基本战略"，提出氢能应用战略步骤和目标，确定到 2030 年构建国际氢能供应链，实现平价化石燃料的脱碳制氢和可再生能源制氢。

随着核反应堆的逐步运行，以及日本国内"氢能基本战略"的发展，日本能源消费排放的二氧化碳在逐步降低。截至 2017 年，日本二氧化碳排放总量为 12.92 亿吨。而据日本政府公布的数据显示，在 2018 年 4 月至 2019 年 3 月期间，得益于可再生能源以及核电应用范围的进一步推广，2018 年日本温室气体年排放量减少 5100 万吨，降幅约为 3.9%，创下自 1990 年以来的新低。而 2020 年日本与能源相关的二氧化碳排放量下降至 10.27 亿吨，降幅为 8.4%，这也是近十年来的最低水平。

近年来，逐步恢复运行的反应堆导致核电发电量增加了 40%，电力部门的排放量下降幅度最大，这也是日本碳排放下降的主要原因。在未来随着核能和氢能技术的进一步推进，日本与能源相关的碳排放量将会进一步降低。

第三节　气候变化的能源战略转型

日益严峻的碳排放和温室气体效应已经引起了许多国家政府和国际机构的关注。1992 年，国际社会首次对气候变化做出政治回应，通过了《联合国气候变化框架公约》（United Nations Framework Convention on Climate Change，UNFCCC）。1997 年 12 月在日本京都，参加第三次缔约方会议（conference of the parties，COP）的代表们达成了 UNFCCC 的补充协议，即《京都议定书》，承诺工业化国家与向市场经济过渡的国家联手，实现温室气体减排目标。在这之后，各国也纷纷根据自身能源发展情况制定了多样化的减排措施和能源转型战略。基于此，本节的主要内容包括：能源战略转型的过程、影响因素和典型的能源战略转型方式。

一、能源战略转型的内涵

（一）能源战略转型的历史发展

从历史上来看，全球经历了三次较大规模的能源战略转型。

第一次发生在 19 世纪欧洲，工业化使得能源供应开始从传统生物燃料向煤炭转型；第二次发生在 20 世纪 70 年代石油危机后，各国对能源供应的安全性有了新认识，由此刺激了能源由石油向稳定供应的天然气和核能转型；第三次则是进入 21 世纪以来，严重的气候变化问题和减排国际责任迫使各国进行能源战略转型，绿色可持续发展取得各国共识，对清洁能源的需求开始逐渐增长，这一需求的转变在客观上促进了低碳化发展。因此，基于气候变化的能源战略转型可以被认为是能源"低碳"化转型。

能源低碳化转型在不同的国家有不同的表现形式，例如：对于大量使用化石燃料的国家，能源低碳化转型表现为减少化石燃料的使用、增加清洁能源利用；而对于实际减排成本较大的国家，则表现为积极参与碳排放交易，购买二氧化碳排放权；对于减排成本高、资金不充裕、碳减排空间较小的国家，表现为积极参与清洁能源发展机制，以创造更多的碳汇，来抵消过多的碳排放。此外综合式的能源利用方式如分布式能源系统也有助于提高能源使用效率，间接降低二氧化碳的单位能耗排放。由此可见，基于气候变化的能源战略转型已不再局限于能源领域，还会影响社会生活的其他领域。

（二）能源战略转型步骤

深入了解全球气候变化是进行应对气候变化的能源战略转型的基础。各国政府早期没有清晰地认识和了解能源战略对气候变化的影响，导致在能源战略制定和能源使用时没有考虑可能带来的环境问题，如今只能基于全球气候变化的现状来倒逼能源战略转型。能源战略转型一般分为以下三个步骤。

1. 基于气候变化倒逼的能源战略转型需要深刻认识气候变化的影响

气候变化并非一个国家或者一个地区的问题，而是全球的问题。但对于不同国家而言，造成的影响却各不相同。如气候变化带来的海平面上升会严重影响沿海国家及岛国，但对内陆国家的影响较小；气候变化会给动植物资源丰富的国家的生态环境造成威胁，但对资源贫瘠的国家影响较小。受影响程度更大的国家更有动力去进行能源战略转型。

2. 需要明确不同国家对于气候变化所需承担的责任划分

为了解决气候变化问题，各国及各国际组织多次举行国际会议和磋商，却进展缓慢。减排责任的划分不仅要基于目前的碳排放量，还要考虑历史碳排放情况，但由于不同国家的发展阶段差异较大，历史碳排放量差异也较大，因此如何划分减排责任来保证公平和效率问题就显得至关重要。

3. 基于所需承担的减排和控排责任来调整现行的能源战略

各国需要根据不同的减排责任程度对能源战略进行相应的调整。承担较小的减排责任可能只需要在重污染行业进行控排，而减排责任较大时，就需要不仅在生产层面，还在消费层面，如人们的日常生活和出行方面进行控排。

二、能源战略转型的影响因素

影响能源战略转型的因素主要有以下三方面。

（一）气候变化的严重程度

对于受到气候变化影响严重的国家而言，其进行能源战略转型同时督促其他国家承担排放责任的意愿更强烈，因此更愿意也更积极地进行能源战略转型，如日本和西欧各国。但气候变化是全球性问题，不同国家由于所处的地理位置差异，受到气候变化的影响不同，但这种影响并非完全是由自身排放造成的，可能是其他国家排放责任转嫁的后果，这就导致了严重的外部性问题。气候变化的严重程度和外部性大小直接影响了能源战略转型的力度、形式和结果。

（二）所需承担的减排责任大小

在确定一国承担的减排责任大小时，需要公平与效率并重。一国在气候变化过程中所需承担的减排责任大小一方面是由温室气体排放量决定的，包括历史排放量和未来排放量，这是战略转型的公平性层面；另一方面则需要考虑减排的能力潜力，减排潜力大小是考量能源战略转型难度的一个重要方式，也是决定能源战略转型成本的一个重要因素，这是战略转型的效率性层面。

但必须注意的是，公平性和效率性很难同时满足。排放量大的国家可能减排的潜力很小，从而造成很大的减排成本，如部分发展中国家和不发达国家，而一些采取高效减排措施的国家排放量很小，但减排潜力较大，如欧洲一些国家，这意味着一定的减排责任交易和转移机制或许能保证一国在公平地承担自身减排责任的同时，提高减排的效率。

专栏　低碳和减排责任划分

（三）本国能源产业结构和国情

完善的能源战略转型方式能够有效缓解气候变化的恶劣影响，如何进行能源战略转型是需要仔细制定和规划的。能源战略转型需要以本国自身能源产业发展现状和发展潜力为基础，以节能减排为目标，同时兼顾维护本国能源供给方式、消费方式等能源战略责任，制定合适的能源战略转型方式，来适应气候变化和承担相应的国际责任。

三、典型能源战略转型方式

在气候变化和减排的国际大背景下，伴随新一代全球范围内的信息产业革命，能源的低碳化、多元化是大势所趋，因此未来能源生产和消费必须基于这一大背景来进行转型。解决能源环境问题需要市场机制和政府调控，推行基于市场机制的能源和环境规制政策，同时发挥传统行政命令式节能减排政策的优势，保障国家和地区发展战略的持续推进。目前能源战略转型的方式有许多种，以下介绍几种重要的方式。

（一）消费端——能效标识战略

1. 能效标识战略

能源利用效率的提高包含两个层面：第一是提高能源使用技术，在单位产值下使用更少的能源，排放更少的碳；第二是将能源利用到高产值及高附加值的产业链中，提高单位能源使用的产出。这两个层面的减碳措施都依赖能源利用效率的提高。

能效标识制度的实施，有利于减缓工业设备、交通运输、家用设备等的能源消耗增长势头，减少温室气体排放，可以带来明显的经济发展，促进用能产品能效质量的提升，加快推进节能技术进步，增强产品能效水平，积极推进节能减排，具有巨大的环境和社会经济效益。

2. 主要国家及地区经验

提高能源利用效率是一种直接且传统的能源战略转型方式，各个国家和地区也都积极探索提高能效的方法。其中一大重要措施是制定并在产品上标注能效标准，这一措施主要运用于建筑和电器设备领域。如美国早期启动的"能源之星"计划、英国的《居住建筑能效标识标准评估程序》(The Government's Standard Assessment Procedure for Energy Rating of Dwellings，SAP)、欧盟实施的《建筑能效指令 2002/91/EC》及日本颁布的《关于能源使用合理化的法律》等，这种方式不仅要求相关产业对产品的能耗和能效有一定的认识，还帮助消费者了解和选择适合自己的产品，同时促进了各大厂商对低能耗、高能效产品的研制。

世界主要国家及地区均实行了能效标识战略，但在许多方面也存在一些差异，详细比较如表 8-1 所示。可以发现，各国基于商品标识和为消费者提供能耗信息的初衷，设置了不同形式的能效标识战略，也形成了本国特色的能耗商品分类标准。

3. 我国的应用

我国最早的能效标识从 2005 年 3 月 1 日开始执行，当时所涉及的产品只有冰箱和空调。后来，陆续加入洗衣机、电热水器、电磁炉、电饭锅、平板电脑和微波炉等产品。有的产品的能效标识如冰箱等，历经几代变革，能效等级的要求也在不断提高。产品做出能效标识不仅能为用户和消费者的购买决策提供必要的信息，以引导和帮助消费者选择高能效节能产品，还能促进生产者加强节能管理，推动节能技术进步，提高能源效率。

表 8-1 世界主要国家及地区能效标识战略对比

国家及地区	能效标识名称	性质	覆盖范围	管理模式	相同点	特点	备注
美国	能源之星计划	自愿性	商业办公设备、家用电器、照明、房屋建材产品	采用保证标识	四者均实施标识制度，表明符合标准	不存在等级制度、实施严格	市场通行证、能效最高标杆
欧盟	欧盟EuP/ErP指令	自愿性	ErP 是在 EuP 的基础上将产品从直接用能扩展到间接用能	框架式"实施措施"指令，分级比较标识		实施等级制度、转向产品生态设计、实施严格	
加拿大	加拿大能效标签EnerGuide	强制性	家用电器、电气办公设备、住宅门窗设备、外部电源	采用比较标识		覆盖范围广	
中国	中国能效标识	强制性	工业商用设备、家用照明器具、交通运输及电子信息通信产品	按批次分步骤实行能效比较标识		实施等级制度、实施成本低、与国外能效标识基本接轨	能效水平较低于其他国家标准
其他	加拿大、日本、澳大利亚、新西兰等国家也被授权"能源之星"的认证						

能效标识制度是我国终端用能领域重要和基础性的节能减排管理制度。目前，我国的能效主要分为五个等级，等级 1 为最高能效，等级 5 为最低能效。清晰且明确的能效标识制度不仅可以使消费者获得耗电量信息，选购适合的产品，还能带动企业生产高能效水平的产品，促进产品节能更新换代。此外，统一的节能评价尺度还能保护节能企业的积极性，规范市场竞争，有助于全国范围内节能产品的更新换代。

2020 年 4 月，为加强节能管理，推动节能技术进步，提高用能产品能源效率，国家发展改革委、市场监督管理总局根据《能源效率标识管理办法》规定，组织修订了《中华人民共和国实行能源效率标识的产品目录（第十五批）》及相关实施规则，更新了 8 类产品能源效率标识实施规则的实施日期。能效标识的修订为夯实相关领域节能减排工作、推动行业高质量发展、促进绿色消费提供重要抓手，对相关制冷能效、市场占有率和节能目标的实现起到重要支撑作用。

（二）生产端清洁能源使用战略

不同于传统能源，清洁能源在使用过程中二氧化碳排放较少甚至不排放。在减排的大环境下，寻找和使用清洁能源是最直接的减排方法。开发利用核能、氢能、生物质能等的清洁能源资源符合能源发展的轨迹，对建立可持续的能源利用系统、促进国民经济发展和环境保护发挥着重大作用。此外，大力发展清洁能源可以逐步改变传统能源消费结构，减小对能源进口的依赖度，提高能源安全性，减少温室气体排放，是能源转型的重要战略。

1. 核能

核能是指核反应中原子核所释放的能量，不同于传统化石燃料，核能的原料丰富，其利用不消耗氧气，也不产生二氧化碳，是高效、经济和清洁的燃料之一，因此在能源紧缺和碳减排的大背景下，核能被越来越多的国家重视，代表性国家之一就是法国。

从能源领域来看，能源安全问题逐步成为经济社会诸多领域发展的制约，甚至被当作国际政治博弈的筹码。法国对可再生能源的重视既是保障国家能源安全的需求，也是顺应世界发展趋势，通过气候外交增加国家影响力的重要手段之一。法国能源资源匮乏，第一次石油危机之后大力发展核能，目前已成为全球范围内核电占比最高的国家，核能有力支撑了法国经济社会的发展。

进入 21 世纪，在降低对核能过度依赖、与欧盟能源战略保持一致、争夺应对全球气候变化领导力等因素影响下，法国能源战略在保持核能基础性地位的同时，积极推进向可再生能源方向转型，这一转型不可避免地带来能源供应安全和消费者用能成本上升等问题。此外，法国的能源政策也从核电一枝独秀向以核电为主、同时注重可再生能源发展逐渐转型。2007 年，法国召开了环境协商大会，将可再生能源与建筑节能作为未来两大能源重点。2010 年，法国政府向欧盟委员会（European Commission）提交了"可再生能源全国行动计划"，明确了国内各部门和行业的具体措施和行动计划。2018 年年底，法国总统马克龙宣布，力求在 2030 年前，将风力发电扩增 2 倍，将太阳能发电扩增 5 倍，在 2035 年前将核电占总发电量的比重降至 50%。但核能依然是维持法国能源需求的一大重要来源。

2. 氢能

氢能是氢在物理与化学变化过程中释放的能量。由于氢能的燃烧产物为水，并不产生任何温室气体，且水可以重复循环使用，因此氢能是清洁安全的能源之一，氢能的利用能够有效地解决能源使用的二氧化碳排放问题。

20 世纪 90 年代中期以来多种因素的汇合增加了氢能经济的吸引力。这些因素包括：持久的城市空气污染、对较低或零废气排放的交通工具的需求、减少对外国石油进口的依赖、二氧化碳排放和全球气候变化、储存可再生电能供应的需求等。氢能作为一种清洁、高效、安全、可持续的新能源，被视为 21 世纪最具发展潜力的清洁能源，是人类的战略能源发展方向。

据国际氢能委员会（Hydrogen Council）预计，到 2050 年，氢能可以满足全球 18% 的能源需求，创造超过 2.5 万亿美元的市场规模，减少 60 亿吨二氧化碳排放，同时可以为 3000 多万人创造就业机会。世界多国政府对氢能研发及应用给予了极大重视，德国、日本、美国等国均出台相应政策，将发展氢能产业提升到国家能源战略高度，大力推进氢能产业链布局与技术创新[1]。以下以德国"氢能战略"为例进行介绍。

2004年，德国政府牵头成立了国家氢能与燃料电池技术组织（Nationale Organisation Wassertoff-und Brennstoffzellente Chnilogie-Gmbh，NOW Gmbh），以支持氢能经济的初期发展。该组织的管理层由来自德国联邦交通和数字基础设施部（Bundesministerium für Verkehr und Digitale Infrastruktur，BMVI）等多个部门的人员组成。2007年，德国推出了第一个氢和燃料电池技术国家创新计划（National Innovation Program Hydrogen and Fuel cell Technology，NIP），用以资助相关技术研发。截至2016年，NIP计划总共投资14亿欧元。2015年，法国液化空气集团、戴姆勒、林德、OMV、壳牌和道达尔等企业联合组建H2 Mobility联盟，以社会产业资本的身份与NOW Gmbh一同支持德国氢能产业发展。

除了NIP计划，NOW Gmbh也为当地电动物流企业和德国电动车充电设施协调拨款计划，支持联邦政府交通和燃料战略，促进交通领域能源过渡。BMVI还在2022年之前提供5270万欧元的资金支持，用于铁路运输的可持续驱动。2018年，德国新增26座公共加氢站投入运营，截至2018年年底，德国共有60座公共加氢站在运。

2020年6月，德国内阁通过《国家氢能战略》，组建国家氢能委员会。氢能对于德国核心部门（如钢铁和化学工业）以及交通运输部门的脱碳至关重要，未来，氢能技术研发可以发展成为德国出口的核心业务领域。

3. 生物质能

所谓生物质能（biomass energy），就是太阳能以化学能形式储存在生物质中的能量形式，即以生物质为载体的能量。它直接或间接地来源于绿色植物的光合作用，可转化为常规的固态、液态和气态燃料，取之不尽、用之不竭，是一种可再生能源，同时也是唯一一种可再生的碳源。此外，生物质作为燃料时，其吸收与排放的二氧化碳数量相当，因而对大气的二氧化碳净排放量近似于零，可有效地减轻温室效应。

全球经济合作与发展组织发布的《面向2030生物经济施政纲领》战略报告预计，2030年全球将有大约35%的化学品和其他工业产品来自生物制造；生物质能源已成为位居全球第一的可再生能源，美国规划到2030年生物质能源占运输燃料的30%，瑞典、芬兰等国规划到2040年前后生物质燃料完全替代石油基车用燃料（Berndes等，2003；马隆龙等，2019）。

利用生物质能的代表性国家之一是巴西。巴西是拉美地区面积最大、人口最多、经济最发达的国家。然而巴西的煤炭、石油等能源比较贫乏，对外依存度较高，其中有60%的煤炭和50%的石油需要从国外进口。为提高国内能源供给，20世纪70年代，巴西开始利用甘蔗为原料生产乙醇燃料，其乙醇燃料生产技术及应用水平现已位居世

---

[1] http://chuneng.bjx.com.cn/news/20190619/987254.shtml.

界首位。除了用甘蔗生产乙醇燃料技术之外,其他的生物质开发利用技术也发展很快,2012年巴伊亚州建成了单机为25兆瓦的薪炭林生物质发电站。

巴西政府成立了专门的农业生物质能源发展管理机构,负责制定相关政策及措施,并积极协调各个部门的工作。2003年巴西成立了由农业部、能源部及商业部牵头的生物质能源委员会,该机构负责管理全国生物质能源研发技术及相关产业生产布局,同时在各州成立分中心,负责各州具体事务。2008年巴西联邦政府又出台了《巴西生产与使用生物柴油计划发展方案》,明确了生物柴油的发展目标及具体发展规划。在国际碳减排的大背景下,为了降低国内二氧化碳排放量,2011年巴西联邦议会颁布了《巴西生物质能源开发法》,该法令将生物质能技术开发与产业发展作为巴西社会可持续发展的重要战略,并将生物质能开发利用与消除贫困、开发农村结合起来,在发展生物质能过程中,促进巴西地区经济的发展。

(三)减排新路径——碳交易

二氧化碳排放的全球性使得各国逐渐意识到,仅凭一己之力难以有效缓解日益严重的气候变化问题。1992年联合国政府间气候变化专门委员会通过艰难谈判,于5月9日通过了《联合国气候变化框架公约》(UNFCCC,简称《公约》)。1997年12月于日本京都通过了《公约》的第一个附加协议,即《京都议定书》(简称《议定书》)。《议定书》把市场机制作为解决以二氧化碳为代表的温室气体减排问题的新路径,即把二氧化碳排放权作为一种商品,通过构建二氧化碳排放权的交易市场来控制全球碳排放量。

碳排放交易,是指运用市场经济来促进环境保护的重要机制,允许企业在不突破碳排放交易规定排放量的前提下,用这些减少的碳排放量,使用或交易企业内部以及国内外的能源。碳排放交易体系划定了在一段时间内二氧化碳排放的总量限额,这在理论上限定了排放上限,即将减排量作为发展目标,直接实现碳减排。

目前,在推动碳排放交易方面,欧盟走在世界前列。欧盟排放交易体系(European Union Emission Trading Scheme,EU ETS),是世界上第一个多国参与的排放交易体系,也是欧盟为了实现《京都议定书》确立的二氧化碳减排的目标,而于2005年建立的气候政策体系。

国家分配方案(NAP)是各成员国和欧盟整体排放总量控制目标的体现,是EVETS的核心。通过规定碳排放总量上限和被覆盖的排放实体和国家名单,实现了每个排放实体和国家年度排放许可配额的分配。2018年4月,欧盟碳市场交易价格已经达到了12欧元/吨,随着市场预期的稳定储备机制(market stability reserre MSR)到位,未来碳价将会进一步增长。

除了欧盟排放交易体系外,目前英国的英国碳排放权交易体系(UK Emission Trading Group,ETG)、美国的芝加哥气候交易所(Chicago Climate Exchange,CCX)、澳大利亚的澳大利亚国家信托(National Trust of Australia,NSW)等均开始开展碳排放交易业务。2010年世界上第一个城市级的强制排放交易体系东京都排出量取引制度（Tokyo Cap-and-Trade Program，TCTP）在日本东京构建，TCTP被视为日本城市排放交易体系的先行者和试验区。

2013年6月18日，我国首个碳排放权交易平台在深圳启动，标志着中国碳交易市场建设迈出了关键性一步。此后，北京、天津、上海、广东、湖北、重庆等省市先后启动了碳排放权交易试点。

（四）分布式能源使用战略

所谓分布式能源（distributed energy resources），是指分布在用户端的能源综合利用系统，是根据终端能源利用效率最优化确定规模，以资源、环境效益最大化确定方式和容量的系统。一次能源以气体燃料为主，可再生能源为辅；二次能源以分布在用户端的热电冷（值）联产为主，其他中央能源供应系统为辅，实现以直接满足用户多种需求的能源梯级利用，并通过中央能源供应系统提供支持和补充。

使用分布式能源不仅能减少长距离输送能源的损失，提高能源利用效率，还能将部分污染分散化、资源化，有效减少二氧化碳的排放。分布式能源采用先进的能源转换技术，分散化的排放更有利于周边植被的吸收。此外，分布式能源利用排放量小、排放密度低的优势，可以将主要排放物实现资源化再利用，如排放气体肥料化。同时，依赖于以能源服务公司为主体的能源社会化服务体系，分布式能源能够实现运行管理的专业化，以保障各能源系统的安全可靠运行。

发达国家分布式能源发展迅猛。政府通过规划引领、技术支持、政策优惠以及建立合理的价格机制和统一的并网标准，有效地推动分布式能源的发展，分布式能源系统在整个能源系统中占比不断提高，其中欧盟分布式能源占比约达10%。许多国家将分布式能源发展作为能源战略转型的重点，例如，美国将"分布式热电联产系统"的发展列为了长远发展规划，日本也在《能源总体规划设计》中阐述了发展、普及使用分布式能源燃料电池、热电联产的发展目标。

我国分布式能源起步较晚，主要集中在北京、上海、广州等大城市，安装地点为医院、宾馆、写字楼和大学城等，由于技术、标准、利益、法规等方面的问题，主要采用"不并网"或"并网不上网"的方式运行。分布式能源因其具有能源利用效率高、环境负面影响小，提高能源供应可靠性和经济效益好的特点，成为未来世界能源技术的重要发展方向。

第四节　世界和中国的气候变化战略展望

应对气候变化的核心是减少温室气体排放，特别是要减少能源消费的二氧化碳排放，全球已达成了绿色低碳发展的普遍共识，同时也开展了应对气候变化的各项合作。

一、世界气候变化战略展望

（一）坚持绿色低碳转型大方向

绿色低碳转型发展是各国必然遇到的阶段性问题，以欧盟和美国为代表的地区和国家以低碳创新为动力，以低碳技术和标准为抓手推动绿色低碳转型。随着《巴黎协定》的生效，国际社会在应对气候变化问题方面重新树立了希望。虽然特朗普政府宣布要退出协定给国际气候变化谈判蒙上了一层阴影，但是从 2017 年波恩气候大会来看，美国政府的缺失被法国、中国，以及美国各州政府填补，国际社会绿色低碳发展的主流依然强劲。

2017 年 11 月 23 日，欧委会发布 Third Report on the State of the Energy Union（《第三个能源联盟现状报告》），认为欧洲向低碳社会的转型正成为现实。为使清洁、互联和竞争的欧洲流动性体系成为现实，欧盟 2014—2020 年在"凝聚力政策基金"投资近 700 亿欧元，支持欧洲城市和地区建设基础设施、设备和汽车。

对于美国而言，特朗普上任后，联邦层面采取否定气候变化，阻碍有利于应对气候变化的行动，但是应对气候变化、承担减排义务的动力在美国国内依然强劲。截至 2017 年年底，经济总和占美国一半以上的州及城市已宣布支持《巴黎协定》。1300 多家企业（市值超 25 万亿美元）、500 多所大学自愿接受美国政府提交给联合国的温室气体减排目标，其中 21 家制定了自己的减排目标，另外 35 家也承诺采取气候行动，包括火星、奥多比系统、通用磨坊、辉瑞和沃尔玛等著名公司。

（二）推进国际合作大趋势

未来，国际合作也是推动气候变化行动的重要力量。应对气候变化被联合国纳入可持续发展 17 个目标之一，同时 2011 年在德班气候大会通过决议启动绿色气候基金（Green Climate Fund，GCF），用于长期帮助发展中国家应对气候变化。此外，其他国际合作形式，如发展中国家之间的"南南合作"和二十国集团（Group of 20，G20）的成立都推进了国际气候合作。

从 20 世纪开始，发展中国家在南南经济合作的基础上开始了南南环境合作的探索。2017 年 11 月 15 日，中国国家发展改革委和联合国南南合作办公室主办了应对气候变化南南合作高级别论坛，讨论了南部国家的气候行动，同时维持和动员成员国和利益国的南南合作和三边合作。南南合作机制在一定程度上增加了发展中国家在国际上获得资金、技术及政治支持的机会。

二十国集团人口占世界 67%，国土面积占世界 60%，国内生产总值占世界 90%，贸易额占世界 80%，是全球主要经济体合作的平台之一。2008 年二十国集团会议首次讨论气候变化问题，2017 年德国二十国集团正式成立可持续发展工作组（由能源组和气候组构成）。2018 年在阿根廷首都布宜诺斯艾利斯召开的二十国集团峰会，为公平和可持续发展达成了共识，紧急采取共同行动，为气候变化负起责任。

总体来说，未来更加深入的国际合作为主要经济体提供了交流的平台，提高了国际影响力，在应对气候变化时最有可能采取一致而有效行动。

（三）扩大产业协会影响力

产业协会的政策、规则和标准能够极大促进产业节能减碳、技术创新乃至产业革命。产业协会的出现推动了各种高耗能高排放产业的转型升级，针对气候变化问题，全球各大产业协会也积极推进行业减排战略的实施和目标的完成[①]。例如，油气行业气候倡议组织（Oil and Gas Climate Initiative，OGCI）的使命是利用集体资源，减轻石油和天然气行业在运行和使用其产品时的温室气体排放，同时满足世界能源需求。国际民用航空组织（International Civil Aviation Organization，ICAO）在成员国第39届大会上，决定实施"国际航空碳抵消和减排计划（carbon offsetting and reduction scheme for international aviation，CORSIA）"。联合国专门负责制定国际航运的安全、安保和环境绩效全球标准的机构——海事组织（International Maritime Organization，IMO）一在2016年第70次会议（MEPC70）上批准了"制定IMO减少船舶温室气体排放量的综合战略的路线图"，在2018年采用温室气体减排战略。

二、中国气候变化战略展望

能源利用低碳化和结构多元化是能源战略转型的发展方向，也是气候变化战略转型的核心问题，更是国民经济宏观战略朝向可持续发展方向的理性选择。未来中国或可在调整能源供给和消费结构方面，探索气候变化的能源战略转型。

（一）加大能源利用低碳化转型力度

中国加大能源低碳化转型的力度。我国水电开发将在2030年基本完毕，包括抽水蓄能在内的装机将超过5亿千瓦。增大非化石能源比重，主要再增加风电、太阳能发电和核电供应，其中，风电和太阳能发电要比原先规划各自增加约2亿千瓦，核电要增加2000万～3000万千瓦。因此到2030年，水电、风电、太阳能发电运行的装机容量均要达到5亿千瓦左右，核电要达到1.5亿千瓦左右。

当前经济新常态下能源和经济的低碳转型加速，能源消费和二氧化碳排放增长变缓，当二氧化碳排放达峰之后，能源需求还会持续增长，在用新能源和可再生能源的增长满足新增总能源需求的同时，还需进一步取代煤炭消费的存量，使得化石能源消费量不再增加。

能源低碳化发展是一个系统性工程，在宽松标准情景下，我国未来碳排放强度虽会进一步下降，但比较缓慢。政府应进一步综合施策，多方共同推进：既要降低能源消费总量，又要在能源消费和生产结构上向非化石能源转变；既要积极推动能源生产和消费革命，又要积极研发并加快各项低碳化技术的推广应用。

---

① 资料来源：全球应对气候变化行动趋势与国际合作机制研究 https://www.sohu.com/a/307716821_390534。

（二）持续推进供给侧结构性改革

中国积极推动能源生产和消费革命，节约能源和促进能源结构的低碳化，这不仅是贯彻节约资源、保护环境的基本国策，还是国内可持续发展的内在需要，同时也是减排温室气体，为全球应对气候变化体现大国责任担当的战略选择。"十一五"以来，每个五年规划都制定降低 GDP 能源强度和二氧化碳强度的约束性指标。到 2017 年年底，中国单位 GDP 二氧化碳排放已比 2005 年下降 45%。相比我国 2009 年在哥本哈根气候大会上提出的到 2020 年比 2005 年下降 40%～45% 的国际承诺，中国已经提前三年实现了这个目标。

当前，中国水电、风电、太阳能发电规模已居世界第一。包括核能在内，每年新增的容量、在建的规模和新增投资都在世界上处于领先地位，并且引领了全球能源变革的进程。中国在《巴黎协定》之前就提出了国家自主减排的承诺，即到 2030 年单位 GDP 二氧化碳强度比 2005 年下降 60%～65%、非化石能源比重提升到 20% 左右。我国有力度的自主贡献目标引领了世界应对气候变化的进程。当前全球应对气候变化的国际合作虽然已经做出了很大努力，但是距离实现人类应对气候变化的目标仍然面临严峻挑战。

到 2035 年后，我国进入社会主义现代化建设的第二阶段，要建成社会主义现代化强国，综合国力和国际竞争力要处于世界领先地位，同时也需要承担与现代化强国相称的国际责任。要实现全球控制温升 2℃ 以下的目标，到 2050 年全球人均二氧化碳排放将低于 2 吨，我国也需相应制定长期低碳排放战略，为保护地球生态安全做出中国的贡献。在 2035 年之后，中国二氧化碳的排放量必须保持快速下降的趋势，这对于新能源和可再生能源，包括核能的发展，会有巨大的需求，这也是中国新能源产业占据国际技术竞争制高点，在世界范围内发挥引领作用的重要机遇。

（三）积极推进能源互联网建设

为改善目前能源利用结构不合理和能耗效率低的问题，必须积极发展能源互联网。一是通过风电和光电大数据全生命周期管理、源网荷储互动、分布式和微网技术有效补充等手段，减少弃风弃光率，实现就近消纳；二是通过对用户的大数据分析、能源综合管理、智慧家居等，有效提高能源利用效率。当电能富裕时，能源互联网使得抽水蓄能、电动汽车储存多余电力、智能电器及时响应并消费多余电力等环节互联互通成为可能；当电力不足时，这些储能设施和智能电器可作为虚拟电站，余电上网，通过释放电力及减少智能电器用电量来应对电力紧张局面，进而提高能源利用效率。

本 章 小 结

本章梳理了气候变化对能源战略转型影响的几大重点问题，包括气候变化与能源利用的关系、典型国家的气候变化历程、气候变化下的能源战略转型过程和主要的转型方式以及对未来发展的展望。

通过本章的学习和探索可以发现，气候变化所带来的全球性影响体现出了"一致但有区别"的特点，同时这个问题也需要全球各个国家和地区共同合作解决。此外，基于自身的能源发展现状和所承担的减排责任，不同的国家可以采取不同的转型方式。在未来，减排和可持续发展仍然是国际能源发展乃至经济发展的大方向，各国在这一大方向上还需要进一步探索，找到一条绿色低碳全面发展的路径。

1. 气候变化与能源之间存在着什么关系，不同的学者对此的看法是怎样的？
2. 日本碳排放历史变化是怎样的？为什么会发生这样的变化？
3. 气候变化为什么会造成能源战略转型？
4. 能源战略转型有哪些主要方式，其对缓解气候变化问题的效果分别是怎样的？
5. 市场化的碳排放交易体制是如何做到减少碳排放的？
6. 我国碳排放交易体制发展现状如何？遇到了哪些问题？
7. 面对气候变化问题，我们如何在日常生活中做到节能减排？

[1] 马隆龙, 唐志华, 汪丛伟, 等. 生物质能研究现状及未来发展策略[J]. 中国科学院院刊, 2019, 34(4): 434-442.
[2] Berndes G, Hoogwijk M, Van den Broek R. The contribution of biomass in the future global energy supply: a review of 17 studies[J]. Biomass and bioenergy, 2003, 25(1): 1-28.

第九章

碳中和目标与能源战略

> 绿色低碳发展已经成为全球应对气候变化所达成的一个共识,碳中和也成为世界各国竞相追逐的新目标。从面临气候变化挑战到主动实现碳中和目标,全球正掀起一场前所未有的绿色低碳转型大浪潮。在全球气候变化风险加剧的时代背景下,各国纷纷公开宣布实现碳中和的路线图和时间表,为减缓和适应全球气候变化做出努力。碳中和正在逐渐改变全世界人类的生产生活方式,对各国经济社会发展、全球格局重塑、世界能源转型产生重要影响。与碳中和目标实现密切相关的能源体系必将发生巨大变革,从能源主体要素到能源形态、从能源主导类型到能源结构、从能源管理到能源发展格局都将发生根本性转变。
>
> **关键词:** 碳中和　能源供给侧与需求侧　能源系统性变革　全球能源战略

第一节　碳中和与能源发展

本节首先修理了碳中和目标衍生的国际背景和中国碳中和目标的形成,进而分析了能源使用与碳中和之间的关系,为进一步理解碳中和背景下的全球能源战略转型奠定基础。

一、碳中和衍生的国际背景

(一)碳中和的概念

碳中和(carbon neutrality)的概念诞生于欧洲,由英国未来森林公司于2000年前后提出。为实现碳中和目标,英国未来森林公司推出"碳中和"零售商标,帮助客户计算其一年中直接或间接制造二氧化碳的数量,并让顾客选择以植树的形式进行固碳。但这种通过植树吸收二氧化碳的方式受到环保组织普遍质疑,未能实现推广。2007年10月,欧洲摇滚音乐爱好者举办了一次环保音乐节,并在活动中推行了折椅环保方法,从而使"碳中和"这一词被更多的人所熟知。经过不断地演变,碳中和的概念可以表述为国家、企业、产品、活动或个人等主体对象在一定时间内所产生的直接或间接温室气体排放总量,通过节能减排和低碳能源替代以及碳捕获、利用与封存(carbon capture, utilization and storage)等手段,实现排放与吸收的平衡,达到温室气体的相对"净零排放"(邓旭等,2021)。虽然碳中和概念的提出是为了应对全球气候变化,但经过全球各国的多方实践,碳中和被赋予了绿色发展、可持续等更多的内涵,逐渐成了全球经济社会可持续发展的内在要求与必经通道。

(二)碳中和目标下的能源发展约束

世界各国推动碳中和目标的进程最早可以追溯至 1992 年在巴西里约热内卢召开的联合国环境与发展大会。大会达成了《联合国应对气候变化框架公约》,要求将全球大气中温室气体浓度维持在一个相对平衡的水平,人类活动在该水平上不会造成全球气温进一步升高。随后,公约各缔结方于 1997 年在日本京都进一步达成了《京都议定书》。《京都议定书》是限制主要发达国家温室气体排放量来缓解或阻止全球气候变化的国际性公约,并没有对发展中国家温室气体排放进行具体减排规定。根据"不少于 55 个参与国签署该条约并且温室气体排放量达到国家在 1990 年总排放量的 55%后的第 90 天"条约才开始生效的规定,在签署 8 年之后,《京都议定书》于 2005 年 2 月正式生效,这是人类历史上首次以法规的形式限制温室气体排放,也是全球碳中和进程中的一座重要里程碑。

国际社会为进一步增强气候变化的全球应对能力,积极推进国际合作进程。2015 年 12 月,在法国巴黎召开的联合国气候变化大会上进一步达成了《巴黎协定》,这是继《京都议定书》后第二份具有法律约束力的应对气候变化的国际文本,提出了全球尽快实现温室气体排放达到峰值,21 世纪下半叶实现温室气体净零排放(即碳中和)的目标。《巴黎协定》明确指出,世界各国要继续加强应对气候变化的全球协作,把全球平均气温控制在工业化前的气温基础上增温 2 ℃之内,并努力将温升控制在 1.5 ℃之内。联合国政府间气候变化专门委员会于 2018 年 10 月发布了一份特别报告——《全球变暖升温 1.5 ℃特别报告》(Special Report on Global Warming of 1.5 ℃),指出《巴黎协定》中的 1.5 ℃温控目标对人类社会所造成的危害将会远远高于此前的预期,2 ℃温控目标所造成的危害更是人类难以承受的。因此,在 21 世纪内,即截至 2100 年,世界各国就应该携手将全球温度升幅控制在 1.5 ℃以内。根据这份特别报告,全球要实现 1.5 ℃温控目标,需要在能源、工业和城市建设等各个领域内发生"快而广"的改变;太阳能、光能、风能以及水能等可再生能源发电量占总发电量的比重需要增至 70%左右,煤电占比要下降到 10%以下;温室气体要大幅减排,2030 年人为产生的二氧化碳净排放要比 2010 年减少 45%,2050 年全球要实现碳中和,即净零排放。2021 年,联合国环境规划署(United Nations Environment Programme,UNEP)发布的两份最新报告《2021 年排放差距报告:热火朝天》和《2021 年适应差距报告:风暴前夕》显示:全球有大约 79%的国家至少通过了一项国家层面的气候变化适应规划文书,如规划、政策、战略或法律;各国提交的新版国家自主贡献目标以及公开宣布的气候变化减缓承诺仅在预测的 2030 年排放量基础上减排了 7.5%,而实现《巴黎协定》的 1.5 ℃温控目标要求减排 55%,即使是实现《巴黎协定》的 2 ℃温控目标也需减排 30%;同时，即便新版的承诺与目标得到全部履行和实现，截至 21 世纪末全球仍有 66%的可能性将进入温升 2.7 ℃的轨道。

（三）全球碳中和的发展进程

在《巴黎协定》达成 5 周年之际，世界上的主要温室气体排放国纷纷向外界宣布了碳中和的承诺，明确释放了应对气候变化的积极信号，世界推进碳中和进程的形势逐渐明朗。英国宣布在 2050 年实现零碳排放，这是世界上第一个以立法形式明确碳中和的发达国家。截至 2020 年年底，全球有 100 多个国家已经公开宣布了碳中和目标或将碳中和提上国家议程。其中宣布已经实现净零排放的国家有苏里南和不丹，将碳中和目标写入法律文件的国家有英国、新西兰、瑞典、丹麦、法国和匈牙利，处于碳中和立法推进过程中的主要经济体有西班牙、韩国、加拿大、欧盟、智利和斐济，还有包括中国、日本在内的数十个国家也都将净零排放写入国家政策性文件中。截至 2021 年 9 月，全球 120 个国家（占全球温室气体排放量约 51%）已上报新版或更新版国家自主贡献目标。全球约有 130 个国家计划在 21 世纪中叶达成碳中和目标，其碳排放额占到全球碳排放总额的 61%左右（王永中，2021）。

二、中国碳中和目标的形成背景

（一）应对全球气候变化制定能源发展目标

作为全世界最大的发展中国家，中国一直以来都展现出负责任的大国形象，积极开展应对全球气候变化和碳中和相关行动。从"十一五"开始，我国就提出建设资源节约型、环境友好型社会，并首次提出节能减排概念，将能源消费和碳排放纳入国民经济和社会发展规划中。2014 年 6 月，中央财经领导小组第六次会议提出推动能源消费、能源供给、能源技术、能源体制四大"能源革命"，明确"应对气候变化是我们自己要做，不是别人要我们做"；2015 年，中国向联合国递交国家自主贡献目标，在巴黎气候变化大会上提出将于 2030 年前后二氧化碳排放达到峰值，并尽可能争取提前实现；2030 年单位国内生产总值二氧化碳排放比 2005 年下降 60%～65%，非化石能源占一次能源消费比重达到 20%左右，森林蓄积量比 2005 年增加 45 亿立方米左右。在生态文明建设的不断推进过程中，"绿水青山就是金山银山"的理念逐渐被大众认识、理解和接受。党的十八届五中全会进一步提出"创新、协调、绿色、开放、共享"的五大新发展理念，将坚持节约资源和保护环境作为一项基本国策，加快建设资源节约型、环境友好型社会，推进美丽中国建设。"十三五"规划则提出能源消耗总量和能源消耗强度的双控目标，将碳排放强度和能源强度列入各地考核指标，进一步为全球应对气候变化、实现碳中和目标做出新贡献。在促进产业结构调整、提升能源使用效率、优化能源结构、加大环境保护力度等一系列举措下，节能减排工作取得显著成效。2019 年，中国的碳排放强度较 2005 年下降了 48.1%，非化石能源占一次能源消费比重达到 15.3%，碳排放快速增长的局面基本被扭转，提前完成了中国政府在哥本哈根气候变化大会上的自主减排承诺，也为实现碳中和目标奠定了经验基础（庄贵阳，2021）。

（二）持续出台节能降碳行动方案

与此同时，中国出台了多项法律法规和政策方案，为低碳发展夯实基础，为全球应对气候变化贡献中国力量。1998年1月，《中华人民共和国节约能源法》开始施行，其目的是推动全社会节约能源，提高能源利用效率，保护和改善环境，促进经济社会全面协调可持续发展。1999年2月，《中国节能产品认证管理办法》对外发布，通过对节能产品进行认证并颁发认证证书和节能标志，有效保障节能产品健康发展，达到节约能源、保护环境的目的。2007年6月，首个由发展中国家制订的应对气候变化方案——《中国应对气候变化国家方案》出台，明确了应对气候变化的具体目标、重点领域，提出继续建设资源节约型、环境友好型社会，提高中国减缓和适应气候变化能力。2017年，为确保节能减排约束性目标得以实现，资源环境约束得以缓解，国务院印发《节能减排"十二五"规划》，对"十二五"期间建设资源节约型、环境友好型社会，转变经济发展方式，应对全球气候变化做出政策性目标规划。2020年10月，《中共中央关于制定国民经济和社会发展第十四个五年规划和二〇三五年远景目标的建议》（简称《建议》）通过了决议。《建议》将控制温室气体排放提高到国家发展战略的新高度，明确提出加快推动绿色低碳发展和能源清洁低碳安全高效利用，全面实现排污许可制，推进排污权和碳排放权市场化交易，进一步完善环境保护、节能减排约束性指标管理，积极参与和引领应对气候变化国际合作。

（三）立足国情做出碳中和承诺

气候变化是全球性挑战，任何一国都无法置身事外。2020年9月22日，中国政府在第七十五届联合国大会一般性辩论上公开宣布：中国将提高国家自主贡献力度，采取更加有力的政策和措施，二氧化碳排放力争于2030年前达到峰值，努力争取2060年前实现碳中和。这是中国向世界发出的应对全球气候变化的庄严承诺。"双碳"（碳达峰与碳中和）目标不仅是应对气候变化的一项基本国策，还是基于科学论证的重要国家战略，是行动目标，也是长期发展战略，是现实的客观要求，也是对未来的高瞻远瞩。2020年12月12日，中国在联合国气候雄心峰会上进一步宣布：到2030年，中国单位国内生产总值二氧化碳排放将比2005年下降65%以上，非化石能源占一次能源消费比重将达到25%左右，森林蓄积量将比2005年增加60亿立方米，风电、太阳能发电总装机容量将达到12亿千瓦以上。这一系列国家自主贡献新举措将促进我国经济社会发展全面绿色转型，在高质量发展中为全球共同应对气候变化做出更大贡献。

中国碳中和目标的形成是我国对历史条件、客观现实、未来发展深思熟虑后所做出的重大战略部署。实现碳达峰、碳中和是一场广泛而深刻的经济社会系统性变革。碳中和目标是我国实现可持续发展的内在要求，高度契合《巴黎协定》更新的国家自主贡献目标和面向21世纪中叶的长期温室气体低排放发展战略。碳中和目标将有效明晰我国绿色发展之路，成为未来几十年社会经济发展的主旋律和主基调。

三、碳中和与能源发展的关系

2022年4月4日，联合国政府间气候变化专门委员会发布题为《气候变化2022：减缓气候变化》的研究报告。根据报告的研究数据，在2010—2019年期间，全球温室气体排放量年均增长1.3%，年均排放水平创造了新的历史纪录，从2010年的525亿吨增加到2019年的590亿吨，增长率高达12%。其中，来自能源、交通和农业等行业的温室气体排放大幅上升。报告指出，尽管在电力行业出现可再生能源使用不断增长以及能源效率持续提高的情形，但还不足以抵消全球不断增长的工业活动和人口增长带来的温室气体排放。工业革命以来，化石能源使用加快推动了人类社会的工业化和现代化进程，为全球经济社会发展提供了重要动力。但随之而来的，还有以二氧化碳为主的大量温室气体。国际能源署数据显示，2021年全球与能源相关的二氧化碳排放量高达363亿吨，处于历史最高水平。其中煤炭使用所产生的碳排放为153亿吨，石油消费产生的碳排放为107亿吨。这些温室气体的大量排放和积累导致了全球变暖、冰川和冻土消融、海平面上升等一系列生态危机，已经严重影响到自然生态系统的有机平衡和人类社会的生存与发展，减少二氧化碳等温室气体排放、推动实现全球碳中和迫在眉睫。《气候变化2022：减缓气候变化》报告也明确指出，要减少全球温室气体排放，限制全球变暖，就需要能源部门进行重大转型，包括大幅减少化石燃料的使用、广泛推广电气化、提高能源效率及使用替代燃料（如氢气）等。

第二节 主要经济体的碳中和战略

为了深入了解世界各国的碳中和进程，把握全球应对气候变化、积极推进碳中和的历程，本节选取了几个代表性的经济体，对其碳中和的发展过程进行了梳理和分析。

一、欧盟的碳中和目标

（一）碳中和的先行者

作为全球温室气体排放最多的经济体之一，欧盟的历史累积温室气体排放量约占世界总量的25%（董利苹等，2021），其碳中和进程对世界应对气候变化有着至关重要的影响。欧盟一直是《巴黎协定》的坚定维护者、积极履约者，同时还是全球率先提出碳中和计划的经济体之一，为全球应对气候变化做出了重要贡献。

欧盟探索碳中和的时间较早，已经构建了一系列较完善的碳中和相关政策框架。2018年11月，欧盟委员会发布《为所有人创造一个清洁地球——将欧洲建设成为繁荣、现代、具有竞争力和气候中性经济体的长期战略愿景》，首次提到欧盟经济体在2050年实现碳中和的目标，并通过构建涵盖工业、农业、能源、交通、林业和废弃物等多部门在内的全经济领域综合模型群和情景分析对实现 2050 年碳中和目标的可行路径进行了系统分析和阐述。

（二）出台落实碳中和目标的行动方案

2019 年 12 月，欧盟委员会进一步发布了《欧洲绿色协议》（European Green Deal，EGD）。这份文件覆盖了经济的所有领域，提出了包括以碳中和为目标的 47 项关键行动，描绘了将欧洲建成第一个实现碳中和大陆的总体路线图。《欧洲绿色协议》提出了包括提高欧盟 2030 年和 2050 年的气候目标，供给安全、清洁、可持续的能源，发展具有可循环的产业，高效使用能源资源，加快向可持续与智慧出行转型，构建公平、健康、环保的食品体系，保护和修复生态系统与生物多样性，实现零污染等八项主题行动计划，通过构建深度转型政策体系促进欧盟经济向可持续发展转型。2020 年 3 月，欧盟委员会向欧洲议会及董事会提交《欧洲气候法》提案，以期赋予碳中和目标法律约束力。2020 年 3 月 6 日，欧盟向联合国气候变化框架公约秘书处提交"长期温室气体低排放发展战略"，宣布欧盟及其成员国在 2050 年实现碳中和的气候承诺。2021 年 6 月，欧盟的《欧洲气候法》被正式通过，2050 年实现碳中和的承诺转变为欧盟全体成员国必须履行的法律义务。《欧洲气候法》对欧盟及其成员国实现 2050 年碳中和目标所需要采取的行动计划进行了详细规划。首先，根据温室气体综合影响评估和碳减排路径，出台《2030 年气候目标计划》，提高欧盟的温室气体减排目标：2030 年温室气体排放量比 1990 年的排放量至少减少 55%。其次，对所有减排政策工具进行审核评估，在必要情况下出台对《欧洲气候法》的修订提案。再次，为保障减排计划如期完成，也为公共部门和社会各界提供可预测性，设置 2030—2050 年欧盟范围温室气体减排轨迹日。最后，为及时监控减排进展，每隔 5 年对欧盟成员国的国家政策措施进行评估，将评估结果与欧盟碳中和目标进行比对以保证减排轨迹的一致性。2021 年 7 月，欧盟委员会通过了达成《欧洲绿色协议》一系列计划。这"一揽子计划"涵盖欧盟碳排放交易体系、交通运输、建筑、土地等方面，旨在保障《欧洲绿色协议》的有效实施，并契合到 2030 年温室气体排放量比 1990 年至少减少 55% 和 2050 年实现碳中和的气候目标，因此也被称为"减碳 55"（Fit for 55）一揽子计划。

（三）制定符合碳中和内涵的能源战略

除此之外，欧盟还在与温室气体密切相关的能源领域采取了一系列积极有益的行动。2007 年欧盟发布的《2020 年气候和能源政策框架》，首次明确提出了与能源密切关联的政策导向以及温室气体减排战略目标。2011 年，欧盟委员会相继发布《构建 2050 年具有竞争力的低碳经济路线图》《2050 年能源路线图》和《欧洲单一交通系统之路：构建具有竞争力和资源效率的交通系统》，分析了覆盖全经济领域的共同气候行动及可行战略路径，为欧盟将能源、建筑和交通等部门与气候目标深度融合起来提供政策参考。2014 年，欧盟通过《2030 年气候和能源政策框架》，对能源和温室气体排放提出了具体约束指标：到 2030 年，温室气体排放比 1990 年至少减少 40%，可再生能源占比和能效提升均不低于 27%。2018 年 6 月,《能效指令》修订将欧盟能效提升指标从不低于 27% 提高到不低于 32.5%。2018 年 12 月,《可再生能源指令》修订又将欧盟可再生能源消耗在终端能源消费中的占比从不低于 27% 提高到不低于 32%,并明确了铁路交通和道路交通中燃料的可再生能源比例。2020 年 7 月,欧盟委员会正式发布了《欧盟氢能战略》(EU Hydrogen Strategy)和《能源系统一体化战略》(Energy Systems Integration Strategy)。前者对 2020 年至 2050 年期间欧盟的氢能发展提出了具体目标:2020—2024 年,欧盟将至少安装 6 吉瓦的可再生氢电解槽,生产不低于 100 万吨的可再生电解氢;2025—2030 年,欧盟将至少安装 40 吉瓦的可再生氢电解槽,生产不低于 1000 万吨的可再生电解氢,氢能成为欧盟综合能源系统的内在组成部分;2030—2050 年,可再生氢技术在欧盟的应用水平达到成熟,在海运、货运交通等脱碳难度大的领域得到大规模应用。后者则是从能源一体化发展来达到深度减碳的目标,通过整合不同能源运营商和消费部门来最大程度降低能源浪费和减少碳排放。2021 年 7 月,"达成《欧洲绿色协议》"一系列计划中又继续设置更高强度的能源目标,包括 2030 年可再生能源消费在终端能源消费中的占比从不低于 32% 提高到不低于 40%,能效提升指标从不低于 32.5% 提高到不低于 36%。同时,这一系列计划还对 2030 年运输领域的温室气体排放强度和供暖、制冷领域的可再生能源比例进行了约束,前者下降 13%,后者逐年增加 1.1%;工业领域的可再生能源消费占比逐年增加 1.1%;建筑业的可再生能源消费占比不低于 49%。此外,考虑到建筑业和交通业能耗降低的巨大潜力,计划领域的高能耗企业进行能源管理评估和认证以及强制性的能源审计。

欧盟提出碳中和理念的时间较早,相关法律和政策规划也较为完善,并且采取了一系列具体且卓有成效的减排行为。主要可以分为三类:第一,依托欧盟碳排放交易系统,从行业和国家两个维度双管齐下对碳排放进行监管;第二,设立几乎覆盖欧盟所有地区和重点排放行业的碳排放税,驱动减排和低碳转型;第三,寻求可再生能源替代及其应用推广,加速欧盟能源转型。依靠这三步,欧盟有望顺利实现 2050 年碳中和目标。

二、美国的碳中和历程

美国应对气候变化的国家政策虽然受国内政治制度下两党博弈的影响而出现反复和摇摆,缺乏延续性的气候政策,但整体来看,美国仍在积极推进碳中和相关工作,并渴望成为应对全球气候变化的国际引领者。2021 年 1 月,拜登政府签署行政令《国内外应对气候危机》,首次宣布在 1.5℃目标下美国将于 2050 年前实现净零排放(张宇宁等,2021)。2021 年 4 月,美国举办首届领导人气候峰会,气候变化挑战、应对气候变化解决方案、资金援助等议题成了焦点。美国拜登政府在峰会上宣布,将进一步提高美国政府的减排目标,承诺到 2030 年,美国温室气体排放量与 2005 年温室气体排放水平相比减少 50%~52%,到 2050 年,实现零净排放的目标。不过,美国虽然更新了《巴黎协定》框架下的国家自主贡献目标,但尚未公布实现新目标的路线图。拜登政府上台后,美国重新加入了《巴黎协定》,并计划投资 2 万亿美元加强基础设施和清洁能源等领域建设,承诺到 2035 年,通过向可再生能源过渡实现无碳发电,承诺到 2050 年实现"碳中和"。

(一)碳中和推进存在周期性与反复性

由于美国政治制度的特殊性,美国政府的气候政策与碳中和推进存在较强的周期性和反复性。从 2001 年小布什政府宣布退出《京都议定书》到 2016 年奥巴马政府宣布加入《巴黎协定》,再到 2017 年特朗普政府宣布退出,2021 年,拜登政府又宣布再次"回归"。美国的民主党和共和党以及相关利益集团针对气候变化问题的态度和行动存在明显分歧。因此,美国的碳中和推进以及气候变化应对可以按不同执政时期来进行梳理。

1. 小布什政府时期:退出《京都议定书》,逃避减排责任

2001 年,美国小布什政府认为实现《京都议定书》目标会对美国的经济产生严重危害,造成巨额经济损失和工作岗位减少,因而单方面宣布退出《京都议定书》。小布什政府对于气候变化和碳排放问题采取的是消极的气候政策,虽然强调开展气候变化相关科学研究的必要性,但针对温室气体排放则是倡导自愿减排的有限方式。在国际社会和美国环保人士强烈谴责小布什政府的消极政策时,作为《京都议定书》的替代性战略——《美国气候行动报告》于 2002 年 2 月发布。相比于《京都议定书》规定的减排目标,《美国气候行动报告》所提出的减排目标几乎形同虚设。在《京都议定书》的规定下,美国需要在 2012 年完成相比 1990 年温室气体排放水平减少 7% 的目标。而小布什政府在《美国气候行动报告》中宣布的是 2012 年美国温室气体强度相比 2002 年下降 18%,一个是绝对减排指标,另一个是相对减排指标,两者相差甚远。事实上,根据《美国气候行动报告》中的目标,美国几乎不用减少实际的温室气体排放量(曲建升等,2003)。由于小布什政府在气候变化与碳排放方面的消极态度,致力于推动气候变化治理的美国环保组织和州政府对美国联邦政府非常失望。2003 年,美国参议员乔·利伯曼和约翰·麦凯恩提出《2003 气候责任法案》草案,以期推动美国在温室气体方面的减排进程。这也是美国参议院自伯德—哈格尔决议以来,首次就气候问题进行全体表决。但是很遗憾,该草案最终没有被通过。

2. 奥巴马政府时期(两任):推出《清洁电力计划》,签署《巴黎协定》

2009 年 2 月,奥巴马政府发布了首份执政纲领,积极推动国会在限制碳排放方面的立法,控制温室气体排放,以期为减缓全球气候变化做出贡献,并希望以此重回国际领导地位,掌握气候变化方面的国际话语权。2009 年 6 月,美国众议院通过了《美国清洁能源与安全法案》。在这份法案中,美国承诺 2020 年温室气体排放量与 2005 年相比下降 17%,到 2050 年下降 83%,并正式建立温室气体排放交易机制。2010 年

4月，美国公布了一项针对销售新车和轻型卡车的温室气体排放规则；同年10月，中型和重型车辆的温室气体排放也被纳入规则之内，旨在通过提高车辆的燃油经济性，达到温室气体减排的目的。2013年6月，奥巴马政府发布《总统气候行动计划》，联邦应对气候变化应对做了详细的计划和安排。2013年9月，美国环保署公布了制定新建发电厂的二氧化碳排放标准的提案。2014年6月，美国环保署进一步提出了《清洁电力计划》的草案，对现存发电厂的二氧化碳排放也做了规定。2015年8月，《清洁电力计划》最终方案被推出，奥巴马政府承诺2030年美国电力行业的二氧化碳排放量比2005年下降32%。2016年，奥巴马政府签署了《巴黎协定》，重新回到气候变化应对的国际合作中，并提出自主贡献目标，承诺2025年温室气体排放量在2005年的基础上下降26%~28%。

3. 特朗普政府时期：退出《巴黎协定》，大力开发化石能源

2017年6月，特朗普政府拒绝签署《巴黎协定》，宣布美国退出气候领域的国际合作，并声称美国的经济发展和民众就业会因为该协议产生巨大的不良影响。其实早在竞选时期，特朗普就将废除《清洁电力计划》与《巴黎协定》两项气候政策作为竞选口号。特朗普政府上台后，立即终止了奥巴马的一系列气候政策，并大力开发传统化石能源，扶持没落的煤炭开采与煤电行业。2017年3月，总统行政命令《能源独立和经济增长》被公开发布，奥巴马政府推行的新建发电厂的温室气体排放限制被推翻，加上特朗普政府对传统化石能源行业的大力支持，发电厂的燃煤使用大幅增加，温室气体排放限制成了"空谈"。在整个特朗普执政时期，美国的气候变化政策和限制二氧化碳排放的进程基本处于停滞状态。

4. 拜登政府时期：重返《巴黎协定》，继续推进碳中和

2021年，拜登政府宣布签署《巴黎协定》，重新回到应对气候变化的正常轨道。与此同时，拜登积极出台一系列控制温室气体排放的行业举措，减缓气候变化，推进碳中和进程。与特朗普相同的是，拜登团队同样在竞选期间就已经明确了气候政策的方向。不同的是：特朗普采取消极的气候政策，废除、终止一系列奥巴马政府在气候变化方面的努力；而拜登则是接过奥巴马政府的旗帜，继续推进气候变化应对与碳中和进程。拜登团队在竞选期间发布了《清洁能源革命与环境正义计划》(Plan for Clean Energy Revolution and Environmental Justice)，提出美国将在2050年前达到百分百清洁能源与净零排放的目标，并计划上台后投资1.7万亿美元推动这一目标实现。此后，拜登团队继续更新气候行动计划，发布了《建设现代化的、可持续的基础设施与公平清洁能源未来计划》(Plan to Build a Modern, Sustainable Infrastructure and an Eqitable Clean Energy Future)，提出2035年美国电力行业实现零碳排放的目标，并将投资金额增加到2万亿美元。

（二）整体进程处于积极推进的趋势

尽管受到执政党换届的影响，美国气候政策出现了反复，但整体来看，美国的碳中和进程始终保持着有效推进。美国限制温室气体排放的相关法案蓝本来源于1963年颁布的《清洁空气法案》,并一直沿用至今。在1992年至2007年期间,美国政府相继出台了《1992年能源政策法》《全球气候变迁国家行动方案》《气候变化行动方案》《2005年能源政策法案》和《2007年能源独立和安全法案》等一系列法律法规和行动方案,对美国温室气体排放进行了综合评估和有效限制,并对美国政府的节能减排行动计划做了规划。通过持续推动能源节约、不断提升能源效率、积极促进可再生能源替代以及加强国际能源合作等综合手段,推进碳中和进程。在退出《京都议定书》和《巴黎协定》的时期,美国政府也出台了《能源政策法》《低碳经济法》《美国清洁能源与安全法案》《清洁电力计划》和《总统气候行动计划》等法案与计划,制定了一系列促进低碳经济发展、提高能源效率的具体行动方案,为推进碳中和进程打下了坚实基础。2021年,美国重返《巴黎协定》并提出了一系列明确的国家自主贡献目标,继续积极推进碳中和进程。

三、中国的碳中和推进

(一)从相对指标到绝对指标

中国一直是全球气候变化应对的积极参与者。长期以来,中国不仅积极向国际社会做出减排承诺,而且截至目前均提前完成了。早在2009年于哥本哈根举办的《联合国气候变化框架公约》第15次缔约方大会(COP15)前夕,中国就提出了针对碳排放强度的量化减排目标,承诺到2020年,单位国内生产总值二氧化碳排放量(即碳排放强度)比2005年下降40%~45%。生态环境部数据显示,2018年中国碳排放强度较2005年下降45.8%,提前完成了哥本哈根承诺[1]。2011年3月,《中华人民共和国国民经济和社会发展第十二个五年规划纲要》发布,首次将2015年单位国内生产总值二氧化碳排放比2010年降低17%的减排目标纳入约束性指标。2015年12月,在巴黎举办的《联合国气候变化框架公约》第21次缔约方大会(COP21)上,中国将碳减排承诺的覆盖面进一步扩大:承诺到2030年前后,二氧化碳排放达到峰值,并争取提早达到峰值;碳排放强度较2005年下降60%~65%;非化石能源占比达到20%,森林碳汇增加45亿立方米等。2016年3月,《中华人民共和国国民经济和社会发展第十三个五年规划纲要》进一步提出,2020年碳排放强度要比2015年下降18%。2020年,中国碳排放强度比2015年下降了18.8%,超额完成了"十三五"规划的约束性目标,基本扭转了二氧化碳排放快速增长的局面[2]。

2020年9月,国家主席习近平在第75届联合国大会一般性辩论上郑重宣布,中国将力争于2030年前实现碳达峰,并努力争取在2060年前实现碳中和。作为中国在《巴黎协定》下提出的具有里程碑意义的减排目标,"双碳"目标的提出标志着中国开

---

[1] 生态环境部. 中国应对气候变化的政策与行动2019年度报告.
[2] 国务院新闻办公室. 中国应对气候变化的政策与行动白皮书.

始迈入从碳强度减排到碳排放量减排的实质性阶段,表明了中国积极参与和推动全球气候治理,坚定不移走低碳发展之路的决心和信心。中国的碳中和进程如表 9-1 所示。

表 9-1 中国的碳中和进程:从相对指标到绝对指标

承诺内容/目标	承诺时间及相关会议	主要内容	指标性质
2020 年目标	2009 年,《联合国气候变化框架公约》第 15 次缔约方大会	单位 GDP 二氧化碳排放较 2005 年下降 40%~45%; 非化石能源占一次能源消费比重达到 15% 左右	相对指标 相对指标
2030 年目标	2015 年,《联合国气候变化框架公约》第 21 次缔约方大会	2030 年前后达到峰值并争取尽早达峰; 单位 GDP 二氧化碳排放比 2005 年下降 60%~65%; 非化石能源占一次能源消费比重达到 20% 左右	绝对指标 相对指标 相对指标
2030 年目标与 2060 年愿景	2020 年,第 75 届联合国大会一般性辩论	二氧化碳排放力争于 2030 年前达到峰值; 努力争取 2060 年前实现碳中和	绝对指标 绝对指标

资料来源:根据公开资料整理。

(二)明确推进"1+N"政策体系的顶层设计

自"双碳"目标提出之后,中国积极加强碳达峰、碳中和顶层设计和制度建设,提出构建碳达峰碳中和"1+N"政策体系,为如期实现"双碳"目标、履行国际义务打下坚实基础。其中,碳达峰碳中和"1+N"政策体系的"1"代表的是《关于完整准确全面贯彻新发展理念做好碳达峰碳中和工作的意见》(中发〔2021〕36 号,以下简称《意见》)和《2030 年前碳达峰行动方案》(国发〔2021〕23 号)两个顶层设计文件,"N"指的是重点领域、行业的行动方案与政策措施,如表 9-2 所示。

表 9-2 《意见》提出的碳中和阶段性目标

目标/时间	2025 年	2030 年	2060 年
碳排放规模		二氧化碳排放量达到峰值并实现稳中有降	碳中和目标顺利实现
能源消耗强度	单位国内生产总值能耗比 2020 年下降 13.5%	单位国内生产总值能耗大幅下降	
碳排放强度	单位国内生产总值二氧化碳排放比 2020 年下降 18%	单位国内生产总值二氧化碳排放比 2005 年下降 65% 以上	
非化石能源发展	非化石能源消费比重达到 20% 左右	非化石能源消费比重达到 25% 左右;风电、太阳能发电总装机容量达到 12 亿千瓦以上	非化石能源消费比重达到 80% 以上
森林碳汇	森林覆盖率达到 24.1%,森林蓄积量达到 180 亿立方米	森林覆盖率达到 25% 左右,森林蓄积量达到 190 亿立方米	

资料来源:《关于完整准确全面贯彻新发展理念做好碳达峰碳中和工作的意见》(中发〔2021〕36 号)。

2021 年 10 月,中共中央和国务院印发的《意见》,明确了"双碳"工作的总体要求、主要目标和关键举措,为后续配套性政策实施细则的落地奠定了完备基础。作为

"1+N"政策体系的顶层文件之一,《意见》提出了"双碳"工作的总体发展思路和阶段性发展目标,指明了碳中和事业的发展方向,如表9-2所示。为有序、如期实现碳中和目标,《意见》从能源、交通、工业、建筑等领域提出一系列减碳措施。在能源领域,严控煤电装机规模,限制传统能源消费,大力发展风能、太阳能、生物质能、海洋能、地热能等非化石能源。在工业领域,遏制高耗能高排放项目盲目发展,推动新一代信息技术、绿色环保、新能源、新能源汽车等绿色低碳产业加快发展。在交通领域,推动新能源和清洁能源车船加快发展,推广智能交通,推进铁路电气化改造以及推动加氢站建设。在建筑领域,开展建筑屋顶光伏行动,因地制宜推进热泵、燃气、生物质能、地热能等清洁低碳供暖,全面推广绿色低碳建材和建筑材料循环利用。2021年10月,第26届联合国气候变化大会在英国格拉斯哥召开。在大会开幕前夕,中国出台了《2023年前碳达峰行动方案》,以能源绿色低碳转型、节能降碳增效、工业领域碳达峰、城乡建设碳达峰、交通运输绿色低碳、循环经济助力降碳、绿色低碳科技创新、碳汇能力巩固提升、绿色低碳全民、各地区梯次有序碳达峰行动等十大行动,为未来10年内的碳减排行动划定了清晰的路线图。

(三)碳中和推进过程中的主要难题

作为世界第一排放大国,中国提出要在2030年前实现碳达峰,2060年前实现碳中和,为减缓全球气候变暖、提振全球气候变化应对信心释放了积极信号。但实现碳达峰、碳中和是一个挑战,更是一场硬仗。中国要争取用不到10年的时间实现碳达峰,从根本上扭转碳排放总量持续增长的趋势,并在碳达峰后的短短30年内实现碳中和,任重而道远。与发达国家在发展阶段、减排时间与碳排放量的差异上更是决定了我国在碳中和推进过程中至少将面临三方面的困难与挑战。

1. 节能降碳与经济增长的两难抉择

能源是支撑经济社会发展的重要物质基础,但传统能源经济存在价格低廉、稳定供应与环境友好"不可能三角"。以煤为主的能源结构确保了我国在工业化进程中能够以较低的成本实现较快的经济增长,但其背后的巨大代价是我国碳排放量的连年攀升。"双碳"目标的提出要求经济社会全面低碳转型,意味着我国高碳的能源结构体系将面临从"煤炭—清洁能源"的颠覆性重构。需要意识到,经济增长本身存在路径依赖,在碳达峰碳中和的目标要求下,能源经济体系的环境友好条件被提前锁定,意味着低成本的粗放式经济增长方式已经不可持续。此外,在能源产业转型升级的过程中,节能减排的外部成本内部化也将难以避免,能源体系的上下游产业竞争力和短期内的经济增长也将在一定程度上受到影响和冲击。因此,中国需要综合考虑经济增长和碳中和目标,走出一条具有国情特色的低碳转型之路(林伯强,2022)。

2. 碳减排时间紧、任务重

现实发展经验表明,欧美等发达国家的碳达峰多数是随着产业结构调整和节能技术应用所产生的自然过程,且其碳达峰向碳中和的过渡大多是在经历了较长平台期后才缓慢下降。而我国碳中和路径与发达国家的最大不同就在于,我国需要实现经济发展、产业结构、能源结构的深度转型和技术结构、生产方式、发展方式的系统性变革。从碳达峰轨迹与碳中和发展目标来看,欧盟从碳达峰到碳中和的过渡期为70年,美国为43年,日本为37年,而中国仅仅为30年,如表9-3所示。

表 9-3 主要经济体碳达峰、碳中和时间表

主要经济体	碳达峰年份	碳中和目标年份	碳中和提出年份	碳达峰到碳中和过渡期	碳中和提出年份人均GDP水平(美元)
芬兰	1994	2035	2019	41 年	49 386
冰岛	2008	2040	2020	32 年	51 439
奥地利	2003	2040	2020	37 年	50 537
瑞典	1993	2045	2017	52 年	57 467
丹麦	1996	2050	2018	54 年	64 272
德国	1990	2050	2019	60 年	47 469
欧盟	1990	2050	2019	70 年	37 037
美国	2007	2050	2018	43 年	55 753
加拿大	2007	2050	2019	43 年	51 583
日本	2013	2050	2019	37 年	49 188
中国	2030	2060	2020	30 年	10 504

注:表中的GDP均为2010年美元价格,相关资料及数据来源于世界资源研究所及CEIC数据库。

从经济发展条件看,当前欧美等主要发达国家已经迈入后工业化发展阶段,多数发达国家提出碳中和目标时(2017—2020年)的人均GDP水平在4万美元以上,经济发展已经达到较高水平。而中国在2020年的人均GDP刚刚超过1万美元,与发达国家相比差距明显。尽管碳排放可以实现自然达峰,但不同碳达峰水平下的碳中和路径和碳中和压力存在显著区别,碳达峰的时期和高度直接决定了碳中和的难度和成本。如何以碳中和倒逼可持续发展、催生技术革命,从而增强绿色可持续发展的核心竞争力,完成低碳发展与经济增长的双重目标,中国依然任重道远。

3. 减排路径上发展不平衡不充分的问题突出

统筹有序做好碳达峰、碳中和工作,必须坚持全国"一盘棋",同时处理好发展与减排、整体与局部、短期与中长期的关系。这对碳中和事业的协调发展与持续发展提出了新的要求。一方面,碳中和目标下的中国低碳可持续发展必须从整个经济系统出发,综合评估区域碳减排成本。现阶段,我国经济社会发展的不平衡不充分矛盾仍较为突出。碳排放与经济发展水平的区域分布极不均衡,各地低碳发展能力存在较大差距(孙传旺,占妍泓,2022)。理论上,低碳转型成本由全社会共担。但我国能源生产与消费在地理空间分布上具有严重的不均衡特征,经济系统低碳转型的不平衡性导致不同区域的低碳转型成本冲击具有非对称性,各地减排压力存在显著差异。另一方面,

我国当前仍处于工业化和城镇化过程中，经济发展和民生改善的任务还很重，城乡发展与收入差距问题依然突出，低碳转型过程中面临着如何协同推进"双碳"目标与实现共同富裕的发展难题。区域发展差距既决定了各地区碳达峰高度及碳中和时间点的不同，也意味着全国碳中和目标的整体与持续推进必须同时兼顾区域发展的差异性，选择满足区域协调发展要求的减排路径与制度安排。尤其是率先达峰、率先中和的地区，必须保持减碳事业的长期持续推进，谨防碳排放反弹。正确处理好低碳发展的协调性和持续性问题，是确保中国统筹有序、推进碳中和目标的关键所在。

第三节　碳中和背景下能源的系统性变革

碳中和目标的实现必然需要能源系统做出重大改变，厘清碳中和与能源变革的逻辑关系以及研究能源变革如何影响碳中和十分重要。基于此，本节的主要内容包括：碳中和与能源系统性变革的内在逻辑关系，碳中和目标下能源供需双侧协同发展的理念内涵，绿色低碳发展要求下能源供需双侧协同发展的演进目标与驱动方式以及能源供需双侧协同绿色低碳发展的路径方案。

一、碳中和与能源系统性变革的内在逻辑

能源变革是应对气候变化与实现碳中和的必经之路。碳中和的推进将触发全球的能源系统革命（王永中，2021）。同时，能源的广泛应用及其对经济社会的基础支撑作用决定了能源系统转型的复杂性。碳中和将推动能源的供给侧和需求侧发生巨大变革。从供给侧来看，碳中和下的能源变革意味着不断增加清洁能源供给，逐步转变以煤为主的供应结构。因此要求能源生产技术变革，产业结构变迁与能源生产空间布局优化等系列调整。从需求侧而言，节能管理、清洁消费与电气化转型也必须及时到位，推动能源消费低碳化与能源生产清洁化有效衔接。这又对相关的市场激励、制度建设与政策引导提出了更高要求。此外，面向碳中和的能源变革还需要进一步考虑能源供需双侧的减碳目标与行动步伐是否匹配的问题。从根本上看，碳中和背景下能源系统性变革最终能否顺利完成深层次的结构调整与清洁转型，取决于能源供需双侧的绿色低碳发展是否能够有效协同。

（一）碳中和赋予能源供需协同发展新的理论内涵

碳中和既给能源系统的重构施加了新压力，也给能源供需双侧协同发展赋予了更深刻的新内涵。根据协同理论，复杂开放系统中的各个子系统可以通过相互作用产生协同效应（王红等，2013）。因此，能源供需双侧协同发展可以概括为通过能源供给侧和需求侧相关子系统的相互影响和相互合作，最终发挥能源系统的协同效应。其中，能源产业发展体系、能源产销布局网络、能源技术创新、能源资源的市场配置以及相关的政策体系则是影响能源系统协调程度的关键因素。在碳中和背景下，对于能源供

需双侧协同发展的内涵理解还需要进一步结合绿色低碳要求，基于多重协同视角重新审视能源的产业发展、空间布局、技术进步、市场配置与制度建设等子系统的低碳转型问题与各个子系统之间的有效衔接、相互协作和动态匹配问题。就上述视角而言，碳中和背景下的能源供需双侧协同发展至少应包括以下五个方面的内涵。

1. 能源低碳产业链的上下协同与融合发展

现阶段我国供需两端的问题主要表现为，以煤为主的能源供应结构与过快增长的能源需求之间的矛盾。在清洁能源体系尚未建立的情况下，巨大的能源需求只能通过高碳的能源供给得到满足，推动能源产业体系清洁化发展已然成为碳中和目标下中国能源低碳转型的重中之重。但高比例可再生能源系统同时也面临着电力平衡概率化、灵活资源稀缺化、源荷界限模糊化等诸多挑战（鲁宗相等，2017），因此需更加注重上下游产业链衔接、能源供应侧和消费端匹配以及能源流与信息流的双向反馈，从而实现能源产业链条在传统能源转型发展与清洁能源规模利用上的融合与平衡。

2. 清洁能源产销的区域协调与空间均衡

能源生产与能源消费的空间失衡将引致能源配置效率偏低。从全国层面来看，我国清洁能源禀赋与用电负荷逆向分布，60%以上的风、光、水等清洁资源集中分布在"三北"地区和西南地区，而东中部地区却占据了全国75%以上的用电量。统筹规划电源基地和输送通道以实现新能源电力的全局优化配置和供需协调发展迫在眉睫。基于地区层面，分布式清洁能源布局也对区域内部电、热、气等多种能源的协同优化和局部空间内的综合能源发展提出了更高要求。随着碳中和目标的纵深推进，清洁电力在能源供需系统中的渗透率将不断提升，完善能源区域空间网络布局，促进能源资源禀赋与需求负荷的空间均衡成为推动能源供需双侧协同绿色低碳发展的重要基础。

3. 能源技术革新有效驱动新型能源系统耦合

中国的能源转型是从煤炭时代直接迈向可再生能源时代的跨越式演进和迭代式发展。核心技术突破既是颠覆以煤为主的能源结构、重构清洁高效能源体系的根本途径，也是推动能源系统有序发展的基础支撑。低碳转型时代，能源系统的协调发展要求能源技术能够在供需双侧的资源优化利用、系统规划设计（刘亦文，胡宗义，2014）以及信息保障、运行优化、弹性强化（杨建锋等，2020）等方面实现综合应用，从而实现纵向协作视域下的"源网荷储一体化"和横向联动视角的"多能互补"，推动形成能源供给与需求响应的双向互动，最终促进能源各个子系统的耦合与协同。

4. 市场机制切实提升能源资源配置效率

能源生产与能源消费实现一体化的关键路径是通过市场实现均衡。经济理论表明，市场作为"无形之手"，可以利用价格机制协调供需关系，从而凭借较低的经济成本实现资源的高效利用和有效配置。解决碳的外部性必然带来一定的转型成本与代价，以市场化手段实现高碳能源与低碳能源的竞争性替代则是减轻低碳成本与转型代价的重要途径。面向碳中和目标愿景，全国电力市场化改革和碳市场建设的纵深推进也意味着，推动电、碳市场形成相互联动、深度耦合的发展模式将是推进能源供需双侧协同绿色低碳发展，实现供需市场联动与价值闭环的重要一环。

5. 政策体系科学指导能源供需双侧协同减碳

能源供需体系绿色低碳发展是一项复杂的系统工程，涉及经济转型、产业升级、能源系统变革、个人和组织行为改变以及环境治理体系创新等系列问题，面临很多的挑战和不确定性，因此迫切需要制度设计和政策体系的指导与推动。缓解能源市场准入和竞争矛盾的能源体制机制改革、推动能源供需一体化发展的健全法律体系、引导资金精准流向低碳领域的绿色金融与财税政策，以及促进公众参与绿色低碳发展的需求反馈机制等系列政策制度必须及时到位，为能源供需双侧的协同低碳转型和绿色发展提供坚实保障与有力支撑。

（二）碳中和下能源供需协同关系的演进目标

在碳中和背景下，国家经济发展战略目标发生转变，能源经济体系的绿色低碳发展意味着不仅要推动能源供给侧改革和能源需求侧管理，更需要推进能源供需双侧的协同发展与动态平衡。在协同方式上，则需要将环境要素及其附加产品视为推动能源变革与碳中和演进的内生动力，最终实现由"被动式"协同向"主动式"协同、"弱"协同向"强"协同以及"静态"协同向"动态"协同的推进。

1. 从"被动式"协同向"主动式"协同演进

由于将绿色低碳视为约束条件，且注重能源供给侧或需求侧的单方面调整与改革，能源供需双侧对于绿色低碳发展的追求呈现"被动式"的协同关系。但这种被动方式显然难以满足碳中和目标愿景对于可持续经济增长的内在要求。传统能源供需双侧的"被动式"协同亟需向"主动式"协同关系演进，将绿色低碳作为经济社会发展的约束条件转化上升为可持续经济增长的内生动力。与资本、劳动力一样，绿色的自然环境与生态资源同样可以作为生产要素进入经济生产函数。在碳中和时代下，环境因素的改善不应只是外在约束目标。绿色低碳本身作为要素，也可以构成产品成本与市场价格的一部分。污染物与碳排放作为负外部性的产品，同样也应进入市场参与资源配置与供需关系调节。只有将绿色低碳视为调节能源供需双侧平衡的内生动力，才能为能源供需双侧的协同发展注入持久动力，从根本上满足经济可持续发展的长期需要和碳中和目标的实现。

2. 从"弱"协同转向"强"协同演进

"弱"协同关系指的是能源总量上的供需平衡。显然，单纯的总量平衡既无法解决跨省电力消纳与省间用能壁垒、电网规划建设滞后与可再生能源电力规模化输出等现实矛盾，也无法解决能源产业上下游矛盾恶化、能源消费过快增长、能源市场价格扭曲等发展问题，更无法从根本上缓解不同地区能源供需关系的结构性错配，因而难以指导绿色低碳要求下的能源供需双侧协同发展。以兼顾总量、产业、空间、技术、市场等结构供需平衡的"强"协同关系是"弱"协同的演进目标。相比"弱"协同关系,"强"协同关系在实现能源总量平衡的基础上,更加关注各个子系统内与子系统间的结构平衡。既考虑能源产业链的整体绿色发展,也关注空间结构上的能源供需均衡,同时还考虑碳中和背景下的绿色低碳技术革新与市场变革。因此,"强"协同关系下形成的能源体系具备更强的防风险与抗冲击能力,能够通过能源供需双侧的有效协同与适配联动指导能源系统的韧性建设,不断深化碳中和进程的推进。

3. 从"静态"协同转向"动态"协同演进

理论上,能源系统协同发展背景下的能源供给侧改革目标是依靠绿色创新、低碳技术与制度驱动,实现满足需求演变规律下的要素和产出结构最优配置;而需求侧管理目标则是适应供给侧调整所带来的国内外消费或投资需求变化,寻求满足绿色低碳发展目标的最优总体需求及其结构配置。但供需双侧的最优配置取决于市场机制能否在资源要素配置中起到决定性作用以及市场价格是否可以准确反映供需成本。在此背景下,"静态"协同关系是指能源的供需关系是单一的、割裂的。以电力市场为例,以往在绿色低碳发展目标下研究电力供给侧改革路径时,只是单纯采取基础设施投入与技术改造升级先行的方式增加清洁电力供给。在电力市场尚未完全放开的情况下,由于价格无法准确反映供求信息,短期内弃风弃光与能源短缺的现象并存。能源体系的长期绿色发展要求"静态"协同向"动态"协同演变。"动态"的协同关系是指市场价格放开、能源价格可以灵活地调节市场供求关系,将以往的割裂式能源需求转变为多能互补、多品种时空互济的综合能源需求,从而实现能源供需关系的实时调节和动态平衡。

二、能源供需双侧协同发展助推碳中和

(一)碳中和背景下能源供需双侧有效协同的驱动方式

整体而言,能源供需双侧协同绿色低碳发展的驱动方式可以概括为"需求牵引供给,供给适配需求"。能源供给侧改革是以提高供给对需求的适配性为导向的驱动方式,而需求侧管理则是"需求牵引供给"的驱动方式。在绿色低碳发展背景下,能源供给侧与需求侧的双向互动和协同减碳将驱动能源系统形成更高水平的动态平衡。

1. 能源供给侧改革

以提高需求适配性为导向的驱动方式。现阶段我国能源供给体系对能源需求的适配性还比较低。从能源体系的整体供需形势来看:供给方面,电力供应在总量上保持惯性增长的态势,但在结构上还存在清洁电源占比偏小、能源布局空间分布不均以及城乡配电网建设失衡等问题。需求方面,电力消费的总体增速放缓,但电力消费的增量结构发生较大变动。具体表现为传统行业用电需求放缓,而战略性新兴产业对用电

需求增长的贡献则有所上升。在绿色低碳发展要求下，能源供给侧改革在向高比例可再生能源结构演进的同时，需要兼顾需求侧用能方式与用能结构的改变对于能源替代节奏与能源转型路径的影响，提高能源供给对能源需求的适配性。随着用能方式与需求结构的不断升级，用户对优质能源产品和服务的需求将有所增加，因此需要高质量能源产品和服务的供给。但需要意识到，能源供给侧的绿色低碳最优配置并不一定是满足能源供需双侧协同绿色低碳发展要求的最优配置。以清洁能源供给为例，单纯地发挥规模集中效应而忽视供能基地与负荷中心的空间逆向分布特征显然难以支撑能源体系的长期绿色发展。相比之下，以就近解决能源需求为准则的分布式能源发展模式，更能有效激发区域经济的绿色低碳发展，进而阻断严重依赖化石能源的规模扩张路径。此外，能源供给侧改革还需要充分考虑能源消费模式更迭速度或投资动态调整可能，避免在零碳能源转型路径上出现传统能源产能压降加速演进与能源消费低碳化发展速度缓慢、智慧能源供给快速发展与需求侧能源数字化水平较低等矛盾。需要以对能源需求侧的适配度为切入口，着实推进能源供需双侧的协同绿色发展。

2. 能源需求侧管理

需求牵引供给的驱动方式。从需求牵引供给的视角出发，能源需求侧的有效需求不足将大大削减能源系统的低碳转型速度。这种有效需求不足主要体现在高碳能源需求占比高、能源价格市场化水平较低、城乡与产业间能源需求结构失衡等方面。在碳中和的战略目标下，需求侧的节能减排与能效提升对于驱动能源系统的低碳转型至关重要。以电力负荷调节为例，通过简单调节供给侧的调峰容量或扩大电网输配容量来满足需求侧峰值消费的方式不仅容易对电网运行造成冲击，还具备较高的经济成本。相比之下，从电力需求侧管理做好电量节约、削峰填谷激励和实时需求响应，既有助于保证能源系统的安全可靠，又可降低能源供需双侧协同发展的额外成本。与此同时，低碳发展既符合清洁能源消费与绿色生活方式的倡导，也为从需求侧牵引低碳能源供给、优化电力资源配置提供了重要机遇。能源消费电气化是提高综合能效与绿色用能水平的重要途径。在需求侧拓展电能替代空间，不断提升社会用能的电气化程度，有助于推动供给侧大规模清洁能源发电。叠加电力需求侧调节资源的低成本与灵活性特点，有助于平抑可再生能源随机性、间歇性与波动性，维持电力系统功率平衡。因此，以需求管理形成有效需求对绿色低碳能源供给的牵引，有助于推动能源需求侧与供给侧相互配合，协调推进，实现能源供需双侧的协同绿色低碳发展。

（二）能源供需双侧协同绿色低碳发展的路径选择

1. 推动绿色低碳能源产业价值链深度耦合

能源供需双侧协同绿色发展的一大瓶颈制约是上下游产业链难以形成相互嵌套的耦合机制。从产业融合发展视角探究破除产业内与产业间制约能源供需双侧协同绿色低碳发展的机制路径，可以考虑以下三大方面：第一，在循环经济视角下加强产业耦合。循环经济发展模式要求企业在生产过程中减轻生态环境影响并实现对副产品与废弃物的循环利用。促使企业要么采取延长产业链,提高对废弃物的综合利用与处理能力,要么选择打破行业界限,横向寻求废弃物的合作开发与利用机会,因而有助于形成多产业共生的耦合模式,推动能源供需体系产业链的协同减碳进程。第二,破除行业垄断壁垒与地方保护。能源供需双侧协同绿色低碳发展需要实现横向产业联动与纵向产业协同。具体包括在产业内部实现纵向深化,实现多种能源的综合梯级利用,以及在产业间进行横向协作,实现多行业的互补运行等,因而需要打破能源行业的垄断壁垒,使能源利用效率可以在整个能源供需系统层面有所提高。第三,利用数字化助力能源产业转型,推动供需产业上下联动。数字化技术的效率优势和成本优势将使其成为推动能源系统低碳转型的重要力量。一方面,数字化与前沿低碳技术的融合发展可以为企业节能减排提供新动能;另一方面,以5G、人工智能、大数据为核心的数字互联网建设又可以为能源产业链融合提供平台枢纽和信息基础支撑(林伯强,2020),通过整合能源流、信息流与价值流信息,在能源供需双侧促进数字化和绿色化的产业融合。

2. 构建能源技术创新耦合机制与协同体系

技术创新对推动能源供需系统转型的驱动作用集中体现为三个方面:一是实现纵向协作视角下"源网荷储一体化"的协同发展,解决能源供需双侧的随机性和波动性问题;二是实现横向联动视角下"多能互补"的协同调度,有效提升能源配置和利用效率;三是实现能源供需体系的深度耦合,以全局优化的技术突破提高各个能源子系统的协调发展。具体而言,主要包括以下两条路径。第一,技术与技术的协同。即推动传统低碳技术与数字化技术的深度融合与协同演化。一方面,分布式能源和储能技术的逐步成熟将改变电力发、输、配、用的实时同频特性,为电力系统调峰调频、新能源消纳等做出重要贡献;另一方面,数字技术"链接、集聚、赋能"的技术特性能够打通能源生产、输送、消费、交易等环节的数据流通渠道,推动形成清洁低碳、安全高效的全新能源结构。第二,技术与环境的协同。即能源技术创新与知识创新、制度创新、服务创新等的协同演化。面向碳中和的能源系统绿色低碳发展是一个动态的、多阶段不断演化的过程,依赖于能源技术创新。由于能源技术的突破性发展面临较大的不确定性风险,因此需要借助知识创造、制度协调、市场服务等多领域的协同发展对能源技术项目的风险进行有效识别和管理,破除能源技术迭代的体制机制障碍。例如,通过价格补贴、税收激励、资金倾斜、服务平台建设等政策举措引导智慧电网、能源互联等关键技术领域的研发攻关、技术供给和成果转化,为能源供需双侧的协同绿色低碳转型提供有力支撑。

3. 建立健全"电-碳"联动的市场化运作体系

电力交易市场和碳排放权交易市场是综合能源市场的重要组成。良好的电力市场运行机制可以推动供需主体通过交易环节的数据交互和信息交流获得自主选择权,从而在直接交易过程中既能为需求侧提供更经济、优质的电力保障,又能提高供给侧的能源配置效率;而碳市场则按照市场规律配置碳排放权资源,允许电力供需主体通过配额交易完成强制减排任务，从总体上实现综合能源系统的灵活性资源供需平衡。从电力市场和碳交易市场寻找推动能源供需双侧协同绿色发展的市场化路径，可以考虑以下三方面。第一，进一步深化电力市场化改革。电力市场的着力点主要在于理顺价格关系，形成市场化的电价形成机制。因此需在有条件的地区加快电力体制改革，按照价格政策合理疏导发电成本，使终端电力定价适度恢复电力的商品属性。在碳中和的转型要求下，能源供需结构的低碳化、清洁化发展还要求进一步推动绿色电力试点交易工作，鼓励重点发电区域积极开展中长期绿电交易，推动电力消费结构优化。第二，推进碳交易市场全面建设。碳市场能否促进能源系统低碳转型发展，关键在于碳价能否充分反映供需各方的信息与减排成本。这既要求碳市场必须具备尽可能大的覆盖范围和市场主体以形成充分有效的竞争市场，又要求碳排放权的配额分配可以体现参与主体的减排和履约成本。因此，既需要丰富碳交易品种，扩大碳市场交易范围，又需要改进配额分配方式，严格遵行市场规律开展碳交易，为能源供需主体的市场化减排提供平台路径。第三，推动电碳市场协同发展。电力市场与碳市场的共同作用可以更加有效地发挥市场机制在能源供需双侧资源配置与绿色低碳转型过程中的优化作用。为此，在推进两个市场建设的同时，需要强化政策协同、机制互补，在短期和中期内以碳市场建设推动电力上下游产业链的低碳转型与绿色发展；在长期内引导实现"电–碳"市场的耦合发展与协调互济，让用能价格既可以反映真实电力成本，又可以反映相应电力生产的碳排放成本。

4. 完善能源系统低碳发展的政策保障体系

能源供需双侧协同绿色低碳发展既要求从行动方案上确定未来能源领域在产业、区域、技术、市场等方面的发展路径，也需要依靠顶层设计与政策制度的基础支撑和有效保障。建立健全能源供需系统绿色低碳发展的政策体系是一项复杂工程，需要从体制改革、财税扶持、法制建设与公众参与等诸多领域考虑建设路径。包括以下几方面。第一，深化能源体制改革。现阶段我国已经步入能源体制改革的深水区，能源市场准入障碍、行政性垄断与地区性垄断相互交织、能源监管职能分散等深层次矛盾凸显。因此，亟须剥离影响能源市场准入和竞争公平性的制度因素，包括行政管制力度、市场标准统一程度以及立法保障水平等，从而减少能源要素配置效率损失，为能源体系低碳转型创造有利条件。第二，发挥绿色金融和绿色财税的引导作用。绿色金融发展可以引导资金更加精准地投向绿色、低碳领域配置，为能源体系低碳转型提供资金来源。为此，需加强金融产品创新，积极发挥绿色金融、碳金融等市场化减排工具对能源供需双侧低碳发展的支撑作用，逐步将资金要素从高碳行业中剥离，引导资本加快流向清洁能源等绿色低碳发展领域。第三，建立健全绿色能源发展的法律支撑体系。从推动能源供需双侧协同绿色低碳转型的法制需要出发，破除能源供需平衡障碍的法律体系建设既要强化能源领域供需一体化发展和协同管理的法律顶层设计，如相关的能源市场交易规制与法律规律等；也要创建高效的能源监管体制与法制手段，尤其是与节能减排相关的目标责任制和考核评价制度等。第四，构建完善的公众参与和反馈机制。能源供需双侧的协同绿色低碳发展离不开公众参与，居民个体的绿色低碳实践对于低碳转型也具有重要意义。因此，还须构建全社会共同参与的行动保障与制度体系，激励并推动全民投入低碳转型过程，共同探寻提升能源利用效率、推动清洁用能的可行方法与行动路径，从需求侧助力能源体系绿色发展。

第四节 碳中和下的全球能源战略展望

为进一步深刻把握能源战略与碳中和，根据世界能源发展现状以及动态变化，本节梳理了主要经济体和研究机构对未来能源发展的相关分析，对全球能源发展的未来趋势进行了合理展望。

一、能源互联网助力可再生能源发展，能源结构趋向多元化

碳中和背景下全球能源结构的转型需要大幅度减少煤炭占比，提高可再生能源在一次能源中的比重。目前全球能源发展需要在满足经济增长的前提下，逐步使用可再生能源对煤炭、石油等化石能源进行替代。但由于需要兼顾效率、安全、成本三个方面，可再生能源还存在稳定性不足、效率较低、成本相对偏高等问题，难以进行常态化使用。互联网的兴起使得信息数字化，信息流通速度进一步加快，极大地提高了资源配置效率。而能源互联网作为能源系统和互联网深度融合的产物（林伯强，2020），不仅可以打破行业壁垒，营造出一种绿色、开放、共享的新型能源生态，还可以提升能源效率，助力可再生能源发展，改变以某一种化石能源为主的单一能源结构，进一步契合全球碳中和目标。能源互联网可以结合人工智能、物联网、大数据等数字技术对能源供需两侧进行实时动态调节和准确预测，通过微电网和分布式能源的有机结合，"源–网–荷–储"互动运行，可再生能源的不稳定性和低效率问题将会得到极大优化。能源互联网的逐步推进意味着全球能源结构将在未来的 20 多年里呈现出多元化的趋势。以石油或煤炭占绝对主导地位的能源结构将成为历史，取而代之的是石油、煤炭、天然气和可再生能源各占一定份额，并逐步向以可再生清洁能源为主体的能源结构过渡。根据《BP 世界能源统计年鉴 2021》数据，2020 年全球石油消费量大幅下降，日均下降 910 万桶，降幅达到 9.3%，创 2011 年以来最高纪录。其中，美国日均下降 230 万桶，欧盟日均下降 150 万桶。2020 年全球可再生能源消费增长率达到 9.7%。其中，中国新增可再生能源消费量是全球可再生能源消费增长的主要驱动力，同比 2019 年新增 1 艾焦，美国可再生能源消费量新增 0.4 艾焦。从可再生能源的生产端来看，太阳能发电增加 1.3 艾焦，增长幅度达到 20%；风电增长量比太阳能还要高出 0.2 艾焦，是全球可再生能源增长的主要动力来源。2020 年全球太阳能新增装机容量 127 吉瓦，风能新增装机容量 111 吉瓦。从整体来看，全球单一能源结构开始出现巨大松动，呈现出石油、煤炭、天然气、可再生能源的"多元分化"格局。根据英国石油公司预测，

2050 年全球可再生能源在一次能源中占比达到 50%左右，远远高于 2018 年可再生能源 5%的占比，与此相对应的是 2018 年全球化石能源所占比重为 85%，预计到 2050 年将会下降到 30%左右。

二、能源消费端朝着低碳化转型，"气化"进程逐渐加快

随着全球碳中和的逐步推进，能源消费将实现绿色低碳转型。从世界上三种主要能源消费趋势的分析和预测来看，石油、煤炭等高碳排放的能源消费明显下降，相对低碳、清洁的天然气消费上升。《世界与中国能源展望》报告显示，2060 年全球的天然气消费在一次能源中的占比将为 13%，石油的比重将下降至 10%。全球各地的天然气需求将迅速增长，中国的天然气消费占比在 2030 年将上升到 12%，而石油和煤炭的占比将分别降至 18%和 43%，煤炭占比在 2060 年将下降至 5%。与石油和煤炭相比，天然气作为一种清洁能源和过渡型能源，在未来几十年间的消费需求增长相对较稳定。在一些可再生能源的稳定性和经济性得到进一步增强之前，传统高碳化石能源退出后所腾出的能源空间将由天然气和其他可再生能源来填补。中国和印度等亚洲经济体的"气化"进程将会推动世界天然气需求稳定增长，21 世纪中叶全球将进入以天然气为主体的清洁能源发展黄金时期。同时，根据美国能源信息署预测，2040 年中国的天然气消费将达到 6000 亿立方米，成为世界上天然气消费增幅最大的国家。对于全球石油的消费量或因为新冠肺炎疫情后恢复经济的诉求和能源转型步伐的加快而提前达峰。此外，由于新能源汽车能效技术不断提高，加之政府提供一定财政补贴，新能源新车销售方面前景可观，增长迅速。同时，在世界经济增长速度有所放缓和全球能源低碳转型的大环境下，石油消费需求逐渐下降，将成为碳中和背景下能源转型的重点领域。而作为电力和海运主力军的煤炭，在能源需求面临萎缩和产能出现过剩的情况下，将呈现需求刚性下降的趋势。在巴黎气候变化大会（COP21）上，能源经济与金融分析研究所指出，中国、印度、日本以及西欧地区的煤炭进口需求在 2015 年之前已经达到峰值，世界煤炭消费也早已达到峰值，并列出八个迹象：主要国家的煤电占比持续下降、海运煤炭需求下降、可再生能源成本下降、煤炭资本进入减少、煤电行业产能过剩、煤炭生产企业面临财务困境、煤炭消费结构性下降、化石能源资产搁浅风险上升。根据英国石油公司预测，2050 年全球煤炭消费将降低 85%以上，在一次能源中占比降到 5%以下。同时还指出中国煤炭消费下降是全球煤炭消费下降的主要动力，占到 50%左右，电煤削减量占中国煤炭消费下降总量的 2/3。

三、电力消费零碳化，"光电"和"风电"有望成为新的供能主力

电力行业产生的碳排放占据全球碳排放的 41%，实现碳中和目标的关键在于电力零碳化（黄震和谢晓敏，2021）。而要实现电力零碳化，需要构建以新能源为主体的新型电力系统，使用可再生能源发电来取代以往高比例的传统化石能源发电。据国际能源署预测，2030 年全球 80%的电力需求增长都可以由可再生能源发电来满足，其中电

力需求增长的供应来源主要是太阳能光伏发电。光伏发电成本在过去的十多年里已经下降了82%以上，甚至在许多国家比燃煤发电站的发电成本还低。电池和能量转换领域的技术创新大幅降低了光伏发电成本，为光伏发电的快速扩张提供了坚实基础，根据英国石油公司预测，2021年至2026年期间全球光伏发电的新增装机容量可达250吉瓦，到2035年这一预测数据更是高达350吉瓦。到2050年，太阳能将完成从替代能源到主体能源的过渡，成为全球能源系统的主力军。

与此同时，风力发电作为另一种清洁能源，在全球可再生能源领域也扮演着重要角色。风力发电主要可分为海上风力发电和陆地风力发电两种。根据国际能源署发布的《可再生能源分析与展望：2021—2026年》，风力发电是全球可再生能源增长的主力，仅次于太阳能光伏。2020年全球陆地风力发电新增量翻了一番，达到近110吉瓦的惊人水平，这主要来源于中国风力发电的爆发式增长。2020年是中国实行陆地风力发电国家财政补贴的最后一年，许多地区迎来"抢装潮"，使得陆地风力发电新增量大幅上升。而全球海上风力发电预计在2024年前后也将迎来大幅增长，届时海上风电将进入平价上网时代。同时，在中国和欧美等主要市场的推动下，2026年全球海上风电总装机容量将增加两倍以上，预计在全球风力发电的占比将达到24%。在全球碳中和的如期推进下，光电和风电的能源地位将得到显著提高，相关能源产业发展前景极大。

四、氢能技术创新不断加快，氢能将迎来重大发展契机

在能源技术创新不断加快的大环境下，制氢、储氢、运氢等环节的关键氢能技术有望实现集中式突破，氢能迎来重大发展契机。众所周知，能源技术的创新发展对未来能源格局形成和碳中和实现意义重大。能源的科技创新也一直是各国关注的重点领域，欧盟的《2050能源技术路线图》、美国的《全面能源战略》、日本的《能源基本计划》和《面向2030年能源环境创新战略》等能源战略规划都将技术创新摆在关键位置。中国发布的《能源技术革命创新行动计划（2016—2030年）》将能源技术创新同具体国情相联系，对我国能源技术创新体系做出了全面、深刻的阐述。在各国一系列能源发展战略和规划方案的强力推动下，世界能源技术不断迭代升级，创新发展趋势持续加快，产生了一系列颠覆性技术，例如，油气领域的深海油气开发技术、激光钻井技术，可再生能源领域的高空风电技术、薄膜电池技术等，以及未来在石墨烯和纳米材料技术进一步突破后大有可为的氢能技术。国际能源署发布的《全球氢能源进展报告》指出，全球电解制氢等低碳制氢技术正在加速扩张。与此同时，氢能产业的发展在能源转型中有着重要作用，考虑到氢能技术创新正在不断加快的现实情况，世界上多个国家已经将氢能产业提升到国家战略的高度。从2002年美国发布《国家氢能发展战略》、2014年日本发布《氢燃料电池战略路线图》到2020年法国发布的《法国发展无碳氢能的国家战略》，再到2022年3月，中国发布的《氢能产业发展中长期规划（2021—2035年）》，将氢能明确列为未来国家能源体系的重要组成部分，强调重点发展可再生

能源制氢，各国纷纷布局氢能发展。国际能源署发布的《全球氢能源进展报告》，指出 2010—2019 年电解制氢装机容量从不足 1 兆瓦增长到 25 兆瓦。利用可再生能源制取的氢能源具有燃烧性能好、绿色清洁无污染等诸多优点，是 21 世纪最理想的能源，也被众多经济体列为实现碳中和目标的核心能源之一。根据世界能源理事会（World Energy Council，WEC）预测，2050 年全球终端能源消费的 25%将由氢能填充。《欧盟氢能源战略》这一报告更是计划将 2050 年欧盟的氢能占比提高到 12%～14%，并概述了在制取、储存及运输等环节的氢能全产业链投资计划。

本 章 小 结

碳中和正在逐渐改变全世界人类生产生活方式，对各国经济社会发展、全球格局重塑、能源系统变革产生重要影响。首先，本章对碳中和目标梳理了碳中和目标衍生的国际背景和中国碳中和目标的形成，为理解碳中和背景下的全球能源战略转型奠定基础。其次，梳理了欧盟、美国以及中国等全球主要经济体的碳中和进程，并就这三个主要经济体推进碳中和的经验进行分析和总结，为碳中和目标下的能源系统性变革和全球能源展望提供有效参考。再次，立足于碳中和背景下的能源低碳转型要求，探究碳中和下的能源系统性变革，对碳中和与能源变革的内在逻辑进行深入阐析，还结合碳中和目标下能源供需双侧协同发展的理念内涵，研究论证了绿色低碳发展要求下能源供需双侧协同发展的演进目标与驱动方式，并以此提出能源供需双侧协同绿色低碳发展的路径方案，以期为促进碳中和下能源系统性变革和进一步夯实能源经济系统韧性发展根基提供价值参考。最后，对碳中和下的全球能源战略进行了展望。由于温室气体排放所带来的危害已经严重影响到人类社会的可持续发展，尽早实现碳中和成了国际社会应对气候变化的主流共识，目前全球已有 100 多个国家提出在 21 世纪中叶实现碳中和目标。传统化石能源的大规模开采和利用是温室气体排放最主要的直接来源，与碳中和目标实现密切相关的能源体系必将发生巨大变革，从能源主体要素到能源形态、从能源主导类型到能源结构、从能源管理到能源发展格局都将发生根本性转变。从以往以煤炭为主体的传统高碳化石能源将转变为未来以风能、水能、太阳能等可再生能源为主体的清洁新能源，碳中和背景下的能源发展趋势将主要呈现出能源结构多元化、能源消费低碳化、电力消费零碳化以及氢能发展不断加快等四个主要特征。

1. 简述碳中和的衍生背景。
2. 什么是碳中和？
3. 简述中国提出碳中和的标志性事件。
4. 中国碳中和目标的提出有何意义？
5. 简述欧盟和美国首次提出碳中和的背景。

6. 简述碳中和背景下的能源供需双侧协同发展的新内涵。

7. 简述碳中和下能源供需协同关系的演进目标。

8. 简述碳中和背景下的能源发展趋势。

[1] 邓旭, 谢俊, 滕飞. 何谓"碳中和"? [J]. 气候变化研究进展, 2021, 17(1): 107-113.

[2] 董利苹, 曾静静, 曲建升, 等. 欧盟碳中和政策体系评述及启示[J]. 中国科学院院刊, 2021, 36(12): 1463-1470.

[3] 黄震, 谢晓敏. 碳中和愿景下的能源变革[J]. 中国科学院院刊, 2021, 36(9): 1010-1018.

[4] 林伯强. 能源互联网助力中国能源绿色低碳转型[J]. 煤炭经济研究, 2020, 40(11):1.

[5] 林伯强. 碳中和进程中的中国经济高质量增长[J]. 经济研究, 2022, 57(1): 56-71.

[6] 刘亦文, 胡宗义. 能源技术变动对中国经济和能源环境的影响: 基于一个动态可计算一般均衡模型的分析[J]. 中国软科学, 2014(4): 43-57.

[7] 鲁宗相, 黄瀚, 单葆国, 等. 高比例可再生能源电力系统结构形态演化及电力预测展望[J]. 电力系统自动化, 2017, 41(9): 12-18.

[8] 曲建升, 孙成权, 张志强, 等. 美国温室气体减排政策变化及其分析[J]. 科学新闻, 2003(9): 32.

[9] 孙传旺, 占妍泓. 碳中和发展轨迹的国际比较与中国碳中和发展力研究[J]. 国外社会科学, 2022, 9(1): 120-132.

[10] 王红, 齐建国, 刘建翠. 循环经济协同效应: 背景、内涵及作用机理[J]. 数量经济技术经济研究, 2013, 30(4): 138-149.

[11] 王永中. 碳达峰、碳中和目标与中国的新能源革命[J]. 社会科学文摘, 2022, (1): 5-7.

[12] 杨建锋, 余韵, 马腾, 等. 工业革命驱动下能源与金属资源需求演变特征与前景分析[J]. 中国人口·资源与环境, 2020, 30(12): 45-54.

[13] 张宇宁, 王克, 向月皎, 等. 碳中和背景下美国回归全球气候治理的行动、影响及中国应对[J]. 全球能源互联网, 2021, 4(6): 560-567.

[14] 庄贵阳. 我国实现"双碳"目标面临的挑战及对策[J]. 人民论坛, 2021(18): 50-53.

第十章

能源金融与能源战略

> 如今全球能源格局风云变幻，作为全球能源发展的利益攸关者，中国的能源战略会受到全球能源格局变化的影响。因此，中国需要以前瞻性的战略思维制定应对举措，提出合理的能源战略。随着能源金融属性的进一步凸显，尤其是石油过度金融化的加剧，缺乏油气定价权和规则制定权的中国在国际博弈中常常处于不利地位。在能源金融对能源战略的影响越发增大的形势下，中国迫切需要制定符合国情的能源金融发展对策。
>
> **关键词：**能源金融　绿色金融　石油金融　电力金融　天然气金融　原油期货

第一节　能源金融的产生

制定能源金融战略需要厘清三方面内容：一是能源金融的内涵，包括明晰能源金融的含义和绿色金融的定义，以及二者之间的关系；二是能源金融体系的组成，主要包括能源金融市场、能源金融创新等；三是能源金融的作用。

一、能源金融的定义和内涵

（一）能源金融的定义

作为当今经济发展的两大核心，能源和金融的一体化日益成为各国政府和学者们关注的焦点。能源市场和金融市场的联系也越来越紧密，两者逐渐形成了新的形态——"能源金融"。能源金融是国际能源市场与国际金融市场相互渗透结合的产物，它不仅涵盖了整个能源产业的各个环节，而且涉及国际金融体系的各个层面。

目前，国内外研究对能源金融的概念还没有明确统一的定义。国外早期研究将"能源金融"与"项目融资"视为等同概念，相关研究主要集中在"融资"还贷、抵押担保和风险管理等方面；部分学者还将能源行业的金融支持路径作为重点研究内容，并认为传统的融资方式已不能满足发展中国家能源行业不断增长的资金需求，项目融资是能源行业资金支持的重要途径。具体而言，填补能源部门融资缺口有两种方法，分别是增加公共投资和改革金融体系。哈佛大学国际研究中心主任杰弗里·萨克斯在其主编的著作《绿色金融手册：能源安全与可持续发展》中将能源金融定义为"同时追求金融业发展、环境改善和经济增长的面向未来的金融类型",旨在"提高能源效率和为发展可再生能源的新技术提供资金,提高可再生能源在市场中的份额"。

基于能源金融是能源系统与传统金融体系相互渗透和融合而形成的一种新型金融体系的概念,国内学者通常将能源金融分为能源实体金融和能源虚拟金融,并从广义和狭义两个角度对其进行了定位:从广义的角度来说,能源金融是指能源和金融信息的关联机制,相关产业主体依靠关联机制整合能源和金融资源,使能源和金融产业并存共生,并能有效防范风险;从狭义角度来说,能源金融就是能源投融资。在中国能源政策研究院院长林伯强教授所著的《能源金融》一书中,能源金融内涵包括利用金融市场来完善能源市场价格信号的形成与传递,管理和规避能源市场风险,解决能源开发利用的融资问题,优化能源产业结构,促进节能减排和新能源开发利用等,而其核心是能源的市场化定价机制。

(二)绿色金融

1. 绿色金融的发展背景和具体实践

1992 年联合国环境规划署发表的《银行界关于环境可持续发展的声明》标志着国际金融机构开始系统实施环境金融,有33个国家和200多个金融机构共同签署了声明,表示金融机构要承担可持续发展的义务。同年,联合国环境规划署成立金融倡议组织(UNEP-FI),旨在推动金融系统为环境、气候治理以及可持续发展提供支持。1995 年,联合国环境规划署联合世界主要保险公司发布了《保险业关于环境和可持续发展的声明书》,标志着绿色金融延伸到保险领域,随后联合国环境规划署保险机构成立。1997 年《联合国气候变化框架公约》第三次缔约方大会签署了《京都议定书》,并提出建立碳排放交易体系,标志着低碳金融或气候金融实践的正式开展。欧盟排放交易体系(EU-ETS)已成为世界最成熟最有影响力的碳交易市场。2003 年,花旗银行、巴克莱银行等 10 家国际银行宣布实行"赤道原则"(equator principles),要求金融机构在项目融资中审慎考虑环境和社会风险,强调环境、社会与企业发展和谐统一。

与其他国家相比,我国绿色金融实践是随着经济结构调整和发展方式转变的进程逐渐发展起来的。2003 年我国开始进行企业环境行为评价,并将之与企业信用评价及金融配套服务相挂钩。2008 年,兴业银行宣布采用"赤道原则",率先成为国内首家发展绿色金融的商业银行。2012 年,党的十八大首次把生态文明建设纳入五位一体总体布局。2014 年国务院要求金融监管部门"一行三会"会同有关部门研究支持环境服务业发展的金融政策。2016 年,绿色金融首次被纳入二十国集团杭州峰会,成为全球共同应对的重要发展议题。2016 年 8 月,中国人民银行等七部委发布《关于构建绿色金融体系的指导意见》,提出设立绿色发展基金,通过运用财政政策支持建立健全绿色金融体系。2017 年 6 月中旬国务院常务会议决定在浙江、江西、广东、贵州、新疆 5 省(区)选择部分地方建设绿色金融改革创新试验区。我国的绿色金融实践已经成为支持绿色产业发展和传统产业绿色改造的重要金融活动。根据中国银行业协会的披露报告，截至 2021 年第一季度末，21 家主要银行绿色信贷余额超过 12 万亿元，占各项贷款比重的 9.3%，全行绿色信贷支持项目每年支持节约标准煤超过 3 亿吨，减排二氧化碳当量超过 7 亿吨，有力推动经济社会绿色转型。与世界其他国家相比，我国绿色金融实践具有以下几个特点：①起步晚，但发展速度迅猛；②市场需求大，政策推动力度强；③积极寻求国际合作，并不断发展有中国特色的绿色金融理论体系。

2. 绿色金融的定义

大多数关于绿色金融（或可持续金融）的宽泛定义来自国际性金融体系与世界金融机构的特定准则或某些国家对某些特定金融工具（如绿色债券）的解释。德国经济合作与发展部（2011）提出的绿色金融是指一种旨在让金融机构朝着低碳、资源有效并适应气候变化方向转型的战略安排。国际发展金融俱乐部在《绘制绿色金融蓝图》（2013）中提出，绿色金融指的是金融投资流入可持续发展的项目倡议、环保产品和鼓励发展可持续经济的政策。普华永道国际会计事务所（2013）指出，对于银行业而言，绿色金融是在贯穿引导决策、事后监管和风险管理等过程中充分考虑环境因素的金融产品与服务，旨在增强投资的环境责任并激励低碳技术、项目、产业和商务活动发展。经济合作与发展组织（2014）在其《绿色金融与投资》报告中提到的绿色金融是一项支持绿色增长的投资活动，而绿色增长是指在经济增长中减少温室气体排放、最小化垃圾与废物产生并提高资源利用效率。德国发展研究院在 2014 年《关于绿色金融的定义》报告中，指出低碳金融仅仅是绿色金融的一个方面，而绿色金融还应该包括支持可再生能源产业、提升能源效率、垃圾处理与循环、生物多样性保护、处理工业污染等多个方面。

我国在 2016 年《关于构建绿色金融体系的指导意见》中指出，绿色金融是指"为支持环境改善、应对气候变化和资源节约高效利用的经济活动，即对环保、节能、清洁能源、绿色交通、绿色建筑等领域的项目投融资、项目运营、风险管理等所提供的金融服务"；而绿色金融体系则被定义为"通过绿色信贷、绿色债券、绿色股票指数和相关产品、绿色发展基金、绿色保险、碳金融等金融工具和相关政策支持经济向绿色化转型的制度安排"。2016 年，在中国的倡导下，绿色金融被首次引入二十国集团峰会议题，全球对绿色金融的概念有了相对一致的认识。在 G20 绿色金融研究小组编写的《G20 绿色金融综合报告》中，绿色金融是指"能产生环境效益以支持可持续发展的投融资活动"。相对于其他关于绿色金融的定义，二十国集团提出的定义虽然包括了更为广泛的外延，却具有更加清晰的边界。

3. 绿色金融与可持续金融、环境金融和气候金融的关系

首先，绿色金融与可持续金融、环境金融等的联系从绿色金融的定义中可见一斑。根据二十国集团峰会中提出的绿色金融含义，即"能产生环境效益以支持可持续发展的投融资活动"，绿色金融的本质是通过金融市场的作用引导资金聚集在环境保护和可持续发展的相关领域。因此,绿色金融的范畴一般包括环境保护和资源节约。可持续发展和环境保护是目标,绿色金融是手段。这也显示出绿色金融与环境金融、可持续金融含义的边界并不明确,因而通常会与环境金融、可持续金融等概念不加区分地使用。

其次,绿色金融与可持续金融、环境金融、气候金融等的区别表现为,它们支持的领域有所不同。①可持续金融支持所有与可持续发展有关的领域。1987年,世界环境与发展委员会在《我们共同的未来》报告中首次提出可持续发展的概念,将其定义为"能满足当代人的需要,又不对后代人满足其需要的能力构成危害的发展"。1992年6月,在里约热内卢召开的联合国环境与发展大会通过了以可持续发展为核心的《21世纪议程》和《里约环境与发展宣言》等文件,进一步明确了可持续发展的内涵,包括社会、环境和资源的可持续三个主要方面。其中,环境可持续的概念包含了生态环境保护、污染治理,以及应对气候变化等方面;资源可持续发展则涉及对水资源与化石能源等不可再生的自然资源的管理和利用,并遵循着"减量化、资源化、再利用"三个原则(reduce,recycle,reuse,3R)。②环境金融旨在支持生态环境保护。环境生态和水资源、土地、森林等均是重要的自然资源,需要对其进行重点保护,这对于人类身体健康、经济平稳发展,以及社会的可持续发展具有重要影响。环境金融将循环经济和金融创新有机地结合在一起,聚焦于二者之间的有机关系,探索以市场为基础,可以提高环境质量、转移环境风险、发展循环经济的金融创新,使两者可以形成良好的互补关系,协调发展。③气候金融聚焦在气候变化领域。气候金融除了探讨温室气体减排和适应气候变化的相关问题,还涉及不可再生能源的管理和使用,如化石能源的节约利用问题以及生态环境的保护(健康的生态系统可以提高适应气候变化的能力),如海洋、森林能吸收碳汇。当然,气候金融最重要的支持领域就是节能减排。

(三)能源金融与绿色金融的辨析

首先,能源金融与绿色金融的联系体现在二者均是通过金融市场来管理和规避能源市场风险,解决能源开发利用的融资问题。

其次,能源金融与绿色金融的区别体现在概念范畴的差异。与能源金融的概念范畴相比,绿色金融更加注重环境保护和可持续发展,其与能源金融的差异主要体现在以下五个方面。第一,绿色金融的目的是支持有环境效益的项目,这里的环境效益包括了五个方面,即减少空气、水和土壤污染,降低温室气体排放,提高资源使用效率,减缓和适应气候变化并体现其协同效应;第二,绿色金融除了支持绿色项目投融资之外,还要求将环境外部性内部化,并调整对环境风险的认知,即包括绿色保险等风险管理活动以及碳金融业务等;第三,对于金融市场的功能而言,发展绿色金融也要求改善与环境因素相关的金融市场定价,厘清与绿色投融资有关的二级市场边界;第四,绿色金融能够促进具有较高潜力的绿色产业发展,推动科技创新,并为金融业带来新的商业机会,能够进一步明确绿色项目的主要类别;第五,可持续发展通常包括环境、社会与治理（environment，social，governance，ESG）三个层面，绿色金融更加注重环境效益，其边界与可持续金融不同，绿色金融的外延并不包括在社会与治理层面能产生更广泛效益的其他投融资活动。

二、能源金融体系

能源金融体系包括能源金融市场和能源金融创新。其中，能源金融市场的重要组成部分是能源金融交易所和能源金融产品。

（一）能源金融市场

随着人类对煤炭、石油、天然气等化石能源以及水能、风能、太阳能等非化石能源的依赖日益加深，能源产品的交易量急剧增加，传统的能源合约已经不能满足人们对能源交易的需求。能源市场需要靠金融手段来给能源定价，并给国际能源市场提供风险规避的工具，能源金融市场由此应运而生。能源金融市场是传统能源市场和传统金融市场（如货币市场、外汇市场、期货市场）相互结合而成的复杂市场形态，主要是针对某一特定能源商品（如石油、天然气、煤炭和电力等）的衍生金融产品交易，是国际大宗商品交易市场的重要组成部分。

1. 能源金融交易所

传统的能源定价机制是由能源中长期交易合同或现货交易决定的。然而，随着国际能源市场的完善和发展，市场参与者逐渐产生了规避极端事件风险的要求，能源期货、期权和其他衍生交易品应运而生，为国际能源市场提供定价基准和避险工具，由此能源金融市场形成了场内和场外两种交易模式。其中，场内市场是由证券交易所组织的集中交易市场，有固定的交易场所和交易活动时间，采取公开竞价和严格的监管制度，交易对象是标准的能源期货。场外市场也称为柜台市场，没有固定、集中的交易场所，采取一对一的议价方式，是一个受到监控但不受监管的市场，交易对象主要是非标准化的场外衍生产品。

能源金融交易所最初的职能是给能源产品定价，规避能源市场风险，对能源产品进行套期保值。目前，能源金融市场是由能源市场、期货市场和外汇市场等传统金融市场相互联动而构成的复杂金融体系，是国际金融市场的重要组成部分。当前，世界三大能源交易所为纽约商品交易所（the New York Mercantile Exchange，NYMEX）、伦敦国际石油交易所（International Petroleum Exchange，IPE）和东京工业品交易所（The Tokyo Commodity Exchange，TOCOM），其能源商品的价格已成为大多国际市场参与者进行交易的标准。表 10-1 列举了世界主要能源商品交易所概况。

2. 能源金融产品

能源金融产品是指标的资产为能源产品，如原油、天然气、煤炭、电力的金融衍生品。能源金融衍生品是能源市场的重要组成部分，有利于扩大能源市场规模、完善

表 10-1　世界主要能源商品交易所概况

城　市	交易所名称	成立时间	主要商品	
美国纽约	纽约商品交易所（NYMEX）	1994 年	期货：电力期货、轻质低硫原油期货、天然气期货、取暖油期货、布伦特原油期货、柴油期货、甲烷期货、丙烷期货、煤炭期货	
			期权：原油期权、取暖油期权、天然气期权	
英国伦敦	伦敦国际石油交易所（IPE）	1980 年	期货：布伦特原油期货、柴油期货、天然气期货、无铅汽油期货	
			期权：布伦特原油期权	
日本东京	东京工业品交易所（TOCOM）	1984 年	期货：中东原油期货、汽油期货、煤油期货	
新加坡	新加坡交易所（SGX）	1999 年	期货：高硫燃料油期货、迪拜酸性原油期货、粗柴油期货	
中国上海	上海国际能源交易中心	2013 年	期货：原油期货、轻柴油期货	

能源市场结构，发挥能源市场功能。能源金融衍生品的用途一般有三类：一是价格发现，二是规避风险，三是投机盈利。关于能源金融产品的探讨主要从能源金融衍生工具的种类展开，包括能源远期合约、能源互换协议、能源期货合约和能源期权交易。下面将介绍不同的衍生品及它们如何用于价格风险的分离和转移。

第一，能源远期合约。远期合约是交易双方约定在未来的某一确定时间，以确定的价格买卖一定数量的某种金融资产的合约，是必须履行的协议，主要包括远期利率协议、远期外汇合约、远期股票合约。合约规定交易的标的物、有效期和交割时的执行价格等内容，是一种保值工具。远期合约是场外交易，交易双方都存在风险。如果即期价格低于远期价格，市场状况被描述为正向市场或溢价；如果即期价格高于远期价格，市场状况被描述为反向市场或差价。通过能源远期合约锁定价格，可以预期原来不确定的价格，从而避免能源价格波动风险。例如，上海环境能源交易所与上海清算所推出的上海碳配额远期协议（SHEAF），是以上海碳排放配额为标的，以人民币计价和交易，在约定的未来某一日期清算、结算的远期协议。另外，上海、北京和湖北推出的碳远期产品均为标准化的合同，采取线上交易，尤其是湖北采取了集中撮合成交的模式，已"无限接近"期货的形式和功能；而广州碳排放权交易所推出的碳远期产品为线下交易的非标准合约，市场流动性较低。

第二，能源互换协议。互换交易是指对相同货币和不同货币的债务通过金融媒介进行互换的一种行为。在互换交易市场上，互换交易的一方当事人提出一定的互换条件，另一方立即以相应的条件承接下来。利用互换交易的目的主要包括：延长或者缩短期限；依据不同时期的不同利率或资本市场的限制筹措资金；提升或者降低息票率来最大化收入或者最小化金融成本。因此，互换市场在某种程度上可以被认为是"最佳筹资市场"。能源企业可以分别与金融机构和用户签署互换协议。能源企业和金融机构的互换协议，可以被认为是纯粹金融活动，无须实物交割。其基本原则为能源企业作为互换协议的卖方，可以将协议卖给金融机构（浮动价格的接受者或固定价格的支付者），与此同时也将能源价格波动带来的风险转移给了金融机构，而金融机构则承担风险并从中获得收益。能源企业与能源用户的互换协议，锁定了能源企业的能源出售价格，也锁定了用户的能源购买价格。

第三，能源期货合约。期货交易是以现货交易为基础，以远期合同交易为雏形而发展起来的交易方式，它是指为转移市场价格波动风险，以公开竞争的形式进行期货合约的买卖形式。期货合约是由期货交易所统一制定的、在将来某一特定时间和地点交割一定数量标的物的标准化合约。这里的标的物，又被称为基础资产，也就是期货合约所对应的现货。可以是某种商品，如玉米、铜、原油、天然气、煤炭等能源产品；也可以是某个金融工具，如债券、股票、外汇和利率；还可以是某个金融指标，如股票指数沪深300。能源期货合约最大程度体现了能源金融衍生品的作用，即价格发现、规避风险和满足投机。其中，价格发现体现为各方交易者对商品未来价格进行行情分析和预测，通过有组织的公开竞价，形成预期的石油基准价格，而这也往往被视为国际石油现货市场的参考价格，具有重要的价格导向功能；规避风险是指企业通过套期保值实现风险采购，基本方法是企业买进或卖出与现货市场交易数量相当，但交易方向相反的石油商品期货合约，以期在未来某一时刻通过对冲或平仓补偿的方式，抵消现货市场价格变动所带来的实际价格风险。

第四，能源期权交易。期权是一种选择权，是一种能在未来某个特定时间以特定价格买入或卖出一定数量的某种特定商品的权利，分为看涨期权（call option）和看跌期权（put option）。能源期权是标的物为能源产品的衍生品。例如，纽约商品交易所发行的原油期权、取暖油期权和天然气期权，以及伦敦国际石油交易所发布的布伦特原油期权。

（二）能源金融创新

金融机构除了提供金融产品和风险管理服务外，还基于资源消耗、环境恶化、节能减排、可再生能源开发利用等问题，积极开展能源金融创新，开发相关金融产品。概括来说，能源金融创新即依托可持续发展的概念，为减少能源消耗和温室气体排放提供规避环境风险的金融工具及融资平台。目前，能源金融创新涉及的领域包括节能量交易（白色证书交易）、碳排放交易、温室气体排放权交易和可再生能源配额交易（绿色证书交易）等方面。

1. 节能量交易（白色证书交易）

节能量交易的流程如下。①设定节能目标和配额，确认责任主体。以国际和国内的节能量交易体系为指导，根据我国在各类规划中制定的节能方案，结合我国各省区市的产业结构和能源结构现状，将重点能耗行业作为责任主体，合理分配各主体的节能指标，并对资金丰富、规模庞大和技术完备的重点企业开展试点工作，按照"从大到小"的原则逐步推进，逐渐完善节能量交易体制。②确定节能量核算标准。我国重点用能单位主要采用的是项目节能量核算标准。③确立交易平台，制定交易规则。在节能量交易体制建立的初期阶段,需要本着减少对节能量交易限制的原则,为其创造更多的有利条件。例如,可以扩宽节能量交易平台。国务院办公厅于 2014 年 5 月 15 日印发《2014—2015 年节能减排低碳发展行动方案》,明确提出了"启动项目节能量交易"的要求。此后,北京、深圳、上海、山东、福建、江苏等省市的节能量交易平台陆续建立。又如,2015 年 3 月 30 日,江苏省政府办公厅印发了《江苏省项目节能量交易管理办法(试行)》,规定了"用能单位实施节能改造项目、淘汰生产装置的节能量达到 500 吨标准煤(非工业项目 100 吨标准煤)以上的,应在项目实施完成后 6 个月内(列入全国碳排放权交易范围的企业,应在碳排放配额履约后 3 个月内),提请由第三方节能量审核机构对其节能量进行现场审核。通过现场审核的项目,由第三方节能量审核机构向节能量所有权人签发节能量证书"。④建立奖惩结合的制度。对相关企业的实施现状进行公平公正的奖惩,使交易行为更加规范。

2. 碳排放交易

近年来,温室气体排放不断增加,全球气候变化问题受到广泛关注和重视。《京都议定书》规定了国家的量化减排指标,国际碳交易市场得以迅速发展,而碳期货是全球碳市场发展最为成熟、成交最为活跃的碳金融衍生产品。欧洲气候交易所和欧洲能源交易所在 2005 年碳市场启动伊始,便同时开展了碳配额以及核证减排量的期货和期权交易,分别为碳配额的线上交易以及清洁发展机制(clean development mechanism, CDM)项目开发提供套期保值和风险管理工具。2015 年,欧盟碳交易机制(EU-ETS)市场期货成交量达到了现货成交量的 30 倍以上,参与期货交易的主体则包括控排企业、金融机构和其他投资者。

3. 温室气体排放权交易

温室气体排放权交易是通过经济手段缓解气候变化的重要政策措施之一。为了获得确定的温室气体减排效果,设定排放配额总量已成为该措施平稳运行的首要前提。但是,该措施并非固定不变,决策者必须综合考虑政治、经济、社会和环境等国内外因素,评估相关的不确定性和风险,并权衡利弊形成最终判断。根据排放交易配额总量影响因素传导作用的差异性,可以将其分类为间接、直接和双重影响因素:①间接因素包括全球温室气体排放限制、国家间的共同减排努力、各国温室气体减排责任分担机制;②直接因素包括本国应对气候变化的其他政策措施的实施效果和本国温室气体排放交易制度的设计;③双重因素包括国家宏观经济波动的阶段性影响和宏观经济发展的阶段性影响。

4. 可再生能源配额交易

可再生能源配额制度的一项政策工具即为可再生能源证书(renewable energy certificate,REC)制度,又称"绿色电力证书制度",可再生能源证书交易市场保证了配额制的实施。可再生能源配额制度不仅是促进可再生能源发展的重要措施,也是实现节能减排目标,建设低碳社会的战略选择。澳大利亚和欧洲各国较早开展了可再生能源配额制的探索和实践。2001年4月1日，澳大利亚可再生能源证书体系在全国范围内开始正式运行，标志着澳大利亚成为世界上最早在全国实施可再生能源配额制的国家。经过10年发展，2011年1月1日，澳大利亚将可再生能源证书进行分类，分为小规模证书（SGCs）和大规模证书（LGCs），其中小规模RECs主要面向太阳能热水器、空气源热泵热水器和小型发电机组，大规模RECs主要面向发电站。欧洲国家也较早开始推行可再生能源配额交易。其中，意大利的配额目标是"2007—2012年，各个配额承担主体的配额指标逐年增加0.75%"，配额主体是年产量超过100吉瓦时的电厂，运作机制是绿色证书和虚拟证书；英国的配额目标规定"在2010年可再生能源电力占传统电力产量的10%，并一直持续到2025年"，配额主体是电力经销商，运作机制是证书交易形式和存储式证书；丹麦的配额目标是"2030年可再生能源电力占电力消费的50%"，配额主体是终端消费者，运作机制是绿色证书和存储式证书（不限制有效期）。从澳大利亚、欧洲各国等典型国家配额制的实践和经验来看，我国应秉持配额制目标适当、配额主体明确、可再生能源选择慎重的原则建立具有激励性质的可再生能源配额制体系。其中，配额制目标适当体现在，配额制作为促进可再生能源发展的重要措施，是一项长期政策。在制定配额的总体目标时，要充分考虑节能减排目标、电力消费以及可再生能源消费比重等因素的影响；配额主体明确体现在，要确定发电厂、电网公司、输配电企业及电力使用者究竟谁是配额制的义务主体；可再生能源选择慎重表现为，我国在选择合理的可再生资源范围时，应多鼓励风电、太阳能等可再生资源的发展，而对于水电尤其是对生态环境有较大影响的大型水电应当慎重考虑，不宜不加区分地将所有水电划分到完成配额义务的可再生能源电力范围。

三、能源金融的功能和作用

基于上述关于能源金融产生背景、能源含义和能源体系构成的讨论，本部分主要从以下四个方面探讨能源金融的功能：规范调节能源市场，影响能源产品定价；促进节能减排，提高能源效率；识别能源产品价格波动，防范价格波动风险；引导能源产业发展，解决能源融资问题。

（一）规范调节能源市场，影响能源产品定价

在早期发展阶段，人类对于能源的开采大多是粗放式开采，对能源的消费没有节约意识，世界的能源价格长期处于无序状态，没有体现稀缺资源的价值，也没有形成合理、有效、快捷的价格调节机制。由于能源与经济发展息息相关，无序低效的能源市场会对全球经济造成严重影响。随着金融市场的出现和完善，金融市场与能源市场的结合在一定程度上可以利用金融指数、金融工具等手段来影响能源价格，并规范与调节能源产品的交易，促进世界能源市场的有序发展。

能源金融是一个尚未成熟的概念，随着全球经济的发展，其形式也在不断演变，但核心仍是能源商品的市场化定价机制。西方发达国家，特别是美国凭借美元在国际

货币体系中的主导地位,以及自身成熟的金融市场体系,逐渐控制了能源商品期货市场,增强了对国际石油价格的控制权。当前国际石油市场已经较为成熟,形成了包括石油现货、远期、期货、期权等的完善市场体系,期货交易逐渐取代现货交易和长期合同,成为国际能源产品的主要定价方式。现阶段,国际上大多以美国纽约商品期货交易所和英国伦敦国际原油交易所的期货合约价格作为全球石油的主要参考价格。

(二)促进节能减排,提高能源效率

目前,全球气候问题既是人类可持续发展的障碍,也是一次人类跨越传统发展模式的契机。以碳排放交易市场为代表的能源金融创新逐渐成为国际金融体系发展的趋势,也成为西方发达国家能源战略新的组成部分。能源金融创新不仅为节能减排提供金融工具和手段,更重要的是引导了全球未来经济发展的方向,即绿色低碳的可持续发展模式。

能源效率金融特指能源效率改进项目的融资。"节流"是应对世界能源问题的重要手段。发达国家早已认识到节能的重要性,在20世纪就开始大力发展节能技术。但是,在能源效率设施与技术的推广应用环节,政府的作用是有限的,主要从法律、产业政策、财税政策的层面加以推动,而真正的驱动力来自金融市场。显然,如果能够让能源效率成为一种可以逐利的资产,那么金融资本就会毫不犹豫地进入这个领域。

能源金融创新可以使能源效率成为一种吸引金融资本的优质资产,推动能源效率市场的发展。在能源效率市场中,金融扮演的角色就是将拥有节能技术的节能服务供应商与能源用户联系起来,合理分摊风险与收益,实现"多赢"。在推动能源效率市场发展中,金融部门扮演更为积极的角色,统筹协调金融、税务、财政等多个方面,为能源效率行业的发展创造良好的环境。

(三)识别能源产品价格波动,防范价格波动风险

能源金融市场是国际能源市场的风险管理平台,其关注的核心是全球能源价格的波动。作为国际金融市场的一个组成部分,能源金融市场不可避免地会受到国际金融市场的影响,其中最为明显的表征就是能源商品的"金融属性"大大增强,吸引了大量的资金投入能源金融领域。这一方面既为能源金融市场提供了流动性,同时也加剧了能源衍生金融产品的价格波动,而衍生品的价格波动又通过能源金融市场参与者的套期保值、套利或投机行为传导到国际能源市场,进而加剧了能源商品的价格波动。能源的期货、期权以及其金融衍生品市场在一定程度上能有效发现价格,降低能源价格的波动风险。

随着能源商品金融化趋势的演进,能源价格波动的因素变得更加复杂。除了传统的生产供应、商品库存等市场内部因素的影响,全球政治经济形势、环境气候、金融投机等市场外部因素都会引发能源价格的剧烈波动。国际金融市场对能源金融市场的风险传导途径主要是以下几个方面。第一,国际金融市场的信息溢出效应。由于全球金融管制的逐步放松和信息技术的高速发展,全球经济一体化趋势不断加强,信息在

国际金融市场间的传播和溢出更为迅速。能源商品作为战略物资和现代工业的基础，其供求关系极易受到经济形势的影响，而能源衍生品的价格对经济波动等相关信息（诸如就业率、利率等）的反应更为敏感，因此也更容易受到影响。第二，国际金融市场的资金溢出效应。由于美元是国际能源市场的主要计价及结算货币，因此美元贬值以及由此带来的流动性过剩导致大量的资金转向具有保值功能的能源商品。国际金融市场的资金溢出效应加剧了能源金融市场的价格波动，特别是大量的国际游资，其投机性强、流动性快、隐蔽性高，往往给能源市场及能源产业造成巨大冲击。第三，国际金融市场的风险溢出效应。由于国际金融市场的全球化趋势不断加强，国际投资者可以在24小时内在不同国家的市场间或不同交易品种之间寻找套利或投机的机会，因此跨市场风险溢出成为能源金融市场的风险来源之一。

（四）引导能源产业发展，解决能源融资问题

能源是资本技术密集型行业，一般来说，初期的开发建设需要巨额资金，意味着能源投资的沉淀成本很大，并且投资回报周期较长。而且，能源的勘探与技术研发、产业升级具有高风险、高回报的特征，所以能源行业的融资一般靠政府支持。

然而，随着全球能源行业的需求不断扩张，单一的融资方式限制了能源行业的发展，很多能源企业融资往往面临"资金缺口"，因此金融市场必须发挥作用以满足能源企业更大的融资需求。常用的方式有股票市场公开上市、发行债券、吸收国际投资与风险投资等。能源行业蕴藏的巨大机遇也吸引了金融投资机构的进入。一方面，金融市场可以发挥金融杠杆的调节作用，通过发放信贷支持能源产业建设，利用信贷结构调整来引导资金流向，从而优化能源产业结构；另一方面，金融市场可以通过证券市场、资本市场、应用金融衍生工具和各种金融产品来提供多元化的支持，引导能源企业利用现代金融市场来拓宽投融资渠道。

近年来，伴随着能源市场与金融市场的发展，建立能源基金越来越成为国际通行的做法。能源基金包括产业投资基金、金融投资基金与综合基金。产业投资基金一般由政府以及大型能源公司建立，主要目的是向风险勘探、油田开采权收购、下游项目投资、重大项目评估等提供专项资金，为实施中长期战略进行基础性铺垫。金融投资基金以较高的中短期投资收益和资本积累为目标，由专业投资机构利用各种手段在石油期货期权市场、国际货币市场以及与石油相关的证券市场上进行套利交易与投机操作。综合基金的目的是将产权市场和资本市场进行有机联络，通过资本运营将能源产业项目培养壮大，获取利润。能源基金不仅是个人投资者的重要投资对象，还可以成为机构投资者不可或缺的一部分组合资产。

第二节　能源金融的发展与演变

本节从石油金融、天然气金融、电力金融三方面入手，探讨世界能源金融的演变

进程和发展现状,并归纳总结世界能源金融的发展特征,体现为欧美垄断全球主要能源交易市场,能源金融化的范围不断延伸,发达国家对能源金融市场的监管加强。本节为线上阅读内容。

第三节 能源金融战略的制定

能源金融的发展与演变

首先,本节阐述了能源金融战略制定的基本步骤,包括:①了解本国能源金融发展的基本特征和主要矛盾;②明确能源金融战略的目标和总体思路;③制定能源金融战略总体布局;④适当做出战略调整。其次,归纳总结美国和欧盟等发达国家或组织的能源战略制定经验。最后,阐述中国能源战略制定的具体实践。

一、基本步骤

(一)了解本国能源金融发展的基本特征和主要矛盾

准确掌握本国能源金融市场和能源金融创新等能源金融体系的基本特征是制定能源金融战略的必要前提,争夺石油定价权问题是制定能源金融战略的重中之重。我国较完备的能源金融市场是石油金融市场,即上海期货交易所(SHFE)的 INE 原油期货市场。天然气金融市场、煤炭金融市场、电力金融市场和碳金融市场尚处于起步和发展阶段,还没有形成完整独立的金融市场。

鉴于石油是一国工业发展的血液,石油定价权关系到石油安全,进而影响国家安全。我国目前在石油定价权方面的话语权仍比较薄弱,话语权与最大原油进口国的地位不匹配。这主要是因为石油议价能力不完善、金融市场化程度低、石油期货抗风险机制弱、对国际石油期货的影响不足、对世界石油资源和产业链控制不足。国际原油价格波动会直接对我国的石油进口成本产生巨大冲击。如何提升石油定价权将直接影响到国家能源安全。赢得"石油定价之争"的出发点,是建立完备的石油金融市场,尤其是石油期货市场,推出多种石油期货产品,完善市场法律制度。

(二)明确能源金融战略的目标和总体思路

能源金融战略的目标和总体思路可以归纳为以下三个方面:第一,增强石油定价权和话语权是能源金融战略的基准目标;第二,建立完备的能源金融市场,开发多样化的能源金融产品;第三,促进石油、天然气、煤炭、电力和碳金融市场协同发展。制定能源金融战略需要兼顾上述三个目标,才能长期合理地促进能源产业和经济的可持续发展。

(三)制定能源金融战略总体布局

能源金融的总体布局首先应与能源和金融发展的布局相协调,整合能源和金融两种资源,促进能源和金融的一体化发展。构建能源金融市场体系,推动建立能源的市场化定价机制,以石油金融市场为基础,推动天然气、电力、煤炭、碳金融市场多层次、全方位发展。

（四）适当做出战略调整

能源金融战略的时限分为短期、中期和长期。短期的能源金融发展情况受能源金融战略的影响，长期的能源金融战略可以根据短期能源金融发展情况做出适当调整，这是为了缓解能源战略制定的难度，避免时限较长的能源战略对能源金融规划的不足。例如，国际金融危机、气候变化问题、绿色和低碳能源科技创新等冲击性事件，均会对国内和国际的能源格局造成影响。因此，能源金融战略也需要不断完善和调整，以适应这些突发事件的影响。

二、国际经验

本节主要介绍了美国和欧盟两个经济体的能源金融战略特点，为线上阅读内容。

国际经验

三、中国实践

通过借鉴美国和欧盟的能源金融战略体系，中国能源金融战略体系的构建主要着眼于石油金融、低碳金融层面。

（一）石油金融战略

中国石油金融战略发展的关键措施包括建设多层次的石油交易市场，提供石油外汇的金融战略支持，加快突破石油人民币结算的金融战略。中国的石油金融战略配套措施包括以下几方面。

首先，中国石油金融战略的实施需要打造石油金融战略的交易平台，也就是建设多层次的石油交易市场，主要包括：大力发展中国石油现货市场；积极推进石油期货市场的建设；促进期权、互换等石油衍生品市场的建立；积极发展石油衍生品的场外交易。

其次，石油外汇的金融战略支持。石油外汇储备将石油金融合约作为外汇储备，这就把单一的货币储备与灵活的石油金融产品紧密联系起来，进而把金融安全与石油安全联系起来。值得注意的是，鉴于国际原油期货市场价格波动率的影响，石油金融作为一种货币储备，其合约的稳定性和保值性均不确定，交易金融合约还必须承担一定的信用风险。因此，石油外汇储备的最优数量，还值得商榷和推算。

再次，提升人民币结算地位，增强石油定价的话语权。①随着世界经济水平、工业化程度、能源耗竭程度和生态环境状况的变化，虽然能源金融的边界和内涵在不断发生改变，但是能源金融的核心始终围绕着对能源商品尤其是石油定价权的争夺。石油定价权决定了一国的能源供应安全，进而影响国家安全。因此，有必要建立石油交易的"中国市场价格"，积极尝试"石油人民币"结算，大力发展原油期货市场，确立我国的石油金融战略。②我国通过积极构建多边能源合作机制，在石油方面的话语权逐渐增强。在外交方面，我国与沙特、伊朗、伊拉克和科威特等中东地区的主要产油国建立深厚友谊，借助国家领导人的外访，有关部门和机构举办能源高峰合作论坛等，巩固了中国与中东多国的能源合作关系；在企业层面，中石油、中石化、中海油和中化集团等四大能源企业在增强国内石油资源勘探开发力度的同时，还借助新技术的引进或输出、能源资源的合作开采等手段和途径扩大石油供应来源，尝试收购海外石油资产来补齐先天"贫油"的短板。③2018 年 3 月 26 日上午 9 点，中国原油期货在上海国际能源交易中心（INE）正式挂牌上市，以人民币计价原油期货合约的推出是中国期货市场发展的一个重要里程碑。

最后，借鉴欧美国家或组织的能源金融发展经验并总结发展规律，中国能源金融战略的配套措施应从以下几点入手展开：①完善中国的石油战略储备；②实施石油来源多元化战略；③促进新能源发展策略；④建立完备的能源金融市场立法与监管体制。

（二）绿色金融战略

党的十九大报告明确指出：推进绿色发展。加快建立绿色生产和消费的法律制度和政策导向，建立健全绿色低碳循环发展的经济体系。构建市场导向的绿色技术创新体系，发展绿色金融，壮大节能环保产业、清洁生产产业、清洁能源产业。推进能源生产和消费革命，构建清洁低碳、安全高效的能源体系。习近平总书记提出要牢固树立保护生态环境就是保护生产力，改善生态环境就是发展生产力的理念。通过绿色金融体系的构建推动绿色发展、循环发展、低碳发展，有效实现金融支持生态文明建设和可持续发展的目标。

绿色金融主要是对节能、环保、清洁能源、绿色交通、绿色建筑等领域的项目运营、项目投融资、项目风险管理等所提供的金融服务。在投融资决策中，金融部门要考虑潜在的环境影响，把与环境相关的潜在成本、回报和风险与金融的日常业务相融合。在金融经营活动中，应注重保护生态环境和治理环境污染。通过这种创新性的金融制度安排，引导更多的社会资本进入绿色产业，借助绿色信贷、绿色债券、绿色保险、绿色股票指数、绿色发展基金、绿色保险和碳金融等绿色金融工具，持续推动绿色金融发展。

（三）"走出去"战略

目前，中国已经运用"贷款换石油"、提供开发贷款"政策基金"等方法和手段积极融合能源和金融两种资源。实施"走出去"战略，使我国的企业积极参与全球能源资源开发，建立多元化的能源供应体系是"开源"的重要战略举措。中国大型金融机构应该在能源生产国成立分支机构，推动海外油气开发基金的设立，为实施"走出去"战略的油气项目提供补充资金的有效渠道，为中国企业"走出去"服务。此外，还应该向能源企业提供保险、次级贷款、可转换贷款、可转换债券等非传统金融服务，以及全方位的金融中介服务。

第四节　全球能源金融战略展望

从国际视角来看，当前全球正处于能源大变革之中。一方面，能源的政治属性和战略属性日趋凸显，能源博弈日益激烈；另一方面，政治格局在能源生产和运输中的影响不断扩大，全球能源金融领域面临机遇与挑战。中国能源金融战略发展需要从建立专业性能源发展金融机构和完善能源金融衍生品市场两方面着手。

一、全球能源金融领域面临机遇与挑战

在国际上，全球能源领域进入转型期的表现主要包括以下三点。

第一，能源的政治属性和战略属性日趋凸显，能源博弈日益激烈。①随着工业化和城市化进程的加快，发展中国家的能源需求日益增长，能源资源竞争日趋激烈，对战略资源的刚性需求增加，世界能源供需矛盾将更加突出。②发达国家在世界能源市场的主导权和定价权上仍占据主导地位，并进一步强化控制能源运输渠道，对全球供应产生重大影响。③能源出口国逐步开始加强对能源资源的控制，通过构建战略联盟强化自身利益。

第二，能源的政治格局正经历深刻变革。政治格局在能源生产和运输中的影响不断扩大。中东作为最重要的全球油气输出地，部分国家常年内外战争频发、国内政局持续动荡，影响着世界油气供给；而美国、加拿大自从页岩油气的新技术革命成功后，实现了天然气自给自足，可能在世界范围内引发新一轮的能源产业革命。这意味着能源生产中心向西移动，能源消费中心向东移动，加之中国与中亚、中东产油国之间的油气合作仍然受美国、俄罗斯和欧盟在中亚、中东地区发起的政治博弈影响，我国油气来源的安全性面临严重威胁。

第三，全球能源市场价格波动风险加剧。在全球能源供给长期紧张的大环境下，国际能源价格在总体上呈现出上涨趋势。金融资本投机形成"投机溢价"，国际局势动荡形成"安全溢价"，生态环境标准提高形成"环境溢价"，能源市场波动将给发展中国家带来风险和压力。

在世界政治经济形势更加严峻，全球能源格局深刻变革的背景下，中国能源格局也呈现出新的阶段发展特征。中国既面临着由能源大国向能源强国转变的难得历史机遇，也面临诸多问题和挑战。

二、中国能源金融战略发展展望

（一）逐步建立专业性能源发展金融机构

由于能源是资本密集型行业，只依靠一般的政策性银行很难从根本上满足资金的需求，必须建立专门支持能源产业的能源投资和能源储备银行。政府可以协调外汇储备管理部门、能源企业、银行、投资基金等，设计一系列约束与激励制度，鼓励和支

持能源企业或金融机构出资建立能源战略储备银行,并允许他们在能源战略储备的物质基础上发行证券,这些证券可以作为资本金,也可以作为抵押贷款的标的物。这一机制必须坚持一个原则,即不经国家批准不得动用能源战略储备的现货,政府有权在特定条件下回购或征用能源战略储备现货。能源投资银行的优势体现为:一方面,可建立资金融通的长效机制,为国内能源企业在海外发展提供贷款担保,向能源企业提供风险治理方案;另一方面,通过能源储备银行,可帮助支持国家能源战略储备体系的构建,如当前最为关键的石油战略储备体系。同时,也可为相关期货市场提供充足的现货基础,解决期货市场与现货市场相脱节的问题。

(二)完善能源金融衍生品市场

从发达国家来看,大宗商品市场的运行机制基本与金融市场联系紧密,煤炭、电力、天然气市场都有其金融衍生品市场。当前,在中国不断深化对煤炭、电力、天然气行业体制改革的过程中,应逐步利用金融衍生品市场功能来预期价格信号和规范交易行为,完善能源金融衍生品市场。一方面,在能源产业发展中,可结合实际国情,模仿发达国家现有的较为成熟的能源金融产品所推出的一系列能源类相关产品和服务;另一方面,可学习国外经验,逐步增加能源类金融衍生品的种类,如电力、煤炭、生物质能、太阳能等类别的期货合约,在促进能源金融市场不断完善的同时,增强国际风险抵御能力,为节能减排提供投融资平台以及规避、转移环境风险的工具,促进环境健康发展。

1. 绿色金融规模不断扩大

中国作为最重要的新兴经济体,需要使绿色金融"中国标准"成为"世界标准",以体现中国在绿色金融方面的领导力,提升中国在全球环境治理中的话语权。中国在担任二十国集团主席国期间,向国际社会充分展示了在绿色金融方面的领导能力。同时,中国的"一带一路"建设致力于提升沿线国家和地区的基础设施建设,跨境绿色投融资的机遇处于巨大的风口之上。

中国正站在引领全球金融治理与区域金融治理的重大历史关口,要抓住这一机遇,制定标准、制定规则,引领潮流、引领世界,推动我国绿色信贷、绿色债券和绿色基金等金融产品和服务的国际化,拓展全球金融市场,疏通绿色资本的跨境流动,拓展全球绿色金融市场和生态环境保护融合的广度和深度。

中国已经成为全球绿色金融发展的风向标。一方面,通过二十国集团峰会和"一带一路"建设,中国为全世界绿色金融的发展提供经验借鉴,引领全球经济和金融向着绿色、可持续方向前进,推动绿色金融的广度发展;另一方面,通过在国内开展绿色金融改革创新试验区建设,中国积极探索不同地区发展绿色金融的可复制可推广的经验做法,更好地发挥绿色金融助推中国经济绿色转型的积极作用,推动绿色可持续发展。

同时，绿色金融工具积极引导社会资本投资将成为趋势。根据中国环境与发展国际合作委员会绿色金融改革与促进绿色转型中外课题组的测算，未来几年，全部绿色投资中由政府财政出资进行绿色投资的部分将占10%～15%，绝大部分来自社会投资，社会绿色投资比重预计将达到85%～90%。据《中国绿色金融发展研究报告（2019）》测算，2019年绿色金融总需求量为2.5万亿元。自2016年以来，我国绿色金融产业发展迅速，绿色金融市场规模持续扩大。数据显示，2017年6月末，21家主要银行绿色信贷余额达到8.22万亿元。近年来，中国绿色信贷、绿色债券、绿色基金等为绿色产业引入社会资本8万亿元左右。在中国金融学会绿色金融专业委员会190个成员单位中，中资金融机构所管理的120万亿元金融资产约占中国金融业总资产的70%，为绿色投资提供了可持续的动力。绿色金融通过绿色信贷、绿色债券、绿色基金等业务撬动民间资金投资于绿色项目，并在财政资金不足甚至缺位的情况下，引导社会资本逐步进入新能源、绿色交通、绿色建筑等绿色产业或者环保低污染的服务型行业，将有效地支持环境治理和产业结构优化升级。此外，投资于节能技术和治理污染技术等绿色科技领域能形成新的经济增长点，有效推动金融支持实体经济，促进经济绿色低碳可持续发展。

2. "一带一路"倡议在能源金融领域发挥积极作用

中东国家（或地区）地处"一带一路"西端交汇地带，是"一带一路"建设的天然和重要合作伙伴。未来很长一段时期，中东仍将是中国重要的能源来源地。在"一带一路"建设中，中国与中东国家是重要和天然的合作伙伴，能源金融通道将成为新丝绸之路经济带上的亮点。中国是中东国家最大的消费市场，中东国家是中国最大的原油供应地，进一步加强能源战略合作有利于保障双方能源生产和消费安全，维护国际能源市场稳定。能源金融通道可以融合中国的资本、技术、制造能力与市场，中亚的资源与市场，南亚部分国家的市场与技术需要，以及中东地区的能源、资本与市场，形成一个新的创富地带。这个创富地带将服务于中国西部大开发战略，并进一步辐射北非与地中海地区，同时也将为人民币国际化打造一个"战略纵深地带"。金砖国家开发银行和亚洲基础设施投资银行也将在能源金融通道上发挥重要作用。

本 章 小 结

能源是人类赖以生存发展的重要物质基础，是人类社会经济发展的原动力，也是人类现代文明的支柱之一。能源问题不仅关系到我国经济的快速增长和社会的可持续发展，也关系到我国的国家安全和外交战略。本章讨论的是能源金融战略，首先，制定能源金融战略要以明晰能源金融的含义为前提，明确能源金融和绿色金融的内涵，了解能源金融体系的构成和能源金融的作用。其次，厘清世界石油金融、天然气金融、电力金融和低碳金融的演变进程，以及世界能源金融的发展现状，对中国能源金融发展具有借鉴意义。再次，制定能源金融战略，先要了解本国能源金融发展情况，再明确能源金融战略的目标和总体思路，之后制定能源金融战略总体布局，最后适当做出战略调整。此外，中国能源金融战略的具体实践，可以借鉴美国和欧盟等发达国家和组织的能源需求战略经验。最后，展望世界和中国能源金融发展，可以从世界能源领域的变革、全球能源金融领域面临的机遇与挑战，以及中国能源金融战略发展的要求等方面展开讨论。

1. 能源金融的定义和内涵是什么？绿色金融与能源金融的异同点有哪些？
2. 简要列举能源金融体系的组成部分。
3. 概述石油金融的发展和演变历程，以及石油金融市场的发展现状。
4. 阐述世界能源金融的发展特征。
5. 通过查阅资料，总结澳大利亚能源（石油、天然气、电力）金融市场的演变进程和发展概况。
6. 能源金融战略制定的基本步骤是什么？美国和欧盟制定的能源战略对中国有什么借鉴意义？请选择两个发展中国家，对其能源战略进行阐述，并分析其与中国能源战略的异同点。
7. 除了文中关于世界和中国能源金融发展的预测，请读者通过阅读文献，归纳出自己对未来中国能源金融战略发展的看法。

[1] 林伯强，黄光晓. 能源金融[M]. 北京：清华大学出版社，2014.

第四篇　新中国能源战略的演化

不同时代、不同国家，都有着基于不同视野和格局的能源主张。能源战略既不是一成不变的，也不能简单地概括。本篇以时间为主线，系统地梳理"八五"计划以来能源战略的演变历程。能源战略演化的梳理不仅有助于理解中国能源战略的行动路径，也为制定未来的能源战略提供了经验和启示。

本篇第十一章讲述新中国能源战略的发展之路，从"八五"计划到"十一五"规划时期，中国能源战略稳步发展；第十二章描述"十二五"规划时期以来至全面建成小康社会期间的能源战略的深化之路；第十三章讲述了区域联动理论在我国能源战略领域的具体实践；第十四章讲述了作为能源大规模跨区输送技术支撑的特高压发展战略的构思；第十五章阐述了煤电与可再生能源资源区域协同发展战略。

第十一章

我国能源战略的发展之路

从"八五"计划时期到"十一五"规划时期，我国经济蓬勃发展，提前实现了现代化"三步走"战略中的第二步。能源工业的发展在经济发展中具有重大的战略意义，其发展随着各个时期社会经济的发展情况而改变，煤炭、石油和电力工业在各个阶段的发展特征和成果均不相同。为了更好地促进能源工业的发展，在"八五"到"十一五"期间经历了数次能源管理部门的变迁，能源管理体制也逐渐完善。经过二十年的发展和探索，我国能源战略体系逐渐完备，由"水火电并举和适当发展核电"转为"节能优先、效率为本，煤为基础、多元发展，立足国内、开拓国外，统筹城乡、合理布局，依靠科技、创新体制，保护环境、保障安全"的能源战略，实现了能源战略全面化。

关键词：煤价"双轨制"　统一电网　煤电联营　洁净煤技术　厂网分离　西电东送　全国联网

第一节 "八五"计划时期（1991—1995年）的能源战略

自新中国成立至社会主义市场经济改革之前，我国经历了不同的经济发展阶段。能源工业作为国民经济发展的物质基础，伴随各时期经济社会发展形势的变化而变化，在各个阶段呈现出不同的发展特征。从能源工业发展历程来看，1949—1978年期间，我国尚未形成完整的能源战略体系，能源工业依附于各时期政治建设或经济发展需要，在动荡中曲折前进了近30年。改革开放之后，我国进入了一个崭新的历史时期，国民经济逐步进入有计划、按比例发展的良好轨道，能源战略问题开始受到重视并被纳入国家经济发展战略体系。此后经过十余年的探索，我国能源战略体系初步形成，能源工业开始步入有序发展的新时代。在这一段时期，新中国的能源战略经历了从无到有的开拓之路，为后期系统性能源战略的形成提供了基石与借鉴。

经过"六五"到"七五"时期的建设，能源供应短缺问题得到基本缓解，能源管理体制改革取得明显进展，为"八五"时期的能源工业发展奠定了良好的基础。"八五"时期是我国改革开放和现代化建设进入新的历史阶段的关键时期，在这一时期我国的国民经济发展基本稳定，煤炭、石油和电力等能源工业的发展迅速，能源管理部门发生了重要变迁。

一、"八五"计划时期的社会经济发展形势与能源发展特征

（一）社会经济发展背景

1988年8月到1991年8月，为期三年的治理整顿①建立的新秩序为经济和社会的进一步发展奠定了基础。以邓小平同志1992年南方谈话和党的十四大为标志，我国改革开放现代化建设进入了一个新的发展阶段，国民经济发展态势基本稳定，主要体现为以下几点。

第一，社会主义市场经济体制逐步建立，国民经济的市场化程度提高。"八五"计划时期，政府大幅减少计划管理，基本形成以公有制为主体，多种经济成分并存和共同发展的格局，国有经济发挥了主导作用，以乡镇企业为代表的集体经济迅速发展，在资源配置中市场机制的作用进一步增强。

第二，国民经济快速增长。"八五"计划时期的国民生产总值及其年均增长率与"七五"计划时期相比均显著提高，见图11-1。国内生产总值由"七五"计划末期的188 728.69亿元人民币增长至"八五"计划末期的613 398.91亿元人民币，当然这与"八五"计划时期高通胀的情况也密切相关②，但按照可比价格计算，"八五"计划期间国内生产总值的平均增长率仍高达11.7%，提前五年实现了邓小到20世纪末，国民生产总值比1980年（4587.6亿元人民币）翻两番的目标，即邓小平平同志提出的到20世纪末，国民生产总值比1980年（4587.6亿元人民币）翻两番的目标，即邓小平"三步走"战略③的第一步，为全面实现第二步战略目标和下个世纪的持续发展奠定了坚实基础。

第三，产业结构迅速调整，以基础设施为主的固定投资快速增长。"七五"计划时期，三次产业结构占比基本一致。进入"八五"计划时期之后，第二产业产值出现迅猛增加，产业结构开始呈现出以第二产业为主导的局面，且基础工业快速发展，固定资产投资保持高速增长，基础设施快速发展。"八五"计划时期固定资产投资累计完成4.3万亿元，其中基础产业和设施投资完成2.3万亿元，主要包括对能源、交通、通信等方面的投资。

---

① 1988年8月到1991年8月为期三年的治理整顿分为三个阶段：第一阶段，从1988年9月至1989年8月，政策的侧重点主要在于多管齐下压需求、整秩序，使经济降温，遏制通货膨胀，稳定经济形势。第二阶段，从1989年9月至1990年8月，政策的侧重点在于坚持总量控制，适当调整压缩力度，解决市场疲软、工业速度下滑过猛问题，在稳定中求经济适度发展。第三阶段，从1990年9月至结束，政策的侧重点在于保持经济的正常增长，提高经济效益，促进经济结构优化。

② "八五"时期的高通胀主要表现为，"八五"计划的前四年，全国零售物价总水平平均每年上涨10.8%，其中1994年高达21.7%。

③ "三步走"战略是邓小平在1987年4月提出基本实现现代化的战略。1987年10月，党的十三大把邓小平"三步走"的发展战略构想确定下来。第一步，从1981年到1990年，国民生产总值翻一番，解决人民温饱问题；第二步，从1991年到20世纪末，国民生产总值再翻一番，人民生活水平达到小康水平；第三步，到21世纪中叶，国民生产总值再翻两番，达到中等发达国家水平，基本实现现代化。然后，在这个基础上继续前进。

第四，对外开放型经济发展迅速。从沿海深入内陆，从加工业和餐饮业拓展到基础设施建设，从劳动密集型产业扩展到技术、资本密集型产业，与"七五"计划时期的 4854 亿美元相比，"八五"计划时期的对外贸易总额翻了一番，达到了 1 万亿美元。

第五，城市化进程加快，人民生活水平显著提高，科技教育事业获得新发展。

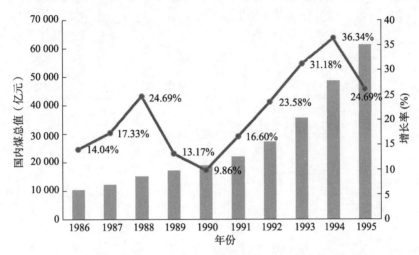

图 11-1 "七五"计划和"八五"计划时期国内生产总值及其增长率的比较

（二）能源发展特征

"八五"计划时期的能源工业得到进一步巩固和发展。以下是"八五"计划时期能源供需的情况。

第一，从能源需求的角度来看，"八五"计划时期，社会主义市场经济体制开始建立，国民经济的市场化程度不断增加，导致能源交易放松，在一定程度上刺激了能源需求；经济快速发展带来的"产出效应"拉动了能源需求增长，主要体现为国民生产总值的增加对电力等能源需求的增加；以大力发展基础工业为核心的产业结构调整带来的"结构效应"和铁路、公路、船舶、机场等基础设施建设的刚性需求，均大幅增加了能源需求；对外开放总体格局基本形成，资源密集型外商直接投资项目会增加能源消费。

第二，从能源供给的角度来看，在"八五"计划时期，能源生产总量由 1991 年的 10.25 亿吨标准煤增长到 1995 年的 11.82 亿吨标准煤。原煤生产占能源生产的比重始终维持在 70% 以上，而原油生产占比有下降趋势，这与我国在当时特定经济条件下"富煤、缺油、少气"的资源禀赋相符。"八五"期间原煤产量保持在世界第一位。进一步对比能源生产和消费总量发现，从 1991 年开始，国内一次能源生产量逐渐开始无法满足能源需求，如图 11-2 所示；从单位国内生产总值消耗的能源量来看，能源强度在"八五"计划时期不断下降，如图 11-3 所示。

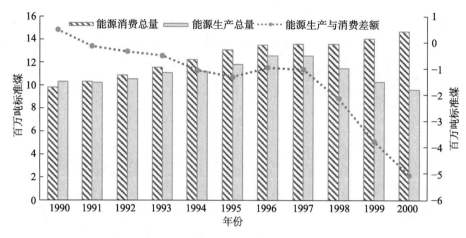

图 11-2　能源生产和能源消费的对比

数据来源：CEIC 数据库

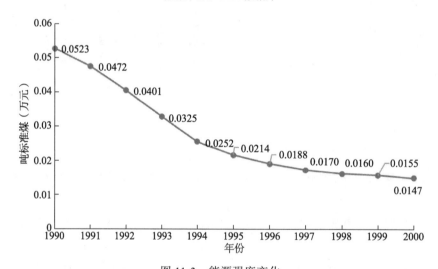

图 11-3　能源强度变化

数据来源：各年能源消耗量和国内生产总值来自 CEIC 数据库，能源强度由笔者计算

二、"八五"计划时期的能源战略思想和政策内容

"因地制宜、水火电并举和适当发展核电"是"八五"期间的能源战略。参照《中共中央关于制定国民经济和社会发展十年规划和"八五"计划的建议（1990—1995年）》，能源政策围绕煤炭、电力、石油工业的发展规划以及可持续发展战略展开。

（一）煤炭工业

首先，需要加强统配矿建设。1993 年国家调整了"八五"时期的能源工业计划，调整后的计划为"1995 年煤炭产量 12.5 亿吨，其中统配煤矿为 5.7 亿吨，占比 45.6%"。其次，要促进地方煤矿的改造。1994 年 11 月国务院召开全国乡镇煤矿工作会议，确定了"扶持、改造、整顿、联合、提高"的"十字方针",并于年底颁布了《乡镇煤矿管理条例》和《煤炭生产许可证管理办法》。在 1993 年调整后的"八五"能源工业计划中,"地方煤矿考虑在全国建立 15 个地方商品煤基地,建设规模为 700 万吨"。最后,从煤炭价格的角度来看,1992 年 7 月,国家取消了计划外煤价限制,放开指导性计划煤炭及定向煤、超产煤的价格限制;1993 年年末,国务院开始将煤企推入市场,计划在未来 3 年内放开煤价;1994 年,国家又开始对电煤实行"放而不开"的政策,明确电煤价格上涨程度;1995 年开始实行煤炭价格"双轨制",即在对发电用煤实行政府指导价的同时,放开非发电用煤的价格。

(二)石油工业

首先,根据《中共中央关于制定国民经济和社会发展十年规划和"八五"计划的建议》,"八五"期间主要采取"稳定东部,发展西部"的战略方针,不仅要促进大庆等东北老油田的稳产增产,还要加快如塔里木、吐鲁番地区等西部新油区的勘探和开发,以实现油气资源战略的地区接替,保证全国油气生产的持续稳定增长。其次,继续实施并改善行业包干体制,改变原有"单一产量包干"的方法,"建立储量、产量、产能建设和亏损限额等四项指标构成的约束体系",以期达到石油产量稳定增长、生产成本严格控制和资金利用效益提高的目的。最后,实施"扩大对外合作、开展国际化经营"战略,积极开展国际经济技术合作和开拓国际市场。

(三)电力工业

在"八五"时期,电力工业领域主要采取"因地制宜、水火并举和适当发展核电"的战略方针。首先,使电力增长与国民经济发展相匹配、相适应。由于在"七五"时期遗留的电力紧缺问题仍较为严重,因此在"八五"期间应使电力工业与国民经济发展可以按比例、有计划地发展。其次,有效地调整电力工业内部结构。具体来说,提高电力消费在能源终端消费中的比重,加强水电开发力度,规划好水电和火电的比例,积极发挥地域水电优势。再次,合理安排电力工程建设项目。按照"统一电网"的原则,合理规划电源,建设坑口电厂,实现热电联产,加快电网建设,加强煤电联营建设。最后,加快核电起步建设,例如,秦山核电站一期、二期工程以及大亚湾核电站[①]。

(四)能源的可持续发展

1994 年 3 月 25 日,《中国 21 世纪议程》经国务院第十六次常务会议审议通过。第三部分提出经济可持续发展思想,着重强调"提高能源效率与节能,推广少污染的煤炭开发开采技术和清洁煤技术,开发利用新能源和可再生能源"。

---

① 秦山核电站一期工程于 1985 年开工,1991 年建成投入运行;二期工程将在原址上扩建 2 台 60 万千瓦发电机组,1996 年已开工。大亚湾电站于 1987 年开工建设,1994 年 2 月,1 号机组投入商业运行;同年 5 月,2 号机组投入商业运行。

三、"八五"计划时期的能源管理部门的变迁

在"八五"时期,能源管理部门的重要变迁是在 1993 年撤销了能源部[1],成立了正部级的中国统配煤炭总公司、中国石油天然气总公司和中国核工业总公司,与此同时,再次设立煤炭工业部,第三次成立电力工业部。以下主要介绍了 1993 年煤炭工业部、核电力工业部设置的指导思想和主要任务。

在 1993 年,国务院发布的《煤炭工业部职能配置、内设机构和人员编制方案》(国办发〔1993〕47 号)规定,撤销能源部和中国统配煤矿总公司,组建煤炭工业部。此次改革基于职能转变、主要职责、内设机构、人员编制和领导职数等几个方面,理顺关系,加强宏观管理和行业管理;精简内设机构和编制,妥善安置机关分流人员;培育煤炭市场,依靠科学技术进步,改善经营管理,提高经济效益,监督国有资产保值增值。

在 1993 年,国务院发布了《电力工业部职能配置、内设机构和人员编制方案》(国办发〔1993〕51 号)。此次改革基于职能转变、主要职责、内设机构和人员编制和领导职数等几个方面来阐述。电力工业部实行政企职责分开,大力简政放权,促进部门管理转向行业管理;精简内设机构和编制,合理配置职能,提高宏观管理水平;合理分流富余人员,推进电力部职能转变[2]。

四、"八五"计划时期的能源政策成效

根据"八五"时期的能源战略思想和政策内容,本部分从能源消费、能源效率、煤炭工业、石油工业和电力工业等几个角度阐述此时期的成效和进步。

第一,从中国整体的角度来看,①伴随着经济的快速增长,虽然能源消费较"七五"时期大幅增加(1994 年较 1990 年增加 24.4%),但是尚未造成能源供给的严重短缺,可能的原因有以下几点。首先,在 1992 年,党的十四大初步确立了社会主义市场经济体制,能源工业发展的市场性和竞争性逐渐增强,出现了相应的节能效应。其次,第三产业的崛起,使经济结构开始发生变化,此种变化节约的能源量占总节能量的比重较大。最后,从"七五"末期到"八五"末期能源需求结构的变化[3]中可以看出,终端能源消费逐渐转向石油、天然气和电力等相对优质和清洁的能源。②能源效率也得

---

[1] 1949—1988 年,国家先后两次设立了燃料工业部,又先后两次撤销和拆分了燃料工业部,成立了由煤炭、石油、核工业部的全部政府职能和水利电力部的部分政府职能组成的能源部。1988 年 4 月,七届全国人大一次会议决定撤销煤炭部、石油部、核工业部和水利电力部,成立能源部,由原国家计委分工管运输和能源工作的副主任黄毅诚担任部长。

[2] 加强宏观管理的职能主要有:电力行业发展战略、规划、政策、法规和体制改革,监督国有资产保值增值,协调电力生产、建设和集资办电中的重大问题等。

[3] "七五"末期到"八五"末期能源需求结构的变化表现为,一次能源消费结构无大变化,煤炭所占比重从 1990 年的 76.2%降至 1994 年的 75.0%,石油从 16.6%上升到 17.4%,天然气从 2.1%降至 1.9%,水电从 5.1%上升到 5.3%,核电从无到有,到 1994 年占 0.4%。

到提高。在深化改革和扩大开放的经济社会背景下,"八五"期间困扰中国经济可持续发展的单位产值能耗"瓶颈"问题明显得到缓解,在一定程度上实现了由经济发展引致的新增能源需求"一半靠开发、一半靠节约"的目标。

第二,从煤炭工业发展的角度来看,①煤炭生产稳步增长,满足了国民经济快速发展的需求。1994年全国煤炭产量达到12.3亿吨,提前一年实现了"八五"能源计划的目标;煤炭行业基本建设预计完成投资759亿元,投产矿井166处,新增生产能力8777万吨。②扭亏增盈工作持续推进,大部分煤炭企业经营状况好转。在国家逐年放开煤价、抽回亏损补贴政策的推动下,国有重点煤矿亏损逐年下降,1993年、1994年分别减亏20亿元。③高产高效矿井建设取得成效,煤矿多种经营发展迅速。1995年国有重点煤矿多种经营产值达到300亿元,相当于煤炭产品产值的一半。④乡镇煤矿开始向健康的方向发展。"八五"时期全面实施了乡镇煤矿的整顿、改造工作,依法关闭了一批非法开采的小井。

第三,从石油工业发展的角度来看,①油田勘探获得重大突破,石油和天然气储量呈现增长局面。国家石油新区勘探工作向新疆三大盆地及老油区新带等地延伸,陕北、川东地区天然气田的勘探也获得了重要进展,二者储量均大幅增加。②石油工业的国际化经营初露头角。国家石油公司进入国际市场并逐步参与到国际竞争中去,已经在泰国、加拿大和秘鲁等国获得了多个油田开发权。③石油企业在转换经营机制方面取得进展。"八五"期间油气田企业实行由"大锅饭"转向"责任制"的"两定两自一挂钩"的经营机制,即"核定油气统一配置量,核定企业实现利润与上交利润,并全额上交储量有偿使用费,生产经营自负盈亏,建设资金自求平衡,工资总额与企业增加值和实现利润挂钩浮动",逐步走上以经济利润为中心的发展道路。

第四,从电力工业发展的角度来看,在"八五"计划期间,①电力生产全方位发展,电力工业内部结构改变。发电设备容量共增加了7933万千瓦时,截至1995年,发电量增加到10 077.3亿千瓦时,年均增长率达到了10%,超过了"七五"时期9%的平均增速,火力发电量从"八五"计划初期的5524.6亿千瓦时增加到末期的8043.2亿千瓦时,占全国总发电量的80%左右,而水力发电量从初期的1250.9亿千瓦时增加到末期的1905.8亿千瓦时,占全国总发电量的20%左右;新增输电线路回路长度(220千伏及以上)31 117千米,变压器容量8492万千伏安。②电力消费日益增长。人均电力消费由"八五"初期的591.25千瓦时增加到末期的831.92千瓦时,增长率达到了9%,超过了"七五"时期7%的年均增长率[①]。③核电建设进程加快。广东大亚湾与浙江秦山两座核电站投产。

---

① "八五"时期的发电设备容量、发电量、输电线路回路长度(220千伏及以上)和变压器容量等数据均来自CEIC数据库。

第二节 "九五"计划时期（1996—2000年）的能源战略

"八五"时期经济建设和能源战略的成效显著，为"九五"时期"到2010年实现国民生产总值较2000年翻一番"的目标奠定了基础。在"九五"时期，能源发展战略的总方针是"开发与节约并举，把节约放在首位"，并明确了能源发展方向，即"以电力为发展中心，以煤炭为发展基础，在加强石油、天然气开发的同时，也要发展新能源，改善能源结构"，最终，以较少的能源消耗支持了较高的经济增长。

一、"九五"计划时期的社会经济发展形势与能源发展特征

（一）社会经济发展背景

1996年第八届全国人民代表大会第四次会议中，国务院总理李鹏代表做出《关于国民经济和社会发展"九五"计划和2010年远景目标纲要的报告》，指出"九五"计划时期全面完成邓小平在1987年4月提出基本实现现代化的"三步走"战略中第二步战略部署，基本消除贫困，人民生活达到小康水平的奋斗目标，到2010年实现国民生产总值较2000年翻一番，使人民的小康生活更加宽裕，社会主义市场经济体制逐渐完备的奋斗目标。作为新世纪开启前的最后一个五年计划，"九五"时期经济社会的发展成为新的里程碑，具体情况如下。

第一，国民经济持续健康快速发展。经济发展持续贯彻"两个根本转变"的方针，一是经济体制从传统的计划经济体制向社会主义市场经济体制转变，二是经济增长方式从粗放型向集约型转变，在此方针下，"九五"时期国民经济呈持续快速发展趋势，2000年国内生产总值达到8.6万亿元，五年间国内生产总值年平均增长率超过了8%。

第二，有效抑制通货膨胀，同时通货紧缩趋势得到遏制。针对"八五"时期经济发展过程中遗留下的通胀问题，"九五"时期的宏观调控采用了紧缩的货币政策，扭转了严重的通胀情况，实现了经济发展的"软着陆"。

第三，社会主义市场经济的优势显现，经济结构和商品供给情况均得到改善和提高。社会主义市场经济的发展改变了市场供求关系，有效供给水平的提高使卖方市场转向买方市场，基本终结了商品短缺的情况。

第四，城乡基础设施的建设进一步加强。"九五"时期通过发行国债的方式集中投资建设了一系列多年来想完成的重大项目，主要包括公路建设，新增公路通车历程24万千米，投资规模是"八五"时期的4.5倍；电力基础设施的建设也维持高速增长态势，发电装机容量达到3.15亿千瓦，较"八五"末期增加了9778万千瓦，电网建设也逐步加强。

第五，人民生活总体上达到小康水平，农村贫困人口也基本解决了温饱问题。生

活水平的提高主要体现在收入的稳定增长上，1999年城镇人均可支配收入为5854元，年均实际增长率达到5.6%，农村人均纯收入达到2210元，年均实际增长率达到5.4%。

第六，社会主义市场经济体制初步建立，各项改革进一步深化。以公有制为主体、多种所有制经济共同发展的基本经济制度得到进一步巩固，公有制加固了公有制经济在国民经济中的主体地位，占国民生产总值生产的3/4，国有企业改革的进程也进一步加快。

第七，全方位、多层次、宽领域的对外开放格局基本形成。主要体现在对外贸易的扩大、出口商品结构的优化、外商直接投资的利用等方面。

（二）能源发展特征

从能源的供给和需求角度来看，"九五"时期一次能源（原煤、原油和天然气）生产量从1997开始呈现负增长的态势，其中，原煤的产量及所占比重均大幅度下降，而电力生产呈明显上升趋势，如图11-4所示。"七五"和"八五"计划时期能源消费结构均以煤炭为主，大概占比75%（20世纪五六十年代比重更大，达到80%~90%），然而"九五"期间，煤炭所占比重呈下降趋势，到2000年降至67.0%；石油所占比重则由"八五"末期的18.0%上升至2020年的23.6%，上升幅度较大。从能源需求与经济发展的关系来看，虽然"九五"时期能源供给和需求增长明显放缓，但是国民经济仍持续较快增长（实际GDP增长率约为8%），因此在这一时期实际上是用较少的能源消耗维持了较高的经济增长，能源消耗弹性系数小于1[①]。社会主义市场经济体制的建

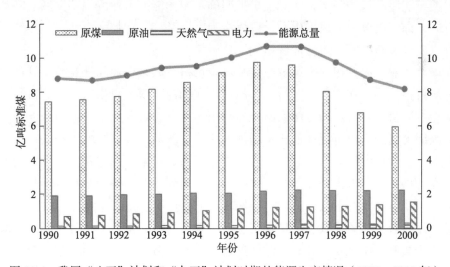

图11-4 我国"八五"计划和"九五"计划时期的能源生产情况（1990—2000年）

---

① 能源消费弹性系数=能源消费量年平均增长速度/国民经济年平均增长速度。能源消费弹性系数反映经济每增长一个百分点，相应能源消耗需要增长多少个百分点。当国民经济中耗能高的部门（如重工业）比重大，科学技术水平还很低的情况下，能源消费增长速度总是比国民生产总值的增长速度快，即能源消费弹性系数>1。随着科学技术的进步，能源利用效率的提高，一般会降低能源弹性系数；能源消费弹性系数越大，经济增长中能源利用效率越低，反之则越高。

立，在生活、生产和建设等方面均会影响能源消费。

二、"九五"计划时期的能源战略思想和政策内容

（一）"开始关注新能源发展，并更加注重节能"的能源发展战略

党的十四届五中全会提出"九五"时期能源政策的突出特点是"开始关注新能源的发展，更加注重节能和能源结构的调整"。①新能源发展。1995年国务院批准了国家计划委员会（即目前的国家发展改革委员会）、国家科学技术委员会（即目前的科技部）和国家经济贸易委员会（即目前的商务部）联合制定的《新能源和可再生能源发展纲要》，提出了从"九五"时期到2010年新能源和可再生能源的发展目标，在"九五"期间的近期目标主要是解决农村地区、少数民族地区等偏僻地区的用电问题，缓解常规能源的供应短缺问题；而远期目标旨在优化我国的能源供应和消费结构，高效、合理地利用能源资源，保护生态环境和空气质量。具体方法包括"促进大型风力发电机组国产化，发展大型太阳集热器产业，开发高效生物质能利用设备等"。②注重节能，坚持"开发与节约"并重的原则。1996年全国人大八届四次会议提出，国家能源发展的总方针是"开发与节约并举，把节约放在首位"。

（二）具体能源政策及相关措施

《中共中央关于制定国民经济和社会发展"九五"计划和二〇一〇年远景目标的建议》中关于能源政策的制定，实际上更加明确了中国能源行业的当期发展战略和未来发展方向，即"以电力为发展中心，以煤炭为发展基础，在加强石油、天然气开发的同时，也要发展新能源，改善能源结构"。

在煤炭工业方面，相关政策主要涉及煤炭价格、煤炭企业和煤炭行业管理体制。①从煤炭价格入手，在"九五"时期，国家旨在构建"煤电价格联动"的机制，并对电价实行"顺价"政策，即在国家给定一个煤炭指导价的前提下，电力企业相应提高电价，以缓解其因为煤价提高而成本增加的压力。然而，在实际的生产操作过程中并未实现真正的"煤电联动"，例如，自1997年以来，按照"煤电价格联动"的原理，倘若电煤价格下降，电力企业则应下调电价，而实际情况却是在1994年到2001年间电价呈增长状态并没有下跌，电煤的价格却一直处于下降状态，因此，"煤电价格联动"的政策并没有取得显著成效。②从煤炭企业的角度来看，随着"八五"期间煤炭价格管制的逐步放开，国家在"九五"时期通过实行政企分开和扩大企业市场自主经营权等政策措施，进一步推进煤炭行业企业的市场经济体制改革。例如，1998年，煤炭部被改组为国家煤炭工业局，成为当时国家经济贸易委员会的下设单位，其贯彻政企分开的原则，不直接管理企业。在这之后，无论我国煤炭管理机构怎么改革，它的职能均只着重于煤炭工业的宏观调控和制定煤炭产业的相关政策，而不再对企业的生产经营决策进行干预和指导。③在煤炭行业管理体制方面，在我国"九五"计划的中后期，

受亚洲金融危机以及我国煤炭生产规模扩大的双重影响，我国国内的煤炭市场呈现出严重供大于求的局面，整个煤炭行业陷入困境。因此，我国大力推进煤炭行业改革，将中央管理的重点国有煤矿进行下放，调整煤炭行业结构，例如，在1998年撤并煤炭工业部后，全国94个国有重点煤矿的管理权限均划归下放至地方，此举实现了转变政府职能、深化体制机制改革以及发展社会主义市场经济的目标。另外，面对重点煤矿管理权下放的局面，为了防止各类非法小煤矿扰乱经营秩序，导致资源浪费、回采率低、安全事故频发等问题，在1998年12月国务院专门下发《关于关闭非法和布局不合理煤矿有关问题的通知》，实施关产压井等措施以加强煤矿整改，推进煤炭工业结构优化，进而促进煤炭工业的健康发展。

在石油和天然气工业方面，"九五"期间的标志性事件是中石油、中石化和中海油重组改制。在1998年，我国从能源战略的角度将石油工业和石化工业进行重组，以期形成上下游和产供销一体化的经营实体。具体方式为：在原中国石油天然气总公司的基础上组建的特大型石油石化企业集团——中国石油天然气集团公司。而中国海洋总公司仍保留海洋石油的勘探与开发业务。在1999年，为了进一步缓解和清除石油工业行业内部机制和结构的矛盾，国务院批准中石油、中石化和中海油分别进行资产重组和改制上市，即分离石油勘探、开采、炼制、运输和销售等核心业务、相关资产和人员，在很大程度上促进了国有石油、石化企业的改革和发展。在2000年和2001年，中石油、中石化和中海油陆续在纽约、伦敦和香港成功上市，标志着中国石油和天然气行业在建立现代企业制度和国际化进程中迈出了关键性的一步。

在电力工业方面，①根据《中共中央关于制定国民经济和社会发展"九五"计划和二〇一〇年远景目标的建议》，在转变经济增长方式、实现规模经济的条件下，要保证电力与国民经济同步发展，以1998年9月国务院批准的国家经济贸易委员会、国家计划委员会提出的《关于定制执行买用电权等有关规定的意见》为标志，预示着长达20年的电力短缺局面基本结束。②增强电力工业"以大代小"技术改造力度，即使用大发电机组，关停小发电机组，提高能源资源利用效率，实现资源的优化配置，促进电力工业与经济、环境的协调发展。③与煤炭工业和石油工业相似，电力工业也进行了政企分开和现代企业制度建设，1999年5月，国家经济贸易委员会发布《关于做好电力工业政企分开改革工作的意见》，按照电力改革的"政企分开，省为实体，联合电网，统一调度，集资办电"的"二十字方针"，就实现政企分开、改革省级电力行政管理体制提出具体要求。例如，在1998年3月，随着原电力工业部撤销，其行政管理和行业管理职能分别被移交至国家经济贸易委员会和中国电力企业联合会，电力工业在中央层面较为彻底地实现了政企分开。④逐步推行"厂网分离"，即电厂和电网的分离，将竞争机制引入电力领域。在1998年12月，上海、浙江、山东、辽宁、吉林和黑龙江6个省份（直辖市）成为"厂网分开、竞价上网"的改革试点。加快西电东送步伐，加快开发中西部地区的能源资源和能源基地的建设，加大水电开发力度，促进中西部地区经济发展。⑤深入推进农村电网改革，将重点放在电力为"农业、农村、农民"的服务上。1998年10月，国务院办公厅转发国家发展计划委员会"关于改造农村电网、改革农电管理体制、实现城乡同网同质同价"的通知，"两改一同价"正式启动。

三、"九五"计划时期的能源管理部门的变迁

1997年1月，根据《国务院关于组建国家电力公司的通知》，按照政企分开的原则，将电力工业部下属的企事业单位划归国家电力公司管理，中国国家电力公司正式成立，与电力部双轨运行。同月17日，在电力体制改革座谈会上，李鹏总理指出"组建国家电力公司是深化经济体制改革的需要，是为了进一步推动电力企业建立现代企业制度"，使电力工业在形式上实现政企分开。

1998年电力工业部和煤炭工业部均被撤销，国家电力公司承接了电力工业部所管的全部资产，作为国务院出资的企业独立运营，电力工业正式从形式上实现了政企分开；并设立由国家经济贸易委员会管理的国家煤炭工业局代替煤炭工业部。而在1998年的这次国务院机构改革中，撤销此类工业专业经济部门的原因主要是为了转变政府职能、实现政企分开、推动经济体制转轨和解放生产力，顺应了计划经济向社会主义市场经济转化的潮流。

四、"九五"计划时期的能源政策成效

根据"九五"时期的能源战略思想和政策内容，本部分从整体能源结构、煤炭工业、石油工业和电力工业等几个角度阐述此时期的成效和进步。

从能源结构改善的角度来看，在一次能源生产中，石油、天然气和水电产量所占比重由1995年的19.0%、2.0%和4.8%上升为2000年的20.94%、3.3%和9.64%，新能源生产发展迅速，清洁能源生产比重有所提高。能源结构的调整，有利于提高能源利用效率和改善生态环境质量。

从煤炭工业发展的角度来看，①煤炭消费比重下降，原煤产量也减少。原煤消费所占比重由1990年（"八五"初期）的76.2%降至2000年（"九五"末期）的68.50%。原煤产量在1996年曾达到12.59亿吨标准煤，但经过"九五"时期国家对小型煤矿进行取缔和压产后，2000年的产量为9.65亿吨标准煤。②煤炭工业基本建设速度放缓，但是重大项目建设进展顺利。与"八五"时期来比，虽然"九五"时期我国煤炭工业基本建设速度放缓，但仍建设了山西平朔安家岭大型露天煤矿（1500万吨）等矿井项目。③煤炭生产技术水平显著提高，现代化设备被大量使用。煤炭工业在"九五"时期已经拥有设计、施工和管理千万吨级露天煤矿的能力，并开始使用综合机械化采煤和运输设备等现代化成套设备，建成特大型矿井及采煤工作面，达到了世界先进水平。④煤炭管理体制机制改革成果显著。煤价的基本放开使煤炭企业进入市场。⑤煤炭行

业综合经营的局面初步形成。根据《煤炭工业"十五"规划》，到 2000 年，"多种经营的生产经营总额达到 582 亿元，比 1995 年增加了 146 亿元，从业人员近 200 万人，多种经营开始由人员安置型向经济效益型转变"。⑥煤炭工业对外开放步伐加快。"九五"期间，煤炭工业对外资的利用达到 11.4 亿美元，其中，开发煤层气利用外资近 1 亿美元，技术装备进口总额 4.8 亿美元；2000 年煤炭出口比 1995 年增加了 1 倍左右，在世界煤炭贸易市场中的份额由 6%提高到 11%。⑦国有煤炭企业改革取得进展。国有煤炭企业以建立现代企业制度为目标的公司制改革全面展开，94 家原中央财政企业中，已有 35 家完成了公司制改造，其中 5 家公司在境内、境外上市。⑧取缔非法开采和关闭布局不合理的小煤矿取得阶段性成果。1998 年年底，国务院决定关闭非法和布局不合理煤矿，到 2000 年年底，全国已累计关闭各类小煤矿 4.7 万处、压产 3.5 亿吨，淘汰了一批落后生产能力。

从石油工业发展的角度来看，①石油和天然气消费比重上升，产量增加。原油的消费比重分别由 1995 年的 17.50%上升为 2000 年的 22.0%，产量由 1996 年的 1.59 亿吨上升到 2000 年的 1.62 亿吨。天然气的消费比重由 1995 年的 1.8%上升为 2000 年的 2.2%，原油、天然气产量分别由 1995 年的 1.50 亿吨和 172.17 亿立方米增加到 2000 年的 1.63 亿吨和 278.3 亿立方米。②石油工业技术不断进步。国家发展计划委员会于 2001 年 5 月发布的《国民经济和社会发展第十个五年计划能源发展重点专项规划》提到，石油工业已经构建起研究、勘探、开发、地面工程建设和装备制造的完整体系，掌握了"复杂断块油气勘探、油田早期注水分层开采、高含水油田稳油控水开发、聚合物驱提高采收率"等国际领先的技术。③石油工业管理体制改革取得进展。中石油、中石化和中海油获得重组，还陆续在纽约、伦敦和香港成功上市。

从电力工业发展的角度来看，①发电量显著上升，核电从无到有，太阳能、风能、地热能新能源的生产能力也不断提高。发电量由 1995 年的 9827.49 亿千瓦时上升到 2000 年的 13 131.41 亿千瓦时，其中水电由 1995 年的 1905.8 亿千瓦时上升到 2000 年的 2224.1 亿千瓦时，核电从无到有，核电发电量达到 164 亿千瓦时。由于电力生产的迅速发展，我国的能源供需矛盾在总体上趋于缓和。②电力重大项目建设保持较快发展。长江三峡水电站建设进程加快，四川二滩水电站投产，城乡电网建设大规模展开，有效解决了偏远地区人口用电问题。③电力工业的现代化程度进一步提高。电力工业已"基本掌握 60 万千瓦亚临界火电机组和 500 千伏交直流输变电工程的设计、施工、调试及运行技术；具备了修筑 240 米双曲拱坝、180 米级各类大坝及施工大型抽水蓄能电站的能力；电网运行初步实现了自动化、现代化管理"。④电力体制改革推进顺利。电力工业初步实现了政企分开，确定了"厂网分开、竞价上网、国家监管"的改革目标，并在上海、浙江等省市进行改革试点。通过这一系列改革，中国能源工业的市场化程度进一步提高，市场机制的作用日益明显，价格体制和管理体制也逐步与国际接轨。

第三节 "十五"计划时期（2001—2005年）的能源战略

根据《国民经济和社会发展第十个五年计划纲要》，这一时期的五年计划，环保、生态建设、经济与社会的可持续发展得到加倍重视，国民经济进入了快速扩张的黄金期，经济增长趋势迅猛，工业化发展加快，城市化进程加速，基础设施建设大规模增长。这一时期的能源战略围绕"在保障能源安全的前提下，把优化能源结构作为能源工作的重中之重，努力提高能源效率、保护生态环境，加快西部开发"展开，煤炭、石油和电力工业的发展成果显著。

一、"十五"计划时期的社会经济发展形势与能源发展特征

（一）社会经济发展背景

"十五"计划是我国进入21世纪的第一个五年计划，也是我国进入全面建设小康社会、加快推进社会主义现代化新发展阶段的第一个五年计划。2001年3月，全国人大九届四次会议通过了《国民经济和社会发展第十个五年计划纲要》，国民经济增速、经济结构调整、现代企业制度、就业和居民消费结构等方面做出了规划[①]。

"十五"期间国内生产总值的平均增长率达到了13.35%，国民经济进入了快速扩张的黄金期，经济增速呈上升趋势，工业化发展快速推进，城市化进程加快，基础设施建设大规模增长，人民生活水平日益提高，逐步摆脱了1997年亚洲金融危机引发的通货紧缩状况，以上成就为《国民经济和社会发展第十个五年计划纲要》提出的"到2010年国内生产总值比2000年翻一番"的目标奠定了坚实基础。然而，"十五"期间仍面临以下三个问题。①产业结构的调整偏离了原有计划目标，产业结构失衡问题加剧。第二产业持续快速发展，粗放的增长模式问题不但没有改善或扭转，甚至出现了经济增长质量下滑的形势，而第三产业发展缓慢。②主要污染物的排放出现先降后增的情况，酸雨污染问题更加严重。在"九五"时期，伴随着经济水平提高和能源结构优化，能源消耗和污染排放呈现出下降的趋势，然而自进入"十五"时期，特别是2003年之后，能源资源消耗的增速远超经济发展的增速，经济发展模式出现转变。③"十五"时期的内外部经济环境发生了巨大变化。"十五"时期的内外经济环境发生

---

① 国民经济保持较快发展速度，经济结构战略性调整取得明显成效，经济增长质量和效益显著提高，为到2010年国内生产总值比2000年翻一番奠定坚实基础；国有企业建立现代企业制度取得重大进展，社会保障制度比较健全，完善社会主义市场经济体制迈出实质性步伐，在更大范围内和更深程度上参与国际经济合作与竞争；就业渠道拓宽，城乡居民收入持续增加，物质文化生活有较大改善，生态建设和环境保护得到加强；进入"十五"时期以来，由于居民消费结构升级和城市化进程加快，以及加入WTO后市场范围更大，融入全球经济，工业发展进入新一轮的高增长期，中国经济整体呈现平稳持续快速增长态势，彻底摆脱了亚洲金融危机以来的通货紧缩阴影。

变化，包括国内总供求格局的变化和国际经济社会发展网络化、全球化、市场化的趋势。其中，国内总供求格局的变化表现为：长期以来，我国的国民经济一直被供应短缺困扰，直到"九五"时期，中国经济还处于卖方市场，宏观格局出现通货紧缩情况。然而，"十五"时期，宏观经济环境正在由总需求过旺转向不足，原因在于：技术变革加快、全球制造业生产过剩和国内市场化改革进程加快，导致国内资本对劳动的替代和排斥，并使得商品成本和价格下降；此外，居民消费水平和投资预期的变化，比如，随着人均收入水平的提高，会对消费产品有更高的要求，随之带来的是对供给体系结构调整的要求。

（二）能源发展特征

能源生产在经历"九五"后期的缓慢下降后，从 2001 年开始又逐渐缓慢上升，在 2004 年达到一个小高峰，超过了"九五"时期的最高生产水平，达到了 15.56 亿吨标准煤，然而到了"十五"末期又迅速下跌，如图 11-5 所示。尽管"十五"时期能源生产总量呈上升趋势，但是能源生产总量始终低于消费总量，而在"十五"末期（2005 年）出现生产大幅下降的情况，使供需差距进一步拉大，能源供需矛盾问题更加尖锐。

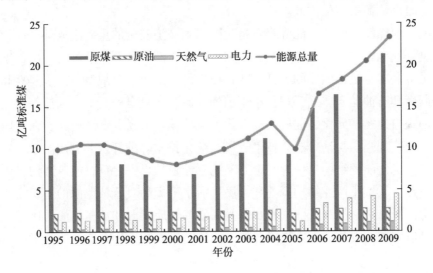

图 11-5 我国"九五"计划至"十一五"规划时期的能源生产情况

"十五"时期的能源发展仍然面对以下问题。①能源需求增长加速，煤炭生产和消费的非常规增加，导致能源结构不合理的问题更加明显，成为制约能源工业发展的主要矛盾和关键因素。在"十五"时期煤炭在一次能源结构中比例仍过高，尤其是直接用于终端消费的比重过大；而石油受到资源禀赋的条件限制，国内石油供需缺口逐渐增大，导致 1993 年起我国从石油净出口国变为石油净进口国；天然气在能源结构中占比仍然很低；太阳能和风能等清洁能源发电刚刚起步，其重要性和必要性还没有受到重视。②煤炭、石油、天然气和电力等能源工业的内部发展不平衡，内部结构失调。

煤炭工业的采掘能力强，然而洗煤、选煤、型煤和水煤浆等加工技术的发展较为缓慢。石油工业的新增可采储量不能满足产量的增加，储采比逐渐下降。对于天然气工业来说，虽然天然气探明储量保持较快增速，但居民用气、工业餐饮等城市商业化的下游市场进展缓慢。在电力工业，高压输电网发展滞后于电源建设，发电、输电和配电的工业内部结构矛盾突出；城乡配电网建设滞后，影响了企业的生产和居民的生活水平。

二、"十五"计划时期的能源战略思想和政策内容

（一）全面化、成熟化的能源发展战略

"十五"期间我国综合国力进一步增强，社会主义市场经济体制更加完善，产业结构不断升级，科技创新和体制创新对社会经济发展的贡献加大。2001年3月15日，第九届全国人民代表大会第四次会议批准的《中华人民共和国国民经济和社会发展第十个五年计划纲要》提出，"十五"时期的能源战略是"在保障能源安全的前提下，把优化能源结构作为能源工作的重中之重，努力提高能源效率、保护生态环境，加快西部开发"，标志着中国的能源发展战略与政策开始向全面化和成熟化迈进。以下详细阐述了这一时期能源战略的内涵。

第一，保障能源安全。能源安全是我国国家经济安全的重要组成部分，为了保障能源安全，应该遵循以下几点原则：①在"十五"期间甚至更长的时间内，继续坚持"能源供应基本立足国内"的方针；②积极贯彻"走出去"战略，逐步建立和完善石油储备制度和石油储备体系，积极利用国外资源，建立海外石油、天然气供应基地，实现石油进口途径多元化，促进石油替代和节约技术创新；③考虑煤炭在我国能源主体中的地位，加强煤炭洁净燃烧技术、煤炭液化技术等的开发和利用。

第二，优化能源结构。作为"十五"能源计划的重中之重，能源结构优化需要考虑以下几点。①鉴于产业结构调整和人民生活水平提高对清洁能源的迫切需要，实现我国一次能源结构，提高天然气和水电等高效的优质能源和洁净能源的比重。②要把握能源供应缓和的时机，应推进能源各行业的结构调整工作，提高能源工业总体发展水平。

第三，提高能源效率。针对我国人均资源匮乏、能源利用效率低的现实，应把提高能源利用效率放到重要位置，推进产业结构调整，加强能源技术创新，促进能源效率的提高。

第四，保护生态环境。随着时间推移，中国的能源资源和环境质量的压力越来越大。①需要进行能源需求总量控制，重点是节能。比如，2004年国务院通过的《能源中长期发展规划纲要（2004—2020）（草案）》提出"2020年中国能源需求尽量控制在30亿吨标准煤以内"，还有第十届全国人民代表大会常务委员会第十四次会议于2005年2月28日通过、于2006年1月1日起施行的《中华人民共和国可再生能源法》。

②需要提高能源节约和能源综合利用技术。大力促进风能、太阳能、地热等新能源和可再生能源的开发利用，避免和减少能源开发利用引起的环境污染，促进能源、经济与环境的协调发展。

第五，加快西部开发。结合国家西部大开发①战略，充分发挥西部煤炭、石油、天然气、水力、风能和太阳能等能源资源优势。总体来说，西部能源开发工作的重点是"西气东输""西电东送""光明工程"等项目。

（二）具体能源政策及相关措施

根据"十五"时期的能源战略及战略含义，下面从煤炭、石油、天然气和电力等能源工业的角度来阐述该时期的能源政策和具体措施。

在煤炭工业方面，煤炭作为基础能源，在我国一次能源生产和消费构成中均占2/3以上，而煤炭工业也是我国重要的基础产业，对我国国民经济的发展至关重要。根据国家经济贸易委员会于2001年1月1日发布的《煤炭工业"十五"规划》，"十五"时期是我国煤炭工业内部结构调整的重要时期，要通过实施"大集团、科教兴煤、洁净煤、综合经营"四大战略，促进煤炭工业健康发展。下面将从四个战略入手，分六点简要阐述具体政策措施。①深化企业改革，实施大集团②战略。按照现代企业制度的要求，推动煤炭企业改制；按照市场取向和规模经济的原则，组建大型煤炭公司和企业集团；按照产业关联度，培育特大型公司和企业集团。②加快煤炭企业技术改造步伐，促进产业升级。建设一批大中型现代化矿井，对现有大中型矿井进行技术改造，改造小煤矿，改造煤矿安全技术装备，改造和建设企业信息系统。③限制、淘汰落后生产能力，完善退出机制。制止低水平重复建设，淘汰落后生产能力，加大关闭破产力度。④实施洁净煤战略，推进洁净煤技术产业化。改造和建设选煤厂，发展配煤一条龙服务体系，完善水煤浆制备和应用技术，大力发展煤层气产业，推进煤炭液化和气化技术的开发和应用。⑤实施综合经营战略，促进矿区可持续发展。延伸产业链，抓好劣质煤的综合利用，开发利用与煤共伴生矿物，加强矿区环境综合治理。2005年、2006年，国务院陆续颁布《关于促进煤炭工业健康发展的意见》《关于深化煤炭资源有偿使用制度改革试点实施方案》《关于在山西省开展煤炭工业可持续发展政策措施试点的意见》等各种改革措施，促进煤炭行业全面加强资源管理，加快建设大型煤炭基地。

在油气工业方面，根据《中国石油工业"十五"规划》，"十五"期间我国石油工

---

① "西部大开发"是中华人民共和国中央政府的一项政策，目的是"把东部沿海地区的剩余经济发展能力，用以提高西部地区的经济和社会发展水平、巩固国防"。2000年1月，国务院成立了西部地区开发领导小组。由时任国务院总理朱镕基担任组长，时任国务院副总理温家宝担任副组长。经过全国人民代表大会审议通过之后，国务院西部开发办于2000年3月正式开始运作。

② 大集团是指以少数也可以是一个具有法人地位的大型或特大型企业为核心，以一批具有共同利益、不同程度地受这个核心控制或影响的法人企业为外围，通过产权或契约等不同形式的利益关系联结而成的经济联合体。

业实施市场化、国际化、低成本、科技创新和持续重组战略,重点开展以"提高天然气对原油产量的比例、境外份额油与国内原油的比例及油气在我国一次能源消费结构中比例"的结构调整。为了实现用更小的经济代价换取石油的长期稳定供应,并达到保障国民经济可持续发展的目标,就必须贯彻落实"立足国内、开拓国际,加强勘探、合理开发,厉行节约、建立储备"二十四字发展方针。具体来说,①立足国内、开拓国际。首先需要以国内油气生产为基础,保持原油产量稳定增长,以保障国内石油市场的基本需求,并把握住西气东输的历史机遇,以促进实现天然气工业的快速发展,比如在"十五"期间要重点建设新疆轮南—上海的"西气东输"管道干线和涩北—西宁—兰州等陆上输气管道以及渤海蓬莱 19-3 油田等油气田的建设。其次,尽力开拓国际石油业务,建立海外石油、天然气供应基地,增加海外石油的产量和储量,以弥补国内油气的不足。②加强勘探、合理开发。通过深化勘探和提高采收率,有效改善储采结构和消费结构,保持东部地区原油生产稳定,例如,大庆油田加速攻克并完善三元复合驱等三次采油技术,将原油产量保持在 500 万吨以上;加快西部油气资源的勘探开发,适时扩大建设油气生产能力,实现"油气并举",比如配合"西气东输"工程实施塔里木、柴达木和鄂尔多斯盆地以及川渝地区的天然气勘探工作;加强海域勘探开发,尤其是渤海、东海和南海海域等海域的油气,并合理有效地动用现有探明储量,实现海洋油气快速发展。③厉行节约、建立储备。需要制定并施行厉行节约的法律法规,尽力抑制能源的不合理消费;逐步建立和优化国家战略储备体系,"按照国家储备与企业储备相结合、以国家储备为主的方针,统一规划,分批建设国家石油储备基地";实行石油进口多元化,从多个方面保障国家石油安全。④另外,还要加强石油工业的市场化改革。

  在电力工业方面,电力工业不仅是国民经济社会的基础产业,还是公共事业。根据《我国电力工业"十五"规划概要》,发展电力工业应该坚持"以国民经济和社会发展为基础、以市场为导向、以结构调整为重点、以科技为先导"的基本原则,深入贯彻落实国家能源、产业、环保等各项方针政策,按照"统一规划、优化布局、控制总量、调整结构"的要求,促进电力工业与经济、社会和环境的协调发展。《国民经济和社会发展第十个五年计划纲要》也指出,电力工业发展和结构调整的重点包括以下几方面。①加强电网建设,推进全国联网。电网要统一规划、建设、管理和调度,例如,继续建设三峡输变电工程;输电网建设与改造形成北、中、南三大西电东送通道和三个跨区互联电网的设想,其中,北线由内蒙古、陕西等省区向华北电网输电,中线由四川、重庆等省市向华中、华东电网输电,南线由云南、贵州、广西等省区向华南输电。此外,重视配电网建设,继续做好城乡电网建设与改造,完成全国 270 个地级以上城市、1280 亿元的城网改造工程,以及全国 2400 个县、1900 亿元的农村电网建设与改造工程。②进一步调整电源结构,充分利用现有发电能力。压缩小火电,增加坑口大机组火电,在内蒙古、宁夏、陕西、山西、贵州、云南建设大型坑口电站;积极发展水电，开工建设龙滩、公伯峡、瀑布沟等大型水电站；适量建设天然气电站；适度发展核电。③积极发展新能源和可再生能源发电。国家经济贸易委员会于2002年制定了《新能源和可再生能源产业发展"十五"规划》，提到发展重点包括推广太阳光伏发电系统，开发600千瓦级及以上风力发电机组以实现规模化生产，加快生物质型煤和高效直接燃烧设备的开发利用，加强地热利用设备生产和成套设备技术开发等，比如，继续施行"乘风计划"[①]，主要安排建设河北、吉林、辽宁、湖北、广东、新疆和内蒙古等地的风电场，建设规模约50万千瓦；还要加速推进"光明工程"，基本解决无电地区的人民用电问题。④控制火力发电的污染排放。根据《我国电力工业"十五"规划概要》，全国火力发电厂主要污染物的年排放总量要基本维持在2000年的水平，并加大对火电厂二氧化硫的污染控制力度。⑤深化电力体制改革，逐步实行厂网分开、竞价上网，形成健全合理的电价形成机制。厂网分开就是要把发电厂从电网经营企业中分离出来，按照现代企业制度的要求，重组发电资产，形成独立发电企业，由企业自主经营。在厂网分开之后，电价是衡量发电企业在竞价上网的竞争中是否有优势的因素，也就是在新的电力竞价机制中，电价应该反映的是发电企业的真实竞争能力。

三、"十五"计划时期的能源管理部门的变迁

从能源综合管理部门的角度来看，2001年撤销国家煤炭工业局、国家石油化学工业局，由国家经济贸易委员会、国家发展计划委员会部门负责能源行业管理。2003年，国家发展计划委员会改组为国家发展和改革委员会，实施对煤炭、电力、石油、天然气等行业的管理。

从煤炭工业管理部门变迁的角度来看，随着煤炭生产规模迅速扩大，出现了一系列的安全问题和管理体制改革瓶颈。为解决这些问题，加强煤炭安全生产管理监督工作，2001年，组建国家安全生产监督管理局。2005年2月，成立煤矿瓦斯防治部际协调领导小组，建立健全煤矿瓦斯防治工作体系，基本形成了左右协调、上下联动的组织网络。

从石油工业管理部门变迁的角度来看，2003年成立国务院国有资产监督管理委员会，管理包括石油、天然气行业在内的国有资产，加强了政府对行业的宏观管理。同年，国家发展和改革委员会改组成立，能源管理的职能也由国家发改委管理，并在其内部设立了能源局。

从电力工业管理部门变迁的角度来看，电力行业开启第二轮改革，重点采取"厂网分开、主辅分离"的模式。2002年2月10日，国务院印发《电力体制改革方案》，并在同年3月1日正式实施电力机制改革，主要内容包括：重组发电资产，建立若干个独立发电公司；重组电网资产，设立国家电网公司和南方电网公司；设立国家电力

---

① "乘风计划"是从国家宏观规划的角度出发、面向国内外市场发展在风力发电的一个战略性计划。"乘风计划"预期要达到的目标是，在"十五"期间，实现风机国产化率在60%~80%以上。其方式可采取合资或合作引进技术，通过消化吸收，达到自主开发、自行设计、制造大型风力发电机组。

监管委员会,负责电力监管。2002年12月29日,中国电力新组建(改组)公司成立大会在人民大会堂召开,国家电网公司、中国南方电网有限公司、中国华能集团公司、中国大唐集团公司、中国华电集团公司、中国国电集团公司、中国电力投资集团公司、中国电力工程顾问集团公司、中国水电工程顾问集团公司、中国水利水电建设集团公司和中国葛洲坝集团公司等11家公司正式宣告成立。2003年,国家电力监管委员会成立,行使电力市场监管职能,实现"政监分开"。以此为标志,我国电力市场化改革目标初步实现。由于竞价上网的电力市场无法建立,2004年3月全国出台标杆上网电价政策。2004年到2006年,煤电价格联动机制出台并联动多次,效果不佳,发电企业无利可图,私营企业、外企逐步退出电力行业,使电力行业重新回到以中央企业办电为主的格局。

四、"十五"计划时期的能源政策成效

能源生产快速增长,供需矛盾趋于缓和。2005年,我国一次能源生产总量为20.6亿吨标准煤,能源消费总量为22.5亿吨标准煤,分别占全球的13.7%和14.8%,是世界第二能源生产和消费大国。煤炭产量突破22亿吨,发挥了重要的支撑作用。根据"十五"时期的能源战略思想和政策内容,本部分从煤炭工业、石油工业和电力工业等阐述此时期的成效和进步。

从煤炭工业发展的角度来看,①煤矿建设和改造工作取得重要进展。除了联合改造中小煤矿、淘汰落后小煤矿,还重点建设了平朔、平顶山、盘江和神府东胜等大中型煤矿基地,"上大压小"取得成效。根据《煤炭工业发展"十一五"规划》,2005年,大中型煤矿产量占54%,比2000年上升7个百分点;原煤入选率32%,比2000年提高6个百分点;在建煤矿中,大中型煤矿规模占82%。②对储量多、煤质好的大中型煤矿实施技术改造。一是洁净煤技术,二是煤层气开采,三是煤炭液化技术。其中,煤层气开采项目包括辽宁抚顺、甘肃华亭、河南鹤壁和山东新汶等煤炭地下气化示范工程,已建成的煤层气井达到615口。值得一提的是,我国的煤炭液化技术是具有自主知识产权的。③煤炭大企业战略性重组进程加快,煤炭工业市场机制逐步完善。到"十五"末期,3000万吨级以上的煤炭企业共10家,包括2个亿吨级的特大型煤炭企业集团,3个5000万吨级的大型煤炭企业。另外,煤炭企业与电力、钢铁等企业的合作多元化发展,形成煤炭上下游产业发展的一体化趋势。

从油气工业发展的角度来看,①石油天然气产业形成了几个上下游、内外贸一体化的大型企业集团。②石油天然气复杂区块勘探开发、提高油田采收率等技术跨入国际领先行列。③石油天然气产量稳步增长,西气东输工程顺利建成,塔里木、准噶尔、鄂尔多斯等西部油气田开发取得重要进展。④在市场化改革方面,取消了石油贸易专营权,由1家石油进出口公司变成5家国营贸易公司和20多家非国营贸易公司,市场结构发生重大变化,涌现出多元化的市场主体。目前,除三大石油公司外,还有众多中央和地方的国有企业、民营企业以及合资、外资公司,参与到油气勘探开发、炼油、

储运和销售业务中。

从电力工业发展的角度来看，到"十五"末期，发电装机容量超过5亿千瓦，电力供应紧张状况明显缓和。电力体制改革稳步推进，"厂网分开"工作基本完成，电力市场建设开始起步。①"十五"期间，水力发电装机共计投产1274万千瓦，建成北、中、南三个通道的大中型水电站，包括北部的黄河上游的公伯峡水电站，中部的长江三峡水电站，南部的红水河龙滩水电站、澜沧江小湾水电站。其中，三峡水利工程的投产，标志着我国的水电技术达到了国际先进水平。②"厂网分开"的电力体制改革给风力发电带来了发展机遇，到"十五"末期，风力发电装机容量达到126万千瓦。③"十五"时期是我国核电大力发展的阶段，参考肖新建《改革开放40年能源发展报告》，"从2003年开始，我国启动了第三代核电的国际招标，最终于2006年选中西屋电气的AP1000先进压水堆技术，成立了负责引进消化吸收AP1000核电技术的国家核电技术公司，启动了山东海阳和浙江三门自主化依托项目，分别建设2台AP1000核电站，自此我国三代核电开始了引进消化吸收再创新的历程"。

第四节 "十一五"规划时期（2006—2010年）的能源战略

"十一五"时期在全面建设小康社会进程中处于承前启后的关键时期。"十一五"规划时期的能源战略是"贯彻落实节约优先、立足国内、多元发展、保护环境，加强国际互利合作的能源战略，努力构筑稳定、经济、清洁的能源体系，以能源的可持续发展支持我国经济社会可持续发展"，在这一时期，我国能源快速发展，供应能力明显提高，产业体系进一步完善，能源储运、节能降耗和科技创新等方面成果明显，为"十二五"规划时期的能源发展奠定了坚实基础。

一、"十一五"规划时期的社会经济发展形势与能源发展特征

（一）社会经济发展背景

第十一个五年计划（2006—2010年）是党的十六大提出全面建设小康社会宏伟目标后编制的第一个五年规划，也是党中央提出科学发展观和构建社会主义和谐社会重大战略思想后编制的第一个五年计划。《中共中央关于制定国民经济和社会发展第十一个五年规划的建议》明确提出，"十一五"规划要以邓小平理论和"三个代表"重要思想为指导，全面贯彻落实科学发展观，把科学发展观贯穿到改革开放和现代化建设的全过程。"十一五"期间要坚持"六个必须"的原则，即"必须保持经济平稳较快发展，必须加快转变经济增长方式，必须提高自主创新能力，必须促进城乡区域协调发展，必须加强和谐社会建设，必须不断深化改革开放"，要加快发展向科学发展转变，改变"资本高投入、就业低增长、资源高消耗、污染高排放"的粗放型经济增长模式，推进资源节约型和环境友好型国民经济体系的建立，特别是要转变工业增长模式，走新

型工业化道路。

在"十一五"时期的第三个年头（2008年）发生的国际金融危机，严重冲击了中国出口，使部分企业陷入困境。中国率先推出了刺激经济的一揽子计划，尽力"保八"。2008年11月5日，温家宝总理在国务院常务会议上宣布，中国的财政政策由"稳健"转向"积极"，货币政策由"从紧"转向"适度宽松"，并在未来两年内实施总额4万亿元人民币的投资计划[①]。事实证明，我国应对世界金融危机的政策是有效的，2009年中国经济比上年增长8.7%，完成了"保八"任务[②]。根据图11-6，我国第二产业和第三产业占国内生产总值的比重较稳定，第二产业比重到"十一五"末期达到46.5%左右，而第三产业到"十一五"末期占比为44.18%，总体来说第三产业比重上升，第一产业和第二产业有下降趋势。

（二）能源发展特征

《周大地："十一五"规划的能源发展方略》提出，"2005年全国的煤炭需求缺口大约是8000万吨，电力供应短缺大约达到了2500万千瓦，对于原油我们需要进口1.3亿吨才能够基本满足国内的需求"。我国作为全球第二大能源生产国和全球第二大能源

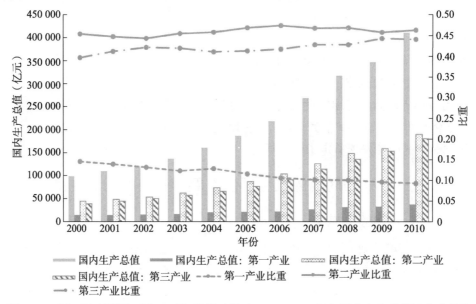

图11-6 "十五"计划和"十一五"规划时期（2000—2010年）国内生产总值及产业结构

---

① 4万亿元投资用于各重点领域的情况是：廉租住房、棚户区改造等保障性住房建设，投资约4000亿元；农村水电路气房等民生工程和基础设施建设，投资约3700亿元；铁路、公路、机场、水利等重大基础设施建设和城市电网改造，投资约15 000亿元；医疗卫生、教育、文化等社会事业发展，投资约1500亿元；节能减排和生态工程建设，投资约2100亿元；自主创新、结构调整和技术改造，投资约3700亿元；灾后恢复重建，投资约10 000亿元。

② "十一五"时期的"保八"任务基本完成，其中，2009年第一季度同比增长6.2%，第二季度增长7.9%，第三季度增长9.1%，第四季度增长10.7%。在2009年35.3万亿元的国内生产总值中，22.5万亿元的投资起到首要拉动作用，12.5万亿元的社会消费品零售总额也是骨干力量，但净出口依然拖了后腿。

消耗国,"十一五"时期会面临什么样的能源发展形势呢?基于国家发展改革委 2007 年 4 月发布的《能源发展"十一五"规划》,"十一五"时期的能源发展情况可以概括为如下几点。第一,能源消费需求日益增加,能源资源约束不断加剧。虽然我国能源资源总量丰富,然而人均能源占有量较低。随着国民经济健康稳定发展,城乡居民消费结构升级的同时,对能源产品的需求也发生了改变,能源消费呈持续增长趋势,虽然能源供给在经历了 2005 年的断崖式下滑之后,在 2006 年能源供给又大幅增加并超过了下滑之前的能源供给量,但是能源供给仍低于能源需求,能源资源供需矛盾仍然突出。第二,虽然能源效率有所提高,但是节能降耗任务仍然很艰巨。这主要是因为我国正处于工业化、城镇化快速发展的历史时期,高耗能产业在经济增长中仍可能占有较大比重。第三,国际能源市场波动剧烈,能源安全问题不容忽视。在"十五"到"十一五"时期,国际石油价格不断震荡、上升,而我国刚刚准备建设石油储备体系,应对石油供给突发事件的能力较弱。第四,农村和偏远、贫困地区能源供给问题严峻。

二、"十一五"规划时期的能源战略思想和政策内容

(一)可持续发展的能源发展战略

"十一五"规划是全面建设小康社会的关键时期,在这一社会和经济发展的新阶段,能源发展既有新的机遇,也面临着更为严峻的挑战。《能源发展"十一五"规划》和《中国的能源状况与政策》白皮书均提出,"十一五"时期乃至今后的能源战略应该以邓小平理论和"三个代表"重要思想为指导,用科学发展观和构建社会主义和谐社会两大战略思想统领能源工作,贯彻落实节约优先、立足国内、多元发展、保护环境,加强国际互利合作的能源战略,努力构筑稳定、经济、清洁的能源体系,以能源的可持续发展支持我国经济社会可持续发展。此外,《能源发展"十一五"规划》对能源消费和生产总量的具体数值以及能源强度的降低量做出了限制,主要包括"2010 年,我国一次能源消费总量控制目标为 27 亿吨标准煤左右,年均增长 4%","2010 年,一次能源生产目标为 24.46 亿吨标准煤,年均增长 3.5%"等,还在能源结构、能源建设重点、节能和环保、科技进步等方面提出了发展目标。

"十一五"时期是着力促进经济、能源和环境可持续发展的关键时期。2007 年国务院颁布的《节能减排综合性工作方案》制定了一系列节能减排的目标任务,包括到 2010 年,万元国内生产总值的能耗由 2005 年的 1.22 吨标准煤下降到 1 吨标准煤以下,降幅达 20%左右;"十一五"期间,主要污染物排放总量减少 10%等。

(二)具体能源政策及相关措施

根据"十一五"时期的能源战略,按照"优化结构、区域协调、产销平衡、留有余地"的原则,这一时期我国能源建设的总体安排是:有序发展煤炭;加快开发石油天然气;在保护环境和做好移民工作的前提下积极开发水电,优化发展火电,推进核

电建设；大力发展可再生能源。下面从煤炭工业、油气工业和电力工业等能源工业的角度来详细阐述该时期的能源政策和具体措施。

在煤炭工业方面，①加强能源工程建设，有序开发煤炭基地。第一，加快开发神东、陕北、黄陇（含华亭）、晋北、晋东、宁东等六个大型优质动力煤炭基地，以建设特大型现代化煤矿为主，扩大生产规模。第二，实施晋中炼焦煤基地保护性开发，建设大型煤矿，整合中小型煤矿，保持合理开发强度。第三，做好鲁西、冀中、河南等3个煤炭基地老矿区生产接续，稳定生产规模。推进两淮煤炭基地建设与改造，适度提高煤炭供应能力。第四，促进蒙东（东北）煤炭基地开发，优先建设内蒙古东部大型现代化露天煤矿。第五，配合西电东送工程，适度加快云贵煤炭基地开发。②着重发展煤炭储运工程，加快建设煤炭运输通道和港口。第一，"十一五"期间，随着煤炭产销量的增长，我国"北煤南运、西煤东调"的格局更加明显。第二，充分挖掘既有铁路和港口设施的潜力，重点抓好"三西"煤炭外运通道、北方沿海煤炭装船码头扩能改造，规划建设"西煤东运"新通道。第三，进一步强化华东、东南、华南地区煤炭接卸码头和中转基地建设，发挥长江和京杭运河作用，加强西北、西南和华中煤炭运输能力建设。③加快推进煤炭工业节能环保技术，落实节能环保措施。首先，逐步淘汰技术落后、效率低、资源浪费和污染严重的小煤矿，采用高效、环保的新工艺、新设备和新材料改造现有煤矿和选煤厂，建设大型现代化煤矿。到2010年，使煤炭资源平均矿井回采率由2005年的46%提高到50%；小型煤矿数量由2.2万处降低到1万处左右，污染源点大幅度减少；地下水渗漏、地表沉陷等问题得到有效缓解。其次，按照循环经济发展思路，大力推进煤炭领域资源综合利用。到2010年，使煤矸石利用量由2005年的1.5亿吨增加到3.9亿吨，利用率提高27个百分点；矿井水利用量由11亿立方米增加到36亿立方米，利用率提高26个百分点；矿井水达标排放率由80%提高到100%；煤矿瓦斯利用量由10亿立方米增加到87亿立方米。最后，切实加强煤炭矿区生态环境保护工作。制订专项规划，研究建立矿区生态环境恢复补偿机制，加大资金投入。到2010年，使矿区土地复垦面积由0.9万公顷增加到2.2万公顷，水土流失治理面积由1.1万公顷增加到2.6万公顷，生态环境恶化的趋势得到遏制。

在石油工业方面，①加快建设油气基地。按照"挖潜东部、发展西部、加快海域、开拓南方"的原则，通过地质理论创新、新技术应用和加大投入力度等措施，使全国原油、天然气产量在2010年分别达到1.93亿吨和920亿立方米。②大力推进油气输送管网建设。"十一五"期间，按照"西部油气东输、东北油气南送、海上油气登陆"的格局，加强骨干油气管线建设，增加必要的复线和重点联络线，加快中转枢纽和战略储备设施建设，逐步形成全国油气骨干管网和重点区域网络。③发展石油替代工程。按照"发挥资源优势、依靠科技进步、积极稳妥推进"的原则，加快发展煤基、生物质基液体燃料和煤化工技术，为"十二五"及更长时期石油替代产业发展奠定基础。④加强天然气工业的节能和环保工作。第一，加强项目开发的节能环保评估和审查，大力推广提高采收率技术、采油系统优化配置技术、稠油热采配套节能技术、注水系统优化运行技术、油气密闭集输综合节能技术和油田伴生气回收利用技术，严禁在没有伴生气、凝析油回收配套条件下开采油气田。第二，做好石油节约和替代工作。以洁净煤、石油焦、天然气替代燃料油（轻油）；淘汰燃油小机组；实施机动车燃油经济性标准及相关配套政策；实施清洁汽车行动计划，发展混合动力汽车，在城市公交车、出租车等行业推广燃气汽车。

在电力工业方面，①积极开发水电基地。按照流域梯级滚动开发方式，建设大型水电基地；重点开发黄河上游、长江中上游及其干支流、澜沧江、红水河和乌江等流域；在水能资源丰富但地处偏远的地区，因地制宜开发中小型水电站。②优化建设煤电基地。按照"西电东送、水火调剂、强化支撑、保障安全"的原则，优化建设山西、陕西、内蒙古、贵州、云南东部等煤炭富集地区煤电基地，实施"西电东送"；合理布局河南、宁夏坑口电站，促进区域内水火调剂；加快安徽两淮坑口电站建设，实施"皖电东送"。在东中部地区重点建设港口、路口、负荷中心电站以及有利于增强输电能力的电站，提高电网运行稳定性和安全性。③加快建设核电基地。"十一五"期间，建成田湾一期、广东岭澳二期工程，开工建设浙江三门、广东阳江等核电项目，做好一批核电站前期工作；积极支持高温气冷堆核电示范工程。④大力推进电网设施建设。一是按照"重点输送水电，适度输送煤电"的原则，继续推进"西电东送"三大通道建设；二是加强区域电网建设，推进大区电网互联，到 2010 年，除西藏、新疆、台湾等地外，初步实现全国联网；三是推进城乡电网建设与改造，形成安全可靠的配电网络。四是促进二次系统与一次系统协调发展。⑤发展可再生能源产业化工程。"十一五"期间，重点发展资源潜力大、技术基本成熟的风力发电、生物质发电、生物质成型燃料、太阳能利用等可再生能源，以规模化建设带动产业化发展。⑥积极发展新农村电力工程。按照"因地制宜，多元发展"的原则，在继续加快小型水电和农网建设的同时，大力发展适宜村镇、农户使用的风电、生物质能、太阳能等可再生能源。到 2010 年，村镇小型风机使用量达到 30 万台，总容量 7.5 万千瓦；户用沼气 4000 万户，规模化养殖场沼气工程达到 4700 处，全国农村沼气产量达到 160 亿立方米；农村太阳能热水器保有量达到 5000 万平方米，太阳灶保有量达到 100 万台。⑦加强电力工业的节能和环保建设。第一，大力发展 60 万千瓦及以上（超）临界机组、大型联合循环机组；采用高效洁净发电技术改造现役火电机组，小机组淘汰退役。第二，推进热电联产、热电冷联产和热电煤气多联供。第三，在工业热负荷为主的地区，因地制宜建设以热力为主的背压机组；在采暖负荷集中或发展潜力较大的地区，建设 30 万千瓦等级的高效环保热电联产机组；在中小城市建设以循环流化床技术为主的热电煤气三联供，以洁净能源作燃料的分布式热电联产和热电冷联供，将分散式供热燃煤小锅炉改造为集中供热。

三、"十一五"规划时期的能源管理部门的变迁

2008年国家能源局成立,下设煤炭司、石油天然气司、电力司、新能源司和可再生能源司等,对能源行业实施管理。成立国家能源局是国务院机构调整方案中的一项重要内容,旨在加强对能源行业的集中统一管理,应对日益严峻的国际国内能源问题,保障国民经济持续稳定健康发展。根据国务院批准的"三定"方案,国家能源局为国家发展改革委管理的国家局,其职责包括:拟订能源发展战略、规划和政策,提出相关体制改革建议;实施对石油、天然气、煤炭、电力等能源的管理;管理国家石油储备;提出发展新能源和能源行业节能的政策措施;开展能源国际合作。"三定"方案明确,国家能源局负责煤炭、石油、天然气、电力(含核电)、新能源和可再生能源等能源的行业管理,组织制定能源行业标准,监测能源发展情况,衔接能源生产建设和供需平衡,指导协调农村能源发展工作。

2010年国务院办公厅发布了《关于成立国家能源委员会的通知》。根据第十一届全国人民代表大会第一次会议审议批准的国务院机构改革方案和《国务院关于议事协调机构设置的通知》(国发〔2008〕13号)精神,为加强能源战略决策和统筹协调,国务院决定成立国家能源委员会,其主要职责是负责研究拟订国家能源发展战略,审议能源安全和能源发展中的重大问题,统筹协调国内能源开发和能源国际合作的重大事项。

四、"十一五"规划时期的能源政策成效

"十一五"时期,我国能源快速发展,供应能力明显提高,产业体系进一步完善,基本满足了经济社会发展需要,为"十二五"能源发展奠定了坚实基础。本部分从能源产销、能源储运、节能降耗和科技创新等方面总结"十一五"时期的能源发展成就。

从能源产销的角度来看,能源生产能力快速提高,能源供需紧张问题得到缓解,到2010年能源生产量达到31.21亿吨标准煤,与2005年的22.90亿吨相比增加了36.27%,年均增长率达到6.41%,超过了《能源发展"十一五"规划》中24.46亿吨标准煤的目标。另外,到2010年,电力装机规模达到9.66亿千瓦,与2005年(5.17亿千瓦)相较增长近一倍,成为世界第二电力装机大国;水电装机规模达到2.16亿千瓦,位居世界第一;核电发电设备容量1082.4万千瓦;风电装机容量达到2957.55万千瓦,与2005年相比新增风电装机规模约2851.72万千瓦,超越美国成为世界第一风电大国;光伏发电装机规模约为30万千瓦。

从能源储运设施的角度来看,铁路专线、油气管网和LNG接收站等能源基础设施的建设步伐加快。①煤炭的铁路运输能力显著提高。"十一五"期间,通过对朔黄线(山西神池—河北黄骅港)和大秦线(山西大同—河北秦皇岛港)等煤炭铁路运输专线的电气化改造,山西、陕西、内蒙古西部的煤炭外运能力不断提高,2010年我国煤炭铁

路运输量达到了15.60亿吨，与2005年（10.71亿吨）相比增加了4.89亿吨。②油气管网建设加快推进。对于石油运输管道来说，随着兰郑长（兰州—郑州—长沙）、兰成渝（兰州—成都—重庆）等成品油管线，中哈等输油管线的建成，我国"西油东运、北油南运、海油登陆"的石油运输格局初步形成。对于天然气运输管线来说，我国先后建成"西气东输"二线、"川气东送"工程等天然气管线，逐渐形成了天然气干线管网。③LNG接收站建设取得显著进展。2006年，深圳大鹏LNG项目正式建成投产，标志着我国开始利用国外天然气资源。此后，福建LNG项目、上海LNG项目也相继投运。2010年我国累计进口LNG资源166.1亿立方米。

从节能降耗的角度来看，在"十一五"期间，我国将节约能源、降低能耗作为能源工业转变发展方式、调整产业结构的关键。①通过实施"上大压小"，关停小火电机组。根据国家能源局在北京召开的2010年全国电力行业淘汰落后产能工作会议，"全国累计关停小火电机组超过7000万千瓦。按同等电量由大机组代发计算，每年可节约原煤8100万吨，减少二氧化硫排放140万吨，减少二氧化碳排放1.64亿吨，分别比2005年减少2.6%、5.5%和3.2%"。②由于我国始终贯彻节能优先的能源战略，经济增长对能源消费的依赖逐步下降，我国能源消费弹性系数由2005年的1.32下降到2010年的0.60，国家发展改革委公布的数据显示，能源强度（单位国内生产总值的能源消耗）下降了19.1%，主要污染物排放总量减少10%，基本实现了2007年《节能减排综合性工作方案》规定的节能目标。

从能源科技创新的角度来看，"十一五"时期，依托国家重大煤炭、石油、天然气和电力等能源工程，推进石油海上钻井平台、天然气运输管线、大型LNG设备、第三代核电超大型锻件等装备自主化。百万千瓦超临界和循环流化床发电机组达到了国际领先水平，建成世界上第一条±800千伏直流输电线路和1000千伏交流输电示范工程，超高压长距离、大容量跨海电力联网工程500千伏海南联网工程正式投运。

本 章 小 结

从"八五"时期到"十一五"时期，我国的能源工业经历了不同的发展阶段，在这期间内我国的能源战略体系逐渐完善，并越来越注重能源的可持续发展和有效利用，以支持我国经济社会的可持续发展。在"八五计划"时期，中国改革开放和现代化建设进入新的阶段，社会主义市场经济体制逐步建立，国民经济的市场化程度提高，导致能源交易放松，在一定程度上刺激了能源需求。该时期实施"因地制宜、水火电并举和适当发展核电"的能源战略，在煤炭工业，加强统配矿建设、促进地方煤矿的改造并逐步放开煤炭价格；在石油工业中采取"稳定东部，发展西部"的战略方针，以及"扩大对外合作、开展国际化经营"战略，以加强石油的勘探、开发和生产；使电力工业与国民经济发展可以按比例、有计划地发展，合理安排电力工程建设项目，加快核电起步建设。在"九五"计划时期,虽然能源供给和需求增长明显放缓,但是国民经济仍持续较快增长。在这一时期,坚持"开发与节约"并重的原则,坚持"以电力为发展中心,以煤炭为发展基础,在加强石油、天然气开发的同时,也要发展新能源,改善能源结构"。能源工业发展取得重要进展,构建"煤电价格联动"的机制,实行政企分开和扩大企业市场自主经营权等政策措施,大力推进煤炭行业改革,将中央管理的重点国有煤矿进行下放,调整煤炭行业结构;中石油、中石化和中海油重组改制;增强电力工业"以大代小"的技术改造力度。在"十五"计划时期,《国民经济和社会发展第十个五年计划纲要》提出加倍重视环保、生态建设、经济与社会的可持续发展,要求"在保障能源安全的前提下,把优化能源结构作为能源工作的重中之重,努力提高能源效率、保护生态环境,加快西部开发"。深化煤炭企业改革,实施大集团战略,加快煤炭企业技术改造步伐,限制、淘汰落后生产能力;对于石油和天然气工业来说,仍要坚持"立足国内、开拓国际""加强勘探、合理开发"。在"十一五"规划时期, "贯彻落实节约优先、立足国内、多元发展、保护环境,加强国际互利合作的能源战略,努力构筑稳定、经济、清洁的能源体系,以能源的可持续发展支持我国经济社会可持续发展"。遵循"优化结构、区域协调、产销平衡、留有余地"的原则,这一时期我国能源建设的总体安排是:有序发展煤炭;加快开发石油天然气;在保护环境和做好移民工作的前提下积极开发水力发电,优化发展火力发电,推进核电建设;大力发展可再生能源。

1. 从"八五"计划到"十一五"规划历经 20 年的时间,各个时期的能源战略是什么?分别有什么相同点和不同点?能源管理部门是如何变迁的?

2. "八五"计划时期能源发展有何特点?

3. "九五"计划能源政策的成效是什么?请分别从煤炭工业、石油和天然气工业以及电力工业等方面加以论述。

4. "十五"计划的能源战略及其内涵是什么?

5. "十一五"规划时期的能源政策内容是什么?

6. 西气东输和西电东送的发展进程如何?分别受哪一时期的何种能源战略、能源政策的影响?

7. 从"八五"计划到"十一五"规划的能源战略发展进程是怎样的?为"十二五"规划及以后的能源战略的影响体现在哪些方面?请谈谈你的看法。

[1] 崔跃南. 扩大石油对外合作加快国际化经营步伐[J]. 石油知识, 1998(1): 9-11.
[2] 国家计委政策研究室. 第八个五年计划时期经济社会发展的历史性成就[J]. 经济改革与发展,

1996(5).
- [3] 国家经贸委资源司. "九五"新能源和可再生能源产业化发展计划[J]. 农村能源, 1996(2): 3-6.
- [4] 胡省三, 成玉琪. 煤炭工业的发展必须实施大集团战略[C]//中国科协 2004 年学术年会第 16 分会场论文集. 中国煤炭学会岩石力学与支护专业委员会. 北京: 煤炭工业出版社, 2004: 22-26.
- [5] 史大桢. 努力实现"八五"计划和后十年的规划 不断提高电力工业的经济效益[J]. 电力技术, 1991(3): 4-10.
- [6] 吴巧生, 汪小英. 能源消费经济学[M]. 北京: 中国社会科学出版社, 2013.
- [7] 王庆一, 崔丽芳. 中国"八五"期间能源综述[J]. 能源政策研究, 1996(4): 1-9.
- [8] 王森浩. 认真贯彻落实党的十四届五中全会精神. 实行两个根本性转变促进煤炭工业健康发展[J]. 中国能源, 1996(2): 2-7.
- [9] 王志刚. 我国陆上石油工业的发展[J]. 中国能源, 1996(1): 32-35.
- [10] 杨兴华. 国家调整能源工业"八五"计划[J]. 中州煤炭, 1993(3): 45.
- [11] 尤斑. 关于"八五"石油工业包干方案的思考[J]. 中国能源, 1991(8): 16-17.
- [12] 曾培炎. 继往开来的五年 举世瞩目的成就——国民经济和社会发展"九五"计划胜利完成[J]. 人民论坛, 2000(10): 7-9.
- [13] 李勇武. 落实科学发展观实现石油和化学工业持续快速健康发展——在石油和化工"十一五"规划座谈会的讲话(摘要)[J]. 中国石油和化工标准与质量, 2007, 27(1): 3-8.

第十二章

我国能源战略的深化之路

"十二五"时期是加快转变经济发展方式的攻坚时期，也是能源革命的深化之时。为加快推动能源产业转型发展，中国政府提出了"四个革命、一个合作"战略思想。"十三五"时期能源革命得到更加深入地落实和推进。在此期间的能源战略比"十二五"时期的战略表现出了"六个更加"（更加注重发展质量、更加注重结构调整、更加注重系统优化、更加注重市场规律、更加注重经济效益、更加注重机制创新）的特点。

关键词： 四个革命、一个合作　生态文明建设　经济新常态　全球能源互联网　分布式能源　智能电网　"一带一路"能源合作　五大发展理念　供给侧结构性改革

第一节 "十二五"规划时期（2011—2015年）的能源战略

"十二五"是全面建设小康社会的关键时期，也是加快转变经济发展方式的攻坚时期。这一时期面临深入推进经济发展方式转变以及能源格局和形势深刻变化等重要变化特征，能源发展呈现新的阶段性特征，这些变化对能源发展战略选择产生了深刻影响。我国领导层呼吁实现中国经济的转型：从能源—资源—污染密集型增长方式转向更加健康的创新驱动型增长方式，从注重数量与速度转向更加注重增长质量。2012年党的十八大首次提出能源生产和消费革命，开启了中国实现能源生产和消费方式根本性转变的能源变革之路。2014年中国首次就能源生产和消费革命做出阐释，明确提出了"四个革命、一个合作"的重大能源战略思想，这一思想被作为此后较长时间内指导中国能源发展的根本性思想。"十二五"规划时期是能源生产和消费革命思想的成型期，也是能源革命的初始期。

一、"十二五"规划时期经济与能源发展形势

（一）社会经济发展背景

这一时期，加快转变经济发展方式成为中国经济发展的主线，切实把推动发展的

立足点转到提高质量和效益上成了政策导向的重中之重。中国共产党力求将经济增长模式由粗放式发展转向立足质量和效益的可持续发展的决心，在这一阶段得到充分体现。一方面，资源约束趋紧、环境污染严重、生态系统退化的严峻形势，使得节约资源和保护环境被放在前所未有的重要位置。中共十八大（2012年11月8日）报告中将"生态文明"独立成篇，并首次将"生态文明建设"写入党章。至此，生态文明建设在中国经济社会发展中的战略地位更加明确。另一方面，这一时期中央又提出中国处于经济"新常态"的关键性判断[1]。结构性减速，构成中国经济"新常态"的主要特征。因此，与之前的经济发展状态不同，经济新常态强调"结构稳增长"的经济，而不是总量经济，着眼于经济结构的对称态[2]及在对称态基础上的可持续发展，而不仅仅是GDP、人均GDP增长与经济规模最大化。

（二）国际能源格局变化

从国际看，全球气候变化、政治、国际金融危机等因素对国际能源形势产生重要影响，能源格局面临以下四个方面的重大变化。

一是气候变化的博弈错综复杂。2005年《京都议定书》正式生效，人类历史上首次以法规的形式限制温室气体排放，《京都议定书》约定签订国中发达国家从2005年开始承担减少碳排放量的义务，而发展中国家则从2012年开始承担减排义务。进入"十二五"规划时期，气候变化早已成为涉及各国核心利益的重大全球性问题，围绕排放权和发展权[3]的谈判博弈日趋激烈。发达国家一方面利用自身技术和资本优势加快发展节能、新能源、低碳等新兴产业，推行碳排放交易，强化其经济竞争优势；另一方面，

---

[1] 2013年12月10日，在中央经济工作会议上的讲话中，习近平总书记首次提出"新常态"，中国经济新常态就是经济结构的对称态，在经济结构对称态基础上的经济可持续发展，包括经济可持续稳增长。经济新常态是强调结构稳增长的经济，而不是总量经济；着眼于经济结构的对称态及在对称态基础上的可持续发展，而不仅仅是GDP、人均GDP增长与经济规模最大化。经济新常态就是用增长促发展，用发展促增长。经济新常态不是不需要GDP，而是不需要GDP增长方式；不是不需要增长，而是把GDP增长放在发展模式中定位，使GDP增长成为再生型增长方式、生产力发展模式的组成部分。

[2] 经济结构对称态是经济活动中以主体为主导的再生经济学意义上的具有无限发展可能的主客体动态平衡过程，以主客体动态平衡为核心的生产各个要素之间的动态平衡过程，既是一种发展模式，也是一种管理方式。分为宏观和微观两个层次：微观经济结构的对称态靠企业管理，宏观经济结构的对称态靠政府宏观调控。经济结构的对称态着眼于各个要素之间质的对称，因此不同于总量平衡。实现经济结构的对称态有消极与积极两种途径。消极途径就是补短板，即管理学的"木桶原理"。积极途径就是拉长板，即管理学的"水桶原理"；先拉长板再补短板，即管理学的"对称原理"。

[3] 排放权指排放者在环境保护监督管理部门或者国际协议中分配的额度内，并在确保该权利的行使不损害其他公众环境权益的前提下，依法享有的向环境排放污染物的权利。1968年，美国经济学家戴尔斯首先提出排污权概念，当时其内涵是政府或国际组织作为社会的代表及环境资源的拥有者，把排放一定污染物的权利向股票一样出卖给出价最高的竞买者。发展权是个人、民族和国家积极、自由和有意义地参与政治、经济、社会和文化的发展并公平享有发展所带来的利益的权利。在技术等因素的限制下，国际社会往往把碳排放权作为一种新的发展权来看待。

通过设置碳关税[①]、"环境标准"等贸易壁垒，进一步挤压发展中国家发展空间。我国作为最大的发展中国家，面临温室气体减排和低碳技术产业竞争的双重挑战。

二是供需格局深刻调整。2006年后，美国和加拿大页岩气、页岩油等非常规资源开发取得重大突破，"能源独立"取得突破性进展，形成了具有历史意义的"页岩气革命"；2008年金融危机之后，作为全球油气输出重地的西亚、北非地区局势持续动荡；欧盟则制定了2020年能源战略，启动战略性能源技术计划，着力发展可再生能源，减少对化石能源的依赖。这些都极大地推动了全球能源供需格局的深刻变化。

三是全球能源市场波动风险加剧。2008年金融危机以来，在能源金融化背景下能源价格波动加剧，金融资本投机形成"投机溢价"，国际局势动荡形成"安全溢价"，生态环境标准提高形成"环境溢价"，多重因素叠加造成能源价格长期高位震荡。发达国家能源需求增长减弱，已形成适应较高能源成本的经济结构，并且继续掌控着世界能源资源和市场主导权，能源市场波动主要给发展中国家带来风险和压力。

四是能源科技创新和结构调整步伐加快。国际金融危机以来，世界主要国家竞相加大能源科技研发投入，抢占新一轮全球能源变革和经济科技竞争的制高点。中国工程院院士旭日干在中国能源战略与"十二五"能源发展论坛上发言指出：从国际能源发展形势看，在今后几十年内，世界能源结构将发生重大变化，进入油、气、煤、可再生能源、核能五方面鼎立的格局，能源新技术将成为竞相征战的新的战略制高点（韦玉芳，2010）。

（三）国内能源发展形势

从国内能源发展形势来看，以下三个方面成为该时期的主要问题和挑战。

一是资源制约日益加剧和生态环境约束凸显。该时期我国煤炭、石油和天然气的人均占有量仅为世界平均水平的67%、5.4%和7.5%左右[②]，油气人均剩余可采储量仅为世界平均水平的61%，石油对外依存度已由21世纪初的26%上升至2011年的57%[③]。并且当时的人均能源消费水平仅为发达国家平均水平的1/3[④]。随着经济社会发展和人民生活水平的提高，未来能源消费还将大幅增长，资源约束不断加剧。另外，我国能源结构以煤为主，开发利用方式粗放，主要污染物和温室气体排放总量位居世界前列，生态环境问题凸显。

二是能效水平亟待提高。长期的粗放式发展方式，加上我国所处的发展阶段和国

[①] 碳关税，也称边境调节税（BTAs），是指对在国内没有征收碳税或能源税、存在实质性能源补贴国家的出口商品征收特别的二氧化碳排放关税，主要是发达国家对从发展中国家进口的排放密集型产品，如铝、钢铁、水泥和一些化工产品征收的一种进口关税。碳关税这一概念最早由法国前总统雅克·勒内·希拉克（Jacques René Chirac）提出，其用意是希望欧盟国家针对未遵守《京都协定书》的国家课征商品进口税，否则在欧盟碳排放交易机制运行后，欧盟国家所生产的商品将遭受不公平竞争，特别是境内的钢铁业及高耗能产业。2009年7月4日，中国政府明确表示反对碳关税。

[②] 中华人民共和国国务院新闻办公室于2012年10月发布的《中国的能源政策（2012）》。

[③] 《能源发展"十二五"规划》（国发〔2013〕2号）。

[④] 中华人民共和国国务院新闻办公室于2012年10月发布的《中国的能源政策（2012）》。

际产业分工格局,我国能源密集型产业低水平过度发展、比重偏大,钢铁、有色、化工、建材四大高耗能行业用能占到全社会用能的40%左右,产业结构不合理等突出问题造成能源效率相对较低,单位增加值能耗较高,我国人均能源消费已达到世界平均水平,但人均国内生产总值仅为世界平均水平的一半。

三是能源领域发展不协调问题亟须解决。一方面,我国区域经济和能源发展不平衡、不协调导致能源供需逆向分布矛盾①突出,加上基础设施建设相对薄弱,跨区输煤输电能力不足,使得"缺煤缺电"和"窝煤窝电"并存现象时有发生,例如,2010年湖北、湖南、江西和安徽等省份的电力供应形势严峻,而煤炭、风电资源丰富的内蒙古却因为输电线路问题阻碍了电力外输,导致其面临突出的窝电现象。另一方面,能源产业规模发展与体制发展不协调问题日益显现,在能源产业不断壮大之时,体制约束日益显现,表现为能源产业行政垄断、市场垄断和无序竞争现象并存,价格机制不完善,能源行业管理薄弱,缺位与错位现象并存。

二、能源生产和消费革命:提出"四个革命、一个合作"

(一)经济和能源发展新形势对能源发展战略的影响

在能源和经济发展新形势下,对我国能源战略方向的影响主要体现在以下几个方面。

一是更加重视能源消费强度和消费总量双控制,倒逼能源效率提升以及能源消费结构优化。面对国外能源供需结构调整和国内能源资源约束问题,节能提效成为首选之策。"十二五"时期我国开始以能源总量控制要求各个省份控制甚至减少能源消费数量,五个约束性指标"一升四降"②形成能源利用对经济发展方式转变的倒逼机制,倒逼全国以技术创新、产业升级等方式实现能源消费结构调整和经济发展方式转变。

二是将生态环境保护放在更加重要的位置,更加重视低碳环保,力求实现绿色发展。生态文明建设其实就是把可持续发展提升到绿色发展的高度。对于生态环境保护而言,追求能源消费强度、总量控制以及效率提高只是治标之法,通过技术进步实现高效和清洁的能源生产和供给方式才是治本之方。《能源发展"十二五"规划》(国发〔2013〕2号)首次将"生态环境保护"作为能源发展的主要目标之一,在明确碳排放目标前提下,围绕清洁低碳的供能方式,实施了推动煤炭清洁高效开发利用等一系列重点措施。

---

① 能源供需逆向分布:指全国各区域由于资源禀赋和发展方式不同,造成的能源供给旺盛区域与能源消费旺盛区域存在较大的空间差异,其后果是大容量、远距离能源运输规模不断增加,能源输送的能耗不断增加,物流成本不断提高。

② 五个约束性指标"一升四降":非化石能源消费比重由2010年的8.6%升至2015年的11.4%;单位国内生产总值能耗由2010年的0.81吨标准煤/万元降至2015年的0.68吨标准煤/万元;单位国内生产总值二氧化碳排放下降17%;煤电二氧化硫排放系数由2010年的2.9克/千瓦时降至2015年的1.5克/千瓦时;煤电氮氧化物排放系数由2010年的3.4克/千瓦时降至2015年的1.5克/千瓦时。

三是对能源体制机制改革更加迫切，追求构建安全、稳定、经济、清洁的现代能源产业和市场体系。能源领域发展不协调是制约能源产业可持续发展的深层次矛盾，无论是区域之间能源供需不协调，还是能源规模与体制发展不协调，都需要通过能源体制改革和产业市场体系构建来解决。"十二五"规划期间对于创新能源宏观调控机制，健全科学监管体系，完善能源法律法规等的重视达到前所未有的程度，提出了能源价格市场化改革，完善能源财税机制，健全能源法规政策和标准，行业管理体系等一系列具体目标。

从国家的"十二五"规划纲领可以看出这一时期能源战略的侧重点，在纲要中有三个关键词：节能，低碳，变革（中国仪器仪表，2010）。这三个词正好概括了以上三个方面的内容，这三个方面既是深入推进经济发展方式转变的经济发展战略对能源发展的根本要求，也是应对复杂的国际能源形势，解决国内资源约束与低能效水平矛盾的必然需要。

（二）能源生产和消费革命提出的历史意义

2012年11月，党的十八大提出要推动"能源生产与消费革命"，以求快速改变目前不可持续的发展方式，并确保能源供应安全。"能源革命"的提出反映了中国寻求从过去30年的"持续"增长向今后30年的"可持续"增长转变所做的努力（国际石油经济，2013）。从党的十七届五中全会提出"能源生产和利用方式变革"到党的十八大提出"能源生产和消费革命"，国家能源发展思路发生了重大变化。

能源生产和消费革命的提出有三个最主要的现实背景：首先，以煤炭为主的能源消费结构导致生态环境日益恶化，美丽中国建设亟须转变能源发展方式；其次，化石能源资源供应压力和约束加剧，能源安全形势严峻；最后，任东明等（2013）表示，构建以清洁能源供应为主、转变能源消费模式的新型能源体系是世界能源转型发展的大趋势。在这三个背景下，推进能源和消费革命，有以下六个方面的重要意义：①有利于促进我国供给侧结构性改革，提升经济发展质量和效益，推动经济稳定可持续发展，支撑我国迈入中等发达国家行列；②有利于增强能源安全保障能力，有效应对各种风险和突发事件，提升国家整体安全水平；③有利于优化能源结构、提高能源效率，破解资源环境约束，全面推进生态文明建设；④有利于增强自主创新能力，实现科技、能源、经济紧密结合；⑤有利于全面增强我国在国际能源领域的影响力，积极主动应对全球气候变化，彰显负责任大国形象；⑥有利于增加基本公共服务供给，使能源发展成果更多惠及全体人民，对于全面建成小康社会和加快建设现代化国家具有重要现实意义和深远战略意义。

（三）能源生产和消费革命的基本内涵

2014年6月，在中央财经领导小组第六次会议上，习近平总书记首次就能源生产和消费革命做出系统阐释，明确提出了"四个革命、一个合作"的重大能源战略思想，具体而言，这一重要能源战略思想包括以下五个方面内容。

1. 能源消费革命

能源消费革命是指通过在生产和生活过程中采用新的技术手段或改变消费行为等途径，使能源消费状况和人类社会发展形态发生重大改变乃至质的飞跃的过程。人类历史上公认的能源消费革命共经历过三次：第一次是因为火的使用，第二次是因为蒸汽机的大规模使用（也引发了第一次工业革命），第三次则是因为电的大规模利用（引发了第二次工业革命）。这三次都是因为关键性的能源利用技术带来的。进入"十二五"时期后，我国能源消费增长居高不下，既有技术水平落后的因素，也有不合理能源消费行为的原因，因此能源生产和消费革命思想中的能源消费革命，不仅着眼于能源利用技术的革新，更着眼于抑制不合理的能源消费。

2. 能源供给革命

能源供给革命是指在保障能源安全的前提下，建立更合理有效的能源供应体系，涉及能源资源供给，能源输送和能源储备三个主要方面。在能源生产和消费革命中，建立清洁低碳的能源供应新体系被确定为能源供给革命的核心。基于我国以煤炭为主要能源供给资源的国情，本次能源供给革命的重点在于大力推进煤炭清洁高效利用，并着力发展非煤能源，形成煤、油、气、核、新能源、可再生能源多轮驱动的能源供应体系，同时，加强能源输配网络和储备设施建设。

3. 能源技术革命

能源技术革命包括从能源技术研发到示范和应用的整个过程，涵盖能源系统的消费和供应两个方面的技术创新变革。回顾历史，1769 年瓦特的单动式蒸汽机和 1886 年戴姆勒的内燃机发明，带来了煤炭和石油能源领域的技术革命，从能源消费端带来了历史性变革；而 1959 年世界首艘 LNG 船（甲烷先锋号）的航行，标志着天然气进入国际化发展阶段，从能源供给端产生了变革性影响。能源科技革命是能源生产与消费革命的支撑，也是抢占科技发展制高点，确保我国能源长远安全的战略保障。在能源生产和消费革命思想中，能源技术革命的总体方向是绿色低碳，结合我国创新发展的发展理念，能源技术革命为能源转型提供最基本的战略保障。

4. 能源体制革命

能源体制革命旨在促进能源领域形成统一开放、竞争有序的市场，通过市场手段实现能源资源的高效配置和利用。具体而言，其主要思路是还原能源商品属性，构建有效竞争的市场结构和市场体系，形成主要由市场决定能源价格的机制。其中关键在于转变政府对能源的监管方式，建立和健全能源法治体系，这关系到政府与能源市场之间新型关系的构建。

5. 全方位加强国际能源合作

全方位加强国际能源合作旨在立足国内的前提条件，有效利用国际资源，实现开放条件下能源安全。国际能源合作体现了互利互惠的发展思维,也是我国"走出去,引进来"发展战略的重要体现。具体而言,全方位加强国际能源合作涉及能源供给、能源技术、能源装备、能源市场和环境治理等各个方面,具体体现在推进"一带一路"能源合作,加大中亚、中东、美洲、非洲等油气的合作力度。2015年9月,习近平主席在联合国发展峰会上提出,中国倡议探讨构建全球能源互联网,推动以清洁和绿色方式满足全球电力需求。这一重要论述顺应全球能源互联网发展大潮,明确了中国与世界各国携手发展全球能源互联网的战略方向,是全方位加强国际能源合作战略思想的重要体现(程志强,2016)。

三、"十二五"规划时期能源战略政策措施

(一)能源战略目标及政策重点

推动能源生产与消费革命是一个长期的能源战略,"十二五"规划时期是能源生产与消费革命的初期,这五年的能源战略措施体现出这一历史时期在能源发展新形势和能源战略新思想指导下的阶段性特征。党的十八大报告在"大力推进生态文明建设"一篇中明确提出"推动能源生产和消费革命,控制能源消费总量,加强节能降耗,支持节能低碳产业和新能源、可再生能源发展,确保国家能源安全"的能源战略总目标,并指出要进一步转变经济增长方式,实现从"能源消耗型"的外部循环模式向"创新驱动型"的内部循环模式的转变。《能源发展"十二五"规划》(国发〔2013〕2号)中提出这一时期的重点是"着力推进能源体制机制创新和科技创新,着力加快能源生产和利用方式变革,强化节能优先战略,全面提升能源开发转化和利用效率,控制能源消费总量,构建安全、稳定、经济、清洁的现代能源产业体系,保障经济社会可持续发展"。

(二)能源战略方针及措施表现

能源消费上,合理控制能源消费总量和优化能源消费结构是这一时期两大核心目标。第一是在明确总量控制目标下实施分解落实机制。《能源发展"十二五"规划》(国发〔2013〕2号)中明确提出实施能源消费强度和消费总量双控制,能源消费总量40亿吨标煤,用电量6.15万亿千瓦时,单位国内生产总值能耗比2010年下降16%。能源综合效率提高到38%,火电供电标准煤耗下降到323克/千瓦时,炼油综合加工能耗下降到63千克标准油/吨。在以上目标的基础上,综合考虑各地经济社会发展水平、区位和资源特点等因素,将能源和电力消费总量分解到各省,由省级人民政府负责落实。第二是减少化石能源消费,增加非化石能源消费以优化能源消费结构,《能源发展"十二五"规划》(国发〔2013〕2号)指出这时期的目标是非化石能源消费比重提高到11.4%,非化石能源发电装机比重达到30%。天然气占一次能源消费比重提高到7.5%,煤炭消费比重降低到65%左右。2011年,中国发布了《"十二五"节能减排综合性工作方案》(国发〔2011〕26号),提出"十二五"期间节能减排的主要目标和重点工作是把降低能源强度、减少主要污染物排放总量、合理控制能源消费总量工作有机结合起来,

形成"倒逼机制",以实现推动经济结构战略性调整,优化产业结构和布局的目标。

能源供给上,"十二五"规划时期能源政策着力于加强资源勘探、推动能源高效清洁转化、推动能源供应方式变革、加快储运设施建设等四个方面。第一是加强国内资源勘探开发,从煤炭和常规油气资源的安全高效开发,到页岩气和煤层气以及水电的有序发展,再到核电的安全发展,体现了高效和清洁能源是这一时期我国能源供给结构调整的主要方向;第二是推动能源的高效清洁转化,通过对清洁化煤电等相关技术的政策推动,实现从一次能源到二次能源转换过程的高效清洁,遵循的是立足于以煤炭为主要一次能源供给资源背景下寻求绿色发展的思路;第三是推动能源供应方式变革,具体包括大力发展分布式能源①,推进智能电网建设,加强新能源汽车供能设施建设等,是从能源输送供给方面进行的变革性政策;第四是加快能源储运设施建设,通过强化西北(中哈)、东北(中俄)和西南(中缅)三大陆路原油进口通道为代表的战略通道建设,以及西北(中国—中亚)、东北(中俄)、西南(中缅)和海上四大天然气进口通道为代表的骨干网络建设,扩大北煤南运、北油南运、西气东输和西电东送规模,其原则是"海陆并举、内外衔接、安全畅通、适度超前"。

在能源体制机制改革方面的能源政策可以概括为推进重点领域体制改革和能源价格机制完善三个方面内容。第一是重点领域体制改革推进。《能源发展"十二五"规划》(国发〔2013〕2号)中确定了四个重点领域体制改革,分别是电力体制改革、煤炭领域改革、石油天然气领域改革和可再生能源及分布式能源体制机制改革。在这四个重点领域中,既展开了诸如组建独立电力交易机构,建立区域及省级电网市场交易平台,全国煤炭交易市场等市场平台的构建,也进行了诸如可再生能源电力配额及交易制度和新增水电用电权跨省区交易机制等新制度的建立。第二是能源价格机制完善,重点体现在理顺电价机制和深化油气价格改革两个方面。理顺电价机制方面,确立了"逐步形成发电和售电价格由市场决定、输配电价由政府制定的价格机制"的总方向,既实施并完善了居民阶梯电价制度,也推广了峰谷电价、季节电价、可中断负荷电价等制度。深化油气价格改革方面,开始积极探索页岩气出厂价格实行市场定价,并研究推行了天然气季节性差价和可中断气价等差别性价格政策。

此外,"十二五"时期还在提升能源科技和装备水平,深化国际合作,开展能源民生工程等方面实施了多方面的政策措施。第一,提升能源科技和装备水平方面,《能源发展"十二五"规划》(国发〔2013〕2号)中提出核电装备、超临界火电机组等七项"十二五"时期能源装备发展重点,着重在核电安全开放、高效清洁发电等技术领域进行了从科学研发到实际应用的多方位支持。第二,深化国际合作方面,采用了深入实施"走出去"战略和提升"引进来"水平相结合的方式,一方面通过"引资引智"推动能源产业发展,另一方面通过优势能源企业参与境外煤炭资源开发,开展境外电

---

① 分布式能源是一种建在用户端的能源供应方式,可独立运行,也可并网运行,是以资源、环境效益最大化确定方式和容量的系统,将用户多种能源需求,以及资源配置状况进行系统整合优化,采用需求应对式设计和模块化配置的新型能源系统,是相对于集中供能的分散式供能方式。

力合作等发挥我国企业和市场优势。第三，实施能源民生工程，这一部分的重点是农村和边疆偏远地区，通过加快农村电网建设、推动农村可再生能源发展、推进偏远地区能源建设等政策引导，实施包括新一轮农村电网改造升级等一系列重点工程。

（三）"十二五"规划时期不同能源部门的能源政策要点

1. 煤炭

"十二五"煤炭工业发展力求改变过去以需求决定供给的观念，按照适度从紧的原则，把区域资源环境约束、安全约束放在首位，实行煤炭开发总量控制制度，通过科学确定煤炭产能，制定切实可行的政策措施进行调控。

具体而言，第一，提升煤炭的科学生产能力。按照控制东部、稳定中部、发展西部的原则，重点建设大型现代化煤矿，通过煤炭资源整合和煤矿企业兼并重组，一方面对一批现有煤炭科学生产能力进行巩固和提高，另一方面加快淘汰落后生产能力。《能源发展"十二五"规划》（国发〔2013〕2号）提出到2015年，煤炭产能达到41亿吨，煤炭产量控制在39亿吨以内的目标，并明确提出这一时期原煤百万吨死亡率要下降28%以上，矿井水利用率达到75%。第二，推进煤炭的清洁高效利用。推进煤炭的清洁利用主要实现方式是加大煤炭洗选比重，提高商品煤质量，优化煤炭加工利用方式。《能源发展"十二五"规划》（国发〔2013〕2号）明确提出到2015年，原煤入选率达到65%以上，并提出通过煤矸石综合利用率提高到75%，新开工煤制天然气、煤炭间接液化、煤制烯烃项目能源转化效率分别达到56%、42%、40%以上。第三，煤炭储运能力的提高。煤炭运输方面，重点建设内蒙古西部地区至华中地区的"北煤南运"战略通道，优化煤炭跨区流向，建成山西、陕西和内蒙古西部地区至唐山地区港口、山西中南部至山东沿海港口西煤东运新通道，缓解现有通道压力，结合兰新铁路扩能改造和兰渝铁路建设，形成疆煤外运新通道，同时，建设沿海配套港口码头，完善内河水运通道。煤炭储备方面，加快在沿海、沿江港口及华东、华中、西南等地区建设国家煤炭应急储备，鼓励重点厂矿企业提高仓储能力，以达到稳步推进地方储备应急能力建设的目的。

2. 石油和天然气

石油发展的战略方针是大力节约，加强勘探，积极进口，规模替代。第一，在油气勘探和供给层面，一方面力求加快常规油气勘探开发，另一方面开始加大煤层气、页岩气、城市垃圾沼气等非常规天然气的开发力度。常规油气的开发按照稳定东部、加快西部、发展南方、开拓海域的原则，围绕新油气田规模高效开发和老油气田采收率提高两条主线，推进原油增储稳产和天然气的快速发展。非常规天然气的开发基于资源前景和开发基础，建设了沁水盆地和鄂尔多斯盆地东缘煤层气产业基地等国家重点项目，《能源发展"十二五"规划》（国发〔2013〕2号）对非常规天然气开发提出明确目标：到2015年，煤层气、页岩气探明地质储量分别增加1万亿立方米和6000亿立方米，商品量分别达到200亿立方米和65亿立方米。第二，石油和天然气运输储备方面，分别提出了强化战略通道及骨干网络建设，优化储备布局和结构的总思路。油气运输方面，建设西北（中国—中亚）、东北（中俄）、西南（中缅），海上四大进口通道，和西北（中哈）、东北（中俄）、西南（中缅）三大陆路原油进口通道，并形成以西气东输、川气东送、陕京输气管道为大动脉，连接主要生产区、消费区和储气库的国内骨干管网。油气储备方面，在明确政府与企业油气储备应急义务和责任的基础上，通过建成国家石油储备基地二期工程，启动三期工程，推进石油储备方式多元化，并积极推进成品油应急调节储备，研究建立企业义务储备，重点实施了华北、西北、西南及东南沿海地区天然气地下储气库和液化天然气储备库建设。

3. 电力

"十二五"电力发展的总体思路是通过发展非化石能源、降低供电煤耗和线损等途径，实现节能减排目标。政策重点着力于以下三个方面。①加快智能电网建设。智能电网即电网的智能化（智电电力），也被称为"电网2.0"，涵盖发电、输电、变电、配电、用电和调度各环节，通过广泛利用先进的信息和材料等技术，实现清洁能源的大规模接入与利用，提高能源利用效率，确保安全、可靠、优质的电力供应。2012年5月科技部发布《智能电网重大科技产业化工程"十二五"专项规划》，着力于增强电网对新能源发电、分布式能源、电动汽车等能源利用方式的承载和适应能力，实现电力系统与用户互动，推动电力系统各环节、各要素升级转型，提高电力系统安全水平和综合效率，带动相关产业发展。②坚持输煤输电并举，力求逐步提高输电比重。输煤输电是基于技术等因素的变化对"远输煤、近输电"能源运输方式的颠覆，其目的在于提高能源利用效率。在电网建设方面，结合大型能源基地建设，采用特高压等大容量、高效率、远距离先进输电技术，推进西南能源基地等大型发电基地的跨地区输电，加快区域和省级超高压主网架建设，加快实施城乡配电网建设和改造工程，推进配电智能化改造，实施并推动了电力送出地区和受端地区骨干网架及省域间联网工程，全面提高综合供电能力和可靠性。③加快建立现代电力市场体系。一方面，稳步开展输配分开试点，组建独立电力交易机构，在区域及省级电网范围内建立市场交易平台，分批放开大用户、独立配售电企业与发电企业直接交易。另一方面，加快推进电价改革，逐步形成发电和售电价格由市场决定、输配电价由政府制定的价格机制，加大对电网输配业务及成本的监管，核定独立输配电价。值得注意的是，《能源发展"十二五"规划》（国发〔2013〕2号）是国家层面政策文件第一次对电力系统发电、售电和输配电三个环节的价格形成机制进行如此明确的表述。

4. 可再生能源

可再生能源的政策重点体现在以下两个方面。第一是继续推进大型水电站和大型先进核电站建设。其中，核电的发展更重视安全，水电开发更重视民生。2011年3月福岛核事故爆发，引起国家对核电发展安全问题的重视，《能源发展"十二五"规划》（国发〔2013〕2号）中提出"把'安全第一'方针落实到核电规划"，在核电建设方面，坚持热堆、快堆、聚变堆"三步走"技术路线。2012年10月，国务院讨论并通过《核电安全规划（2011—2020年）》和《核电中长期发展规划（2011—2020年）》，《核电安全规划（2011—2020年）》重点明确了"十二五"期间核污染防治的五项重点工程，包括核安全改进、放射性污染治理、科技研发创新等五个方面。考虑到水电发展可能对当地环境和民众生活方面造成负面影响，《国民经济和社会发展第十二个五年规划纲要》提出"在做好生态环境保护和移民安置的前提下积极发展水电"的水电发展总要求。第二是科学发展风电、太阳能和其他可再生能源。由于风电发电和太阳能发电技术接近成熟，具备中期内大规模发展潜力，因此政府积极推进重点建设大型风电基地和大型沙漠光伏电站。《能源发展"十二五"规划》（国发〔2013〕2号）提出，到2015年，风能发电装机规模达到1亿千瓦，太阳能发电装机规模达到2100万千瓦；生物质能发电装机规模达到1300万千瓦，其中城市生活垃圾发电装机容量达到300万千瓦。

四、"十二五"规划时期的能源管理部门的变迁

"十二五"规划时期，我国能源管理部门经历了以下重要变迁。

2010年，国务院成立国家能源委员会，负责研究拟订国家能源发展战略，审议能源安全和能源发展中的重大问题，统筹协调国内能源开发和能源国际合作的重大事项。国家能源委员会办公室主任由发展改革委主任兼任，副主任由能源局局长兼任。早在2008年年初，国务院机构改革时，相关的"三定方案"①就已经明确提出要成立高层次的能源协调议事机构，即"国家能源委员会"。不过，直到国家能源局成立近两年后，国家能源委方才浮出水面。事实上，成立国家能源委是2008年国务院机构改革的后续。当时曾有人提出直接一步到位成立"国家能源部"，但最终，由于部委权限划分等问题的阻碍，并未成型。

2013年2月28日中国共产党第十八届中央委员会第二次全体会议审议通过了《国务院机构改革和职能转变方案》（国办发〔2013〕22号），在此次机构改革中，国家能源局、电监会的职责整合，重新组建国家能源局，完善能源监督管理体制，不再保留电监会。改革后，国家能源局继续由发改委管理，主要职责是拟订并组织实施能源发展战略、规划和政策，研究提出能源体制改革建议，负责能源监督管理和组织起草能源发展和有关监督管理的法律法规等。

五、"十二五"规划时期能源政策特点及成效

"十二五"规划时期是能源生产和消费革命进行的初始期，这一阶段的能源政策表现出承上启下的特征，既坚持了"十一五"规划提出的节约优先和立足国内的战略思想，又结合实际情况及"四个革命、一个合作"战略思想进行了变革，为能源生产和消费革命的进行铺下了关键的基石。这一时期的政策有以下三个方面突出特点。一是

---

① 三定方案：定职能、定机构、定编制。

能源发展方式的转变。转变原有粗放式发展方式，通过能源总量控制展开经济结构调整的倒逼机制，并强调能源科技和技术创新，在创新能源体制机制基础上推动相关产业绿色发展。二是调整优化能源结构。优化能源结构分为两方面。一方面，大力推进传统能源清洁利用，发展高附加值能源产业；另一方面，继续淘汰落后生产能力，优化能源产业组织结构，提高能源效率（许惠英，2010）。优化能源结构的重点体现在减少煤炭在能源消费中的占比，鼓励以气代油，支持煤炭兼并重组，加大水电、核电建设、大力发展可再生能源（韦玉芳，2010）。三是积极推动国际能源合作。秉持互利共赢、共同发展的原则，开展国际能源资源勘探开发互利合作，丰富和完善合作机制与手段，增加全球能源供应，促进供应渠道的多元化，共同稳定大宗能源产品价格，保障各国用能需求，维护能源市场正常秩序。

在"四个革命、一个合作"战略思想以及全面建成小康社会目标指引下，本阶段的主要成就体现在以下几个部分。

（一）能源消费总量和强度

我国能源消费总量增长了7.4%，年增不足1.5%。"十二五"规划期间我国成功遏制了能耗总量高速增长，能源消费粗放浪费的模式明显改观。我国能源消费强度下降明显，"十二五"期间我国单位国内生产总值能耗下降了18.2%，超额完成《能源发展"十二五"规划》（国发〔2013〕2号）中16%的既定目标。

（二）能源结构调整

我国能源结构实现重大调整，清洁能源发展迅速。我国非化石能源消费比重，从2010年的9.4%提升至2015年的12.1%，能源结构的清洁低碳稳步进行。到2015年，我国煤炭产量26.76亿吨标准煤，同比降幅达到9.4%，煤炭占能源生产总量的比重已降至70%，如图12-1和图12-2所示，在"十二五"规划时期，煤炭消费和生产比重呈现逐年下降趋势，而电力和天然气比重则呈现上升趋势。

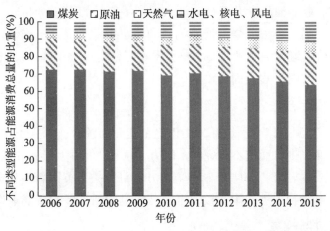

图12-1 "十一五"和"十二五"规划时期的能源消费结构
数据来源：国家统计局

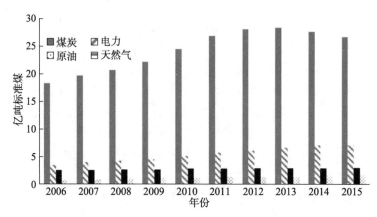

图 12-2 "十一五"与"十二五"规划时期的能源供给结构

数据来源：国家统计局

（三）能源系统效率和发展质量

党的十八大以来，我国通过增加系统调峰能力来解决新能源消纳问题，同时，不断优化能源开发布局。风电和光伏开发中心，已从"三北"逐步向中东部和南方地区转移。2012年以来，国家能源局面对可再生能源消纳困境，通过严格控制"三北"弃风较为严重地区的建设规模，将风电发展重心向中东部和南方地区转移。同时，在重点输电通道建设方面，我国建成了12条重点输电通道实施方案，其中含"四交五直"特高压工程和3条±500千伏输电通道。"四交五直"在很大程度上解决了弃风弃光问题。

（四）生态文明建设视角

节能减排方面，"十二五"期间单位国内生产总值能耗下降18.4%，二氧化碳排放强度下降20%以上，超额完成下降17%的既定目标。一方面，随着大气污染防治行动计划逐步落实，成品油质量升级行动深入实施，东部11个省（区市）提前供应国五标准车用汽柴油。另一方面，煤炭清洁高效利用水平稳步提升，推动现役煤电机组全面实现脱硫，脱硝机组比例达到92%，单位千瓦时供电煤耗下降18克标准煤，煤电机组超低排放和节能改造工程全面启动。

（五）能源国际合作

"一带一路"能源合作全面展开，中巴经济走廊能源合作深入推进。西北、东北、西南及海上四大油气进口通道不断完善。电力、油气、可再生能源和煤炭等领域技术、装备和服务合作成效显著，2014年，中英双方签订的关于英国新建核电项目，开启了堪称新颖的合作形式，中法两国在核电上的合作也达到了新的高度（许勤华，2018）。

（六）能源机制改革

这一时期，经过大幅取消和下放行政审批事项，我国行政审批制度改革成效明显。

同时,电力体制改革不断深化,电力市场建设、交易机构组建、发用电计划放开、售电侧和输配电价改革加快实施。油气体制改革稳步推进。并且,随着电煤价格双轨制取消,煤炭资源税改革取得突破性进展,能源投资进一步向民间资本开放。

"十二五"时期能源发展的主要成就如表12-1所示。

表 12-1 "十二五"时期能源发展的主要成就

指标	单位	2010年	2015年	年均增长
一次能源生产量	亿吨标准煤	31.2	36.2	3%
其中:煤炭	亿吨	34.3	37.5	1.8%
原油	亿吨	2	2.15	1.1%
天然气	亿立方米	957.9	1346	7.0%
非化石能源	亿吨标准煤	3.2	5.2	10.2%
电力装机规模	亿千瓦	9.7	15..3	9.5%
其中:水电	亿千瓦	2.2	3.2	8.1%
煤电	亿千瓦	6.6	9.0	6.4%
气电	亿千瓦	2642	6603	20.1%
核电	亿千瓦	1082	2717	20.2%
风电	亿千瓦	2958	13075	34.6%
太阳能发电	亿千瓦	26	4318	177%
能源消费总量	亿吨标准煤	36.1	43	3.6%
其中:煤炭	%	69.2	64	(−5.2)
石油	%	17.4	18.1	(0.7)
天然气	%	4	5.9	(1.9)
非化石能源	%	9.4	12	(2.6)

注:( )内为五年累计值。数据来源:国家统计局。

第二节 "十三五"规划时期(2016—2020年)的能源战略

"十三五"时期,在"创新、协调、绿色、开放、共享"五大发展理念的推动下,以及供给侧结构性改革大力实施下,这一时期能源生产和消费革命得到更加深入地落实和推进。2016年12月,《能源生产和消费革命战略(2016—2030)》(发改基础〔2016〕2795号)正式印发,标志着以"四个革命、一个合作"为主体框架的能源生产和消费革命战略真正形成完整的体系。"十三五"时期是能源生产和消费革命思想的推进深化期。

一、"十三五"规划时期经济与能源发展形势

(一)社会经济发展背景

"十三五"规划时期是我国经济转型的关键时期,经过了"十二五"时期经济增速

的换挡,"十三五"时期我国力求逐步完成经济动能的转换,经济发展的主要方向完成了从稳增长到调结构的转变。在2017年党的十九大明确了高质量发展的发展方向,在新的社会发展阶段提出新发展理念指导经济社会的健康发展。从社会发展阶段上看,党的十九大报告提出:中国特色社会主义进入新时代,我国社会主要矛盾已经转化为人民日益增长的美好生活需要和不平衡不充分的发展之间的矛盾。进入"十三五"时期的我国已经稳定解决了十几亿人的温饱问题,总体上实现小康,进入全面建成小康社会的决胜阶段。同时,我国社会生产力水平总体上显著提高,社会生产能力在很多方面进入世界前列,更加突出的问题是"发展不平衡不充分",这替代了之前的"落后的社会生产",成为满足人民日益增长的美好生活需要的主要制约因素。面对经济社会发展形势的转变,在《中共中央关于制定国民经济和社会发展第十三个五年规划的建议》中提出要牢固树立创新、协调、绿色、开放、共享的发展理念(即五大发展理念),并强调"坚持创新发展、协调发展、绿色发展、开放发展、共享发展,是关系我国发展全局的一场深刻变革"。"十三五"时期,在政府引导下全国各个领域均开展了广泛而深入的供给侧结构性改革[①],从调整供给侧使得供需适配成为这一时期实现均衡发展的关键一步。

(二)能源供需状况

"十三五"时期,我国能源消费增长换挡减速,保供压力明显缓解,供需相对宽松。在供求关系缓和的同时,结构性、体制机制性等深层次矛盾进一步凸显,成为制约能源可持续发展的重要因素。能源供需方面的主要矛盾转变为以下两个方面。

一是供给保障能力不断增强,发展质量逐步提高,突出矛盾表现为传统能源结构性过剩和可再生能源发展面临的多重瓶颈。传统能源产能结构性过剩问题集中体现在煤炭产能和原油一次加工能力相对过剩,但高品质清洁油品生产能力不足。天然气消费水平明显偏低与供应能力阶段性富余问题并存,需要尽快拓展新的消费市场。部分地区能源生产消费的环境承载能力接近上限,大气污染形势严峻。煤炭占终端能源消费比重高达20%以上,高出世界平均水平10个百分点。"以气代煤"和"以电代煤"等清洁替代成本高,洁净型煤推广困难,大量煤炭在小锅炉、小客炉及家庭生活等领域散烧使用,污染物排放严重。同时,能源系统整体效率较低。电力、热力、燃气等不同供能系统集成互补、梯级利用程度不高。

二是跨省区能源资源配置矛盾凸显,能源送受地区之间利益矛盾日益加剧,清洁能源在全国范围内优化配置受阻,部分跨省区能源输送通道面临低效运行甚至闲置的风险。风电和太阳能发电主要集中在西北部地区,长距离大规模外送需配套大量煤电用以调峰,输送清洁能源比例偏低,系统利用效率不高。并且由于可再生能源全额保障性收购政策尚未得到有效落实,电力系统调峰能力不足,调度运行和调峰成本补偿

---

① 供给侧结构性改革:用改革的办法推进结构调整,减少无效和低端供给,扩大有效和中高端供给,增强供给结构对需求变化的适应性和灵活性,提高全要素生产率,使供给体系更好适应需求结构变化。

机制不健全，难以适应可再生能源大规模并网消纳的要求，部分地区弃风、弃水、弃光问题严重。

二、能源生产和消费革命：推进与深化"四个革命、一个合作"

"十三五"时期是能源生产和消费革命进行的第二个阶段，"四个革命、一个合作"战略思想得到进一步推进与深化。2016年12月26日国家发展改革委和国家能源局联合印发《能源发展"十三五"规划》（发改能源〔2016〕2744号），同月29日，《能源生产和消费革命战略（2016—2030）》（发改基础〔2016〕2795号）正式印发，后者对作为长期能源战略指导的能源生产和消费革命进行了更加系统的阐述，而前者则对"十三五"时期能源生产和消费革命具体推进方式进行阐述。党的十九大（2017年10月18日）报告提出加快生态文明体制改革，这一部分中将推动能源生产和消费革命作为能源领域的重点。下面我们将结合经济和能源发展形势对能源发展战略的影响，以及这一时期纲领性文件对能源生产和消费革命的推进与深化进行解读。

（一）经济和能源发展形势对能源发展战略的影响

这一时期经济和能源发展形势对能源发展战略的影响主要体现在以下两个方面。

一是更加注重解决发展的不均衡问题。厘清社会主要矛盾，是党和国家制定正确路线方针政策的基础，是确立发展理念和发展战略的依据，社会主要矛盾的转变及国内能源供需上的突出矛盾为"十三五"时期的能源发展提供了更加具体的方向，解决能源领域的不平衡发展问题成为这一时期能源发展的重点，因此这一时期的能源政策更加重视发展质量和发展均衡性。

二是更加注重发展的质量而非绝对增量。在供给侧结构性改革思想指导下，能源领域更加注重调整存量、做优增量，积极化解过剩产能。对存在产能过剩和潜在过剩的传统能源行业，采取升级改造或淘汰两种方式，新能源发展方面也更加注重消化存量，优化发展增量。

无论是推进能源发展的均衡性还是能源发展的高质量，新发展理念都为能源领域的战略实施提供具体的导向，创新、协调、绿色、开放、共享的发展理念成为引领能源行业变革的"指向灯"，在此基础上，能源生产和消费革命的战略思想得到了进一步推进和深化。

（二）"四个革命、一个合作"思想的深化发展

1. 以节约低碳为核心推动能源消费革命

节约低碳是绿色发展理念的基本要求。在《能源生产和消费革命战略（2016—2030）》（发改基础〔2016〕2795号）中提出节约优先的战略方针和绿色低碳的战略方向，这成为指导能源消费革命的两大核心。《能源发展"十三五"规划》（发改能源〔2016〕2744号）中也提出"能源消费革命坚持节约优先，强化引导和约束机制，

抑制不合理能源消费，提升能源消费清洁化水平，逐步构建节约高效、清洁低碳的社会用能模式"。节约体现在对于"劣质低效用能"的管控，通过彻底改变粗放型能源消费方式，达到控制能源消费总量的目的。而低碳则体现在能源消费结构的优化，清洁用能体系的构建，以及能源利用效率的提高。

2. 以多元发展为方向推动能源供给革命

在协调发展理念引领下，能源供给革命以多元发展为方向。《能源生产和消费革命战略（2016—2030）》（发改基础〔2016〕2795号）中对能源供给革命提出的方向不是单一向的，而是多元多层次的，不仅涉及清洁能源，还涉及传统能源，不仅落实到能源供给侧管理，还着眼于能源生产布局。清洁能源的发展对《能源生产和消费革命战略（2016—2030）》（发改基础〔2016〕2795号）中"构建清洁低碳新体系"的能源供给革命总目标而言至关重要，但在我国较长时间内需要以煤炭为主要一次能源的国情下，"推动煤炭清洁高效"被放在了能源供给革命中的首要位置。能源供给侧结构性改革体现了在当前国情的前提下，能源开发、能源输配、能源储备的能源供应体系需均衡发展，以增强能源供应的适应性和灵活性。能源生产布局的优化则着眼于解决国内能源空间供需错位的问题，通过科学确定能源重点开发基地，统筹能源生产和输送，合理布局能源生产供应。

3. 以创新驱动为动力推进创新性能源技术革命

在创新发展理念指引下，《能源生产和消费革命战略（2016—2030）》（发改基础〔2016〕2795号）中提出"主动创新"的战略取向，《能源发展"十三五"规划》（发改能源〔2016〕2744号）中也将"创新驱动"与能源技术革命紧密联系。将能源技术发展从被动接受转向自主创新，特别是对重大关键能源技术的创新，对我国能源领域发展有着至关重要的意义。从全球视角来看，率先把握住能源技术革新的机遇将对未来的世界能源格局产生深远影响。为了能源技术革命的高效进行，我国提出"应用推广一批、示范试验一批、集中攻关一批"的路径要求，推动技术优势尽快转化为经济优势，充分发挥创新驱动能源技术革命的推动力。

4. 以公平效能为着力点推进能源体制革命的推进

如何实现能源市场公平效能是推进能源体制革命的着力点。能源体制革命是一个从市场体系、价格机制、管理模式到法治体系的立体式的革新过程，核心是处理好政府和市场的关系，明晰政府和市场在能源领域作用的边界，最大限度地减少政府对市场的随意干预，加强政府的依法监管。2017年8月，国家发展改革委、国家能源局联合发布《能源体制革命行动计划》，明确能源体制革命的总目标是：构建现代能源市场体系，推进国家能源治理体系和治理能力现代化，激发能源领域的活力、创造力，提高能源生产力，让能源发展改革成果惠及全体人民。具体而言，能源体制革命推进要在发挥市场在资源配置中的决定性作用的同时，更好发挥政府作用，为推动能源转型，建设清洁低碳、安全高效的现代能源体系提供有力的制度保障（朱明和何勇健，2017）。

5. 以互利共赢为原则加强能源国际合作

加强能源国际合作是对开放发展理念的践行，其原则是互利共赢。按照《能源生产和消费革命战略（2016—2030）》（发改基础〔2016〕2795号）的阐述，能源国际合作的最终目的是打造能源命运共同体。"一带一路"倡议后，2017年国家发展改革委、国家能源局联合发布文件，首次提出建立能源合作机制为更多国家和地区参与"一带一路"能源合作搭建平台。2018年，第十三届全国人民代表大会第一次会议正式提出人类命运共同体的理念，这些成为中国能源战略全球化的推动力，并不断赋予其新的内涵。《能源生产和消费革命战略（2016—2030）》（发改基础〔2016〕2795号）还提出实现海外油气资源来源多元稳定，畅通"一带一路"能源大通道，深化国际产能、装备合作和增强能源事务话语权等方面的内容。

三、"十三五"规划时期能源战略政策措施

（一）能源战略政策目标及政策重点

"十三五"时期是全面建成小康社会的决胜阶段，也是推动能源革命的蓄力加速期。经历了"十二五"规划时期能源生产与消费革命战略思想路线的确定，以及能源战略内涵的丰富完善，能源生产与消费革命战略成为"十三五"规划时期能源政策的中心思想，时任国家能源局新能源司司长的朱明和国家能源局发展规划司副司长的何勇健指出："转型变革、创新发展"这八个字成为"十三五"能源发展的主旋律（朱明和何勇健，2017）。

党的十九大报告在"加快生态文明体制改革，建设美丽中国"一篇中指出要"推进能源生产和消费革命，构建清洁低碳、安全高效的能源体系"的能源战略目标；"十三五"规划则提出"推进能源革命，加快能源技术创新，建设清洁低碳、安全高效的现代能源体系"的政策引领。

《能源发展"十三五"规划》（发改能源〔2016〕2744号）确定我国"十三五"时期能源发展改革的七大重点任务。分别是：着力优化能源系统，推动能源消费革命，推动能源供给革命，推动能源技术革命，推动能源体制革命，加强能源国际合作，实现能源共享发展。在七大任务中，能源生产和消费革命思想的"四个革命、一个合作"就占据五个，可见，"十三五"是能源革命战略思想深度实践期。

（二）能源战略政策方针及表现

1. 关于推进能源消费革命

"十三五"时期主要从以下五个方面推动能源消费革命。一是实施能源消费总量和强度"双控"，按照"逐级分解、横向统筹、分类管理"的原则，将"双控"目标层层分解落实，从约束性指标确定、分解、落实，到促进产业结构调整、重点领域节能减

排及淘汰落后产能,以及传统产业升级和重点企业能源管理体系建设等方向展开。二是开展煤炭消费减量行动,分地区实施减煤量替代和等煤量替代,同时推进高耗煤行业节能减排改造,实施散煤综合治理。三是拓展天然气消费市场,借助天然气价格改革和市场建设,探索建立合理的气、电价格联动机制,同时稳步推进天然气接受和储运基础公平开放,合理布局天然气销售网络和服务设施,推进重点城市"煤改气"工程。四是实施电能替代工程,从居民生活、工业与农业生产、交通运输等领域全方位推进电能替代,推广电锅炉、电采暖等新型用能方式,促进交通运输"以电代油"。五是开展成品油质量升级专项行动,2017年起全面使用国五标准车用汽柴油,并制定发布国六标准车用汽柴油标准,并加快推进普通柴油、船用燃料油质量的升级。

2. 关于推进能源供给革命

这一阶段的能源供给革命以推动能源供给侧结构性改革为主要方向,以山西、鄂尔多斯盆地、蒙东、西南、新疆五大国家综合能源基地为重点优化存量,把推动煤炭等化石能源清洁高效开发利用作为能源转型发展的首要任务,政策主要围绕三个方面展开:一是着力化解和防范产能过剩。在供给侧结构性改革思路的指导下,能源领域通过转型升级和淘汰落后相结合的形式,综合运用市场和必要的行政手段,来提升存量产能利用效率,对新增产能采取从严控制的态度,并支持企业开展产能国际合作,推动市场出清,多措并举促进市场供需平衡。以煤炭为例,按照《国务院关于煤炭行业化解过剩产能实现脱困发展的意见》(国发〔2016〕7号)文件要求,严格控制新增产能,原则上停止审批新建煤矿项目、新增产能的技术改造项目和产能核增项目,确需新建煤矿的,一律实行减量置换,加快淘汰落后产能和其他不符合产业政策的产能,力争从2016年开始,用3~5年的时间,再退出产能5亿吨左右、减量重组5亿吨左右。二是推进非化石能源可持续发展。这一阶段非化石能源政策引领更加注重发展协调性,通过集中开发与分散利用并举的方式,全面协调推进风电开发,推动太阳能多元化利用,因地制宜发展生物质能、地热能、海洋能等新能源。考虑到"三北"地区风电及光伏发电存在着较大的上网受限问题,国家能源主管部门限制了弃风、弃光严重地区的新增项目建设速度,将"保障性利用小时数"作为核定各个地区新建项目的依据。三是补齐能源基础设施短板。按照"系统安全、流向合理、优化存量、弥补短板"的原则,具体包括稳步有序地推进跨省区电力输送通道建设,完善区域和省级骨干电网,加强配电网建设改造,着力提高电网利用效率,科学规划、整体布局,统筹推进油气管网建设,增强区域间协调互济能力和终端覆盖能力等内容,这些内容所针对的问题均为制约能源领域协调发展的瓶颈。

3. 关于推进能源技术革命

这一阶段的能源技术革命借力创新驱动发展战略,相关政策从以下两个方面进行展开:一是科技创新能力建设。"十三五"规划时期加强能源科技创新体系顶层设计,借助"大众创业、万众创新"的浪潮,完善能源科技创新激励机制,激发能源企业、高校及研究机构的创新潜能。2016年12月国家能源局发布的《能源技术创新"十三五"规划》（国能科技〔2016〕397号）中提出了健全政产学研用协同创新机制，建立研发、应用、产业化紧密结合的创新链条，推动重大技术研发、重大装备研制、重大示范工程和技术创新平台"四位一体"协调发展机制等多项围绕能源创新的新机制发展。二是重点技术与装备研发。围绕油气资源勘探开发、化石能源清洁高效转化、可再生能源高效开发利用、核能安全利用、智慧能源、先进高效节能等领域，推动先进产能建设，提高能源科技自主创新能力和装备制造国产化水平。《能源技术创新"十三五"规划》（国能科技〔2016〕397号）中，聚焦于清洁高效化石能源技术、新能源电力系统技术、安全先进核电技术、战略性能源技术、能源基础材料技术五个重大能源科技专题，按照"应用推广一批、示范试验一批、集中攻关一批"的总体思路，提出了70项集中攻关类、48项示范试验类、31项应用推广类，共计149项能源技术重点任务。

4. 关于推进能源体制革命

能源体制革命始终坚持市场化改革方向，"十三五"规划时期的政策措施从以下五个方面展开。一是完善现代能源市场。2017年2月国家发展改革委、财政部、国家能源局联合发布《关于试行可再生能源绿色电力证书核发及自愿认购交易制度的通知》（发改能源〔2017〕132号），在我国推行绿色电力证书交易制度。2018年3月，《可再生能源电力配额及考核办法（征求意见稿）》发布，可再生能源配额制也开始步入正式应用阶段。2018年3月，我国首个国际化原油期货品种在上海国际能源交易中心正式挂牌上市交易，标志着我国国际原油定价权进入一个崭新的阶段。同时，为完善现代能源市场，这一时期我国还在开展用能权交易试点，推动建设全国统一的碳排放交易市场等方面出台了一系列政策。在市场进入方面，放开竞争性领域和环节，实行统一市场准入制度，同时推动能源投资多元化，积极支持民营经济进入能源领域。二是推进能源价格改革。能源价格改革按照"管住中间、放开两头"的总体思路，建立合理反映能源资源稀缺程度、市场供求关系、生态环境价值和代际补偿成本的能源价格机制。"管住中间"就是在电网、输配电环节等自然垄断环节强化政府管理，"放开两头"就是对发电方、售电方、用电方等竞争性环节提高市场化程度，实现更加充分的竞争。三是深化电力体制改革和推进油气体制改革。2015年3月国务院发布《关于进一步深化电力体制改革的若干意见》（中发〔2015〕9号）后，开启了新一轮电改，推进这次电改可概括为"三放开、一独立、三加强"[①]。具体而言，这一轮电改按照"准许成本加合理收益"的原则，通过严格成本监管，合理制定输配电价，推进建立相对

---

① "三放开"：一是指放开电价，"有序放开输配以外的竞争性环节电价"，即除了输配电价由政府核准之外，发电厂和用户之间可以直接定价交易；二是指放开配售电，"有序向社会资本放开配售电业务"，即售电公司和新增配电业务，允许民间资本进入；三是指放开发电计划，"有序放开公益性和调节性以外的发电计划"，即政府将不再制定"公益性和调节性"以外的发电计划。"一独立"指建立相对独立的电力交易机构，形成公平规范的市场交易平台。"三加强"指进一步强化政府对垄断领域监管、进一步强化电力统筹规划、进一步强化和提升电力安全高效运行和可靠供应。

独立、运行规范的电力交易机构,并改革电网企业运营模式。2017年5月中共中央、国务院印发了《关于深化石油天然气体制改革的若干意见》,通过推进油气勘探开发制度改革等方式,有序放开油气勘探开发、进出口及下游环节竞争性业务。四是加强能源治理能力建设。在中央"放管服"[①]改革的指引下,我国进一步转变能源领域的政府职能。一方面通过深入推进政企分开,逐步剥离能源企业的管网规划、系统接入、运行调度、标准制定等公共管理职能,由政府部门或委托第三方机构承担;另一方面,健全能源标准、统计和计量体系,修订和完善能源行业标准,构建国家能源大数据研究平台,综合运用互联网、大数据、云计算等一系列先进手段,加强能源经济形势分析研判和预测预警,显著提高能源数据统计分析和决策支持能力。

5. 关于加强能源国际合作

能源国际合作需要做到统筹国内国际两个大局,充分利用两个市场、两种资源,"十三五"规划时期能源政策主要从以下三个方面加强能源国际合作。一是推进能源基础设施互联互通。这一时期能源合作项目建设重点基于东南亚国家联盟、阿拉伯国家联盟、上海合作组织等区域机构的合作,通过基础设施互联互通、市场融合和贸易便利化措施,协同保障区域能源安全。二是加大国际技术装备和产能合作。"十三五"规划时期"一带一路"倡议已被国际社会广泛接受,围绕"一带一路"倡议,我国能源领域进一步加强能源技术、装备与工程服务国际合作,同时鼓励以多种方式参与境外重大电力项目,参与国外有关新能源项目投资和建设,同时还有序开展了意大利、葡萄牙、澳大利亚等七个国家和地区的骨干能源网投资、建设和运营。三是积极参与全球能源治理。这一时期我国通过参与二十国集团、亚太经合组织、国际能源署、国际可再生能源署、能源宪章等国际平台和机构的重大能源事务及规则制定,进一步积极参与全球能源治理。

(三)"十三五"规划时期不同能源部门的能源政策要点

1. 石油、天然气

"十三五"规划时期石油和天然气领域的能源政策要点可以概括为两个方面的内容:一是开展成品油质量升级专项行动。2017年起全面使用国五标准车用汽柴油,抓紧制定发布国六标准车用汽柴油标准,2019年全面实施,通过加快推进普通柴油、船用燃料油质量升级,推广使用生物质燃料等清洁油品,提高煤制燃料战略储备能力。加强车船尾气排放与净化设施改造监管,确保油机协同升级。二是开展加快推进天然气利用行动。2017年7月,发展改革委等十三个部门联合发布《加快推进天然气利用

[①] "放管服",就是简政放权、放管结合、优化服务的简称。"放"即简政放权,降低准入门槛。"管"即创新监管,促进公平竞争。"服"即高效服务,营造便利环境。2015年5月12日,国务院召开全国推进简政放权放管结合职能转变工作电视电话会议,首次提出了"放管服"改革的概念。

的意见》（发改能源〔2017〕1217号），对稳步推进天然气接收和储运设施公平开放，鼓励大用户直供，降低天然气利用成本，大力发展天然气分布式能源和天然气调峰电站等方面提出行动要求，全面推动民用、工业和交通领域以气代煤、以气代油，提高天然气消费比重。三是推进区域油气管道互联互通和油气储转能力建设。这一时期石油管道按照"北油南下、西油东运、就近供应、区域互联"的原则，天然气管道则按照"西气东输、北气南下、海气登陆、就近供应"的原则，分别进行统筹化建设，以求实现全国主干管网及区域管网互联互通。同时，为优化沿海（LNG）接收站布局，在环渤海、长三角、东南沿海地区，优先扩大已建LNG接收站储转能力。《能源发展"十三五"规划》（发改能源〔2016〕2744号）提出以下目标：到2020年原油、成品油管道总里程分别达到3.2万千米和3.3万千米，年输油能力分别达到6.5亿吨和3亿吨；天然气管道总里程达到10万千米，干线年输气能力超过4000亿立方米。

2. 电力

"十三五"规划时期电力部门的能源政策要点可以概括为三个方面的内容。一是实施电能替代工程。2016年5月发展改革委发布《关于推进电能替代的指导意见》（发改能源〔2016〕1054号），提出推进居民生活、工业与农业生产、交通运输等领域电能替代，通过推广电锅炉、电窑炉、电采暖等新型用能方式，以京津冀及周边地区为重点，加快推进农村采暖电能替代，在新能源富集地区利用低谷富余电实施储能供暖。《关于推进电能替代的指导意见》（发改能源〔2016〕1054号）提出以下目标：2016—2020年，实现能源终端消费环节电能替代散烧煤、燃油消费总量约1.3亿吨标准煤，带动电煤占煤炭消费比重提高约1.9%，带动电能占终端能源消费比重提高约1.5%，促进电能占终端能源消费比重达到约27%。二是电网建设改造，"十三五"规划时期电网发展以"坚持分层分区、结构清晰、安全可控、经济高效"为发展原则，一方面全面实施城乡配电网建设改造行动①，打造现代配电网，鼓励具备条件的地区开展多能互补集成优化的微电网示范应用，另一方面完善省级电网主网架，提出加快实施川渝藏电网与华中东四省电网异步联网，推进实施西藏联网工程推进云南电网与南方主网异步联网等重大布局，《能源发展"十三五"规划》（发改能源〔2016〕2744号）提出"十三五"期间规划为新增输电能力1.3亿千瓦左右。

3. 可再生能源

"十三五"规划时期可再生能源领域的能源政策要点可以概括为三个方面的内容。一是推动清洁低碳能源成为能源供应增量的主体。《能源发展"十三五"规划》（发改能源〔2016〕2744号）提出，"十三五"规划时期非化石能源消费比重提高到15%以上，天然气消费比重力争达到10%，煤炭消费比重降低到58%以下。按照规划相关指

---

① 2015年7月国家能源局发布《配电网建设改造行动计划（2015—2020年）》（国能电力〔2015〕290号）。

标推算，非化石能源和天然气消费增量是煤炭增量的 3 倍多，约占能源消费总量增量的 68%以上。二是推动风电、光伏发电向东中部转移。将风电、光伏发电布局向东中部转移，新增风电装机中，中东部地区约占 58%，新增太阳能装机中，中东部地区约占 56%，并以分布式开发、就地消纳为主。三是建立健全可再生能源电力消纳保障机制。2019 年 5 月，国家发展改革委、能源局印发《关于建立健全可再生能源电力消纳保障机制的通知》（发改能源〔2019〕807 号），对各省级行政区域设定可再生能源电力消纳责任权重，以可再生能源绿证交易机制为纽带，建立保障可再生能源电力消纳的长效机制，通过市场化方式，补偿新能源发电的环境效益和社会效益，减少可再生能源对中央财政补贴资金的需求。

四、"十三五"规划时期的能源管理部门变迁

2018 年 3 月 13 日。国务院机构改革方案公布，此次改革着力于加强和完善政府经济调节、市场监管、社会管理、公共服务、生态环境保护职能，其中并无涉及原有能源部门的变动内容，与能源领域相关的只有国有自然资源资产管理和自然生态监管机构的设立，其职责是统一行使全民所有自然资源资产所有者职责，统一行使所有国土空间用途管制和生态保护修复职责，统一行使监管城乡各类污染排放和行政执法职责。

2020 年，部委设置中，能源局主要负责行业监管、规划，油气资源矿权归国土部，价格、体制改革归国家发展改革委价格司、体改司、产业司等，能源产品流通、进出口在商务部，后端排放、节能归口环保部、工信部，国资委对能源央企进行监督管理，有关技术研发的还涉及科技部及其他部门。

我国经历的重大能源管理部门变迁，如图 12-3 所示。

五、"十三五"规划时期能源政策特点及成效

"十三五"规划时期能源政策是在能源生产和消费革命战略思想完全成型后形成的，相比"十二五"规划时期，与这一战略思想契合度更高，以《能源发展"十三五"规划》（发改能源〔2016〕2744 号）为例，其所体现出来的政策重点和政策框架非常完整地体现了"四个革命、一个合作"战略思想，并且突出了短期能源发展规划的适用性，特别是在经济新常态下能源供给侧改革背景，以及全面建成小康社会决胜期这一特殊时点上突出对于民生的重视。这一时期的政策特点可总结为六个"更加"：一是更加注重发展质量，调整存量、做优增量，积极化解过剩产能；二是更加注重结构调整，推进能源绿色低碳发展；三是更加注重系统优化，积极构建智慧能源系统；四是更加注重市场规律，积极变革能源供需模式；五是更加注重经济效益，增强能源及相关产业竞争力；六是更加注重机制创新，促进市场公平竞争。其中，最突出特征就是更加注重发展质量、调整存量、做优增量，积极化解过剩产能。以往的五年规划都是

在能源长期供应紧张的形势下安排设计的，主基调就是扩能保供，保障能源需求。在"十三五"新的形势下，保供应已经不是我国能源发展的重点和主要矛盾了，而是如何提高能源发展的质量和效益，规划重点从保供应转到增效益，这是与以往五年规划最大的不同（朱明和何勇健，2017）。本阶段的主要成就体现在以下几个部分。

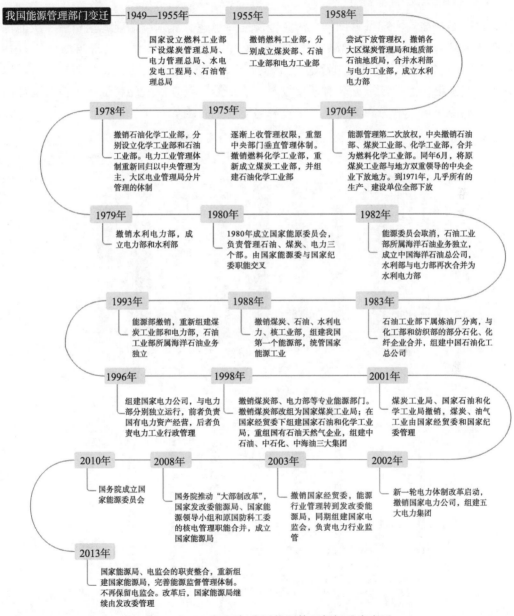

图 12-3　1949—2020 年我国能源管理部门重大变迁

（一）能源消费总量和强度

截至 2019 年，我国能源消费总量达到 48.6 亿吨标准煤，相比 2016 年的 43.6 亿吨，我国能源消费总量增长了 11.47%，年增不足 3%。虽然相比"十二五"规划时期能源消费总量增速有所增加，但依然可以看到能源消费总量控制的成效显著。我国能源消费强度下降明显，单位国内生产总值能耗降低指标在 2016—2019 年的累计降幅已完成"十三五"规划目标任务（2016—2020 年累计降幅 15%）的 87.1%[①]，较好地完成了进度要求。

（二）能源结构调整

我国能源结构实现重大调整，清洁能源发展迅速。我国清洁能源消费占一次能源消费比重显著提高。煤炭占能源生产总量已由 2016 年的 24.36 亿吨标准煤增长到 2019 年的 27.47 亿吨标准煤，但占能源生产总量比重却有所下降。从图 12-4 和图 12-5 可以看到，能源结构上"十三五"时期延续了"十二五"时期的变化特征，无论是能源消费还是能源供给，电力和天然气的比重都呈逐年上升趋势。

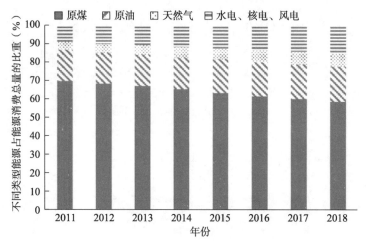

图 12-4 "十二五"和"十三五"规划时期的能源消费结构
数据来源：国家统计局

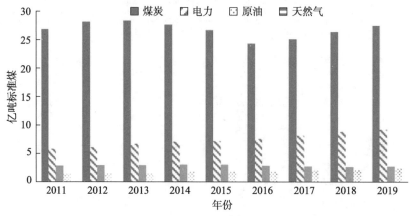

图 12-5 "十二五"与"十三五"规划时期的能源供给结构
数据来源：国家统计局

---

① 2020 年 5 月 22 日的第十三届全国人民代表大会第三次会议上，发布关于 2019 年国民经济和社会发展计划执行情况与 2020 年国民经济和社会发展计划草案的报告。

(三) 能源技术革新

"十三五"时期,我国化石能源资源深度勘探和绿色开采应用技术取得进展,页岩气勘探开发、大型天然气液化、超低排放火电等领域的技术攻关和装备研发工作取得了重大突破。新能源和可再生能源技术逐步成熟,建成投运全球最大容量的 80 万千瓦水电机组,基本建立起完整的风电制造体系,光伏制造技术自主创新能力大幅提升,新一代燃料乙醇及新型地热、海洋能技术取得重要突破,基本掌握了三代核电 AP1000 设计和设备制造技术,建成世界最高电压等级与最大容量的交直流输电工程,建成完整的电动汽车及动力锂电池产业链。

(四) 能源国际合作

"一带一路"沿线国家和地区能源基础设施互联互通建设基本完成,同时,在中国—中东欧"16+1 合作"中,能源合作深入开展,《中欧领导人气候变化和清洁能源联合声明》为推进中欧在应对气候变化以及清洁能源开发合作方面建立起框架。

(五) 能源机制改革

"十三五"时期能源发展主要成就如表 12-2 所示。

表 12-2 "十三五"时期能源发展主要成就

指标	单位	2016 年	2019 年	年均增长
一次能源生产量	亿吨标准煤	34.6	39.7	3.5%
其中:煤炭	亿吨	33.6	38.5	3.5%
原油	亿吨	2.0	1.9	-0.1%
天然气	亿立方米	1369	1761.7	6.5%
发电量	亿千瓦	61 425.0	75 034.3	5.1%
其中:火电	亿千瓦	45 681.8	52 201.5	3.4%
水电	亿千瓦	10 518.4	13 044.4	5.5%
核电	亿千瓦	2132.0	3483.5	13.1%
能源消费总量	亿吨标准煤	43.6	48.6	2.7%
其中:煤炭	%	62.0	57.7	(-6.9)
石油	%	18.3	18.9	(3.2)
清洁能源	%	19.7	23.4	(1.9)

注:( )内为五年累计值,本书撰写于 2020 年 9 月,因此并未统计 2020 年的数据。
数据来源:国家统计局

在能源机制改革方面,一方面建立起了科学合理的油气矿业权准入、退出和流转机制,鼓励各种社会资本进入油气勘探开发领域;另一方面完善了天然气井口价格及销售价格、上网电价和销售电价市场形成机制,输配电价和油气管输价格由政府定价的机制也得到完善。

第三节　中国开展国际能源合作战略展望

一、中国新时代的国际能源合作战略

2013年9月我国提出的"一带一路"倡议,为国际能源合作搭建了更为有效的对话平台,创造了更加良好的国际合作环境,有助于开启更加包容的全球能源治理模式。2014年6月,习近平主席在中央财经领导小组第六次会议上,提出"四个革命、一个合作"的能源安全新战略,强调全方位加强国际合作,实现开放条件下能源安全。在立足国内的前提条件下,在能源生产和消费革命所涉及的各个方面加强国际合作,有效利用国际资源。能源安全新战略的提出标志着我国国际能源合作战略的重大转型。2016年《能源发展"十三五"规划》(发改能源〔2016〕2744号)提出了现阶段国际能源合作战略的基本目标:确保能源供应稳定,支撑我国经济社会的长期发展;抓住"一带一路"建设重大机遇,推进能源基础建设互联互通,加大国际产能合作[①],积极参与全球能源治理。

围绕着能源合作目标,我国在各方面均取得了重大成就。

(1)在能源基础建设方面,自倡议提出以来,我国能源行业与沿线20余个国家共同建设了60多个油气、电源、输变电项目。如已经建成的中国—中亚天然气管线A/B/C线、中哈原油管道、中俄原油管道、中缅原油管道和天然气管道,油气输送保障能力大幅提高。

(2)在产能合作方面,经过多年的努力,在"一带一路"沿线已逐渐形成三个层次分明的能源产业合作区块:一是形成与俄罗斯、中亚、西亚、北非这些全球油气资源核心地带的全产业链合作;二是与东南亚、南亚地区建设跨境输电通道和区域电网升级改造合作,中国丰富的水电能与当地的需求形成良性互补;三是开发了与中东欧、欧盟国家在新能源和开发技术方面的合作并取得成果。同时,由中国政府主导成立的亚洲基础设施投资银行和丝路基金已为20余个项目提供了资金支持,出资额超过90亿美元,其中包括巴基斯坦吉拉姆河卡洛特水电站、阿联酋迪拜哈翔清洁燃煤电站等一批重大能源项目。

(3)在全球能源治理方面,过去6年多以来,中国发布了《推动"一带一路"能源合作愿景与行动》,新增双多边合作机制70余个,签署能源合作文件百余份,与十多个国家和地区对接能源合作规划,其中中国—阿盟、中国—非盟和中国—中东欧三大能源合作中心正在建设中。我国国际能源合作的发展阶段随着国际能源格局变化、能源政治博弈加剧、各国能源合作战略调整,呈现出一些新的趋势。

---

① 即产业与投资合作。

二、国际能源合作的四大新趋势

近年来，国际能源合作环境出现新变化。全球能源生产中心加速"西移"，能源消费中心持续"东扩"，新能源和可再生能源快速发展，国际油价总体低位震荡，政治变化使得能源合作环境更趋复杂。随着世界能源供需格局的改变，当前国际能源合作呈现四大新趋势。

（一）维护共同安全成为能源合作新理念

随着经济全球化的发展，能源资源已经实现全球配置。全球能源供需互利共赢的需求增加，利益博弈也在加剧，越来越多的国家通过双边或多边合作机制协调争端，能源合作理念从保障个体安全走向维护共同安全。

（二）能源转型与应对气候变化仍是能源合作主旋律

化石能源大量使用带来环境、生态和全球气候变化等一系列问题，主动破解困局、加快能源转型发展已成为世界各国的自觉行动。虽然美国退出了《巴黎协定》，但无法改变世界能源绿色低碳发展的趋势。主要经济体纷纷制定新能源发展规划，抢占新能源技术制高点，扩大市场份额。新能源领域已呈竞争态势，新能源合作必将成为未来国际能源合作的重要内容。

（三）共建"一带一路"成为能源合作新亮点

"一带一路"关注的欧亚大陆是世界能源经济心脏地带，沿线地区未来将成为世界最大的能源生产与消费市场。能源成为"一带一路"建设的"新丝绸"，能源合作也成为"一带一路"国际合作的重要主题。"一带一路"国际合作高峰论坛召开期间，中国政府提出能源合作俱乐部的倡议，将"一带一路"建设和国际能源合作推向新高度。

（四）全球能源治理改革成为能源合作制高点

随着国际能源格局变化，传统能源生产和消费国利益分化调整，以新兴经济体为主的能源消费国开始在国际合作中赢得更多主动权。由发达国家主导的现有全球能源治理平台难以平衡新旧能源生产国和消费国的利益诉求。在全球能源供需相对宽松和买方市场情形下，发展中国家寻求能源治理改革呼声高涨，然而国际能源组织和机构各自为战，缺乏协调。

三、中国在各地区开展能源合作的趋势

（一）中国与中亚地区

"一带一路"倡议的提出与深化，为中国拓展中亚能源市场提供了契机。2017年4月14日，中哈两国合资建设的中哈天然气管道二期，即哈萨克斯坦南线天然气管道工程（以下简称"哈南线"）全线完工。工程投产后，不仅可令哈萨克斯坦近半数人口告

别无天然气可用、只能烧煤的历史，更是打通了中国与中亚地区天然气资源输送的第二通道，对确保中哈两国的能源安全具有重要意义。

截至 2019 年，中哈原油管道、中亚天然气管道 A/B/C 线已建成，并成为中国西北方向的重要能源战略通道。而 2020 年建设的中国—中亚天然气管道 D 线，是继中亚 A/B/C 线之后中国在中亚地区实施的又一个重大战略投资项目。D 线线路及后续设施建成后，中亚天然气管道输气总能力提高到每年 850 亿立方米，可满足国内超过 20% 的天然气消费需求。在未来，中国与中亚国家在基础设施建设、管线的安全和运营、油气贸易等方面的合作前景十分广阔。

（二）中国与俄罗斯

俄罗斯在地域和能源资源上与我国具有很强的互补性。中国与俄罗斯过去的能源合作主要集中在上游领域，如亚马尔项目。该项目由俄罗斯诺瓦泰克股份公司、中国石油天然气集团有限公司、法国道达尔公司和中国丝路基金共同合作开发，各自的股份分别是 50.1%、20%、20% 和 9.9%。2017 年 12 月，项目的第一条生产线投产，2018 年 7 月向中国供应的首船 LNG 通过北极东北航道运抵江苏如东 LNG 接收站、开辟了"冰上丝绸之路"新航道，2018 年 12 月项目第三条生产线提前一年正式投产，项目由工程建设阶段全面转入生产运营和成本回收阶段。

2019 年 9 月，中俄总理在定期会晤上提出要推动能源上游领域的合作，在两国总理的见证下，中国石油化工股份有限公司与西布尔控股股份公司在圣彼得堡签署了丁腈橡胶（NBR）项目合作谅解备忘录和 SEBS（氢化苯乙烯–丁二烯嵌段共聚物）项目框架合作协议。按照协议，中国石化与西布尔将在中国合资新建一套产能 5 万吨/年的丁腈橡胶装置和在俄罗斯合资新建一套产能不小于 2 万吨/年的 SEBS 装置。继续深化油气、电力、煤炭、核电、可再生能源等领域的上中下游全方位一体化合作将是中俄能源合作的重点。

（三）中国与南亚东南亚

中国与南亚东南亚国家在能源领域有着密切的合作。中国从马来西亚、文莱、缅甸等国进口天然气，从印度尼西亚、越南进口煤炭，中国也向一些邻国出口电力。2009 年，国家电网公司挺进菲律宾，获得菲律宾国家电网公司 40% 的股权。2015 年，由南方电网公司、中国电力国际有限公司和越南煤炭集团电力有限公司共同投资的越南永新燃煤电厂一期 BOT 项目开工建设，建成投产后，年发电量约为 80 亿千瓦时，能满足越南南部重点经济区 1/6 的用电需求。

截至 2020 年 6 月，中缅天然气管道自 2013 年投产以来已安全平稳运行超过 2500 天，累计向中国输送天然气 265.58 亿立方米；中缅原油管道自 2017 年投产以来，已安全平稳运行超过 1300 天，累计向中国输油 3000 多万吨。油气管道项目的投产将带动缅甸石油化工产业和天然气产业的发展，同时促进中国西南地区经济发展，成为"孟中印缅经济走廊"和中国与东盟国家开展互联互通基础设施建设的重要标志。未来中国参与该地区的能源合作，要注重维护传统能源通道的安全与稳定，以及能源基础设施互联互通与共享。

（四）中国与日韩

中国、日本、韩国作为全球重要的能源消费与进口大国，在能源安全方面有着共同的诉求。三国在石油、天然气等国际大宗能源产品中没有相应的定价权，国际油气市场上存在的"亚洲溢价"问题严重影响东北亚地区经济利益。长期以来，中日韩在能源方面的竞争大于合作。

在合作方面，2016年，日本软银集团与中国国家电网公司、韩国电力公社及俄罗斯电网公司在北京签署旨在实现跨国电力联网的备忘录，各方承诺将力争连接东北亚各国供电网点，建设可再生能源互联网，并深入探讨运营成本、筹资、工期等方面的课题。2018年10月26日，首届中日第三方市场合作论坛在北京召开，中国石油等企业与日本伊藤忠商事等企业在水电、地热发电等清洁能源及光伏等高端能源技术产业领域达成18项相关协议。2019年12月24日，第八次中日韩领导人会议召开，三国发表了《中日韩合作未来十年展望》，三国同为油气资源进口大国，未来应加强能源需求侧的合作，降低油气"亚洲溢价"，保障能源安全，共同探讨开发新能源的可能路径。

（五）中国与欧洲

中国与欧盟能源合作历史久远，在核电、电力、油气和新能源等领域合作成果丰硕。例如，法国电力集团与国家能源投资集团合作的东台四期和五期海上风电项目已于2019年上半年开建，这两个项目的装机容量达50万千瓦，已于2021年前逐批投入运行。台山核电项目已于2019年9月投入商运，目前机组运行情况良好。此外，2019年国家能源局与欧盟能源总司共同成立了中国能源合作伙伴关系项目，旨在落实中欧于2016年和2019年签署的《中欧能源合作线路图》和《关于落实中欧能源合作的联合声明》。该项目于2019年5月正式启动，执行期三年。未来中国与欧盟将重点围绕能源系统、能源效率、可再生能源和创新实体四大领域开展合作。

（六）中国与非洲、拉美

在"一带一路"倡议下，中非基础设施合作逐步铺开，尤其是在电力能源领域。2015年，习近平主席在中非合作论坛约翰内斯堡峰会上倡议实施中非"十大合作计划"。计划实施以后，中国企业在非洲已建成和在建的项目，将帮助非洲增加2万兆瓦的发电能力和3万多千米的输变电线路，在各行业为非洲国家创造90万个就业岗位。2018年9月，中非合作论坛北京峰会召开。这次峰会继续聚焦非洲的发展，包括基础设施建设、电力能源、工业园区建设等，这是双方合作的重点，也是非洲国家亟待发展的领域。

近年来，习近平主席数次出访拉美，将双方的合作水平不断推高。2013年5月，习近平访问拉美三国；2014年，习近平访问拉美四国。每一次出访，都加深了中国与拉美的能源合作。具体而言，中国、阿根廷已经升级为战略合作伙伴关系。2015年，中核集团与阿根廷核电公司正式签署阿根廷重水堆核电站项目合同，该项目将带动超过300亿元人民币核电装备出口，深化中阿经贸与产能合作。此外，中国与委内瑞拉签署了40亿美元石油换贷款协议。中国与古巴仅在2017年就签署了10项可再生能源协议。拉美国家丰富的能源储量和中国充裕的资金、强烈的能源需求形成了互补，基础设施建设和可再生能源贸易、技术等方面的合作将是未来的合作重点。

四、中国国际能源合作战略展望

我国在国际能源合作方面，实现了从局部开放到全方位开放合作的转变，走上了共商共建共享、深度参与国际能源治理变革的新道路。我国积极服务对外开放大局，全面发展同世界各国的能源交往合作，着力推进"一带一路"能源合作，不断拓展广度深度，建成了五大国际油气合作区、四大油气进口战略通道。一大批先进能源技术装备走出国门、走向世界。我国与能源宪章、国际能源机构、国际可再生能源机构等国际能源组织实现了密切合作，倡导建立"一带一路"能源合作伙伴关系，推动成立上合组织能源俱乐部，成功举办中俄能源商务论坛、二十国集团能源部长会、亚太经济合作组织能源部长会、国际能源变革论坛等国际性活动，建立双边合作机制58项，参与多边合作机制33项。在全面分析总结"十三五"期间我国能源行业发展经验、问题及国际经济与能源形势最新状况的基础上，展望未来，我国的国际能源合作有五个深化方向。

一是深化能源基础设施的互联互通。稳步推进我国与周边国家和地区的电网互联，积极参与大湄公河次区域等地区电网升级改造，加强与俄罗斯、中亚等国在油气领域上中下游一体化合作。

二是深化能源政策规划和标准对接。通过商签政府间、部门间合作协议，为企业间项目务实合作创造条件，提供保障。与周边国家共同开展能源领域的联合规划研究，对接双方发展需求，明确重点合作领域和合作项目。同时与有关国家联合制定标准，进行标准互认，促进双方的能源合作提质升级。

三是深化能源绿色合作。这是我国在能源合作中非常重要的一个方面，我国现在和英国、法国、芬兰等国家在绿色能源、可再生能源、新能源等方面的交流合作非常频繁。要进一步推进可再生能源、清洁能源、智能电网和智慧能源方面的合作，研究绿色能源和绿色金融相结合的政策。按照国际规则和标准，以开放、绿色、廉洁理念来推动多边、双边以及第三方合作。

四是深化能源的技术交流和能力建设。充分利用已有的合作平台，开展能源领域的联合研究，为有需要的国家提供多类型、高水平的能源培训，分享先进适用的能源技术，推介中国能源发展的丰富实践和经验。

五是深化全球能源的治理合作。建设好、运营好"一带一路"能源合作伙伴关系，助力与各国共同解决能源发展面临的问题。积极参与联合国、亚太经济合作组织、二十国集团等框架下的能源合作，加强与国际能源署、国际能源论坛、欧佩克、国际可再生能源署等国际组织的合作，继续推动制定更加开放、包容、普惠、平衡、共赢的规则，进一步促进完善全球能源治理体系。

第四节　全面建成小康社会时点上（2020年）的能源战略任务及目标

2014年6月7日，国务院办公厅印发的《能源发展战略行动计划（2014—2020年）》（国办发〔2014〕31号），成为五年规划之外能源发展战略的顶层文件。这一文件提出坚持"节约、清洁、安全"的战略方针，基于全面建成小康社会这一特殊时点，对能源发展提出了五项主要任务和四大战略。

一、全面建成小康社会能源发展四大战略

《能源发展战略行动计划（2014—2020年）》（国办发〔2014〕31号）提出在全面建成小康社会决胜期能源领域重点实施的四大战略。

节约优先战略：把节约优先贯穿于经济社会及能源发展的全过程，集约高效开发能源，科学合理使用能源，大力提高能源效率，加快调整和优化经济结构，推进重点领域和关键环节节能，合理控制能源消费总量，以较少的能源消费支撑经济社会较快发展。到2020年，一次能源消费总量控制在48亿吨标准煤左右，煤炭消费总量控制在42亿吨左右。

立足国内战略：坚持立足国内，将国内供应作为保障能源安全的主渠道，牢牢掌握能源安全主动权。发挥国内资源、技术、装备和人才优势，加强国内能源资源勘探开发，完善能源替代和储备应急体系，着力增强能源供应能力。加强国际合作，提高优质能源保障水平，加快推进油气战略进口通道建设，在开放格局中维护能源安全。

绿色低碳战略：着力优化能源结构，把发展清洁低碳能源作为调整能源结构的主攻方向。坚持发展非化石能源与化石能源高效清洁利用并举，逐步降低煤炭消费比重，提高天然气消费比重，大幅增加风电、太阳能、地热能等可再生能源和核电消费比重，形成与我国国情相适应、科学合理的能源消费结构，大幅减少能源消费排放，促进生

态文明建设。

创新驱动战略：深化能源体制改革，加快重点领域和关键环节改革步伐，完善能源科学发展体制机制，充分发挥市场在能源资源配置中的决定性作用。树立科技决定能源未来、科技创造未来能源的理念，坚持追赶与跨越并重，加强能源科技创新体系建设，依托重大工程推进科技自主创新，建设能源科技强国，能源科技总体接近世界先进水平。

二、全面建成小康社会能源发展五项主要任务

加快构建低碳、高效、可持续的现代能源体系是《能源发展战略行动计划（2014—2020年）》（国办发〔2014〕31号）提出的目标方向，为全面建成小康社会，我国的能源发展有以下五项主要任务。第一，增强能源自主保障能力。立足国内，加强能源供应能力建设，不断提高自主控制能源对外依存度的能力。第二，推进能源消费革命。调整优化经济结构，转变能源消费理念，强化工业、交通、建筑节能和需求侧管理，重视生活节能，严格控制能源消费总量过快增长，切实扭转粗放用能方式，不断提高能源使用效率。第三，优化能源结构。积极发展天然气、核电、可再生能源等清洁能源，降低煤炭消费比重，推动能源结构持续优化。第四，拓展能源国际合作。坚持投资与贸易并举、陆海通道并举，加快制定利用海外能源资源中长期规划，着力拓展进口通道，着力建设丝绸之路经济带、21世纪海上丝绸之路、孟中印缅经济走廊和中巴经济走廊，积极支持能源技术、装备和工程队伍"走出去"。加强俄罗斯中亚、中东、非洲、美洲和亚太五大重点能源合作区域建设，建设能源合作伙伴关系。第五，推进能源科技创新。按照创新机制、夯实基础、超前部署、重点跨越的原则，加强科技自主创新，鼓励引进消化吸收再创新，打造能源科技创新升级版，建设能源科技强国。

三、全面建成小康社会时点上的能源战略与任务的具体目标

针对四大战略和五项主要任务，《能源发展战略行动计划（2014—2020年）》（国办发〔2014〕31号）提出了具体的预期目标，这些目标为相关政策制定提供了详细可量化的参考，见表12-3。

表12-3　针对四大战略和五项主要任务的预期目标

战略或任务	具体目标
节约优先战略	到2020年，一次能源消费总量控制在48亿吨标准煤左右，煤炭消费总量控制在42亿吨左右
立足国内战略	到2020年，基本形成比较完善的能源安全保障体系。国内一次能源生产总量达到42亿吨标准煤，能源自给能力保持在85%左右，石油储采比提高到14～15，能源储备应急体系基本建成
绿色低碳战略	到2020年，非化石能源占一次能源消费比重达到15%，天然气比重达到10%以上，煤炭消费比重控制在62%以内
创新驱动战略	到2020年，基本形成统一开放竞争有序的现代能源市场体系

续表

战略或任务	具体目标
清洁转型战略	到 2020 年,全面启动能源革命体系布局,推动化石能源清洁化,根本扭转能源消费粗放增长方式,实施政策导向与约束并重
增强能源自主保障能力	到 2020 年,全国煤炭铁路运输能力达到 30 亿吨
	到 2020 年,累计新增常规天然气探明地质储量 5.5 万亿立方米,年产常规天然气 1850 亿立方米
	到 2020 年,页岩气产量力争超过 300 亿立方米
	到 2020 年,煤层气产量力争达到 300 亿立方米
	到 2020 年,形成石油替代能力 4000 万吨以上
推进能源消费革命	到 2020 年,城镇绿色建筑占新建建筑的比例达到 50%
优化能源结构	到 2020 年,全国煤炭消费比重降至 62% 以内
	到 2020 年,京津冀鲁四省市煤炭消费比 2012 年净削减 1 亿吨,长三角和珠三角地区煤炭消费总量负增长
	到 2020 年,全国煤炭消费比重降至 62% 以内
优化能源结构	到 2020 年,天然气在一次能源消费中的比重提高到 10% 以上
	到 2020 年,天然气主干管道里程达到 12 万千米以上
	到 2020 年,核电装机容量达到 5800 万千瓦,在建容量达到 3000 万千瓦以上
	到 2020 年,非化石能源占一次能源消费比重达到 15%
	到 2020 年,力争常规水电装机达到 3.5 亿千瓦左右
	到 2020 年,风电装机达到 2 亿千瓦,风电与煤电上网电价相当
	到 2020 年,光伏装机达到 1 亿千瓦左右,光伏发电与电网销售电价相当
	到 2020 年,地热能利用规模达到 5000 万吨标准煤

四、全面建成小康社会之后中国能源战略展望

如果说 2020 年的前十年是攻坚任务能否完成和全面转向科学发展轨道的关键期,那么 2030 年的前二十年是转型期中的重点期,2050 年前的四十年是我国能源体系的转型期。对于未来中国的能源战略,中国能源中长期发展战略研究项目组副组长周大地将其概括为六个方面:一是强化"节能优先、总量控制"战略;二是煤炭的科学发展、洁净高效利用和战略地位调整;三是确保石油、天然气的战略支柱地位,把天然气作为能源结构调整的重点之一;四是积极、加快、有序发展水电,大力发展非水可再生能源,使可再生能源战略地位逐步提升,成为我国新的绿色能源支柱;五是积极发展核电作为我国能源的长期重大战略选择,是一个重要的绿色支柱;六是发展中国特色的适应电源多元化的高效安全(智能)电力系统。根据中国工程院发布的《中国能源中长期(2030、2050)发展战略研究报告》,我国可持续发展的能源战略可表述为"科学、绿色、低碳",其基本思想可概括为:加快调控转型,强化节能优先,实行总量控制,保障合理需求,优化多元结构,实现绿色低碳,科技创新引领,系统经济高效。节能、提效、合理控制能源需求被列为能源战略之首。

在能源发展规划方面,《能源生产和消费革命战略(2016—2030)》(发改基础〔2016〕2795号)和能源发展五年计划为能源领域的发展指明了方向,通过以上框架体系的全面构建,我国能源发展第一次构建起综合性和专业性、中期性和长期性、全局性和地区性相结合的立体式、多层次规划体系,基本确立了能源发展改革"四梁八柱"性质的主体框架。《能源生产和消费革命战略(2016—2030)》(发改基础〔2016〕2795号)提出的能源革命"三步走"主要任务如下。第一步是截至"十三五"时期,能源革命体系布局全面启动,推动化石能源清洁化,根本扭转能源消费粗放增长方式,实施政策导向与约束并重。第二步是在2021—2030年,推动可再生能源、天然气和核能利用持续增长,高碳化石能源利用大幅减少。能源消费总量控制在60亿吨标准煤以内,非化石能源占能源消费总量比重达到20%左右,天然气占比达到15%左右,新增能源需求主要依靠清洁能源满足;单位国内生产总值二氧化碳排放比2005年下降60%~65%,二氧化碳排放在2030年左右达到峰值并争取尽早达峰;单位国内生产总值能耗(现价)达到目前世界平均水平,主要工业产品能源效率达到国际领先水平;自主创新能力全面提升,能源科技水平位居世界前列;现代能源市场体制更加成熟完善;能源自给能力保持在较高水平,更好利用国际能源资源;初步构建现代能源体系。第三步是到2050年,能源消费总量基本稳定,非化石能源占比超过一半,建成能源文明消费型社会;能效水平、能源科技、能源装备达到世界先进水平;成为全球能源治理重要参与者;建成现代能源体系,保障实现现代化。

本 章 小 结

本章主要探讨了"十二五"和"十三五"时期我国能源战略不断深化的过程。"十二五"规划开启了能源生产与消费革命,从转变能源发展方式、调整优化能源结构以及积极推进国际能源合作三个方面推动能源发展。"十三五"规划则进一步聚焦解决发展不均衡问题与提高发展质量,深化落实"四个革命、一个合作"思想,推进我国能源消费、供给、技术、体制与国际合作革命,"十三五"时期能源战略的指导思想集中体现为"转型变革、创新发展"八个字。这一时期出台的能源战略与科学规划有效调整了能源存量,做优了增量,提高了能源发展质量。在全面建成小康社会时点,我国制定了节约优先、立足国内、绿色低碳和创新驱动四大战略,为建成现代能源体系部署了综合性和专业性、中期性和长期性、全局性和地区性相结合的发展路径。

1. "四个革命、一个合作"战略思想是在怎样的现实背景下提出的?"四个革命、一个合作"战略思想的五个方面分别有什么核心目的?试结合背景对"四个革命、一个合作"战略思想的意义进行阐述。

2. 从"十二五"规划时期到"十三五"规划时期,能源生产和消费革命战略经历了怎样的发展?

3. "十二五"规划和"十三五"规划的能源政策分别有什么突出特点?

4. 全面建成小康社会时点上能源领域的四大战略和五大任务分别是什么?试分别简要概述其内涵。

[1] 程志强. 推动全球能源革命的战略构想[N]. 人民日报, 2016-01-26(7).
[2] 能源生产和消费革命战略(2016—2030)[J]. 电器工业, 2017(5): 39-47.
[3] 拓宽中国的能源变革之路——通过创新促进能源革命[J]. 国际石油经济, 2013, 21(4): 1-10, 110.
[4] 任东明, 谢旭轩, 刘坚. 推动我国能源生产和消费革命初析[J]. 中国能源, 2013, 35(10): 6-10.
[5] 韦玉芳. 在新的国际环境中寻求最优发展路线——中国能源战略与"十二五"能源发展论坛综述[J]. 资源导刊, 2010(8): 12-13.
[6] 许勤华. 中国国际能源合作战略重点之——能源技术、能源网络共享与绿色发展[J]. 石油科技论坛, 2018, 37(4):8-12.
[7] 许惠英. 我国"十二五"能源发展规划透视[J]. 中国科技产业, 2010(8): 82-83.
[8] 节能·低碳·变革——国家能源局副局长吴吟解读"十二五"规划能源领域三个关键词[J]. 中国仪器仪表, 2010(11): 34-35.
[9] 朱明, 何勇健. 《能源发展"十三五"规划》解读[J]. 国家电网, 2017(2): 44-47.

第十三章

中国特色能源战略区域联动理论与概述

> 我国幅员辽阔,不同地区的资源禀赋存在较大差异,这种区域间的差异化成了各个区域之间联动的现实基础。为实现能源产业与经济社会的协同发展,需要整合各个区域的能源禀赋。本章梳理了中国特色能源战略区域联动的概念、内涵与分类,并对国内外能源异质性理论、中国特色能源战略实现区域联动的层级结构进行了梳理。基于我国能源资源分布不均衡的特点,我国需实行跨区域调配,本章以西气东输为例阐述了能源跨区域调配的战略思想。
>
> **关键词:** 区域联动 异质性理论 层级结构 资源分布不均 跨区调配

第一节 中国特色能源战略区域联动理论

一、中国特色能源战略区域联动的概念、内涵与分类

区域联动,是指不同自然地理区域或经济社会区域为了实现一个共同目标而采取的联合行动。例如,为了应对气候变化,各国通过签订《巴黎协定》约束彼此,以实现减少污染物排放的共同目标。中国特色能源战略区域联动是区域联动在我国能源战略领域的具体实践,指我国不同区域在各自的发展过程中,通过能源结构在各区域间的战略调整,形成合理的能源供需合作体系,实现区域间能源禀赋的优势互补,实现区域能源产业与自然经济的协同发展,从而达到优化国内区域能源结构,实现能源产业升级,增强各区域竞争力的目的。

差异化是形成中国特色能源战略区域联动的现实基础,推动了中国特色能源战略理论研究与实践的区域层级结构的形成。我国幅员辽阔,不同省、自治区、直辖市亦占据了可观的地理面积。一些地理面积较大的省区,如内蒙古自治区、东北三省等,地理面积甚至可以超过一些面积较小国家的国土面积。较大的地理面积使得各省拥有丰富且差异化的资源禀赋,如山西省拥有大量的煤炭资源、四川省则拥有丰富的水能资源等。不同区域的差异化能源资源禀赋,催生了我国差异化的区域能源战略,通过合理的能源战略区域联动,弥补各省市差异化能源禀赋造成的各自能源资源的不足,通过优势互补满足各自能源需求。经过能源战略和政策领域的长期实践,我国形成了

各省能源战略、区域联动战略和国家统筹战略三个层次的能源战略区域联动理论框架，逐步构建起以各省政策为战略基础，以区域联动为战略实践，以国家统筹为最高战略指挥，体现中国特色能源战略理论研究与实践的区域层级结构。

二、国内外能源战略异质性理论

我国各省份能进行能源战略的区域联动，得益于国内能源禀赋的异质性。异质性的作用主要体现在两个方面：首先，与国外相比，国内各省份丰沛的能源禀赋有助于我国能源自给自足，充足的能源储备有助于我国更好地应对外部环境变化；其次，对国内而言，各省份不同的能源禀赋驱动了能源战略的区域联动，促进了区域之间的联动交流。

（一）地理小国能源自给自足脆弱性与能源进口

地理小国主要依赖能源进口满足自身能源需求，在能源的自给自足方面具有较大脆弱性。世界上大多数国家属于地理小国，较小的国土面积直接导致资源禀赋的不足，造成各国在实现能源自给自足方面具有一定的脆弱性，使得这些国家在制定能源战略时，不得不考虑通过能源进口，实现自身的能源需求。当金融危机出现时，这种脆弱性将体现得更加明显，依赖于国外能源供给的经济系统在危机面前显得更加被动。例如，意大利是典型的能源进口大国。长期以来，由于资源缺乏，绝大部分石油、天然气一直依赖进口。极低的能源自给率远不足以支撑意大利经济的发展。对进口能源的严重依赖让意大利能源价格居高不下，零售电价较周边其他国家高出 60%～80%。自 20 世纪 90 年代开始，过高的能源成本直接削弱了意大利工业和经济的竞争力，使其经济一度陷入低迷。又如，与我国一衣带水的邻邦日本，岛国狭长的陆地下缺乏能源资源，本土油气产量极低，占总体消费比例不足 1%，石油高度依赖进口，为了降低本国能源供需不平衡给经济可持续发展带来的风险，日本不得不努力加大能源进口并努力使能源进口多元化。

（二）我国能源禀赋充沛有利于自给自足

我国不同省份具有差异化的能源禀赋，但从全国范围看，我国能源禀赋充沛，能较好地实现自给自足。我国各个省份由于资源禀赋和经济发展水平的不同，对能源的需求量也不尽相同。因此，也会存在局部地区能源紧张的情况。然而，与意大利和日本不同的是，我国国土面积广阔，东部缺乏的能源，西部却供大于求，北部常有干旱，南部却洪涝成灾。科技的发展为我国解决这种能源资源禀赋分布不平衡问题打开了思路，使我国能源真正有信心实现自给自足。例如，"西电东送"工程大大提高了相关省区的经济效益和社会效益，是实现东西互补、资源优化配置的有效举措。随着"西电东送"的实现，带动了贵州等西部城镇各行各业的发展，提高了人们的生活水平。《能源发展"十三五"规划》更是强调，到 2020 年中国的能源自给率目标为 80%以上。

综上我们不难得出结论，在制定能源战略的过程中，一些国土面积较小的国家受制于自身有限的能源禀赋，往往依靠长期大量的能源进口维持经济发展，使得经济严重依赖于国外，具有一定的脆弱性。我国在制定能源战略的过程中，得力于较为充足且全面的能源资源禀赋，更倾向于通过能源战略的区域联动解决不同地区能源需求问题，同时，在进口其他国家的能源时能维持自身一定的能源储备，更有利于抵御外部环境变化带来的风险。

（三）区域联动灵活性与驱动因素异质性理论

传统能源和新能源并轨发展以及特高压输电线路的建设，使我国具备了能源战略区域联动的灵活性，这种灵活性是国家统筹调配各地能源资源的前提基础。从能源禀赋来看，在化石能源资源呈现"富煤、缺油、少气"特征的同时，我国拥有丰富的非化石能源资源，特别是可再生能源资源，为我国建成以非化石能源为主的低碳能源体系提供了丰厚的资源基础。具体来说，我国东部沿海和内蒙古有较多的风能资源，西南地区有充足的水能资源，油气田遍布全国各大区域等，分布广泛的能源禀赋使能源消费大的地区（如上海市）在选择从其他地区调配能源时有了极大的灵活性。与此同时，我国正在全国大力建设特高压输电基础设施，为进一步实现全国范围的能源资源调配打下基础。

区域联动需要不同地区的积极参与，不同城市地区参与到区域联动当中，除了响应国家统筹号召，更多的还是有各自的驱动因素。有些地区先天能源禀赋充足，亟须向外输送富余的能源资源以满足自身能源产业的发展需求；有些地区经济发展迅速而先天能源禀赋欠缺，需要由外部输入能源支撑发展；有些城市属于资源型城市，随着资源逐渐枯竭，当地能源企业需要考虑在异地寻求能源发展等。抽象而言，我们可将不同城市参与区域联动的驱动因素分为先天异质性驱动、后天异质性驱动和转型需求驱动三类。

1. 先天异质性驱动理论

国内各省份先天拥有不同存量的能源禀赋，直接驱动了各地经济发展过程中能源战略的区域联动。先天能源禀赋的不同，给各地经济发展带来的助力大小自然也不同。依据先天能源禀赋不同，我国各地主要可分为两类地区：第一类地区能源禀赋充足，在满足自身能源需求的基础上，进一步发展成为本地的经济支柱产业；第二类地区能源禀赋稀缺，经济发展迅速，对能源有较大的需求。

对于第一类地区，能源产业在其经济发展过程中起到支柱作用。第一类地区的典型代表是山西省的煤炭产业。山西省具有充足的能源禀赋，煤矿产量常年居于我国各省排名前列，山西煤炭具有资源储量大、分布广、品种全、质量优的特点，不仅满足山西本省的日常生活、工业用煤和用电需求，还通过晋煤外运、晋电东送等工程将煤炭和电力产品输送至省外各经济区，满足各地经济发展过程中的煤炭能源需求。因此，煤炭产业在山西省 GDP 的占比显著，是其经济支柱产业。

对于第二类地区，经济发展对能源的稳定供给提出较大需求，但自身能源禀赋不足，必须依靠其他地区输送能源。长三角经济区、珠三角经济区是该类地区的典型。随着城市化进程的加深，长三角、珠三角对电力的稳定供应提出较高要求，而本地的能源生产显然无法满足自身需求，必须通过"西电东送"等工程输入电力。

2. 后天异质性驱动理论

后天能源禀赋的异质性，主要是新能源输出地区，如光伏发电、风力发电等新能源生产较为充沛的地区。这类地区自身不一定具有较多的煤炭等传统能源禀赋，但后天通过新能源科技与装备的发展，能够生产较大规模的清洁能源。此类地区以内蒙古为典型代表，内蒙古具有丰富的风能，建设了风能发电基础设施进行风能发电。这类地区具有充足的分布式能源发电设施，但过剩的风电、光电等能源较难在当地储存、就地消纳，因此具有能源输出的要求，驱动其与其他地区进行区域联动，输送多余的新能源。

3. 转型需求驱动理论

传统资源型城市转型，也是促进能源区域联动的重要因素。由于传统化石能源资源化的不可再生性，在自然资源逐渐开采枯竭后，转型是每个资源型城市都必须面对的问题。转型需求驱动的城市，在自身拥有的能源资源禀赋面临枯竭时，往往选择减少自身开采量，寻求异地能源支持，形成区域联动。举个例子，徐州是江苏省唯一的资源能源型城市，多年来煤炭产业结构单一，随着煤炭资源逐渐开采殆尽，开始寻求转型。徐州市从依托煤炭资源起步，到主动选择逐步甩开煤炭资源发展，加快从传统能源向新型能源城市的转变。为了实现转型，徐州市煤炭企业正努力实施"走出去"战略，推动煤炭产业转型，全市境内煤炭企业开始在异地开办煤矿，较好地实现区域联动，满足自身发展需求。

（四）中国特色能源战略区域联动可行性理论

我国各省份既能因地制宜制定各自的能源战略，又能在国家统筹的战略思想下形成省际能源战略的区域联动，满足各省能源需求，这得益于我国充沛的禀赋基础、可靠的科技支撑和稳健的制度保障。

1. 充沛的禀赋基础

我国具有较为丰富的能源资源，包括化石能源资源和可再生资源，为实现能源战略的跨区域联动提供了充沛的禀赋基础。

我国的能源资源总量比较丰富，拥有较为丰富的化石能源资源。其中，煤炭占主导地位，探明可采储量列世界第三位，已探明的石油、天然气资源储量相对不足，"富煤、缺油、少气"是基础特征，然而油页岩、煤层气等非常规化石能源的储量潜力较大。与此同时，我国还拥有较为丰富的可再生能源资源，例如，水力资源理论蕴藏量列世界首位，分布式能源建设和核能发展也在积极布局。我国能源资源分布广泛但不均衡。煤炭资源主要赋存在华北、西北地区，水力资源主要分布在西南地区，石油、天然气资源主要赋存在东、中、西部地区和海域。中国主要的能源消费地区集中在东南沿海经济发达地区，资源赋存与能源消费地域存在明显差别。较为丰富的能源资源禀赋以及分布广泛而不均衡的特点，使我国能源战略区域联动的实践有了必要性和可行性。

2. 可靠的科技支撑

新中国成立至今，我国的能源科技已取得显著成就，能源勘探技术、能源开采技术、能源运输技术等为我国能源战略区域联动提供了可靠的科技支撑。

能源勘探理论方面，我国以"陆相成油理论与应用"为标志的基础研究成果，极大地促进了石油地质科技理论的发展。能源开采技术方面，我国的石油天然气工业已经形成了比较完整的勘探开发技术体系，特别是复杂区块勘探开发、提高油田采收率等技术在国际上处于领先地位；煤炭工业已建成一批具有国际先进水平的大型矿井，重点煤矿采煤综合机械化程度显著提高；在电力工业方面，先进发电技术和大容量高参数机组得到普遍应用，水电站设计、工程技术和设备制造等技术达到世界先进水平，核电初步具备百万千瓦级压水堆自主设计和工程建设能力，高温气冷堆、快中子增殖堆技术研发取得重大突破。能源运输技术方面，我国完成了以西气东输工程、西电东送工程、南水北调工程、晋煤南运工程、特高压工程等为典型代表的大规模跨区域能源运输基础设施建设。

3. 稳健的制度保障

改善发展环境是中国能源发展的内在要求，完善能源法律制度、深化管理体制改革、推进价格机制改革等，为我国实现能源战略区域联动提供稳健的制度保障。

完善能源法律制度，为增加能源供应、规范能源市场、优化能源结构、维护能源安全提供法律保障，是中国能源发展的必然要求。2020年，国家能源局发布《中华人民共和国能源法（征求意见稿）》，进一步完善了我国能源法律体系。加强能源管理体制改革，要求完善国家能源管理体制和决策机制，加强部门、地方及相互间的统筹协调，强化国家能源发展的总体规划和宏观调控，着力转变职能、理顺关系、优化结构、提高效能，形成适当集中、分工合理、决策科学、执行顺畅、监管有力的管理体制。价格机制是市场机制的核心，我国政府在妥善处理不同利益群体关系、充分考虑社会各方面承受能力的情况下，积极稳妥地推进能源价格改革，逐步建立能够反映资源稀缺程度、市场供求关系和环境成本的价格形成机制。

三、中国特色能源战略区域联动层级结构

中国特色能源战略区域联动层级结构，集中反映了中国能源战略区域联动的结构体系，它以各省份能源战略为基础，通过省际配合实现能源资源优势互补，在国家统筹的指导思想下进行省际和区域间的联动，有助于推进经济社会的协调可持续发展。

(一)各省份能源战略文件

在国务院《能源发展战略行动计划（2014—2020）》（国办发〔2014〕31号）等能源战略文件的指导下，我国各省份、政府有针对性地相继出台各自的能源政策和新能源发展规划，如与我国五年发展计划相适应的各省份五年能源发展规划、五年新能源产业发展规划等。各省份的能源战略文件构成了我国能源战略区域联动层级结构最稳固的战略基础。

(二)区域联动战略实践

在已经形成的经济区域基础上，我国正在进一步发展能源战略区域联动，推动能源合作区域的形成。我国目前已经形成"京津冀地区""长三角地区""珠三角地区""东北地区""中部地区""西部地区""东南沿海地区"等经济区域，区域内部与区域间通过战略合作，推进我国经济社会协同可持续发展。为了保证经济区域稳定发展，必须保证各经济区域通过能源合作实现可靠的能源供给。为了实现这一目标，在能源领域，京津冀地区发布《京津冀能源协同发展行动计划（2017—2020年）》（京发改〔2017〕1714号），提出能源领域"八大协同"概念；长三角地区谋划推动"能源一体化合作"；东北地区谋划构建"能源战略共同体"；中部地区推动"能源革命"；等等。这些能源领域的区域联动措施，是形成能源战略区域联动层级结构最生动的战略实践。

(三)国家统筹战略思想

我国能源战略的区域联动，必须首先做好顶层设计。统筹是对我国国情的整体把握，习近平总书记提出，要学会十个手指头弹钢琴，必须在把情况搞清楚的基础上，统筹兼顾、综合平衡，突出重点、带动全局。中国特色能源战略区域联动的国家统筹，就是要摸清我国能源分布现状，认清能源资源分布不均衡的现实，知道哪里缺什么，从哪里可以调动补充，统筹兼顾，协调全局。国家统筹的战略思想，是我国能源战略区域联动金字塔的顶层设计，也是区域联动的最高战略指挥，它的内涵包括供给战略统筹和需求战略统筹两个维度。

能源供给战略统筹是指在能源供给端做好统筹工作，着力构建以能源需求为导向的供给体系，实现供需动态平衡。新中国成立伊始，我国在各行各业便开始了集中高效的统筹计划工作，"票证时代"是国家供给统筹工作的一个生动缩影。"煤票"是国家煤炭供给统筹的典型例子，居民持票"按票取煤"，在特定的历史时期，推动了国家煤炭等传统能源行业的发展。在新时代，随着新能源科技的进步，传统能源和各类新能源百花齐放，并轨发展，能源结构越发复杂，市场起到更大的作用，更需要做好能源供给方面的顶层设计。第一，能源供给战略统筹要求对传统三大化石能源做好区域间的协调调配，满足各区域用能需求；第二，做好新能源的供给统筹工作，对风电、光伏发电、生物质能发电等做好统筹协调工作，解决好新能源就地消纳和跨区输送问题；第三，做好能源进出口统筹工作，维护国家能源安全，新时代我们面临的挑战前所未有，面对外部环境的变化，我们必须有所准备，能源安全是我们各行各业稳定发展的基础，必须保证自身有充足的能源储备，做好能源进出口的统筹协调工作。

能源需求战略统筹指在能源需求端做好统筹工作，在做好各省份能源需求调查的基础上，做好能源消耗总量控制和调配需求控制，针对各省份发展实情做好碳排放指标分解。我国目前经济发展存在一定的不平衡现象，东部沿海地区经济发达，能源需求量大，西部地区发展较为缓慢，能源需求相对较小。不同的地区经济体量和科技水平，使得各地单位 GDP 的能耗水平也不同，这就要求我们在国家需求统筹方面，要做好单位产值能耗水平的控制，协助各地政府做好单位产值能耗指标设定，在保证发展的同时控制污染物排放。同时，随着新能源的迅速发展，我国能源结构正在发生转变，在能源调配的过程中，要注意发挥各省份对不同类型能源需求的灵活性，注意对传统煤电的调峰控制，配合水电、风电、光伏发电等新能源的跨区输送需要，从以煤电为主的传统化石能源需求逐步过渡到以新能源为主的清洁能源需求。

能源供给战略统筹和能源需求战略统筹共同形成了我国能源领域的国家统筹战略思想，是我国从"以粗放供给满足所有需求"转向"以科学供给满足合理需求"的重要指导思想，对于维护我国能源供需安全具有重要指导意义。

第二节　能源资源分布不均衡与跨区域调配

一、能源资源分布不均与跨区调配必要性

在我国化石能源的生产与消费中，煤炭行业呈现出总量过剩和部分区域供应不足的局面，结构性短缺和区域性、时段性供应紧张的问题越来越突出。石油行业方面，从 2016 年开始，我国原油产量连续两年跌破 2 亿吨，进口原油大幅增加，对外依存度超过美国历史最高水平的 66%，达到 67.9%。天然气行业供需矛盾最为突出，2017 年天然气需求增速高达 15.3%，但产量增速仅为 8.5%。天然气供应紧张范围由京津冀地区蔓延至山东、河南、宁夏、内蒙古等地，甚至连新疆、四川、青海、陕西这样的产气大省（区）都出现"气不够用"的情况。据统计，2017 年全国除西藏、广西、广东、福建及东北等少数省份外，其余省份均出现天然气供应紧张现象。电力行业方面，虽然电力消费增速有所回升，但整体供需形势依旧宽松，煤电产能过剩问题仍然突出，部分地区电力严重过剩的局面没有得到根本扭转。

对于可再生能源的生产，我国资源总量丰富，但资源开发程度远低于发达国家。以水资源为例，我国水能资源蕴藏量居世界第一，其中四川、云南、西藏三省（区）理论蕴藏量占全国总量的 2/3，技术可开发量为 4.25 亿千瓦，占全国总量的 71%。但截至 2016 年年底，三省（区）水电装机容量 1.35 亿千瓦，开发程度仅为 31.7%，远低于瑞士的 92%、法国的 88%、意大利的 86%、德国的 74%、日本的 73%、美国的 67%。

随着水能资源进一步得到开发利用，我国的能源结构将得到较大改善。我国风能资源也极为丰富，19 个省（区、市）低风速风能资源可开发量达到近 10 亿千瓦，但目前已开发量不到总量的 7%，风电单位面积装机量最高的河北省，也仅为 62.51 千瓦平方千米，而德国各州平均可以达到 136.97 千瓦平方千米，其中不来梅州最高，约为 430.69 千瓦平方千米。内蒙古等地风能资源极为丰富，但存在本地无法完全消纳，需要输送到外地的困境，特高压输电技术和储能技术的发展，将加快推进风电消纳。

党的十九大报告中指出，中国特色社会主义进入新时代，我国社会主要矛盾已经转化为人民日益增长的美好生活需要和不平衡不充分的发展之间的矛盾。能源领域也正逐渐凸显出这种矛盾。从我国的能源生产消费状况我们可以看出，未来几年我国能源供需相对宽松，但结构性、机制性等深层次矛盾是阻碍能源经济进一步发展的"绊脚石"。能源经济发展的矛盾性首先表现在能源生产和消费结构的不平衡，煤炭产能存在过剩，例如，2016 年我国煤炭产量占据世界煤产量的 46.1%，而在我国能源消费结构中，非化石能源仅占 13.3%，明显低于发达国家水平。

由此可见，我国进行能源跨区域调配具有必要性。首先，我国能源资源的区域分布很不均匀，而能源资源一般不具有流动性，因此各区域对自然资源的需求与该区域所赋予的自然资源往往不匹配，会造成区域间发展的不平衡，必须进行资源的跨区域调配；其次，能源供求关系也存在失衡，能源禀赋高、资源富集的地区现阶段自身需求量较少，而主要能源消费地区需求减缓，这一定程度上造成能源送受地区间的矛盾加剧，能源供给与需求的关系存在失衡；再次，能源生产和消费的地区差异大，东部地区经济发达，能源需求大，能源相对贫乏，经济优势得不到充分发挥；西部地区因经济水平限制，使丰富的能源（原煤，原油，天然气等）得不到充分开发；最后，能源消费结构亟须调整，我国能源消费结构一直以煤炭为主，带来了一系列环境问题（雾霾、酸雨等），同时"北煤南运"给铁路和公路运输带来很大压力，清洁的天然气在我国能源消费结构中所占比重很低。

二、能源跨区域调配的战略思考——以西气东输为例

我国油气资源开发战略重点在西部，天然气总体分布特征是西多东少，北多南少，我国的四大气区分别是新疆、青海、川渝和鄂尔多斯，油气战略是"稳定东部，发展西部"。由此，我国启动了"西气东输"工程。"西气东输"是指将新疆塔里木盆地的天然气，输送到上海及长江三角洲等东部地区的工程。这项工程由上游气田开发、中游输气管道建设和下游市场开发利用组成。其中，一线工程沿途经过主要省级行政区：新疆—甘肃—宁夏—陕西—山西—河南—安徽—江苏—上海；二线工程沿途经过主要省级行政区：新疆—甘肃—宁夏—陕西—河南—湖北—江西—广东；三线工程沿途经过主要省级行政区：新疆—甘肃—宁夏—陕西—河南—湖北—湖南—江西—福建—广东等。

"西气东输"对我国解决油气资源分布不均衡的问题具有重要意义。国家层面来看：首先，有利于调配能源资源地域分布不均的现象，优化我国以煤炭为主的能源消费结构，改善沿线主要城市的大气质量，促进区域的协调发展；其次，为沿途各省的发展创造良好的契机，激活沿途省区钢铁、建材、建筑、运输、机械电子等产业的发展潜力；最后，使西部资源优势与东部经济、技术优势合理配置，对于东西部地区的协调发展起着促进作用。从西部地区视角来看："西气东输"工程的起点在西部地区，气田勘探开发的全部和管道投资的大部分都在西部地区，西气东输的大量投资，将推动中西部地区天然气勘探开发和管道等基础设施建设，增加就业机会，并强力拉动相关产业的发展；"西气东输"工程可以将西部地区的资源优势转变成经济优势，使之成为当地的一个新的经济增长点。从东部地区视角看：通过管道输送的天然气，稳定可靠，从而缓解东部地区能源紧缺的状况，优化东部地区能源的消费结构；发挥东部地区的经济、技术优势，推动天然气化工、发电等产业的发展，以及用户管网等基础设施建设，促进东部地区的经济发展。从生态环境视角看，有利于改善东部地区的大气质量，例如，上海市煤炭消费量占能源消费总量的70%。从西部运输来的天然气，可以替代部分煤炭；在沿线农村推广天然气的使用，可以减少传统薪柴的需求，从而减少沿线当地植被的破坏，保护环境。

本 章 小 结

　　首先，从理论出发，探讨了中国特色能源区域联动的概念与能源战略的异质性理论。其次，基于我国国家统筹思想，归纳了省级能源战略资源形成区域联动的战略思想与发展规划，并概括了当前中国实施的区域联动战略实践。再次，本章结合我国能源结构的总量与区域分布特点，总结了当前中国能源供需的结构性与机制性矛盾，我国进行跨区域调配具有必要性。最后，本章以"西气东输"为例，具体阐述了能源跨区域调配的战略布局与作用。

1. 简述中国特色能源战略区域联动的概念与内涵。
2. 我国能源战略区域联动中的国家统筹战略思想的内涵是什么？
3. 我国进行能源跨区域调配的必要性是什么？
4. "西气东输"的重要意义是什么？

第十四章

能源大规模跨区输送技术支撑——特高压建设

中国能源供需结构具有逆向分布的特点,完全依靠本地消纳较为困难,能源资源需要在更大的范围内优化配置,长距离输送是我国电力工业要面临的重要挑战。我国拥有特高压技术的完全自主知识产权,发展特高压电网,能增强我国的能源供应能力,保障我国国内能源安全。本章介绍了特高压的基本概念、发展历程,对发展特高压建设的必要性进行了探讨。依据国家特高压发展的总体战略规划,本章详细分析了我国水电发展、特高压与"西电东送"的战略重点。

关键词: 特高压建设　　水能资源禀赋　　跨区(流域)开发　　西电东送

第一节　特高压建设的概念与发展历程

我国能源资源与负荷中心呈逆向分布的国情,决定了特高压输电技术具有广阔的应用前景。2004年以来,国家电网公司立足自主创新,联合各方力量,组织开展了特高压电网研究论证、科技攻关、规划设计、设备研制和建设运行等工作,实现了特高压输电从交流到直流、从理论到实践的全面突破,验证了特高压电网的安全性、经济性和环境友好性。特高压交流试验示范工程、特高压直流输电示范工程的相继建成投运和持续安全稳定运行,标志着中国特高压输电技术已经成熟,具有大规模应用前景。

一、特高压基本概念

输电网电压等级一般分为高压、超高压和特高压。国际上对于交流输电网,高压(HV)通常指35千伏及以上、220千伏及以下的电压等级;超高压(EHV)通常指330千伏及以上、1000千伏以下的电压等级;特高压(UHV)指1000千伏及以上的电压等级。对于直流输电,超高压通常指±500(±400)、±660千伏等电压等级;特高压通常指±800千伏及以上电压等级。

我国已经形成了 1000/500/220/110(66)/35/10/0.4 千伏和 750/330(220)/110/35/10/0.4 千伏两个交流电压等级序列,以及±500(±400)、±660、±800千伏直流输电电压等级。我国的高压电网是指110千伏和220千伏电网;超高压电网是指330千伏、500千伏和750千伏电网;特高压电网是指以1000千伏特高压交流电网为骨干网架，特高压直流系统直接或分层接入 1000/500 千伏的输电网。我国已建成 1000 千伏特高压交流和 ±800 千伏特高压直流输电工程，其中 1000 千伏交流电压已成为国际标称电压。

在输电电流一定的情况下，电压等级越高，传输功率越大、线路损耗越小。因此，与高压/超高压相比，特高压具有输送容量大、距离远、损耗低、效率高、占地省等优势，可以满足大容量、远距离的跨区输电要求。因此，要保障大型能源基地的集约开发和电力可靠送出，适应大规模清洁能源安全并网和高效消纳，需要加快发展特高压输电。

二、发展特高压战略必要性

国家电网公司在第二届职工代表大会第六次会议暨 2015 年工作会议上发布公司 1 号文件《国家电网公司关于全面加快特高压电网发展的意见》，第一次从公司文件角度系统总结了我国发展特高压的必要性。文件指出："电网是国民经济的重要基础设施，是我国能源供应体系的重要组成部分。要充分认识全面加快特高压电网发展的重大意义，切实增强使命感和紧迫感。我国特高压取得举世瞩目的成绩。发展特高压电网，对于保障能源安全、防治大气污染、解决电网安全问题、促进经济增长都具有重要意义。"

首先，发展特高压电网有助于保障能源安全。李克强总理指出，"我国作为发展中大国，随着工业化、信息化、城镇化、农业现代化等'新四化'的深入推进和人民生活改善，未来一个时期能源需求还会增长"，还强调"要立足国内，着力增强能源供应能力"。[1]但在我国，能源供应能力的提升受到"两个不均衡"的制约。一个是能源资源分布不均衡，东中部能源资源较为稀少，而西部却很丰富；另一个是各地区的经济发展不均衡，东中部经济相对发达，对能源的需求量较大，而西部经济总量较小，对能源的需求量也相对较小。过去，由于电力输送容量和输送距离的限制，我国一直采用"就地平衡"的发展方式，就是在东中部负荷中心建设大量电厂，以满足生产生活用电需求。但随着经济的持续高速发展，东中部地区的电力供应逐年吃紧。正是我国的能源禀赋特征，决定了大规模"西电东送""北电南送"和跨大区、远距离输电势在必行。只有加快发展特高压电网，才能增强我国的能源供应能力，满足日益增长的电力需求，保障我国能源安全。

其次，发展特高压电网有助于防治大气污染，保护生态环境。统计数据表明，特高压每输送 1 亿千瓦时电力，可使负荷中心减排 PM2.5 约 7 吨，PM10 约 17 吨，减排二氧化硫、氮氧化物约 450 吨。[2]发展特高压可以推动国家清洁能源开发目标的实现及清洁能源的高效利用。特高压电网可以促进水电、风电等清洁能源跨区外送，降低"三北"（东北、华北、西北）地区弃风比例，减少西南水电弃水，减少化石能源消费及污染物排放，可明显降低电力行业对 PM2.5 的影响，具有显著的环保效益。

---

[1] 2014 年李克强总理在新一届国家能源委员会首次会议上的讲话。
[2] 资料来源：http://www.sasac.gov.cn/n2588025/n2588124/c7698254/content.html。

再次,发展特高压电网有助于解决电网安全问题。我国能源资源的总体分布规律是西多东少、北多南少,能源资源与负荷中心分布不均衡的特征明显。我国正处于经济快速增长的关键时期,电力需求将持续较快增长,需求中心也将长期位于东中部地区,而煤炭资源主要分布在西部和北部地区,水能资源的开发主要在西南地区,风能、太阳能等新能源资源也主要分布在西部和北部地区。由此可见,未来我国将面临大规模、远距离、高效率电力输送的挑战。面临这样大规模的长距离输电,如果仍然采用500千伏电压等级输送,线路损耗、系统稳定和短路电流问题就会非常严重,采用特高压输电能从根本上解决长距离输电过程中的电网安全问题。

最后,发展特高压电网有助于降低电力供应成本,促进经济增长。特高压具有网络规模效应,成网后将显著降低电力供应成本。目前我国风电、光伏发电成本分别为0.4元/千瓦时、0.5元/千瓦时左右,预计到2025年发电成本均可降至0.3元/千瓦时以下。国家电网公司已经提前为可再生能源大规模接入做好输送通道准备,预计到2025年和2035年,国家电网跨区跨省输电能力将分别达到3.6亿千瓦和6亿千瓦,可满足可再生能源装机9亿千瓦和15亿千瓦的发展需要。

三、特高压建设争论与发展历程

从特高压论证、建设至今,始终存在反对的声音,随着工程建设不断推进,反对的意见主要集中在技术可行性、工程安全性、造价经济性和直流交流之争四个方面。2005年,国家发展改革委在北戴河组织召开了特高压输电技术研讨会,会议主要讨论交流特高压试验线路的相关问题,会上电力业内的反对者提出中国发展特高压交流输电技术不可行,以原电力部生产司蒙定中等专家为代表,认为交流特高压全国联网会破坏我国分层分区的电网安全,且技术在国外已经证明不可行,既不经济,又很危险,长距离输电应用直流。2009年1月16日,我国第一条特高压交流试验示范工程——晋东南至南阳至荆门特高压工程正式投运,并完全掌握了基础研究、系统集成、成套设计、工程建设运行、技术标准等特高压核心技术,拥有自主知识产权和专利,这表明我国自主发展特高压输电技术是可行的。2010年,特高压交流试验示范工程成功投运后,反对者不再说技术不可行,转而提出工程安全性的问题。特高压在运工程经受住了雷雨、大风、高温和严寒等恶劣条件及各种运行操作的考验后,实现了双向、全电压、大容量输电,国产化设备运行过程中各项指标稳定、状态正常,对工程安全性的质疑也自然消失。此后,反对者又提出了特高压造价高、不经济的问题。电力专家蒙定中和吴敬儒还强调,从国家能源战略的角度考虑,要解决中国能源分布不均衡的问题,输电不如输煤(蒲俊等,2011)。然而,从专业角度分析,特高压电网的造价比一般电网高,但从运行使用后的单位输送容量看,特高压的造价更便宜,更经济。特高压比传统输电技术更具经济性。目前,针对特高压的争论更多集中在发展特高压直流输电还是交流输电的问题上,对此我们必须认识到,电网的发展不可能单纯依靠直流输电,也不可能单纯依靠交流输电,而是需要构建交流、直流相互支撑的坚强电网。无论从技术、安全还是经济的角度上看,构建交直流混合电网,才能充分发挥各自的功能和优势。

我国的特高压建设大致经历了以下三个阶段。第一阶段是论证试验阶段。早在1986—1990年,特高压输电前期研究曾被列为国家攻关项目,但这一时期专家学者们对是否开展特高压建设仍心存质疑。2004年,国家电网公司组织完成"特高压输电技术及经济可行性研究"课题。研究认为,我国地域辽阔,经济处于快速发展阶段,电力需求增长速度较快,目前500千伏交、直流输电技术已难以胜任超远距离的输电任务,在"西电东送、南北互供、全国联网"进程中,研究和发展特高压交流输电技术是必要的。[①]2005年,国家发展改革委下发《关于开展百万伏级交流、±80万伏级直流输电技术前期研究工作的通知》(发改办能源〔2005〕282号),全面启动特高压工程关键技术的研究。第一次把特高压技术写入国家文件的是国务院文件《国家中长期科学和技术发展规划纲要(2006—2020年)》(国发〔2006〕9号),同年,国家电网公司向国家发展改革委报送《关于推荐晋东南—南阳—荆门作为交流特高压试验示范工程的请示》,正式开展示范工程的可行性研究。2007年我国第一条特高压交流试验示范工程(晋东南—南阳—荆门输电线路工程)开工,2009年正式投入运营,这是我国特高压建设的第一阶段。第二阶段是试点项目建设阶段。主要是在2010—2015年("十二五"期间),陆续有试点项目核准,2014年为配合国务院《大气污染防治行动计划》(国发〔2013〕37号),能源局集中批复了12条重点输电通道建设,其中包括"四交四直",大力推进特高压线路建设和扩容,同年,发展特高压被纳入国家"十二五"规划纲要、能源发展"十二五"规划、中长期科技发展规划纲要。第三阶段是特高压的新时代特高压稳定运营期和密集建设期。截至2019年,我国在运"八交十直"特高压工程见表14-1,在建"三交一直"特高压工程见表14-2。2018年,国家能源局印发《关于加快推进一批输变电重点工程规划建设工作的通知》(国能发电力〔2018〕70号),加快推进9项重点输变电工程建设,12条特高压工程于2019年前后给予审核。

表14-1 我国在运特高压项目汇总——"八交十直"(规划文件资料整理)

分类	特高压工程	起经止省市	输送电压（千伏）	线路长度（千米）	投入运营日期
交流	晋东南—南阳—荆门1000千伏特高压交流试验示范工程	山西—河南—湖北	1000	640	2011年12月
	淮南—浙北—上海1000千伏特高压交流输电示范工程	安徽—浙江—江苏—上海	1000	2×738	2013年9月
	浙北—福州1000千伏特高压交流输变电工程	浙江—福建	1000	2×603	2014年12月

---

① 特高压大事记2004—2014[J]. 国家电网, 2014(12): 158-163.

续表

分类	特高压工程	起经止省市	输送电压（千伏）	线路长度（千米）	投入运营日期
交流	淮南—南京—上海1000千伏特高压交流输电工程	安徽—江苏—上海	1000	2×649	2016年12月
	锡盟—山东1000千伏特高压交流输电工程	内蒙古—河北—天津—山东	1000	2×730	2016年7月
	蒙西—天津南1000千伏特高压交流输电工程	内蒙古—山西—河北—天津	1000	2×608	2016年11月
	锡盟—胜利1000千伏特高压交流输电工程	内蒙古—北京—山东	1000	2×240	2017年6月
	榆横—潍坊1000千伏特高压交流输电工程	陕西—山西—河北—山东	1000	2×1049	2017年8月
直流	向家坝—上海±800千伏特高压直流输电工程	四川—重庆—湖北—湖南—安徽—浙江—江苏—上海	±800	1907	2010年7月
	锦屏—苏南±800千伏特高压直流输电工程	四川—云南—重庆—湖南—湖北—浙江—安徽—江苏	±800	2059	2012年11月
	哈密南—郑州±800千伏特高压直流输电工程	新疆—甘肃—宁夏—陕西—山西—河南	±800	2192	2014年1月
	溪洛渡左岸—浙江金华±800千伏特高压直流输电工程	四川—贵州—湖南—江西—浙江	±800	1653	2014年7月
	宁东—浙江±800千伏特高压直流输电工程	宁夏—陕西—山西—河南—安徽—浙江	±800	1720	2016年8月
	酒泉—湖南±800千伏特高压直流输电工程	甘肃—陕西—重庆—湖北—湖南	±800	2383	2017年6月
	晋北—江苏±800千伏特高压直流输电工程	山西—河北—河南—山东—安徽—江苏	±800	1119	2017年6月
	锡盟—泰州±800千伏特高压直流输电工程	内蒙古—河北—天津—山东—江苏	±800	1620	2017年10月
	扎鲁特—青州±800千伏特高压直流输电工程	内蒙古—河北—天津—山东	±800	1234	2017年12月
	上海庙—山东±800千伏特高压直流输电工程	内蒙古—陕西—山西—河北—河南—山东	±800	1238	2019年1月

表14-2 我国在建特高压项目汇总——"三交一直"

分类	特高压工程	起经止省市	输送电压（千伏）	开工时间
交流	山东—河北1000千伏特高压交流输电工程	山东—河南—河北	1000	已核准
	北京西—石家庄1000千伏特高压交流输电工程	北京—石家庄	1000	已核准
	苏通GIL综合管廊工程	江苏	1000	2016年8月
直流	吉昌—古泉±1100千伏特高压直流输电工程	新疆—甘肃—宁夏—陕西—河南—安徽	±1100	2016年1月

第二节 特高压发展战略构想

从特高压的发展格局上看：我国"十二五"特高压规划为建设"三横三纵一环网"特高压骨干网架，把内蒙古、陕西、河北的风电、煤电通过三条纵向的特高压通道送往华北、华中和华东（"三华"）；把北部的煤电和西南的水电，通过三条横向特高压通道送往华北、华中和长三角地区，形成西电东送、北电南送的资源配置格局。截至2015年，我国完成了两条示范工程特高压线路和"三交四直"的建设，西北地区包括甘肃、内蒙古和新疆等省区初显战略布局。但是输电容量远不足以完成全部西电东送的要求。同时，为配合国务院《大气污染防治行动计划》（国发〔2013〕37号），国家能源局发布《国家能源局关于加快推进大气污染防治行动计划12条重点输电通道建设的通知》（国能电力〔2014〕212号），其中包括"四交四直"特高压建设。根据国家电网规划，"十三五"期间，在"四交五直"工程基础上，后续特高压工程分三批建设：首先，加快建设"五交八直"特高压工程；其次，在2018年以前开工建设"十交两直"特高压工程，加快统一同步电网建设；最后，2020年以前开工建设"十三五"规划的特高压网架加强和完善工程。国家将重点优化西部（西北+川渝藏）、东部（"三华"+东北三省+内蒙古）两个特高压同步电网，形成送、受端结构清晰的"五横五纵"27条特高压线路的格局。国家电网跨区输电规模从1.1亿千瓦提高到3.7亿千瓦，特高压规划总投资将达到3.3万亿元，特高压建设线路长度和变电容量分别达到8.9万千米和7.8亿千瓦。

我国是世界上唯一一个将特高压输电项目投入商业运营的国家。2004年以来，国家电网公司联合各方力量，在特高压理论、技术、标准、装备及工程建设、运行等方面取得全面创新突破，掌握了具有自主知识产权的特高压输电技术，并将特高压技术和设备输出国外，实现了"中国创造"和"中国引领"。截至2019年6月，特高压建成"八交十直"、核准在建"三交一直"工程，已投运特高压工程累计线路长度27 570千米、累计变电（换流）容量29 620万千伏安（千瓦）。特高压交流和直流分别荣获2012年度、2017年度国家科技进步特等奖。特高压输电通道累计送电超过11 457.77亿千瓦时，在保障电力供应、促进清洁能源发展、改善环境、提升电网安全水平等方面发挥了重要作用。

加强电网作为支撑和保障，有助于我国加快清洁能源发展、优化煤电发展、满足电力需求。为了可靠实现上述发展目标，我国电网还存在几个比较突出的问题。一是电源电网发展不协调，发展缺乏统一规划，导致电源开发、电网发展不配套、不协调。二是交直流发展不协调，特高压直流发展相对较快，特高压交流骨干网架发展严重滞后，长期处于500千伏向1000千伏发展的过渡期，"强直弱交"问题突出，使得一些特高压直流工程实际输出功率远低于设计值，造成很大的浪费。三是电网智能化水平亟待提升，未来我国电网的发展需要统筹协调集中式与分布式发电、传统能源与新能源、电力需求侧管理等，对电网的智能化提出较高要求。

目前，互联网产业正在全球范围内蓬勃发展，创新成果不断涌现。"互联网+"是把互联网的创新成果与经济社会各领域深度融合，推动技术进步、效率提升和组织变革，提升实体经济创新力和生产力，形成更广泛的以互联网为基础设施和创新要素的经济社会发展新形态。能源互联网建设是未来全球能源竞争的制高点，特高压是建设能源互联网的关键。推动世界能源转型，就是要建设全球能源互联网，全球能源互联网的实质是"智能电网+特高压电网+清洁能源"，是清洁能源大规模开发、大范围配置、高效利用的重要平台。[1]由此可见，特高压、能源互联网建设将成为国家创新战略重点。融合集成将成为能源技术发展的重要趋势。清洁发电、先进输变电（特高压、柔性直流、超导输电等）、大电网运行控制、储能等电力技术不断得到突破。因此，将互联网创新成果与特高压电网建设相结合，形成"互联网+智能电网"形态，是我国电网发展的重要方向。2015年国务院印发的《关于积极推进"互联网+"行动的指导意见》（国发〔2015〕40号）提出：能源电力方面，必须通过互联网促进能源系统扁平化，推进能源生产与消费模式革命，提高能源利用效率，推动节能减排。加强分布式能源网络建设，提高可再生能源占比，促进能源利用结构优化。加快发电设施、用电设施和电网智能化改造，提高电力系统的安全性、稳定性和可靠性。

一、我国水能资源禀赋与跨区（流域）开发必要性

我国幅员辽阔，地形分布复杂多样，蕴藏了较为丰富的水能资源。《水电发展"十二五"规划》（国能新能〔2012〕200号）指出，根据2003年全国水力资源复查成果：我国水能资源理论蕴藏年电量6.08万亿千瓦时，平均功率6.94亿千瓦；技术可开发年发电量2.47万亿千瓦时，装机容量5.42亿千瓦；经济可开发年发电量1.75万亿千瓦时，装机容量4.02亿千瓦。随着经济社会发展、技术进步和勘察规划工作不断深入，我国水能资源技术可开发量和经济可开发量将进一步增加。根据雅鲁藏布江下游河段现场考察和初步规划情况，目前我国水电技术可开发装机容量可增加到5.7亿千瓦。我国水能资源理论蕴藏量、技术可开发量和经济可开发量均居世界第一。

具体来说，我国的水能资源禀赋具有以下四个特点。

第一，资源总量丰富，但人均资源占有量较低。以电量计算，人均资源量约为世界平均水平的70%；世界水能资源理论蕴藏总量为年均436 170亿千瓦时，世界人口数量为71.71亿，世界人均水能资源量约为年均6082.42千瓦时。中国水能资源理论蕴藏总量为年均60 829亿千瓦时，中国人口数量为13.57亿，中国人均水能资源量约为年均4482.61千瓦时，约为世界平均水平的73.70%[2]，如图14-1所示。

换一种说明方式，中国水能资源总量丰富，约占世界总量的13.95%，但中国人口总数占世界人口总数的18.93%，因此人均资源占有量低于世界平均水平。

---

[1] 刘振亚在中电联2019年第一次理事长会议暨2019年经济形势与电力发展研讨会上的发言。
[2] World Atlas & Industry Guide.

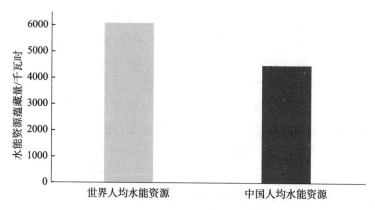

图 14-1 人均水能资源对比图

第二，水能资源分布不均，与经济发展较为不匹配。东部沿海辽、京、津、冀、鲁、苏、浙、沪、粤、闽、琼 11 个省份的水能资源占全国 4.46%（根据理论蕴藏量计算），用电量占全国一半以上；西部地区陕、川、滇、黔、桂、甘、青、宁、藏、渝、内蒙古等 12 个省份的水能资源占全国 90.21%，用电量却不足一半（罗正明和周祥志，2006）。

第三，江河径流量变化大，水能开发利用难度较大。例如，年径流最大与最小的比值，长江为 2~3 倍，淮河达 15 倍，海河更高达 20 倍之多。

第四，开发利用不足，与国际发达国家平均水平相比，开发潜力较大。

水电是技术成熟、运行稳定的可再生能源，受到世界各国的高度重视。目前，北美和欧洲等地区的发达国家已基本完成水电开发任务，发展重点转移到了对已建水电站的更新改造；亚洲、南美等地区的多数发展中国家制定了发展规划，计划在 2025 年左右基本完成水电大规模开发任务；非洲等地区的欠发达国家，虽然拥有丰富的水能资源，也一直积极致力于水能资源开发，但因资金、技术等条件限制，水电开发仍面临诸多困难。还有一些政局不稳定的国家，虽然亟需发展水电，但是限于国力条件，推进相对缓慢。与其他国家相比，我国水电仍具有较大开发潜力，优先开发水电仍是我国能源建设的重要方针。

国家能源局文件《水电发展"十二五"规划》（国能新能〔2012〕200 号）中正式提出，我国通过学习借鉴发达国家水电开发的先进经验，进行水电的跨区开发具有必要性。第一，优先发展水电是发达国家发展初期的共同选择，也将成为我国的首选。从经济发达国家的发展历程来看，电力建设优先选择水能资源开发，待水电开发到一定程度后，才转向大规模开发其他资源。一方面由于水电单位综合成本低，大量廉价的电力为各国经济社会发展起到巨大推动作用；另一方面水电具有防洪、灌溉、供水、航运等综合利用功能，开发水电可以实现多目标利用，综合效益显著，因此水电开发也将成为我国能源建设的首选。第二，流域梯级开发是水电发展的成功模式，也将成为我国水电发展的侧重点。从多数国家，特别是发达国家水电开发经验来看，统筹规划、统一管理、权责明确的流域梯级开发是水电发展的成功模式。第三，建立利益共享机制是促进水电开发的重要经验。水电开发涉及的利益主体较多，建立水电开发利益共享机制，协调并保障好涉及流域开发各方的利益关系，是促进水电开发的重要经验。例如，瑞士、挪威等通过优惠电价、免费电量、直供电等方式，吸引高载能产业投资，促进地方经济发展和当地居民就业；法国、美国等在保障开发主体适当收益的基础上，通过返还部分利润给当地居民，保障当地居民共同享受水电开发成果。

二、我国水电发展历程

自 1949 年新中国成立以来，我国便开始重视水利水电建设事业的规划发展，重视水利技术和大坝的基础设施建设等，极力推进水电大发展。概括来说，新中国的水电发展主要可以划分为创业奠基阶段，改革发展阶段和自主创新阶段三大阶段。

第一阶段，创业奠基（1949—1978 年）。新中国刚成立时，百废待兴，各类基础设施建设亟待开展。当时水电不仅基础薄弱，还面临国内生产资料短缺、国际经济封锁等困难。1950 年召开的电力工作会议对当时我国水电建设事业的评价为：起步迟、规模小、数量少、技术水平低。面对这样艰苦的创业条件，中国共产党领导全国水电工作者自力更生、艰苦奋斗，完成了我国水电事业的创业奠基。这一阶段我国水电事业建设的主要特点是理论提出和技术发展同步推进、蓬勃发展。

理论方面，各类坝工理论相继提出，坝基抽排减压、混凝土温度控制等一系列技术创新和成果应用，极大地缩短了我国与发达国家坝工技术的差距。地质勘探和测量、水能规划、水文泥沙、施工、机电与金属结构等专业理论与技术也取得成果。这一阶段所提出的理论与技术成果后来成为制定水电行业规范的基础。

技术方面：我国首先对日伪军侵略中国时留下的丰满水电站进行加固、补强和改扩建工作；开展了龙溪河、古田溪、永定河、以礼河等中小河流的开发规划；设计建设了狮子滩、古田一级、黄坛口、上犹江、流溪河、官厅、大伙房、佛子岭、梅山、响洪甸等一批中型水电站以及新疆乌拉泊、西藏拉萨和海南东方等小水电站。这些中小型水电站具有工期短、投资少的优越性，能迅速满足地方发展的需要。1957 年 4 月开工的新安江水电站，是中国自行设计、自制设备、自主建设的第一座大型水电站，也是我国第一座百米高的混凝土重力坝。1958 年 9 月，中国首座百万千瓦级的水电站——刘家峡水电站在黄河上游开工建设，同时，下游的盐锅峡、八盘峡水电站也相继开工兴建。1975 年，总装机容量 122.5 万千瓦的刘家峡水电站建成，成为中国水电史上的重要里程碑。此后，中国又陆续建成了一批百万千瓦级的水电站。截至 1979 年，我国水电装机容量达到 1911 万千瓦（其中抽水蓄能 3.3 万千瓦），年发电量 547 亿千瓦时。

第二阶段，改革发展（1979—1999 年）。创业奠基阶段的工作为我国水电事业的进一步发展打下初步基础。进入改革发展阶段，体制改革和对外开放开始在水电的进一步发展过程中发力。党的十一届三中全会以后，国家确立以经济建设为中心的发展方针，全面实行改革开放政策。在经济体制、电力体制改革的大背景下，水电也开展了建设体制改革的探索。水电建设经历了工程概算总承包责任制、项目业主责任制和项目法人责任制三个阶段。体制改革解放了生产力，对外开放注入了新活力。二者相互促进，极大地提高了水电生产效率。

20世纪80年代初，水电建设实行工程概算总承包制，相继开工了红石、白山和太平湾水电站。工程概算总承包首次在水电施工领域打破大锅饭体制，为后来水电改革打下基础。随着体制改革的不断深化，国家开放水电建设市场利用外资建设水电。鲁布革是1982年在全国建筑市场率先引用世界银行贷款建设的水电项目。工程建设按照国际惯例实行招标投标制，首次在建设中引入竞争机制，打破长期以来的自营建设体制。打破垄断、引入竞争是生产关系中生产方式的变化，极大地解放了生产力。随着国家拨改贷政策的实行，我国水电建筑业迅速由计划向市场转变。被誉为"五朵金花"的水口、岩滩、五强溪、隔河岩和漫湾等水电站是项目业主负责制的典型代表。党的十四大提出建设社会主义市场经济体制的方针以及1994年颁布实施《中华人民共和国公司法》，中国电力建设领域的体制改革全面开展。水电建设方面，对老项目实施公司化改制，对新项目按照《公司法》成立有限责任公司规范化运作，特征为项目法人责任制。

20世纪90年代初期，西部大开发为水电高速发展创造了良好的机遇。1992年，全国人民代表大会批准建设三峡水利枢纽。1993—1999年，水电投产连续7年超过300万千瓦。1998年和1999年分别达到了534万千瓦和633万千瓦。截至1999年，全国水电装机容量7297万千瓦（其中抽水蓄能547.5万千瓦），年发电量2219亿千瓦时。分别居世界第2位和第4位。①

第三阶段，自主创新（2000年至今）。2000年以来，水电投资领域发展特点是引入竞争机制，投资主体多元化，梯级开发流域化，现代企业管理的制度创新，加快了水电开发建设的步伐。国家实施西部大开发和"西电东送"战略，雅砻江、大渡河、澜沧江、金沙江、乌江等水能富矿基地按照流域规划有序开发，龙滩、小湾、溪洛渡、向家坝、锦屏一级、锦屏二级、瀑布沟、拉西瓦等一批在国家西部大开发和"西电东送"战略实施之后相继开工并投产，我国水电在装机容量与发电量、设计与施工、设备制造与运行管理等方面全面发展。

"十一五"时期，是我国水电发展最快的时期。按照在保护生态的基础上有序开发水电的方针，坚持以人为本、科学发展，高度重视环境保护和移民安置工作，加快推进大型水电基地建设，因地制宜开发中小流域，我国水电装机规模突破2亿千瓦，水电建设与管理水平迈上新的台阶。水电建设为保障能源供应、调整能源结构、应对气候变化、促进可持续发展做出了重要贡献。②

"十二五"时期，我国着力构建安全、稳定、经济、清洁的现代能源产业体系，把

---

① 数据来源：中国电力企业联合会《电力工业统计资料汇编》2021年版。
② 水电发展"十二五"规划（国能新能〔2012〕200号）。

在做好生态保护和移民安置的前提下积极发展水电，作为重要的能源发展方针，高度重视开发建设与生态保护、移民安置、经济社会等的统筹协调工作，新增投产1亿千瓦，约占水电总装机容量的1/3，为实现我国2015年非化石能源发展目标发挥了有力支撑作用，为促进国民经济和社会可持续发展提供了重要能源保障。[①]

党的十八大以来，在"创新、协调、绿色、开放、共享"发展理念指引下，中国水电发展又进入一个新时代。水电行业发展从"重开发建设"向"建设与运行并重"转变。行业基础研究相继开展并取得初步成果。"设计、施工信息化""智能温控"等技术已经得到工程实践。"流域梯级水库群风险孕育机理与防控""梯级水库群风险等级确定与风险设计""流域水电综合监测"等行业前瞻性研究也取得丰硕成果。

三、特高压与"西电东送"发展历程

"西电东送"工程是西部大开发的标志性工程，也是西部大开发的骨干工程。"西电东送"是指开发贵州、云南、广西、四川、内蒙古、山西、陕西等西部省区的电力资源，将其输送到电力紧缺的广东、上海、江苏、浙江和京、津、唐地区。[②]改革开放以来，国家重视"西部大开发"战略和"西电东送"政策的落地实施，特高压技术的发展为"西电东送"提供了强大的技术支撑。概括来说，我们将"西电东送"的整体历程分为三个阶段。

改革开放前后至20世纪末，"西电东送"有效缓解东部少数省市电力短缺的局面。1984年山西大同、神头电厂投产，先后建成大同至房山的双回500千伏线路向北京送电。1989年北京开始与内蒙古联合办电，"西电东送"的北部通道初步形成。同期，建成第一条跨区±500千伏葛沪直流输电工程，打通中部通道。1993年，随着天生桥电站的投产、天广500千伏交流和鲁布格—天生桥220千伏线路的建成，南部通道输电拉开序幕。至此，"西电东送"初具雏形。20世纪90年代末，"西电东送"输电能力超过400万千瓦，累计送电约900亿千瓦时。

2000年，国家正式提出实施"西电东送"战略[③]，有力促进"西部大开发"。2004年贵广直流输电工程投产，南部通道建设取得新成果，提前一年实现向广东送电1000万千瓦的目标。自2003年开始，中部通道的三峡水电工程通过±500千伏龙政直流开始向华东送电。2006年起，陕北的神木、府谷火电厂送电华北，北部通道的送端开始向西北能源基地扩围。截至"十一五"末，"西电东送"输电能力达到1亿千瓦，累计送电约2.4万亿千瓦时。

战略实施的第二个十年，特高压输电推动"西电东送"规模成倍增长。随着特高压交直流工程陆续投入运行，我国能源资源优化配置范围和水平大幅提升。2014年，

---

① 水电发展"十三五"规划（国能新能〔2016〕281号）。
② 国家发改委官员解读西部大开发"十二五"规划[N]. 人民日报, 2012-2-21.
③ 2000年8月初，在北戴河举行的中央办公会上制定的国家计委〔2000〕1101号文。

国家能源局提出加快推进大气污染防治行动计划 12 条重点输电通道建设[①]，以特高压输电为主的"西电东送"开始承载新的历史使命。到 2017 年，全国"西电东送"输电能力达到 22 911 万千瓦，北部、中部和南部通道分别达到 7966 万、10 663 万、4282 万千瓦，累计向东中部输送电量约 6.6 万亿千瓦时。依托特高压技术已建成"西电东送"工程 19 项，输电能力达到 13 360 万千瓦，累计输送电量约 1.2 万亿千瓦时。

四、水电未来发展重点任务

为了加快水电发展，我国正在根据电力发展和水力资源开发规划，研究制定水电发展战略目标，相应的开发方针和开发布局，以及支持水电发展的各项政策。《水电发展"十三五"规划》（国能新能〔2016〕281 号）把发展水电作为能源供给侧结构性改革、确保能源安全、促进贫困地区发展和生态文明建设的重要战略举措，加快构建清洁低碳、安全高效的现代能源体系，在保护好生态环境、妥善安置移民的前提下，积极稳妥发展水电，科学有序开发大型水电，严格控制中小水电，加快建设抽水蓄能电站。国家在水电未来规划方面，主要提出提出了以下几个重点任务。

第一，做好水电前期工作。主要是开展水能资源调查，加快河流水电规划，滚动调整抽水蓄能规划，推进重大项目勘测设计。

第二，开展大型基地建设。基本建成六大水电基地，着力打造藏东南"西电东送"接续能源基地，配套建设水电基地外送通道。

第三，继续进行中小流域开发工作。控制中小水电开发，支持离网缺电贫困地区小水电开发。

第四，进行抽水蓄能建设。坚持"统筹规划、合理布局"的原则，根据各地区核电和新能源开发、区域间电力输送情况及电网安全稳定运行要求，加快抽水蓄能电站建设。加快推进规划站点建设，研究试点海水抽水蓄能。

第五，开展生态环境保护工作。加大大型水电环保力度，优化小水电改造思路，实施流域生态修复。

第六，进行流域综合管理。开展流域水电综合监测，实现梯级联合优化调度。

第七，坚持独立自主研发水电科技、装备和生态技术。不断加强工程安全风险防控技术研究，持续提高工程建设技术水平，进一步增强机电设备制造能力，逐步形成生态保护与修复技术体系，建设"互联网+"智能水电站。

第八，进行体制机制改革。完善水电管理体制机制，健全水电发展政策体系，建立电站运行协调机制。

第九，水电开发扶贫。优先安排贫困地区水电项目建设，调整完善资源开发收益分配政策，探索建立水电开发利益共享机制。

---

① 国家能源局《关于加快推进大气污染防治行动计划 12 条重点输电通道建设的通知》（国能电力〔2014〕212 号）。

第十，积极开展水电国际合作。继续深化与周边国家的合作，切实提升水电"走出去"质量。

本 章 小 结

我国能源资源禀赋和用电负荷中心逆向分布的国情，决定了特高压输电建设具有广阔前景。现阶段，我国已具备了实现远距离、大容量跨区输电的特高压输送技术能力，可适应大规模清洁能源安全并网与高效消纳要求。尽管如此，特高压建设由于其造价成本是否高昂、工程是否安全、技术是否可行以及输送直流还是交流电等问题仍然存在反对的声音，本章对这些争议进行了系统性分析，并对特高压建设的发展阶段进行了归纳梳理。从特高压发展格局上看，我国总体的建设网架为"三横三纵一环网"，本章基于总体规划布局，详细剖析了不同区域水能资源禀赋、跨区开发、特高压建设的战略规划与发展路径，以"西电东送"为例详细阐述了特高压技术解决区域性电力短缺问题的发展历程，本章还对未来我国水电发展重点任务进行了归纳总结。

1. 我国的高压电网、超高压电网与特高压电网的区别是什么？
2. 中国为什么要建设特高压电网？
3. 是否推进特高压建设的争论集中在哪些方面？
4. 我国水能资源禀赋的特点有哪些？
5. 我国水电发展历程分为几个阶段？
6. "西电东送"是如何解决东部地区电力短缺问题的？特高压技术为此提供了怎样的支撑？

[1] 罗正明，周祥志. 西部地区水能资源开发探讨[J]. 中国水利，2006(14): 23-24.
[2] 蒲俊，曹海丽，杨悦. 特高压成败[J]. 新世纪周刊，2011(16): 8.

第十五章

中国能源资源区域协同发展战略

> 电力行业作为碳排放第一大户,成为推进碳中和目标实现的重要抓手。低碳转型的实现需要从根本上解决传统化石能源与可再生能源在电力系统中的矛盾,本章从我国长期以来存在的电厂困境与煤电之争入手,探讨了如何利用区域协同战略推进煤电与清洁能源的协同高效发展。我国在推进可再生能源的发展过程中也存在区域性消纳不足的问题,本章利用区域协同发展模式构思可以同时解决可再生能源就地消纳与异地输送的能源发展战略。
>
> **关键词:** 煤电之争 清洁能源 区域协同 "弃风"问题 就地消纳

第一节 煤电之争与区域协同

一、电厂困境与"煤电之争"来源

2003年,我国各地电厂发展面临着较大的困境:发电原料煤炭价格快速上涨,而电价水平在政府控制下无法跟随上升,造成了电厂每千瓦时的发电成本超过电价水平,直接导致了电力企业几乎全行业亏损。2003年,我国"拉闸限电"的省份达到22个(复光,2004),此后,"拉闸限电""电煤紧缺"带来的电厂困境也给人民群众的生活带来诸多不便。于是,为了使电厂摆脱困境,国家发展改革委发布了电煤"限价令",对煤炭进行紧急限价。同时,为了化解自身困境,电厂开始尝试投资煤矿,试图实现自身煤电一体化。

电厂困境反映出"煤电之争"造成的电煤供应不足和价格上涨,既有市场方面的原因,也有政府方面的因素。市场方面的原因主要体现在以下三方面。第一,根据微观经济学基本理论,供求关系决定市场价格,电煤供应紧张,价格必然上涨;反之若供大于求,价格必然下降。对于电力市场而言,决定供求关系的是该领域的投资规模。2003年以来,我国城市化进程加快,城市建设电力需求大规模提升,由于电力供应紧张,电力建设每年都以数千万千瓦甚至上亿千瓦的速度增长,对煤炭的需求迅速放大,于是电煤紧张开始显现。第二,市场信号有滞后性,特别是电力和煤炭行业的建设周期都比较长,市场信号的滞后效应就更加明显。因此,煤电供求关系的再平衡就要有一个时间，依靠市场调节无法彻底解决问题。即使是电厂试图自己投资建设煤矿，煤矿开发周期的滞后性也会导致建设期间煤炭的供不应求。第三，除了供求关系，影响煤炭价格的另一重要环节就是运输环节，运输环节的问题既包括运力瓶颈，也包括流通领域乱象因素。传统的煤炭运输主要依靠铁路运输，2003 年，我国铁路货运车皮满足率只有 40%左右（宋时飞，2004），运力瓶颈短期难以突破。而流通领域乱象产生的负作用更不可小觑，缺电给了所有电源投资者一个强烈的信号——谁抢占了先机，谁就有可能获得更多的利益。因而出现了一些电源项目未经国家批准，投资者就自行开工建设的情况。这些项目大多没有进行过周密的可行性研究，盲目布局和自行订购发电设备，既违反了国家基本建设程序，又增加了工程造价水平。无序建设不仅背离了电力结构的优化调整，也背离了市场需求和地区合理布局，更会造成电力供应供过于求和供需大幅度波动。对于这一环节，市场之手的作用有限，政府调控以及管理的有效性更显重要。然而，政府在调控煤电时同样面临煤电价格市场化的难题。煤炭的价格总体由市场决定，而在我国，电价主要由政府制定，这是煤电矛盾最核心的部分。所以，最应该市场化的还是电价。但是，电价一旦放开，对物价指数将产生难以预计的影响，因此，电价的完全市场化很难一蹴而就。

为了解决煤电之争带来的诸多问题，我国政府和煤炭企业先后提出了多种解决方案，其中以煤电联营、输煤变输电和发展清洁能源三种方案最为典型，三种方案从各自的角度出发为解决"煤电之争"打开思路。

二、煤电联营

煤电联营是指煤炭和电力生产企业以资本为纽带，通过资本融合、兼并重组、相互参股、战略合作、长期稳定协议、资产联营和一体化项目等方式，将煤炭、电力上下游产业有机融合的能源企业发展模式，其中煤电一体化是煤矿和电厂共属同一主体的煤电联营形式。[1]

我国煤电体制具有特殊性：煤是市场价，电是计划价。从市场化角度讲，煤价上涨会给电力企业带来亏损压力。煤电联营试图通过"煤电上下游一体化"的方式，将电力企业外部煤电体制带来的问题内部化。

为加快调整能源结构，积极理顺煤电关系，促进煤炭、电力行业协同发展，提高能源安全保障水平，2016 年，国家发展改革委印发《关于发展煤电联营的指导意见》的通知。通知要求，理顺煤电关系，自主开展煤电联营工作，结合煤炭、电力行业发展布局，重点推广坑口煤电一体化，在中东部区域优化推进煤电联营，继续发展低热值煤发电一体化。2019 年，国家发展改革委、国家能源局继续印发了《关于加大政策支持力度进一步推进煤电联营工作的通知》（发改能源〔2019〕1556 号）。其中，通知提出支持北方地区清洁取暖项目实施煤电联营。鼓励煤矿项目和北方地区冬季清洁取

---

[1] 煤电联营定义来源：国家发展改革委印发《关于发展煤电联营的指导意见》的通知，2016 年第 12 号。

暖背压热电联产项目开展煤电联营。

煤电联营对于我国缓解煤电矛盾具有重要意义。煤炭是我国主要的一次能源，燃煤电站是我国电力供应的基础，煤炭和电力是两个高度相关的国民经济重要支柱性行业。近年来，在国家政策引导下，我国煤电联营取得一定进展。截至2014年底，煤炭企业参股控股燃煤电站达1.4亿千瓦，发电集团参股控股煤矿年产能突破3亿吨[①]，形成了以伊敏为代表的煤电一体化和以淮南为代表的大比例交叉持股等多种发展模式。发展煤电联营，有利于形成煤矿与电站定点、定量、定煤种的稳定供应模式，提升能源安全保障能力；有利于构建利益共享、风险共担的煤电合作机制，缓解煤电矛盾；有利于实现煤矿疏干水、煤泥、煤矸石和坑口电站乏汽的充分利用，促进绿色循环发展。

煤电联营比较成功的案例是国电集团和神华集团的合并重组。2017年8月28日，经国务院批准，中国国电集团公司（以下简称国电）与神华集团有限责任公司（以下简称神华）合并重组为国家能源投资集团有限责任公司（以下简称国家能源投资），将承担探索煤电联合的新任务。一方面，从两个集团的主业来分析，神华的主业是煤炭，国电的主业是电力，从上下游之间、企业兼并重组来看是纵向的合作；另一方面，神华自身也有发电的业务，国电也有自己的煤矿，那么他们的合并就成了交叉合并，既有纵向也有横向，形成多元化发展。

国电和神华的合并重组是煤电一体化的重要实现形式，对双方的发展都有好处，煤电价格将在企业内部实现自我平衡。煤电联营，对于解决当前的煤电矛盾、提高煤炭和电力两大行业的集中度都有重要意义，在母公司的协调下，把市场协调转化为企业内部的协调，产业链上下游内部协调的成本会进一步降低。

三、"输煤变输电"重大战略

煤电联营是从煤炭和电力企业层面进行探索的一条解决"煤电之争"的道路，在政府层面，各产煤大省（区）也在从战略角度积极探索解决"煤电之争"的合理方式。2003年以来，山西、新疆、内蒙古等产煤大省受运输通道制约，电煤供应受到阻碍，煤电联动机制缺失，造成"煤电之争"问题。要优化产业结构，实现低碳转型发展，传统产煤大省积极推进"输煤"变为"输电"的策略。

以山西省为例，为了转变煤炭利用方式、实现资源优化配置，煤炭大省山西规划实施"输煤变输电"重大战略。[②]2010年在北京召开的《山西煤电基地外送电规划研究》论证会，首次对晋电外送战略规划进行论证。会议得出结论：山西电力发展应该加快推进节能减排和科技创新，以实现燃煤电站清洁化利用为重点，有序推进全省电

---

① 国家发展改革委印发《关于发展煤电联营的指导意见》的通知，2016年第21号。
② 国家能源局. 山西实施"输煤变输电"重大战略，实现煤炭清洁利用[R]. 2010，6.

力建设,此后发布的《山西煤电基地外送电规划研究》根据山西资源禀赋,就晋北、晋中和晋东三大煤电基地,科学全面地提出了晋电外送的初步结论和建议。

特高压技术的发展,为其实现晋电外送提供了可靠的技术支撑。"蒙西—晋北—天津南"特高压工程是落实国家大气污染防治行动计划重点建设的 12 条输电通道之一,是特高压骨干网架的重要组成部分。线路起自内蒙古准格尔旗蒙西变电站,经应县变电站到天津南变电站,途经内蒙古、山西、河北、天津,新建蒙西、晋北、北京西、天津南四座特高压变电站,线路全长约 2×608 千米。

山西省实施"输煤变输电"重大战略,有助于延长产业链、提高经济效益;有助于减轻运输压力,降低运输成本,减少损耗;有助于提供更多就业机会等。但输电所需坑口电站的建设,也会带来负面影响,如坑口电站建设会带来严重的环境污染(二氧化硫、酸雨、煤灰、矿渣堆积等),山西省水资源较为缺乏,发电所需的水资源会加剧缺水局面等。

四、煤电、清洁能源与区域协同

未来很长一段时期,我国煤电仍将占据较大份额,煤电和清洁能源电力将同时存在,并轨发展。火电行业特别是煤电的发展有很大的惯性,主要有两个方面原因:一方面,我国以煤炭为主的能源禀赋结构带来了以煤电为主的电源结构,我国的电力装备制造业等煤电上下游产业也形成了规模发展局面;另一方面,我国的发电行业人力资源队伍也主要集中在煤电产业。这些都决定了煤电行业的发展在经历高速期之后不会骤然刹车。党的十九大报告指出,为有效解决新时代面临的人民日益增长的美好生活需要和不平衡不充分的发展之间的矛盾,必须树立社会主义生态文明观,坚持绿色发展理念,推进能源生产和消费革命,构建清洁低碳、安全高效的能源体系。习近平总书记更进一步指出,发展清洁能源是改善能源结构、保障能源安全、推进生态文明建设的重要任务。因此,未来我国新能源的发展势必有一个较高的发展增速,与煤电并轨发展,并逐渐占据较大份额。

在煤电与清洁能源并轨发展的过程中,为了实现能源生产和消费革命,清洁能源发电将逐步取代煤电,但这并不意味着煤电与清洁能源存在一个单纯的替代或互补问题,而是更加需要统筹协调二者的关系。根据微观经济学理论定义:互补商品往往是"配套的",一个商品的需求增加(减少)也会增加(减少)另外一个商品的需求;而可替代商品往往具有相同或者类似的功能,一种商品的需求增加(减少)往往会减少(增加)另外一种商品的需求。因此,从市场竞争年度电量(千瓦时)的视角出发,在其他条件相同时,清洁能源多发一度电,煤电就能少发一度电,显然二者是替代关系。例如,从时间尺度来讲(比如一个小时内),同样质量的风电上去了,煤电就需要(并且应该)向下调节以保持系统平衡,这是个基本的市场份额问题。但如果是从计划的视角来看,清洁能源与化石能源共同满足了给定的需求,"社会计划者"安排二者的角色互相配合，那么显然二者是"互补"关系。

目前煤电和清洁能源之间的关系，不是简单的替代互补效应关系的问题，而是煤电支撑了新能源的发展，因此国家和各大电力系统应该对整体用电份额进行合理的统筹协调。煤电是我国能源安全的重要保障，在推进新能源发展的过程中，煤电应主动调峰适应并推动新能源发展。各能源消费地区，根据自身能源消耗总量对需要跨区输入的清洁能源电力和煤电进行合理规划，逐步扩大清洁能源的市场份额，在长期发展过程中实现对煤电的控制，减少环境污染。在逐渐降低煤电份额的过程中，为了维护煤电企业的合理收益，鼓励其承担调峰的积极性，应大力做好全国范围的电力市场调研，实施合理有效的电价政策，并结合电改加快建立辅助服务市场，形成包括用户在内的全网共同补偿分担机制，以充分满足可再生能源调峰运行需求，为清洁能源运行消纳留足空间。

第二节　核电与区域发展

一、我国核电发展背景与必要性

当今全球经济飞速发展，能源消耗日益增加，污染排放显著加剧。随着全球能源消耗逐年增长，主要化石能源的可采年限逐年减少，除煤炭开采尚可维持到22世纪外，石油和天然气到21世纪中末期都将开采殆尽；全球能源消耗的主要增量源自中国、美国、印度，煤炭的增长将最快，特别是中、美、印将占世界煤炭消耗增量的80%以上；化石能源消耗的同时，二氧化碳、二氧化硫以及氮氧化物等污染物的排放，也都在同比显著增加。我国与世界各国一样，正面临能源资源限制、消耗增长和环境制约的影响。核电作为安全、高效、清洁的能源，其发展可以有助于世界各国缓解这些问题。

从全球角度分析，核电在世界能源结构中具有重要地位。自20世纪50年代中期第一座商业核电站投产以来，核电发展已历经50年。全世界核电总装机容量为3.69亿千瓦，分布在31个国家和地区；核电年发电量占世界发电总量的17%。核电发电量超过20%的国家和地区共16个，其中包括美、法、德、日等发达国家。[①]各国核电装机容量的多少，很大程度上反映了各国经济、工业和科技的综合实力和水平。核电与水电、火电一起构成世界能源的三大支柱，在世界能源结构中有着重要的地位。

从我国目前核电发展的现状来看，我国已在核电建设和运营方面取得良好业绩，具备了继续推进核电建设的基础条件。自1991年我国第一座核电站——秦山一期并网发电以来：我国核电站的安全、运行业绩良好，运行水平不断提高，运行特征主要参数好于世界均值；核电机组放射性废物产生量逐年下降，放射性气体和液体废物排放量远低于国家标准许可限值。在工程设计方面，我国已经具备了30万千瓦、60万千

---

① 《国家核电发展专题规划（2005—2020年）》。

瓦级压水堆核电站自主设计的能力,部分掌握了百万千瓦级压水堆核电站的设计能力。

根据《国家核电发展专题规划（2005—2020年）》,在设备制造方面,我国自20世纪70年代就具有了一定的研制能力,可以生产具有自主知识产权的30万千瓦级压水堆核电机组成套设备,按价格计算国产化率超过80%;基本具备成套生产60万千瓦级压水堆核电站机组的能力,经过努力,自主化份额可超过70%;基本具备国内加工、制造百万千瓦级压水堆核电机组的大部分核岛设备和常规岛主设备的条件。在核燃料循环方面,已建立了较为完整的供应保障体系,为核电站安全稳定运行提供了可靠的保障,可以满足已投运核电站的燃料需求。在核能技术研发方面,实验快中子增殖堆和高温气冷实验堆等多项关键技术取得了可喜进展。在核安全法规及核应急体系建设方面,结合国内核电的实际情况,我国已经初步建立了与国际接轨的核安全法规体系,制订核设施监管和放射性物质排放等管理条例,建立了中央、地方、企业的三级核电厂内、外应急体系。

对我国而言,核电发展的必要性主要体现在以下几个方面。第一,满足各省电力需求。随着经济社会的发展,我国电力供应越来越紧张,核电的发展可以一定程度上解决缺电问题。第二,保护生态环境。核电是高效、清洁的能源,可以缓解当今火电带来的环境污染。与火电相比,核电不排放二氧化硫、氮氧化物、烟灰、二氧化碳等污染物,有利于保护环境。第三,优化能源布局。我国地域辽阔,能源资源分布极不均匀（水、煤等分布不均）,导致需要"北煤南运"和"西电东送"等,发展核电可以有效调整能源布局。第四,振兴装备制造业。通过核电建设可以把我们的高技术产业和装备工业带上去,这是振兴装备制造业（包括东北老工业基地的振兴）的一个重要机遇。第五,促进高科技产业发展。核电发展有利于核技术水平开发利用的提高;有利于保持一支稳定的核科技队伍;有利于维护、保持和进一步增强我国核燃料的工业体系。第六,维护国家能源安全。核电的发展不需要煤和石油,核电的发展可以维护国家能源安全。第七,符合世界能源发展的趋势。从能源发展与各国国情出发,很多国家选择了发展核电的道路。第八,带动当地发展。核电的发展对当地的就业、税收等有很大的促进作用。核电发展可带动当地直接或间接服务于核电的企业,包括餐饮、娱乐、交通、教育、医疗等行业。

二、我国核电发展历程

我国对核电发展始终保持高度重视,概括而言,我国核电发展经历了起步阶段、适度发展阶段、快速发展阶段、"急刹车"阶段与重启阶段五个阶段。

（一）起步阶段：20世纪70年代初至1993年

20世纪70年代初,我国开始对核电站进行最初的试验研究。1974年,我国自行设计了第一座核电站——秦山核电站,结束了我国大陆无核电的历史,同时我国也成了世界上第 7 个能够完全依靠自己力量自行设计、建造核电站的国家。1993 年和 1994 年，我国从法国引进的两套 M310 型 90 万千瓦核电机组在广东大亚湾并网发电，标志着我国在核电建设领域首度展开国际合作。

（二）适度发展阶段：1994—2005 年

由于这一阶段我国电力供应相对充裕，核电被定位为我国能源的补充，核电发展方针为"适度发展"。1994 年，我国开始建造秦山二期 2 台 65 万千瓦压水堆机组。21 世纪初，我国建设了岭澳 2 台法国压水堆机组、秦山三期 2 台加拿大压水堆机组、田湾 2 台俄罗斯压水堆机组。这一时期，我国共有 8 台核电机组开工建设。截至 2004 年年底，共 6 台机组建成并网发电，装机容量为 470 万千瓦，初步形成广东、浙江、江苏三个核电基地。

（三）快速发展阶段：2006—2010 年

随着我国经济快速发展，能源电力供给日益成为我国经济、社会发展的瓶颈，核能尤其是核电的重要地位逐渐凸显。2006 年 3 月国务院常务会议审议通过了《核电中长期发展规划（2005—2020 年）》，明确指出"积极推进核电建设"，确立了核电在我国经济与能源可持续发展中的战略地位。自此，我国核电进入规模化发展的新阶段。

（四）核电发展"急刹车"：2011—2014 年

2011 年福岛核电站泄漏事故发生，使我国核电发展一度停滞。国务院暂停审批核电项目。2012 年核安全规划出台后严格审批。核电发展迅速降温，2011—2014 年仅核准 3 台机组。

（五）重启阶段：2015 年至今

2012 年 10 月 24 日，《核电安全规划（2011—2020 年）》和《核电中长期发展规划（2011—2020 年）》由国务院常务会议讨论通过，这两份文件被认为是核电重启的重要标志。2015 年我国核电发展正式破冰，核准 8 台机组。2015 年 5 月 7 日，中国自主三代核电技术"华龙一号"首堆示范工程——中核集团福清核电站 5 号机组正式开工建设。接下来的 2016 年、2017 年两年核电发展不及预期，无新核准项目。

第三节　风电、光伏发电与区域发展

一、我国清洁能源发展背景与《清洁能源消纳行动计划》

清洁能源是能源转型发展的重要力量，积极消纳清洁能源是贯彻能源生产和消费革命战略，建设清洁低碳、安全高效的现代能源体系的有力抓手，也是加快生态文明建设，实现美丽中国的关键环节。

近年来，我国清洁能源产业不断发展壮大，产业规模和技术装备水平连续跃上新台阶，为缓解能源资源约束和生态环境压力做出突出贡献。但同时，清洁能源发展不平衡不充分的矛盾也日益凸显，特别是清洁能源消纳问题突出，已严重制约电力行业健康可持续发展。为全面贯彻习近平新时代中国特色社会主义思想和党的十九大精神，认真落实中央经济工作会议和政府工作报告各项部署，用更大的决心、更强的力度、更实的措施解决清洁能源消纳问题，建立清洁能源消纳的长效机制，国家发展改革委、国家能源局制定了《清洁能源消纳行动计划》。该行动计划指出：2020 年，确保全国平均风电利用率达到国际先进水平（力争达到 95% 左右），弃风率控制在合理水平（力争控制在 5% 左右）；光伏发电利用率高于 95%，弃光率低于 5%；全国水能利用率在 95% 以上；全国核电实现安全保障性消纳。

本节我们主要聚焦风电和光伏发电的消纳问题，探讨国家对解决风电和光伏发电消纳问题的战略思路和重要举措。

二、风电、光伏发电消纳问题

风电、光伏发电属于清洁能源，在环境保护方面具有显著优越性。但长期以来，风电、光伏发电存在明显的消纳问题，弃风、弃光、限电等问题凸显，成为风能、光能资源充沛省市清洁能源发展需要面对的主要问题。

（一）风电发展背景与消纳问题

随着世界各国对能源安全、生态环境、气候变化等问题日益重视，加快发展风电已成为国际社会推动能源转型发展、应对全球气候变化的普遍共识和一致行动。风电发展的国际形势主要表现在以下三个方面。第一，风电已在全球范围内实现规模化应用。到 2015 年年底，全球风电累计装机容量达 4.32 亿千瓦，遍布 100 多个国家和地区。"十二五"时期，全球风电装机新增 2.38 亿千瓦，年均增长 17%，是装机容量增幅最大的新能源发电技术。第二，风电已成为部分国家新增电力供应的重要组成部分。2000 年以来风电占欧洲新增装机的 30%，2007 年以来风电占美国新增装机的 33%。2015 年，风电在丹麦、西班牙和德国用电量中的占比分别达到 42%、19% 和 13%。第三，风电开发利用的经济性显著提升。随着全球范围内风电开发利用技术不断进步及应用规模持续扩大，风电开发利用成本在过去五年下降了约 30%。巴西、南非、埃及等国家的风电招标电价已低于当地传统化石能源上网电价，美国风电长期协议价格已下降到化石能源电价同等水平，风电开始逐步显现出较强的经济性。[①]

大规模风电消纳一直都是世界性难题，与国外相比，我国风能资源主要集中在"三北"地域，风能资源与用电市场呈现逆向分布特点。具体来说，第一，我国风能资源集中、规模大，远离负荷中心。蒙西、蒙东、甘肃、冀北四个地区风电装机总规模占全国的 50%，用电量仅占全国的 10%，难以就地消纳，这与欧美国家新能源资源分散、就地平衡为主的发展方式有很大不同。例如，美国、西班牙等国 80% 以上的新能源是

---

① 《风电发展"十三五"规划》国能新能〔2016〕314 号。

分布式接入 10 千伏及以下电网，规模较小，就地消纳。第二，风电建设速度超出本地地区电力消纳能力的增长速度，风电并网规模超出电网外送能力。"十二五"以来，东北地区全社会用电量年均增长 5.6%，但并网风电年均增长 25.3%，风电并网的增速远远高于当地电力需求的增长。风电消纳难，使得不少风能资源丰富的地区不得不选择弃风，造成资源浪费。第三，现有电力运行管理机制不适应大规模风电并网的需要。《风电发展"十三五"规划》指出，我国大量煤电机组发电计划和开机方式的核定不科学，辅助服务激励政策不到位，省间联络线计划制定和考核机制不合理，跨省区补偿调节能力不能充分发挥，需求侧响应能力受到刚性电价政策的制约，多种因素导致系统消纳风电等新能源的能力未有效挖掘，局部地区风电消纳受限问题突出。

（二）光伏发电发展背景与"弃光限电"

随着可持续发展观念在世界各国不断深入人心，全球太阳能开发利用规模迅速扩大，技术不断进步，成本显著降低，呈现出良好的发展前景，许多国家将太阳能作为重要的新兴产业。从国际发展现状来看，光伏发电主要表现出以下四个特点。第一，太阳能得到更加广泛应用。光伏发电全面进入规模化发展阶段，中国、欧洲、美国、日本等传统光伏发电市场继续保持快速增长，东南亚、拉丁美洲、中东和非洲等地区光伏发电新兴市场也快速启动。第二，太阳能发电规模快速增长。截至 2015 年年底，全球太阳能发电装机累计达到 2.3 亿千瓦，当年新增装机超过 5300 万千瓦，占全球新增发电装机的 20%。2006—2015 年光伏发电年平均增长率超过 40%，成为全球增长速度最快的能源品种；太阳能光热发电 5 年内新增装机 400 万千瓦，进入初步产业化发展阶段。第三，太阳能市场竞争力迅速提高。随着光伏产业技术进步和规模扩大，光伏发电成本快速降低，欧洲、日本、澳大利亚等多个国家和地区的商业和居民用电领域已实现平价上网。太阳能光热发电进入初步产业化发展阶段后，发电成本显著降低，太阳能光热利用市场竞争力进一步提高，太阳能热水器已是成本较低的热水供应方式，太阳能供暖在欧洲、美洲等地区具备了经济可行性。第四，太阳能产业对经济带动作用显著。2015 年全球光伏市场规模达到 5000 多亿元，创造就业岗位约 300 万个，在促进全球新经济发展方面表现突出。很多国家都把光伏产业作为重点培育的战略性新兴产业和新的经济增长点，纷纷提出相关产业发展计划，在光伏技术研发和产业化方面不断加大支持力度，全球光伏产业保持强劲的增长势头。[①]

"十三五"是我国推进经济转型、能源革命和体制机制创新的重要时期，也是太阳能产业升级的关键阶段，我国太阳能产业迎来难得的发展机遇，也面临严峻挑战。《太阳能发展"十三五"规划》指出，我国光伏发电并网运行和消纳仍存在较多制约。电力系统及电力市场机制不适应光伏发电发展，传统能源发电与光伏发电在争夺电力市场方面矛盾突出。太阳能资源和土地资源均具备优势的西部地区弃光限电严重，就地消纳和外送存在市场机制和电网运行管理方面的制约。中东部地区分布式光伏发电尚

---

① 《太阳能发展"十三五"规划》国能新能〔2016〕354 号。

不能充分利用，现行市场机制下无法体现分布式发电就近利用的经济价值，限制了分布式光伏在城市中低压配电网大规模发展。

弃光，即放弃光伏所发电力，一般指的是不允许光伏系统并网，因为光伏系统所发电力功率受自然环境变化的影响而处于不断变化之中，不是稳定的电源。电网经营单位以此为由拒绝光伏系统的电网接入。限电，即限制电力的输出，一般指的是出于安全管理电网的考虑，而限制光电或者风电所发电力，造成一定的资源浪费。

弃光是由多种原因造成的，主要有以下三个方面。第一，近年来光伏发电发展迅速，但现行电力体制下光伏发电并网还存在一定困难，光伏发电无法正常消纳，严重影响投资者的利益。第二，用电需求增速放缓，装机增速大于负荷增速。"十二五"中期以来，我国电力需求增速显著下滑。与此形成鲜明对比的是，在社会总用电量增长乏力的情况下，火电的新增装机总量依然超过风电、太阳能发电的装机总和，新能源发电受到需求增长疲乏（社会总用电量）和供给强势增长（火电机组）的双重影响。第三，调峰能力不足，季节性矛盾增大也导致了消纳难题。现阶段光伏受自然资源和储电装备技术的双重制约，只能满足负荷实时平衡、即发即用。一方面光能富集的时间与用电负荷成反比，另一方面我国电力系统以传统煤电为主，调峰能力不足，灵活性改造不够，特别是"三北"地区燃煤热电比例高，调峰电源建设条件差，冬季供暖期调峰困难，弃光问题严重。

三、区域联动解决"弃风"问题

我们从以上对风电消纳问题的分析可以看出，目前我国风电消纳难的地区恰恰是风电资源良好、大力开发的地区。解决弃风问题的关键，在于就地消纳和异地输送同步发展。要彻底解决弃风问题，风能资源丰富的各地政府就要从风电配储能和特高压输送两个方面打开思路，规划风能发展。《风电发展"十三五"规划》指出，应"通过加强电网建设、提高调峰能力、优化调度运行等措施，充分挖掘系统消纳风电能力，促进区域内部统筹消纳以及跨省跨区消纳，切实有效解决风电消纳问题"。

（一）"风电+储能"就地消纳模式

这种模式主要是结合风电技术和储能技术，目标是将当地风力发电就地储存，以便就地消纳。

"风电＋储能"的优势在于削峰填谷，最大程度上减少风电的不确定性，保证风电的均衡供电，避免出现大起大落的风电供应情况。同时，缺点在于缺乏经济性。目前的风储结合技术是蓄电池和抽水蓄能等合作方式，两者的成本都非常大，另外，受蓄电池技术限制，储能容量也十分有限。抽水蓄能则需要庞大的土地面积和适当的地形，不具备普适性。

《风电发展"十三五"规划》指出：有序推进"三北"地区风电就地消纳利用，弃风问题严重的省（区），"十三五"期间重点解决存量风电项目的消纳问题。风电占比较低、运行情况良好的省（区、市），有序新增风电开发和就地消纳规模。

从应用上看，在青海省2017年的风电开发建设方案中，明确要求各项目按照建设规模的10%配套建设储电装置，储电设施总规模33万千瓦。在此之后，新疆、内蒙古等省份也陆续要求风电项目配套储能设备。

（二）"风电+特高压"异地输送模式

相对于更强调本地消纳的"风电+储能"，远距离特高压更强调将电力进行输送。我国借助超高压、特高压输电通道这把利器，推动风电和太阳能发电等可再生能源的规模发展，实现"北电南送"和"西电东送"的战略目标，有效减缓我国中东部经济相对发达地区的雾霾污染状况。同时也要协调好火电和风电并行发展的问题，适度减少火电发电量，促进风电发展。

为了更好实现异地消纳，《风电发展"十三五"规划》指出，风电发展应"优化调度运行管理，充分发挥系统接纳风电潜力。修订完善电力调度技术规范，提高风电功率预测精度，推动风电参与电力电量平衡。合理安排常规电源开机规模和发电计划，逐步缩减煤电发电计划，为风电预留充足的电量空间。在保证系统安全的情况下，将风电充分纳入网调、省调的年度运行计划。加强区域内统筹协调，优化省间联络线计划和考核方式，充分利用省间调峰资源，推进区域内风电资源优化配置。充分利用跨省跨区输电通道，通过市场化方式最大限度提高风电外送电量，促进风电跨省跨区消纳"。

四、分布式能源建设解决"弃光"问题

我国积极鼓励分布式发电，特别是在东部地区。西部太阳资源非常好但用电比较少，而东部用能非常多，但大规模的电站很少，所以发展分布式发电，促进东部就地消纳是一个非常好的解决途径。

光伏发电的消纳问题，除了与电源和电网发展不协调有关，还与市场机制缺失、跨省区输电政策和消纳机制不足有关。对于跨区输送，借鉴欧美特别是欧洲的发展经验，分布式发电可以较好地解决弃光的问题。在常规电网解决不了的情况下，可以用氢能输运。《能源生产和消费革命战略》指出，通过建设分布式能源网络，较好实现光伏发电的推广和发展。鼓励分布式可再生能源与天然气协同发展，建设基于用户侧的分布式储能设备，依托新能源、储能、柔性网络和微网等技术，可以实现分布式能源的高效、灵活接入以及生产、消费一体化，依托能源市场交易体系建设，逐步实现能源网络的开放共享。

同时，在甘肃、新疆等弃风弃光严重地区，有序降低火电比例，为风电和光电提供消纳空间。在风、光资源充沛地区，因地制宜开展耗电型制造业，扩大用电需求，实现就近消纳。加快输电通道建设，建立完善跨区域电力交易市场，鼓励风电和光电跨区消纳。《太阳能发展"十三五"规划》指出，结合电力外送通道建设太阳能发电基

地，按照"多能互补、协调发展、扩大消纳、提高效益"的布局思路，在"三北"地区利用现有和规划建设的特高压电力外送通道，按照优先存量、优化增量的原则，有序建设太阳能发电基地，提高电力外送通道中可再生能源比重，有效扩大"三北"地区太阳能发电消纳范围。在青海、内蒙古等太阳能资源好、土地资源丰富地区，研究论证并分阶段建设太阳能发电与其他可再生能源互补的发电基地。在金沙江、雅砻江、澜沧江等西南水能资源富集的地区，依托水电基地和电力外送通道研究并分阶段建设大型风光水互补发电基地。详见表15-1。本书还以"京津冀"雾霾治理为例，详细讲解了能源环境污染区域联动治理的战略规划，详见线上阅读部分。

表 15-1 电力外送通道配置太阳能发电基地布局

主要省份	主要地区	外送通道
新疆	哈密地区	哈密—郑州特高压直流输电工程（已建）
	淮东地区	淮东—皖南特高压直流输电工程（在建）
内蒙古	锡盟地区	锡盟—泰州特高压直流输电工程（在建）
	锡盟地区	锡盟—山东特高压直流输电工程（在建）
	蒙西地区	上海庙—山东特高压直流输电工程（在建）
	蒙西地区	蒙西—天津南特高压直流输电工程（在建）
	东北地区	扎鲁特—山东特高压直流输电工程（在建）
	阿拉善地区	研究论证以输送可再生能源为主的电力疏通
甘肃	酒泉地区	酒泉—湖南特高压直流输电工程（在建）
宁夏	宁夏地区	宁东—浙江特高压直流输电工程（在建）
山西	晋北地区	山西—江苏特高压直流输电工程（在建）
青海	海西州	研究论证以输送可再生能源为主的电力疏通
	海南州	研究论证以输送可再生能源为主的电力疏通

第四节 能源环境污染区域联动治理思考
——以"京津冀"雾霾治理为例

本 章 小 结

煤电是我国电力安全的基石，煤电供需矛盾将直接影响煤电企业的生死存亡，为解决煤电之争带来的诸多问题，我国政府和煤炭企业先后提出了多种解决方案，本章讲解了煤电联营、输煤变输电及发展清洁能源三种最为典型的解决方案。煤电与清洁能源的发展不是单纯的替代或互补，而是需要统筹二者的区域协同发展，鼓励煤电企业主动参与调峰，协同推动新能源发展。我国风电、光伏等清洁能源发展也存在明显的消纳问题，本章利用区域协同发展模式探究如何同步解决就地消纳与异地运输的问题。并以"京津冀"雾霾治理为例，探讨了如何利用区域联动治理方法解决能源环境污染问题。

1. 我国形成"煤电之争"的主要原因是什么？
2. 煤电联营和输煤变输电如何缓解我国煤电矛盾？
3. 煤电与清洁能源并轨发展的关系是怎样的？
4. 如何通过区域联动解决"弃风"问题？
5. 怎样利用分布式能源建设解决"弃光"问题？
6. 如何利用区域协同方法改善"京津冀"的雾霾问题？

[1] 复光. "电荒"与挑战[J]. 广西电业，2004(1): 5.
[2] 宋时飞. 聚焦宏观调控[N]. 中国经济导报，2004(9): 2.

教师服务

感谢您选用清华大学出版社的教材！为了更好地服务教学，我们为授课教师提供本书的教学辅助资源，以及本学科重点教材信息。请您扫码获取。

▶▶ 教辅获取

本书教辅资源，授课教师扫码获取

▶▶ 样书赠送

经济学类重点教材，教师扫码获取样书

 清华大学出版社

E-mail: tupfuwu@163.com
电话：010-83470332 / 83470142
地址：北京市海淀区双清路学研大厦 B 座 509

网址：https://www.tup.com.cn/
传真：8610-83470107
邮编：100084